RUSSLAND

Bering-
straße

USA

Jakutsk

Magadan

Kamtschatka

Meer von
Okhotsk

Irkutsk

Amur

Blagowjeschtschensk

Heihe

Khabarowsk

Petro-
pawlowsk

MONGOLEI

Harbin

Sui Fen He

Ussuri

Shenyang (Mukden)

Wladiwostok

Peking

Dalian

SÜD-
KOREA

JAPAN

CHINA

Shanghai

Gelbes
Meer

Taiwan

THAILAND

PHILIPPINEN

Pazifischer Ozean

OST-TIMOR

AUSTRALIEN

Peter Scholl-Latour

Rußland im Zangengriff

Peter Scholl-Latour

Rußland im Zangengriff

Putins Imperium
zwischen Nato, China und Islam

Propyläen

Aus Gründen der Diskretion und vor allem der Sicherheit für die
Betroffenen habe ich die Namen meiner Gesprächspartner und die
Umstände der Begegnung gelegentlich geändert. Das gilt nicht für
Personen des öffentlichen Lebens und deren Aussagen, die exakt
wiedergegeben werden. Bei der Transkription von Ausdrücken aus
fremden Sprachen habe ich mich an die übliche, allgemein
verständliche Schreibweise gehalten.

Propyläen Verlag, Berlin
Propyläen ist ein Verlag der Ullstein Buchverlage GmbH
www.propylaeen-verlag.de

ISBN-13: 978–3-549-07265-3
ISBN-10: 3-549-07265-1

2. Auflage 2006
© 2006 by Ullstein Buchverlage GmbH
Alle Rechte vorbehalten. Printed in Germany
Redaktion: Cornelia Laqua
Karten: Thomas Hammer
Gesetzt aus der Janson
bei LVD GmbH, Berlin
Druck und Bindung: Clausen & Bosse, Leck

INHALT

PRÉLUDE
Risse im Bündnis

Deutschland am Hindukusch

Die Auffahrt zum Salang-Paß ist durch dichten Nebel verhangen. Erst als wir jenseits des endlosen Tunnels in dreitausend Meter Höhe durch furchterregende Felsschluchten zur Steppenebene des Amu Daria absteigen, bricht die Sonne durch. Bis Mazar-e-Scharif, dem zentralen deutschen Stützpunkt in Nord-Afghanistan, sind es noch zweihundert Kilometer. Zwischen Kabul und Mazar beträgt die Fahrzeit ungefähr sieben Stunden. Hinter Scharikat, am Eingang des Pandschir-Tals, sind uns keine Patrouillen der NATO-Verbände und auch keine Soldaten der Afghanischen Nationalarmee mehr begegnet.

In unseren beiden Landrovern haben wir uns ohne jeden Schutz auf den Weg gemacht. Die Route gilt als relativ sicher, während die Verbindung nach Kundus – einem weiter östlich gelegenen »Stronghold« des deutschen ISAF-Kontingents – neuerdings häufigen Überfällen ausgesetzt ist. Kurz vor Erreichen des Flugplatzes, an den sich das deutsche Camp »Marmal« anlehnt, rollt ein Konvoi von zwei Dingos und zwei ungepanzerten Wolf in hohem Tempo an uns vorbei. An der schwer befestigten Einfahrt ruft die Ankunft unserer Zivilfahrzeuge Nervosität hervor. Wer kann schon garantieren, daß wir keinen Sprengstoff mit uns führen, und für unsere beiden afghanischen Fahrer würde selbst ich nicht die Hand ins Feuer legen. Die Lage beruhigt sich schnell beim Erscheinen des zuständigen Offiziers. Aber die erste Stimmung des Empfangs, die hastige Verstärkung der Abwehrwälle durch Sandsäcke und Betonmauern deuten darauf hin, daß die deutsche Militärpräsenz auf Verteidigung und zunehmend wohl auf Selbsterhaltung ausgerichtet ist.

Was haben Afghanistan und die Präsenz deutscher Truppen am Hindukusch mit der Einkreisung Rußlands zu tun, der dieses Buch gewidmet ist? Meine Erkundungsreisen zwischen Minsk und Peking habe ich in den Monaten Juli und August 2006 durch Expeditionen in die heißumkämpfte Stadt Kirkuk im Irak, einen Aufenthalt in der Islamischen Republik Iran und in Israel sowie durch diese Bestandsaufnahme in Afghanistan ergänzt. Dort überschneiden sich ja die Kraftlinien. In Kabul steht die ratlose Atlantische Allianz vor einem gordischen Knoten, und es ist kein Alexander in Sicht, der ihn mit seinem Schwert durchschlüge. Das der Bundeswehr zugewiesene Territorium erstreckt sich von dem schmalen Grenzstreifen mit der Volksrepublik China im östlichen Wakhan-Zipfel bis zur Provinz Herat, wo die Italiener Wache halten. Herat gilt kulturell als persisches Einflußgebiet.

Im Norden zieht der Amu Daria, der in seinem Oberlauf Pjantsch heißt, die Trennungslinie zwischen dem NATO-Territorium Afghanistans und den zentralasiatischen Republiken Usbekistan und Tadschikistan. Auf das Wohlwollen beider Regierungen ist die Präsenz der Bundeswehr angewiesen. Der Flugplatz Termes, unmittelbar nördlich des Stroms gelegen, ist die unentbehrliche Relais-Station für alle deutschen Transporte und Verstärkungen. Da sich die Beziehungen zwischen dem usbekischen Staatschef Karimow und den USA dramatisch verschlechtert haben, mußten behutsame Verhandlungen zwischen Taschkent und Berlin geführt, mußte die Pachtgebühr vermutlich wesentlich erhöht werden, um den Verbleib der Luftwaffe in Termes zu gewährleisten.

Anders verhält es sich mit Kundus, das durch eine vorzügliche Asphaltstraße – von Chinesen gebaut – mit dem Ufer des Pjantsch verbunden ist. Jenseits davon stehen die Grünmützen der tadschikischen Grenzwächter. Im extremen Ernstfall wäre die deutsche Garnison von Kundus vermutlich auf die Unterstützung der 201. russischen Infanteriedivision angewiesen, die weiterhin in der Hauptstadt Duschanbe dafür sorgt, daß Tadschikistan nicht in den grauenhaften Bürgerkrieg zurückfällt, an dem das Land in den neunziger Jahren zu zerbrechen drohte. Zu den Russen müßten sich die Deutschen dann allerdings durchschlagen.

Kundus hatte ich wie auch Faizabad, den äußersten Vorposten, der sich an China heranschiebt, im Herbst 2005 aufgesucht. In dem Stützpunkt Faizabad, der bei Regen und Schneewetter über Land kaum zu erreichen ist, konnte ich feststellen, daß im Falle eines wie auch immer gearteten massiven Aufstandes nicht die geringste Evakuierungschance bestünde, zumal im Winter, wenn eisige Temperaturen und Nebelschwaden den Entsatz aus der Luft verhindern. Was dann aus der Kommandozentrale Mazar-e-Scharif würde, läßt sich auf der Landkarte ablesen. Es bliebe nur der verzweifelte Durchbruch in Richtung Termes und zu jener Brücke über den Amu Daria, die General Gromow nach der Niederlage der sowjetischen Armee – das rote Banner wie eine Ikone auf den Armen tragend – als letzter Sowjetsoldat überquerte.

Alle Elemente, denen sich dieses Buch widmen will, sind hier also vereint: Das schwierige Nebeneinander von NATO und Rußland, die geheimnisvolle Nähe der neuen Weltmacht China, vor allem die Unwägbarkeiten der islamischen Revolution, der der amerikanische Präsident neuerdings das Etikett »islamischer Faschismus« anheftet und sie zusätzlich radikalisiert. Um es vorwegzunehmen: Die Irakisierung Afghanistans ist in vollem Gange.

*

Das Verteidigungsministerium in Berlin hatte dieses Mal alles versucht, um meine Reise nach Mazar-e-Scharif zu verhindern. Die bereits reservierten Plätze auf dem Luftwaffen-Airbus nach Termes wurden annulliert. Es erging die Weisung, daß ich an Patrouillen nicht teilnehmen und in keinem Fall ein Fahrzeug der Bundeswehr benutzen dürfe. Angeblich war man um meine Sicherheit besorgt, und von einem Staatssekretär, dessen Namen ich nicht nennen will, wurde mir zugemutet, ich solle mich bei den Amerikanern »embedden« lassen. Nun kommt die Praxis des »embedding« – das Wort spricht für sich – einer rigorosen Zensur der Berichterstattung gleich. Es hat den GIs im Irak, wo diese

Einschränkung erstmalig angewendet wurde, keinerlei Vorteile, sondern gesteigertes Mißtrauen eingebracht. Man kann nur hoffen, daß diese Verschleierungsmethode in Berlin nicht Schule machen wird.

Bei der Truppe selbst, in Mazar-e-Scharif, finden wir – wie ich das stets erlebt habe – kameradschaftliche Aufnahme. An der von General Kneip angeordneten Patrouille nehmen wir dann eben nicht in einem gepanzerten Fahrzeug teil, sondern stolpern zu Fuß über die Ackerfurchen, die bei vierzig Grad Hitze steinhart gebacken sind. Der Kommandeur hat mich nach ausführlichem Gespräch eingeladen, am Abend vor der Truppe zu sprechen – es sind mindestens dreihundert Zuhörer zugegen –, und ich fühle mich in dieser freundschaftlichen Gemeinschaft mit jungen Männern, die meine Enkel sein könnten, außerordentlich wohl.

Der Oberleutnant, der die kleine bewaffnete Patrouille befehligt, interessiert sich in einem ärmlichen Dorf vor allem für die Sicherheit und den Zustand der Schule, die mit deutscher Hilfe für Knaben und Mädchen gebaut wurde. Dem alten Tadschiken, der dort als Wächter fungiert, ist kein Heldenmut zuzutrauen. Wir haben nebenbei erfahren, daß in den vergangenen Monaten in Afghanistan 240 Lehranstalten durch die Taleban vernichtet wurden und daß außerhalb Kabuls die Mädchen sich längst nicht mehr trauen, am Unterricht teilzunehmen. An der Außenmauer der besichtigten Schule klebt ein Plakat mit der Abbildung eines Skeletts. »Wenn ihr den Opiumanbau nicht vernichtet«, steht darauf, »wird das Opium euch vernichten!« Doch niemand – selbst nicht die amerikanischen Special Forces – hat es gewagt, gegen die ausgedehnte Kultur von Mohnblumen, die sich auch im deutschen Sektor von Badaghschan ungehemmt ausgeweitet hat, energische Maßnahmen zu ergreifen. Im vergangenen Jahr ist die Opiumernte um vierzig Prozent auf 4500 Tonnen angestiegen. Wer dagegen mit militärischen Mitteln vorginge, würde sich auf einen aussichtslosen Kampf mit den lokalen Warlords und der allmächtigen Drogen-Mafia einlassen. Sein Schicksal wäre besiegelt. Das sind die realen Kräfteverhältnisse am Hindukusch.

Gemessen an den Provinzen des Südens und des Ostens ist die den Deutschen zugewiesene Nordregion von ernsthaften Kampfhandlungen bisher verschont geblieben. In Kandahar, Paktia und Kunar sieht das ganz anders aus. Da stehen Briten, Kanadier und Holländer straff organisierten Aufstandsgruppen gegenüber, die man oberflächlich mit dem Sammelbegriff »Taleban« bezeichnet. Der derzeitige NATO-Befehlshaber für ganz Afghanistan, der britische Generalleutnant David Richards, der die Rebellen am Hindukusch in seltsamer Verblendung mit den Mitteln bekämpfen wollte, die sich in den fünfziger Jahren bei der Niederwerfung des kommunistischen Aufstandes in Malaya bewährten, hat inzwischen eingestanden, daß seine Paratroopers in der Provinz Helmand in die härtesten Kämpfe seit Korea und sogar seit dem Zweiten Weltkrieg verwickelt wurden. Die US Special Forces, die in den Schluchten von Nuristan dem Islamisten-Führer Gulbuddin Hekmatyar nachstellen und immer noch davon träumen, Osama bin Laden zu fangen – »dead or alive« –, fühlen sich in Afghanistan größeren Belastungen ausgesetzt als im irakischen Flachland Mesopotamiens.

Die Bevorzugung der Deutschen, die Sympathie, die den »arischen Brüdern« von den Afghanen entgegengebracht wird, dürfte nicht ewig andauern. Das Gebiet, in dem die Bundeswehr sich aufhält, wird überwiegend von Tadschiken bewohnt, und die hatten bei der Operation »Enduring Freedom«, die zur Vertreibung der Taleban führte, mehrheitlich auf seiten der »Nord-Allianz«, das heißt der Amerikaner, gekämpft. Bei meinem Gespräch mit Mohammed Atta, dem Gouverneur der Provinz Balq, deren Hauptstadt Mazar-e-Scharif ist, habe ich von diesem ehemaligen Mudschahidin-Kommandanten, der zu den engsten Vertrauten des ermordeten Nationalhelden Ahmed Schah Massud zählte, seine Beschwerde über die in Kabul herrschenden Mißstände vernommen. Der eindrucksvolle, kräftige Mann beobachtet mit Sorge, wie jene Kräfte, vor allem die Tadschiken, die den Taleban in ihren letzten Gebirgsfetzen des Nordostens Widerstand leisteten, von Präsident Karzai aus den führenden Positionen herausgedrängt und durch unberechenbare Warlords, Drogen-Trafikanten, übergelaufene Taleban-Führer, ehemalige Kommunisten und eine kleine Schar von entwurzelten Emigranten ersetzt werden.

Das ISAF-Lager Marmal liegt etwa zehn Kilometer von Mazar-e-Scharif entfernt, wo wir in einem akzeptablen Hotel übernachten. Ich bin verblüfft zu erfahren, daß kaum einer der deutschen Soldaten, die in diesem Sektor Dienst tun, die Stadt Mazar je betreten hat, geschweige denn die Blaue Moschee des Imam Ali besichtigen durfte, die der Stadt den Namen gab. Zutiefst schokkiert mich in Mazar das Elend der Massen und gleich daneben der protzige Reichtum der Kriegsgewinnler und Opiumhändler, die jenseits der Blechhütten der Armen ihre exklusiven Clubs mit luxuriösem und geschmacklosem Kitsch ausstatten. Aber so sieht es in Kabul ja auch aus. Das Regime des Präsidenten Karzai ist im ganzen Land diskreditiert, und diese Mißachtung des Staatschefs fällt natürlich auf die fremden Truppen zurück, dank deren Präsenz er überlebt.

Abschied von der NATO

Im Zentrum des deutschen Stützpunktes wehen drei Fahnen: die deutsche, die afghanische und die NATO-Flagge mit Stern auf dunkelblauem Grund. Die zwölf goldenen Sterne der Europäischen Union sucht man vergeblich. Auch das hellblaue Tuch der Vereinten Nationen wurde nicht gehißt. Wenn Angehörige amerikanischer Spezialdienste schwarz-rot-goldene Wimpel und deutsche Nummernschilder an ihren Fahrzeugen befestigen, um von der Beliebtheit der Deutschen zu profitieren, die – am Benehmen der »Cowboys« gemessen – sehr behutsam auftreten, so bedeutet dies, daß sie sich ernste Fragen stellen.

Die letzte Parlamentssitzung der rot-grünen Koalition in Berlin wurde 2005 dazu benutzt, die Aufgabenstellung der Deutschen am Hindukusch entscheidend zu verändern. Die Mannschaftsstärke wurde auf dreitausend Mann aufgestockt. Die ISAF-Truppe, die ursprünglich unter der Autorität der UNO für Aufbau und Stabilisierung zuständig war – von »Nation building« wollen wir lieber nicht sprechen –, wurde seitdem dem NATO-

Kommando unterstellt. Somit fand de facto und vor allem aus der Sicht der Afghanen eine Verschmelzung der beiden unterschiedlichen Missionen – »Enduring Freedom« und ISAF – statt. Zusätzlich wurde mit großer Mehrheit im Reichstag beschlossen, daß die Bundeswehr mit einem »robusten« Auftrag ausgestattet würde. Die Verlogenheit des Vokabulars hat längst Orwellsche Züge angenommen. So werden Verluste der Zivilbevölkerung als »Kollateralschäden« bezeichnet, ein Kampfeinsatz, der in gewissen Situationen durchaus geboten ist, wird als »robustes« Verhalten umschrieben. Hatte nicht seinerzeit Joschka Fischer den unerträglichen Vergleich zwischen der brutalen, aber relativ unblutigen Vertreibung der Kosovo-Albaner durch die Serben mit dem Horror von Auschwitz bemüht, um die deutsche Teilnahme am Balkan-Feldzug zu rechtfertigen? Nicht einmal der Zentralrat der Juden, der sonst recht sensibel reagiert, hat gegen diese irreführende Verharmlosung der Shoah protestiert.

Bei diversen Abgeordneten hatte ich mich erkundigt, wie die schwerwiegende Entscheidung über einen verstärkten Einsatz in Zentralasien ohne gründliche Debatte, ohne Abwägung der damit verbundenen Risiken getroffen werden konnte. Die Antwort lautete stets, die Verstärkung des deutschen Engagements sei mit Rücksicht auf den großen amerikanischen Verbündeten geschehen. Wagt denn niemand, auf die Rednertribüne zu steigen, um die Dinge beim Namen zu nennen? Den zuständigen Kommissionen liegen doch die warnenden Berichte der Kommandeure, die pessimistischen Analysen des Bundesnachrichtendienstes und objektive Expertenberichte vor. Verhält man sich in Berlin ähnlich wie in Washington, wo die Bush-Administration die negativen CIA-Berichte ignorierte und sich den eigenen Wunschvorstellungen hingab? Diese Frage erheischt eine eingehende Untersuchung.

Weder der Krieg im Irak noch der Feldzug in Afghanistan können von der westlichen Allianz gewonnen werden. Eine solche »no-win«-Situation im asymmetrischen Krieg kommt jedoch einer Niederlage gleich. Aus dem Präzedenzfall der sowjetischen Okkupation, die unter Aufwand von mehr als hunderttausend Soldaten und Tausenden Panzern fast zehn Jahre lang andauerte und mit einem blamablen Rückzug endete, hätte man lernen sollen.

Andererseits hätten gerade die Briten, die in ergebener Ausrichtung auf die Direktiven des Pentagon jetzt in der Provinz Helmand in die Bredouille geraten, auf die eigene afghanische Erfahrung zurückgreifen müssen. Bei ihrem erzwungenen Rückzug in Richtung Jalalabad war im Jahr 1842 die britische Garnison von Kabul mit 16 000 Untertanen Ihrer Majestät durch aufständische Stammeskrieger in den Gebirgsschluchten niedergemetzelt worden. Nur ein einziger Mann, ein Militärarzt, war diesem Massaker entkommen.

Entgegen allen beschwichtigenden Behauptungen wurde zur Rettung der isolierten deutschen Stützpunkte im gar nicht unwahrscheinlichen Fall einer breiten islamischen Volkserhebung weder ein »worst case scenario« noch eine glaubwürdige Exit-Strategie entworfen. Während in den USA intensiv über einen Rückführungstermin der GIs aus der aussichtslosen Situation des Irak diskutiert wird, tut man in Berlin so, als sei die deutsche Präsenz am Hindukusch auf Jahrzehnte angelegt. Zu welchem Zweck wohl? Da ich als Augenzeuge die Farce der Parlamentswahlen in Kundus und Faizabad im vergangenen Herbst beobachten konnte, komme man mir nicht mit dem Argument der Demokratie.

Der pakistanische Präsident Musharraf hat zudem das Argument entkräftet, wonach die nebulöse Organisation El Qaida ihre Ausbildungslager im Umkreis von Kandahar benutzt habe, um die technische Koordinierung der Selbstmordattentate von »Nine Eleven« vorzunehmen. In den berüchtigten Camps Osama bin Ladens, der ursprünglich als Rekrutierungsagent der Amerikaner zwecks Bekämpfung der Sowjetbesatzer tätig war, fand nicht viel mehr als infanteristische Grundausbildung statt.

Nach der Evakuierung dieses entlegenen Gebirgslandes durch die westliche Allianz käme zwar vermutlich ein ziemlich unerfreuliches Regime von »Fundamentalisten« an die Macht, oder das blutige Chaos der Stammesfeindschaften würde wieder um sich greifen. Aber der harte Kern des islamistischen Terrorismus besitzt ganz andere, geeignetere Basen und Verschwörungsnetze als die Höhlen des Hindukusch. Man denke nur an Somalia, weite Teile des Irak oder die »tribal areas« Pakistans. Die Perspektive wachsender Einflußnahme radikaler »Jihadisten« kann selbst in

16

Islamabad nicht ausgeschlossen werden. In der Islamischen Republik Pakistan mit einer Bevölkerung von 160 Millionen Menschen und einer Armee, die über Nuklearwaffen verfügt, zeichnen sich die wahren Schreckensvisionen ab.

Die jüngsten Enthüllungen des Präsidenten Pervez Musharraf haben einen Schleier zerrissen. Nach Nine Eleven war der amerikanische Unterstaatssekretär Armitage bei ihm mit der ultimativen Forderung aufgetreten, er müsse sich an der Kriegführung gegen Taleban und El Qaida beteiligen, sonst werde Pakistan »in die Steinzeit zurückgebombt«. Hatte Armitage denn nicht bedacht, daß zu Beginn der Vietnam-Intervention Amerikas auch der damalige Stabschef der US Air Force, General Curtis LeMay, den Nordvietnamesen gedroht hatte, »to bomb them back into the Stone Age.« Man weiß, was daraus geworden ist.

Wir gelangen an dieser Stelle des Buches zur Kernfrage: Ist es für die Europäische Union, ist es für Deutschland noch sinnvoll, der fragwürdigen Direktion der NATO untergeordnet zu bleiben und deren weltweite Strategie durch wahllose Einsätze »out of area« zu unterstützen, die von Washington vorgegeben werden und mit den eigenen Interessen nichts zu tun haben? Wohlweislich stelle ich nicht das Atlantische Bündnis als solches in Frage, das über den Ozean hinweg eine Verwandtschaft und Solidarität verkörpert, die weit über das Militärische hinausgeht. Als General de Gaulle im Jahr 1966 der französischen Armee das Ausscheiden aus der »Organisation« der Allianz befahl, die US-Stützpunkte auf französischem Boden schließen ließ und den Umzug der NATO-Stäbe von Fontainebleau nach Mons in Belgien anordnete, mußte er wissen, daß die Bundesrepublik Deutschland, die unmittelbar an den Eisernen Vorhang grenzte und dem gigantischen Atom-Arsenal der Sowjetunion nur mit Hilfe der nuklearen Supermacht Amerika begegnen konnte, eine vergleichbare Insubordination gar nicht riskieren konnte. In Stunden extremer Gefährdung des transatlantischen Partners hatte de Gaulle jedoch seine Verläßlichkeit bewiesen. Dem Emissär Kennedys, Dean Acheson, erklärte er während der Kuba-Krise von 1962 auf Englisch: »If there is a war, we shall be with you.« Ähnlich unnachgiebig und bündnistreu hatte der General auf die

Warnung des sowjetischen Botschafters Winogradow reagiert, die akute Berlin-Krise von 1961 berge die Gefahr kriegerischer Ausweitung. »Eh bien, Monsieur l'Ambassadeur, nous mourrons ensemble«, hatte der General schnoddrig bemerkt – »Dann sterben wir eben gemeinsam, Herr Botschafter«.

Nach Ende des Kalten Krieges hätte die NATO einer radikalen Umstrukturierung bedurft. In dem Maße, wie die Allianz fortfährt, unter dem Oberkommando des US-Generals James Jones und der Regie des niederländischen Generalsekretärs Jaap de Hoop Scheffer, der sich amerikanischer aufführt als ein Amerikaner, die generelle Ausrichtung des Bündnisses konsequent den Direktiven Washingtons anzupassen, als wäre der Ost-West-Konflikt noch in vollem Gange, droht diese Befehlsstruktur für die Europäer sinnlos, ja gefährlich zu werden, zumal im Weißen Haus und im Kreis der neokonservativen Berater des jetzigen Präsidenten eine Fehlentscheidung nach der anderen getroffen wird.

Der Zweifel ist erlaubt, ob Deutschland nach der Wiedervereinigung wirklich, wie behauptet wird, ein voll souveräner Staat geworden ist. Die Bundesrepublik bleibt weiter von einem System amerikanischer Militärbasen überzogen, über die sie keine Kontrolle ausübt. Ihr Luftraum konnte für zwielichtige Aktionen der CIA mißbraucht werden. Die Mehrzahl der deutschen Medien beweist täglich ihre Skrupel, sich aus der gewohnten Unterwürfigkeit zu lösen. Es sind amerikanische und nicht deutsche Kommentatoren, die die »Rapid Response Force«, die im Rahmen der NATO aufgestellt wird, als eine »sich selbst finanzierende Fremdenlegion der Europäer im Dienste amerikanischer Interessen« beschreiben.

Wie hat die Europäische Union einer überstürzten Ausweitung nach Osten zustimmen können, die jeden Einigungsprozeß durch die Fremdsteuerung neuer, dubioser Partner und die Einschleusung »Trojanischer Pferde« zu Ohnmacht und Entschlußlosigkeit verurteilt? Was hat die »Alt-Europäer«, zumal die Deutschen – das ist ein zentrales Thema des vorliegenden Buches – dazu bewogen, die NATO, entgegen allen Zusagen, bis an die Grenze Rußlands auszudehnen, als gelte es einen neuen kalten Krieg zu entfachen oder den ominösen »Drang nach Osten« wiederaufzunehmen? So vorrangig die gewachsene und familiäre Verbunden-heit mit Amerika auch sein mag, die Russische Föderation Wladimir Putins bietet sich als der ideale Wirtschaftspartner Deutschlands an. Zwischen beiden Ländern besteht kein Konfliktpotential mehr, sondern eine natürliche Komplementarität, die im Konkurrenzverhältnis zu den globalisierten US-Konzernen oft nicht zu entdecken ist.

Ähnlich verhält es sich mit der Volksrepublik China, die von gewissen Kreisen immer noch wegen der Niederschlagung einer Studentenrevolte vor siebzehn Jahren an den Pranger gestellt und mit Sanktionen belegt wird. Für die Europäer besteht nicht der geringste Grund, sich in eine Kampagne gegen das gewaltig aufstrebende Reich der Mitte einreihen zu lassen und in Peking auf die Respektierung demokratischen Wohlverhaltens zu pochen, zumal diese Ideale der Menschenrechte im eigenen Lager Schaden genommen haben und schweren Belastungen ausgesetzt sind. Die zur Tugend mahnende Überheblichkeit deutscher Politiker an die Adresse des chinesischen Giganten, der nun einmal auf ganz anderen Gesellschaftsregeln ruht und auf den Sittenkodex einer viertausendjährigen Hochkultur zurückgreift, erscheint lächerlich, ja kläglich. Doch diese törichten Gesten und Kraftsprüche kommen in Washington gut an.

Bleibt schließlich die gemeinsame Abwehr der islamischen Herausforderung. In dieser Zone des »Broader Middle East«, wie Condoleezza Rice es formuliert, hat die »Hypermacht« Amerika eine ganze Serie von demütigenden Rückschlägen einstecken müssen, die Europa nicht mit Häme, sondern mit bangen Ahnungen erfüllen sollte. Der alte Kontinent kann es sich auf Dauer nicht leisten, daß ein unverzeihlicher strategischer Dilettantismus, eine Hybris sondergleichen die tödlichen Gefahren, die es zu bannen gilt, zusätzlich anheizt und aufputscht. Man denke nur an die amerikanischen Kommissionsberichte über die dramatische Steigerung terroristischer Aktivitäten, die durch die leichtfertige Kriegführung in Mesopotamien ausgelöst wurde.

Wie gesagt, der Irak-Krieg wird nicht gewonnen, also ist er verloren. Afghanistan befindet sich auf der gleichen abschüssigen Bahn. Die fünfwöchige Schlacht zwischen Israel und der Hizbollah im Südlibanon hat der Welt vor Augen geführt, daß die bislang als beste Armee der Welt gerühmte Streitmacht »Zahal« mit erdrückender technischer, materieller und auch menschlicher Überlegenheit nicht in der Lage ist, eine Truppe von Freischär- lern – man rede nicht immer von Terroristen –, die sich auf neu ausgeklügelte Methoden des asymmetrischen Krieges ausgerich- tet hat, niederzuringen. Im Kampf um die kleine Grenzortschaft Bint Jbeil fand eine Abnutzungsschlacht statt, eine Art orientali- sches »Douaumont«, mit der niemand gerechnet hatte.

Die ständig wiederholte Behauptung aus dem »Old Boys Club« der NATO-Generale von Mons, ohne das amerikanische Patro- nat sei Europa seinen Feinden schutzlos ausgeliefert und zum Un- tergang verurteilt, gilt nicht mehr, seit die US Marines im Einsatz gegen die schlecht bewaffneten Islamisten von Faluja versagten und die Provinz El Anbar im »sunnitischen Dreieck« dem arabi- schen Gegner überlassen mußten. Die surrealistischen Wunder- waffen der High Technology vollbringen zwar eine unerhörte Performance, aber gegen die weltweite Flexibilität und Todesbe- reitschaft einer neu konzipierten Guerrilla vermögen sie wenig. Sollen diese Superwaffen etwa dazu dienen, China einzuschüch- tern? Nach dem Debakel von Vietnam klingt das grotesk, und Rußland, das zwar extrem geschwächt aus dem Zerfall der So- wjetunion hervorgegangen ist, verfügt immer noch über ein enor- mes Arsenal an nuklear-bestückten Interkontinentalraketen, um das Pentagon von selbstmörderischen Initiativen abzuschrecken.

Atombomben auf Iran?

Nach dem Attentat auf das World Trade Center in New York hat- ten sich die europäischen Verbündeten laut Artikel V der Allianz bereit gefunden, den Kriegszustand zu erklären und sich ohne zeitliche und räumliche Begrenzung im Kampf gegen den Terror zu engagieren. Diese Geste der Solidarität erschien – zumal von seiten der Deutschen – als Zeichen brüderlicher Verbundenheit mit der Supermacht Amerika, der man so viel verdankte. Schon sehr früh erkannte Zbigniew Brzezinski, der ehemalige Sicherheitsberater Präsident Carters, den wir in diesem Buch mehrfach zu Wort kommen lassen, daß der Terrorismus eine Methode des Kampfes sei, jedoch nicht als Gegner definiert werden könne.

Spätestens seit Beginn der Offensive »Iraqi Freedom« gegen Saddam Hussein, der seine blutige Tyrannei im Namen eines säkularen arabischen Nationalismus ausgeübt hatte und von Präsident Bush wider besseres Wissen als Komplize von El Qaida dargestellt wurde, hat die NATO, der nach dem Zusammenbruch der Sowjetunion das Feindbild abhanden gekommen war, einen neuen Gegner definiert, den es mit allen Mitteln zu vernichten gilt: den islamischen Terrorismus.

Tatsächlich scheiterte die US Army im Irak am fanatischen Widerstandswillen der Jihadisten. Die Terroranschläge blindwütiger Fanatiker gegen den Westen und die sogenannten »Kreuzzügler« fanden seit Nine Eleven nicht mehr in Amerika statt, sondern in den Großstädten Europas. Diese Situation erinnert mich an das letzte Gespräch, das ich wenige Wochen vor Beginn von »Iraqi Freedom« mit Tariq Aziz, dem stellvertretenden Regierungschef Saddam Husseins, in Bagdad führte. »Ich will die Europäer auf keinen Fall bedrohen oder gar erpressen«, hatte der Baath-Politiker beteuert, der sich als chaldäisch-katholischer Christ bekennt. »Aber die Europäer sollten doch einen Blick auf die Weltkarte werfen.« Wenn die kriegerischen Unternehmungen der Amerikaner im islamischen Raum fehlschlagen und sie in eine unhaltbare Position gedrängt würden, bliebe ihre Heimat, die USA, immer noch vor dem Zorn von einer Milliarde Muslimen durch zwei Ozeane getrennt und geschützt. Europa hingegen lebe in unmittelbarer Nachbarschaft des Mashreq und des Maghreb. In den westeuropäischen Staaten haben sich Millionen islamischer Einwanderer niedergelassen, und auf dem Balkan sind zwei muslimische Völker beheimatet, die Albaner und die Bosniaken. Bei aller atlantischer Bündnistreue befände sich das sogenannte Abendland gegenüber dem religiösen und politischen Aufbruch der Koran-Gläubigen in einer ganz anderen Situation als Amerika und sollte dementsprechend differenziert reagieren.

Mit solchen Feststellungen setzt man sich als Europäer unweigerlich der Anschuldigung der Beschwichtigung, einer Kapitulationsmentalität »à la Munich« aus. Das Gegenteil sollte jedoch der Fall sein. Zumindest in Deutschland und Frankreich darf man nicht vergessen, daß die auf wirtschaftliche Prioritäten, vor allem auf das Erdöl ausgerichtete Strategie der USA dem unduldsamen Regime der Taleban in Kabul zur Macht verholfen hatte. Aufgabe dieser Koranschüler war es, unabhängig von ihrer ideologischen Orientierung, Ordnung und Stabilität im damaligen Chaos des afghanischen Bürgerkrieges zu erzwingen. Sie sollten die Voraussetzungen schaffen für den Bau einer Pipeline, die das Erdöl und Erdgas Zentralasiens unter Umgehung Rußlands und Irans über die Trasse Herat und Shindand bis an die pakistanische Küste des Indischen Ozeans gepumpt hätte. Ähnliches wurde ja im Kaukasus und in Ostanatolien geplant und realisiert. Das Abkommen des amerikanischen Erdölkonzerns Unocal mit dem finsteren Taleban-Emir, Mullah Omar, war bereits abgeschlossen.

Die enge Kooperation nahm erst ein jähes Ende, als sich herausstellte, daß die »Gotteskrieger« am Hindukusch nach der gelungenen Vertreibung der gottlosen »Schurawi«, der Sowjets, nun auch die amerikanischen »Kafirin« ins Visier nahmen und mit ihren Bombenattentaten heimsuchten.

Wer erinnert sich noch daran, daß der Krieg gegen die Islamische Republik Iran, den Saddam Hussein 1980 vom Zaun brach, aus Washington lebhaft unterstützt wurde in der Hoffnung, das Regime des Ayatollah Khomeini zu stürzen und Zugriff auf das Erdöl von Khuzistan zu gewinnen? In diesem grauenhaften Konflikt, der neun Jahre lang überwiegend in den Sümpfen des Schatt-el-Arab ausgetragen wurde, wäre der später als Todfeind der Menschheit angeprangerte Diktator von Bagdad dem Ansturm der iranischen Revolutionswächter und »Bassidji« erlegen, wenn ihm nicht aus einer Vielzahl von Staaten, vor allem aber aus den USA, substantieller Beistand bis hin zur Belieferung mit Giftgas geleistet worden wäre.

Die Europäische Union – falls sie dazu in der Lage ist –, zumindest der harte Kern des »alten Europa«, muß sich mit Realismus und eherner Abwehrbereitschaft auf die mörderische Bedrohung vorbereiten, die demnächst aus ihrer unmittelbaren Nachbarschaft gegen sie gerichtet werden könnte, und sich entsprechend rüsten. Das setzt allerdings ein radikales Umdenken in der strategischen Planung voraus. Die NATO-Konzepte, die einst zur Verteidigung der norddeutschen Tiefebene und der Fulda Gap entworfen wurden, sind hinfällig. Aber die psychologische Umstellung auf die Bedingungen des asymmetrischen Krieges – das hat die israelische Armee im Südlibanon den erschrockenen Fachleuten vor Augen geführt – ist noch lange nicht vollzogen.

Wenn 2000 Hizbollah-Krieger 30 000 Soldaten der gefürchteten Zahal in Schach halten, wenn von 400 Panzern – darunter die angeblich unverwundbaren Merkava 4 – zahlreiche durch die Abwehrwaffen von Partisanen vernichtet wurden und die eilends aus Amerika eingeflogenen Superbomben vom Typ »Bunker Buster« ohne Wirkung blieben, stellt sich die Frage, ob die ungeheuerliche Rüstungskapazität der USA zur Verteidigung Europas überhaupt taugt oder ob die US Air Force im Ernstfall nicht lediglich – wie die israelische Luftwaffe im Libanon – ein Trümmerfeld und schwere Kollateralschäden hinterließe, ohne daß der Gegner entscheidend geschwächt würde. Man vergesse nie, daß die von Washington ermutigte Überreaktion Israels auf einen lokalen Übergriff der Hizbollah als Generalprobe für eine Großoffensive gegen die Islamische Republik Iran gedacht war und alle Züge eines Stellvertreterkrieges trug.

Die Israelis haben in der Zedernrepublik einen »amerikanischen Krieg« geführt, und die dortigen Militärexperten, auf deren Aussagen in Tel Aviv ich mich hier stütze, sind im Einklang mit General Dani Yatom, einem früheren Chef des »Mossad«, zu der Erkenntnis gelangt, daß für die Ankaufsumme eines einzigen Kampfflugzeuges vom Typ F-16 sämtliche Reservisten Zahals ein Jahr lang intensiv im Bodenkampf hätten ausgebildet werden können. Bleibt am Ende nicht doch die Infanterie die »Königin des Schlachtfeldes«?

Im deutschen Verteidigungsministerium scheint Ratlosigkeit vorzuherrschen. Man besinnt sich reichlich spät darauf, daß die im Norden Afghanistans verzettelten Garnisonen völlig unzureichend mit gepanzerten Fahrzeugen ausgestattet sind. Vielleicht sollten die Berliner Planer sich in sämtlichen Provinzen Afghanistans, speziell im Pandschir-Tal, einmal die ausgebrannten und gesprengten Wracks sowjetischer Panzer ansehen, die dort zu Tausenden liegengeblieben sind. Mit improvisierten Verbesserungen ist es nicht getan. Es klingt wie ein Wunder, daß im Irak und am Hindukusch noch keine Boden-Luft-Raketen aufgetaucht sind, mit einer ähnlichen Treffsicherheit wie die »Stinger« oder »Blowpipe«, die der sowjetischen Hubschrauberflotte zum Verhängnis wurden und die Niederlage der Russen besiegelten. Da der Ausbau einer funktionierenden Wehrfähigkeit innerhalb einer Europäischen Union von 25 bis 30 Mitgliedstaaten überhaupt nicht vorstellbar ist und die Regierungen in Berlin und Paris – London scheidet ja leider wegen seiner bedingungslosen Ausrichtung auf Washington aus – offenbar nicht mehr gewillt sind, ihr Potential zu bündeln und gemeinsam auszubauen, bliebe für die Bundeswehr nur noch die Perspektive einer radikalen Reform im nationalen Rahmen, wie sie Scharnhorst einst nach Jena und Auerstedt in Angriff nahm. Doch von solchen zwingenden Überlegungen sind die deutschen Parteien offenbar weit entfernt. Das Heil des Vaterlandes suchen die Parlamentarier in endlosen Debatten um die kaum noch verständlichen Varianten der Gesundheitsreform.

Im übrigen sollten die Europäer einen anderen typisch amerikanischen Irrtum vermeiden. Es macht keinen Sinn, einen Gegner, und sei er noch so tückisch, zu verteufeln und gegen ihn zu polemisieren. Man muß sich in seine Mentalität versetzen, seine geheimen Absichten aufspüren, um sie durchkreuzen zu können, und dafür muß man mit ihm im Gespräch bleiben. Kurzum, die Beibehaltung der derzeitigen NATO-Struktur mit ihren Bannflüchen gegen die »Schurkenstaaten« und »Vorposten der Tyrannei« ist keine Sicherheitsgarantie, sie ist eine Sicherheitsgefährdung und bewirkt zudem die würdelose Entmündigung Europas.

Zitieren wir Zbigniew Brzezinski, der alles andere als ein »Appeaser« ist und dessen Standardwerk »The Grand Chessboard« den russischen Analytikern in der Umgebung Präsident Putins als Entschlüsselungsinstrument amerikanischer Absichten dient. Die deutsche Übersetzung trägt den zutreffenden Titel:»Die einzige Weltmacht«.

»Ich mache mir wirklich Sorgen«, so äußert sich der ehemalige »National Security Advisor« in einem Interview,»daß die USA den historischen Test im Nahen und Mittleren Osten nicht bestehen. Wir sehen uns drei Herausforderungen ausgesetzt. Erstens: Der Konflikt zwischen Israeli und Palästinensern. Offenbar können wir da keinerlei positiven Einfluß ausüben. Zweitens der Krieg im Irak, von dem wir drei Jahre lang behauptet haben, daß wir ihn gewinnen. Nun geben wir uns damit zufrieden zu sagen, daß wir ihn nicht verlieren – was an sich schon eine Niederlage ist. Und drittens die Wirrungen mit Iran, die nicht einfacher gemacht werden durch die unvorhersehbare und manchmal widerwärtige Sprache der Iraner.«

*

Die wirkliche Prüfung des weltumspannenden Kräftesystems, in dem die Verdrängung Rußlands, die chinesisch-amerikanische Rivalität sowie das Verhältnis der amerikanischen Planer und ihres europäischen NATO-Anhängsels zum Islam sich schicksalhaft überschneiden, steht im Raum der Islamischen Republik Iran noch bevor. Nicht die Episode des amerikanischen Fehlschlages im Irak ist das wirkliche Ereignis von historischer Bedeutung, das sich im »Broader Middle East« nachhaltig auswirken wird, sondern der Aufstieg Irans zur Regionalmacht am Persischen Golf sowie das Entstehen einer schiitischen Einflußzone, einer Landbrücke zwischen Hindukusch und Mittelmeer. Seit dem Aufkommen des schiitischen Fatimiden-Kalifats mit Sitz in Kairo im 10. Jahrhundert ist die islamische Umma keiner vergleichbaren Belastung und blutrünstigen Spaltung mehr ausgesetzt gewesen. In ihrer selbstverschuldeten Bedrängnis versucht die Bush-Administration neuerdings die Verantwortung für das eigene Versagen im Irak den Mullahs von Teheran zuzuweisen. Seit der schiitische Eiferer und Sozialrevolutionär Mahmud Ahmadinejad im Jahr 2005 mit großer Mehrheit zum Präsidenten der Islamischen Republik Iran gewählt wurde, gilt er in Washington als der gefährlichste Brandstifter im ganzen Orient. Das alte Persien wird wieder von einem Mann regiert, der sich auf die kämpferische Doktrin des verstorbenen Ayatollah Khomeini beruft, auch wenn er in letzter Entscheidung der gebieterischen Weisung des höchsten geistlichen Führers, des Ayatollah Ali Khamenei, untergeordnet bleibt.

Seit das Regime von Teheran auf die ihm völkerrechtlich zustehende Anreicherung von Uran nicht verzichten will, ist die berechtigte Befürchtung des Westens, die Iraner strebten den Besitz der Atombombe an, zur Zwangsvorstellung geworden. Das Pentagon arbeitet fieberhaft an Offensivplänen, um die schiitische Regionalmacht in Schach zu halten. Im Weltsicherheitsrat wäre die gebotene Einstimmigkeit für einen Waffengang zweifellos nicht vorhanden.

Der Blick über das endlose Häusermeer von Teheran mit seinen dreizehn Millionen Einwohnern illustriert die Unmöglichkeit, einen Staat in die Knie zu zwingen, der siebzig Millionen Menschen auf schwierigem Gelände vereint. Die auf den Heiligen Krieg eingeschworenen Revolutionswächter, aus deren Reihen Ahmadinejad hervorgegangen ist, verfügen gegenüber den USA über ein ganzes Arsenal furchterregender Gegenmaßnahmen. Heute schon besitzen die persischen Streitkräfte weitreichende, präzise Raketen und Lenkwaffen. Das Eindringen persischer Pasdaran in den Irak könnte die dort befindlichen amerikanischen Garnisonen vollends isolieren, ja zu Geiseln machen.

Mit größter Sorge blicken die Strategen Washingtons auf den Persischen Golf und die Meerenge von Hormuz. Durch diese schmale Fahrrinne verläuft der maritime Erdöltransport nicht nur des Irak, sondern des Iran, der Emirate, Kuweits und vor allem Saudi-Arabiens. Mit dem Einsatz bewaffneter Schnellboote und Kampfschwimmer, mit der Anlage von Minenfeldern, ergänzt durch tief eingebunkerte Raketenstellungen, wäre das iranische Oberkommando in der Lage, die Enge von Hormuz zu sperren. Die für den Westen unentbehrlichen Riesentanker wären ein leichtes Ziel. Im Extremfall lägen sogar die wichtigsten Erdölreserven, Raffinerien und Verschiffungsanlagen Saudi-Arabiens bei Dahran in Reichweite iranischer Lenkwaffen. Mit verbaler

Einschüchterung und halbherzigen Sanktionen wird der Westen also bei Ahmadinejad wenig ausrichten können.

Aber wird es dabei bleiben? Die diversen Nachrichtendienste verwerfen die Hypothese nicht gänzlich, daß George W. Bush, der in den verbleibenden zwei Jahren seiner Präsidentschaft sich durchaus nicht mit der Rolle der »lame duck« abfinden dürfte, zu einem radikalen Schlag gegen den »Schurkenstaat« der Mullahs ausholen könnte. Der Einsatz von taktischen Atombomben wäre dabei nicht auszuschließen. Ist es denn wirklich so schwer, zwangsläufige Entwicklungen vorauszusehen?

Ich greife auf meine eigene Niederschrift aus dem Jahr 1996 zurück, die ich seinerzeit in Teheran verfaßte und an der ich kein Wort zu ändern brauche. So schrieb ich vor zehn Jahren:

»Das Konfliktpotential ist keineswegs abgebaut, wie die Bewilligung eines Kredites in Höhe von dreißig Millionen Dollar zur Förderung umstürzlerischer Aktivitäten in der Islamischen Republik Iran durch den US-Kongreß belegt. Diese offizielle Finanzierung einer subversiven Systemveränderung in einem souveränen Staat durch die amerikanischen Kammern ist ein recht ungewöhnlicher Vorgang, der allen Normen des Völkerrechts widerspricht. Die westlichen Medien haben dieses Votum kaum zur Kenntnis genommen. Darüber hinaus ist man in Teheran überzeugt, daß die Vernichtung aller iranischen Atomanlagen – soweit sie bekannt sind – durch Amerikaner und Israeli längst abgesprochen und konkret geplant ist.

In einem Pariser Restaurant traf ich im Frühjahr 1996 einen guten Bekannten aus Florida wieder, mit dem ich während des endlosen Bürgerkrieges im Libanon steten Kontakt gepflegt hatte. Allan stand schon damals im Ruf, einem Geheimdienst anzugehören. Über die Mullahkratie von Teheran hatte er, der weiterhin mit einem Diplomatenpaß ausgestattet war, sich eine endgültige Meinung gebildet: ›Entweder geben die Perser nach und akzeptieren unsere Bedingungen, oder sie müssen sich auf das Schlimmste gefaßt machen. Was wir verlangen, ist bekannt: Verzicht auf jede Form von Nuklear-Industrie, auch wenn diese angeblich zivilen Zwecken dient; rückhaltlose Unterstützung unserer Friedensbemühungen in Palästina; Absage an jede Unter-

stützung der schiitischen Hizbollah des Libanon und anderer terroristischer Organisationen; präzise Absprachen über Petroleum-
Export.‹ Als ich meinen Gesprächspartner darauf aufmerksam
machte, daß jeder Perser – welcher Couleur auch immer – solche
Zumutungen weit von sich weisen würde, daß die Einwirkungs-
möglichkeiten der USA auf eine Nation von damals 65 Millionen
Menschen nach den Erfahrungen von Beirut und Mogadischu
doch recht unzureichend erschienen, es sei denn, das Weiße Haus
wollte sich in ein unkalkulierbares Abenteuer stürzen, lautete die
Antwort kurz und bündig: ›Schließlich besitzen wir ja noch unsere Atomwaffen, um unsere unversöhnlichen Feinde zur Räson
zu bringen.‹

Natürlich soll man eine so undifferenzierte und isolierte Meinungsäußerung nicht überbewerten, aber es stimmte mich nachdenklich, daß der extravagante Film-Typ des ›Dr. Strangelove‹,
jenes Mannes, ›der die Bombe liebt‹, überhaupt noch existiert.«

In den Personen Dick Cheneys und Donald Rumsfelds, so befürchten manche Amerikaner heute, habe dieses Gespenst Zugang zu den höchsten Kommandostellen gewonnen.

»Die kältesten Ungeheuer«

Bei diversen Vorträgen vor den unterschiedlichsten Auditorien
erlebe ich immer wieder, welch großes Vertrauen die Deutschen
in die Schlichtungsmöglichkeiten, ja die militärische Befriedungs-
kompetenz der Vereinten Nationen setzen. Nun habe ich die
Weltorganisation bei extrem aufwendigen Einsätzen in allen
möglichen Gegenden des Globus aus der Nähe erlebt. Am Kongo
hatte Dag Hammarskjöld 1960 eine Streitmacht von 30 000 Blau-
helmen zusammengetrommelt. In Kambodscha war ein ähnlich
starkes Aufgebot eingesetzt, und in Sierra Leone trat die UNO
immerhin in Divisionsstärke an. All diese Operationen endeten
mit einem totalen Fiasko, ja hinterließen übelste Folgen jeder Art.
Auf dem Balkan hat die UNO, weiß Gott, auch kein Ruhmesblatt

beschrieben. Beschönigende Gemeinplätze wie »Internationale Gemeinschaft« oder gar »Family of nations« sollten deshalb aus dem Vokabular der politischen Rhetorik verbannt werden.

So hat es mich nicht sonderlich verwundert, daß ausgerechnet der deutsche UN-Sonderbeauftragte für Afghanistan, Tom Koenigs, sich dafür aussprach, deutsche Soldaten in den heißumkämpften Süden Afghanistans zu entsenden. Dieser den »Grünen« nahestehende Politiker plädiert wohl auch dafür, die NATO-Truppenpräsenz am Hindukusch zu verstärken und auf unbegrenzte Zeit auszudehnen. Diese Vorschläge wurden ausgerechnet auf einer Tagung der Heinrich-Böll-Stiftung in Berlin vorgetragen. So werden ehemalige Pazifisten und Wehrdienstverweigerer zu Kriegstreibern. Ernst Jünger hatte für diese Kategorie leichtfertiger Anwälte militärisch sinnloser Einsätze den ironischen Ausdruck »Kriegslustige« geprägt. Man kann nur staunen angesichts der ideologischen Kehrtwendungen ehemaliger »Friedensbewegter«, ein absurder Ausdruck übrigens, hatte doch der heilige Thomas von Aquin den Frieden als »tranquillitas in ordine« definiert.

Immerhin ist es der Bundesregierung gelungen, bei den Verhandlungen über die Beilegung der Libanon-Krise als Beisitzer im Weltsicherheitsrat, fast als sechstes Mitglied dieses obersten Entscheidungsgremiums zu gastieren. Der Einsatz der deutschen Marine vor der Küste der Zedernrepublik könnte als nützliche Manöverübung bewertet werden, wenn auch bedacht werden sollte, daß die Küstenblockade eines souveränen Staates – in diesem Fall hat Beirut seine zögerliche Zustimmung gegeben – im Verweigerungsfall laut geltendem Völkerrecht einem kriegerischen Akt gleichkommt. Immer noch besser, auf See zu patrouillieren, als zu Lande vor die Aufgabe gestellt zu werden, die Hizbollah zu entwaffnen. Deren oberster Befehlshaber, Scheikh Hassan Nasrallah, hat eine solche Zumutung bereits kategorisch von sich gewiesen, und man kann sich schlecht vorstellen, daß das buntgescheckte Blauhelm-Aufgebot von Unifil dort reüssiert, wo die israelische Armee mit ihrer geballten Kraft gescheitert ist.

*

Wenn ich mich in Mazar-e-Scharif aufhalte, versäume ich nie, einen Ausflug in das etwa zwanzig Kilometer westlich gelegene Städtchen Balq zu unternehmen. Hier bewegt man sich auf uraltem historischem Boden. In der Nähe von Balq hatte Alexander der Große seine zentralasiatische Herrschaftsresidenz errichtet. In Balq verkündete rund fünfhundert Jahre vor Christus der Religionsstifter Zarathustra seine Lehre vom ewigen Kampf zwischen Licht und Finsternis. Aus Sicherheitsgründen ist es den deutschen Soldaten, deren Urgroßväter im Ersten Weltkrieg Nietzsches Zarathustra-Buch im Tornister trugen, nicht vergönnt, diese stimmungsvolle Ortschaft und ihre zeitlosen Ruinen zu besichtigen. Würden sie noch Friedrich Nietzsche lesen, dann könnten sie dort über den grimmigen Spruch Zarathustras nachdenken: »Die Staaten sind die kältesten aller kalten Ungeheuer«, eine Erkenntnis, die sowohl für den Feind als auch für eine gewisse Kategorie von Verbündeten gilt.

Lassen wir den Bündnis-Experten Brzezinski zu Wort kommen, der durchaus nicht zu den Neokonservativen der Bush-Umgebung zählt: »Die NATO bietet nicht nur den institutionellen Rahmen für die Ausübung amerikanischen Einflusses auf europäische Angelegenheiten, sondern auch die Grundlage für die politisch entscheidende Militärpräsenz der USA in Westeuropa. Im Zuge der europäischen Einigung wird jedoch diese Verteidigungsstruktur an die neue Wirklichkeit des Bündnisses angepaßt werden müssen, das auf einer mehr oder minder gleichberechtigten Partnerschaft beruht und eben nicht mehr eine Allianz ist, in der es, um traditionelle Begriffe zu gebrauchen, einen Hegemon und dessen Vasallen gibt … Eine wirkliche Entscheidung für ein vereintes Europa wird folglich eine weitreichende Neuordnung der NATO erzwingen, die unweigerlich die Vormachtstellung der USA innerhalb des Bündnisses schwächen wird.«

Zitieren wir noch folgende Bemerkung des einstigen Sicherheitsberaters zum konkreten Gegenstand dieses Buches: »Wie weit sollte sich die Europäische Union nach Osten erstrecken? Und sollten die Ostgrenzen der EU zugleich die östliche Frontlinie der NATO sein? Erstere ist mehr eine europäische Entscheidung, wird sich aber unmittelbar auf eine NATO-Entscheidung auswirken. Diese allerdings betrifft auch die Vereinigten Staaten, und die Stimme der USA ist in der NATO immer noch maßgebend ... Europa ist Amerikas unverzichtbarer geopolitischer Brückenkopf auf dem eurasischen Kontinent. Beim derzeitigen Stand der amerikanisch-europäischen Beziehungen, da die verbündeten europäischen Nationen immer noch stark auf den Sicherheitsschild der USA angewiesen sind, erweitert sich mit jeder Ausdehnung des europäischen Geltungsbereichs automatisch auch die direkte Einflußsphäre der Vereinigten Staaten.«

Auf die Frage nach der Stimme Europas, die Brzezinski im Juli 2006 von der »Süddeutschen Zeitung« gestellt wurde, folgt die ernüchternde Antwort: »Ich höre nur schüchterne Stimmen – und Kakophonie. Es gibt keine Einheit der europäischen Führer. Sind die Europäer bereit, wirklich ernsthaft gegenüber Teheran aufzutreten oder sich auch mal Amerika entgegenzustellen? Haben sie einen strategischen Konsens? Wir Amerikaner haben gelernt, daß wir die Welt nicht ohne Europa gestalten können – aber wir haben ebenso erfahren, daß es kein einiges Europa gibt, das wir ernst nehmen können. Wir haben also keine Partner.«

*

»Wie hältst du es mit der Demokratie?«, so lautet heute die Gretchenfrage, an der der Regierungsstil Putins, die Herrschaftsmethoden Hu Jintaos, die theokratische Überlieferung des »Darul-Islam« in Washington und Straßburg gemessen werden. Den Russen werfen die politischen Moralisten den Rückfall in die Autokratie vor, den Chinesen die Willkür des Einparteiensystems, den Muslimen ihr Verharren in der koranischen Gesetzgebung. Dabei schaue man sich in der Vollversammlung der Vereinten Nationen kritisch um. Von den rund zweihundert Mitgliedsstaaten entspricht allenfalls ein Zehntel den ethischen Normen einer Regierungsform, von der Churchill einst sagte, sie sei die schlechteste mit Ausnahme aller anderen. Die freie Befragung des mündigen Bürgers, das Grundprinzip der Herrschaft des Volkes, die Methode »one man, one vote« werden ad absurdum geführt, seit durchaus korrekte Urnengänge in islamischen Ländern

Parteien oder Personen begünstigen und zum Sieg verhelfen, die nicht in das Konzept des Westens passen. Daß »Hamas« bei den Palästinensern, Hizbollah bei den Schiiten des Libanon, die Schiitische Allianz in Bagdad, die Präsidentschaft Ahmadinejads durchaus dem Wählerwillen entsprachen, daß eine freie Volksbefragung in Ägypten – um nur dieses Beispiel zu erwähnen – den proamerikanischen Präsidenten Hosni Mubarak fortspülen und die Moslembrüder an die Macht bringen würde, wird aus der eigenen Wahrnehmung verbannt. Bertolt Brecht würde vorschlagen, das Volk auszutauschen.

In den Staaten Osteuropas, die sich der NATO und der Europäischen Union euphorisch anschlossen, macht sich Enttäuschung breit. Auf welche »demokratischen« Traditionen können diese Länder schon zurückgreifen, die bis zum Ersten Weltkrieg den Monarchien der Romanow oder der Habsburger unterstanden und in den zwanziger wie dreißiger Jahren mehr oder weniger ausgeprägten Formen der Diktatur ausgeliefert waren?

Zum Abschluß dieses »Prélude« gehe ich auf ein russisches Schicksal, auf die Klage eines hochbegabten Malers und Schriftstellers ein, den ich in der Zeit des Umbruchs schätzen lernte. Die Moskauer Soziologin Larissa, die in der Sowjetzeit über die »Rote-Armee-Fraktion« in Deutschland promoviert hatte und mit der ich seit langem befreundet war, brachte mich mit Maxim Kantor zusammen. Der noch junge Künstler, der dem Typus des freiheitlichen russischen Intellektuellen entsprach, führte mich in seine geräumige Wohnung, wo er eine ganze Galerie von Gemälden aufgereiht hatte. Aus den Bildern sprach eine große Begabung, aber auch die gequälte Zwangsvorstellung der sowjetischen und postsowjetischen Gesellschaft. Jede Form von Alptraum, Angst und Verzweiflung war meisterhaft in den Porträts kafkaesker Personen dargestellt, die versuchten, einer obskuren Verfolgung zu entrinnen. Sehr bald war übrigens Henri Nannen, der einen scharfen Blick für malerische Talente hatte, auf Maxim Kantor aufmerksam geworden und hatte ihm Zugang zu großen deutschen Ausstellungen verschafft.

Ich hatte von Maxim lange nichts gehört, bis ich durch eine Rezension auf sein Buch aufmerksam gemacht wurde, das unter dem

Titel »Lehrbuch der Malerei« auf Russisch erschienen ist. Dieses Werk von 1500 Seiten entwirft eine erschütternde Darstellung der Enttäuschung und der Empörung Rußlands über die Heuchelei und die Irrungen der heutigen »Sapadniki«, der eigenen »Westler«. Es rechnet mit der postsowjetischen »Kulturelite« ab, mit den Nutznießern der Perestroika, mit einer verlogenen, egozentrischen Intelligenzija, hinter deren reformerischen Bekenntnissen zur Demokratie sich nur Raffgier und Eitelkeit verbergen.

Maxim Kantor, der sich aufgrund seiner jüdischen Abstammung den westlichen Errungenschaften der Meinungsfreiheit, der Liberalität und geistigen Emanzipation zutiefst verbunden fühlt, hat einen Schlüsselroman geliefert. Er bezeichnet darin die Beschießung des russischen Parlaments, des »Weißen Hauses« von Moskau, durch Boris Jelzin im Jahr 1993, die Erstürmung einer demokratisch gewählten Volksvertretung als »blutigen Putsch«. Die westlichen Korrespondenten hatten das anders dargestellt, aber Kantor sieht in diesem Gewaltakt den Geburtsfehler des neuen russischen Staates.

Nicht nur über die moralische Verkommenheit und die geistige Leere seiner Landsleute entrüstet sich der Autor. Sein Vorwurf richtet sich eindeutig gegen den Westen, der in den Augen der russischen Bildungselite nach der petrinischen Umgestaltung einer archaischen und barbarischen Gesellschaft eine höhere Stufe der Zivilisation erreicht hatte und als richtungweisendes Vorbild galt. Dieser Glaube der »Sapadniki« an die Werte des Okzidents ist verlorengegangen, seit jenseits des Atlantiks die Plutokratie die Demokratie verdrängt und in Europa eine neue Form des »Heidentums« den Lebensstil der Spaßgesellschaft vorgibt.

Ich habe Maxim Kantor als ehrlichen Menschen kennengelernt, deshalb muß seine entsetzte Erkenntnis, daß das Abendland keine gültige Formel mehr anzubieten hat, ernst genommen werden. Er schlägt gewiß nicht vor, das chinesische Regierungs- und Kulturmodell zu kopieren. Aber der sensationelle Aufstieg des Reichs der Mitte hat aufgezeigt, daß die Glücksverheißung, mit der Amerika die »unwilligen« Staaten in sein System zu pressen sucht, daß die Unfähigkeit Europas, sich selbst zu verwirklichen, die Botschaft vermitteln, eines Tages müsse es auch für Rußland einen »Sonderweg« geben außerhalb der ausgelaugten Parolen von »freedom and democracy«, vor allem jenseits einer pervertierten Marktwirtschaft.

Maxim beschwört unbewußt die »Dämonen« Dostojewskis, und am Ende seiner Allegorie überläßt er – der leidverklärenden Tradition der russischen Literatur getreu – einem Alkoholiker, der sich um die Rettung einer Prostituierten bemüht, die Rolle des Helden, des »reinen Toren«. Mit seiner Trauer über den vom Westen geschürten Niedergang Rußlands nähert er sich der Erlösungssehnsucht von »Schuld und Sühne«.

*

Da sitzen also die deutschen Soldaten am Rande der »Tatarenwüste«, und wie die Helden des Romans von Dino Buzzati suchen sie bei sinkender Sonne den staubigen Horizont ab, ob dort nicht, wie aus dem Nichts auftauchend, die Horden der »Barbaren« zum überraschenden und unwiderstehbaren Ansturm ausholen. Ich empfinde echte Sympathie für diese jungen Leute, die durch eine unverantwortliche Regierungspolitik, durch die Unterwürfigkeit der deutschen Parlamentarier unter einen befreundeten, aber fehlgeleiteten Hegemon in eine archaische, grausame Gesellschaft Zentralasiens verschlagen wurden, der sie – aus einer Wohlstandsgesellschaft, aus einer Stimmung sexueller Permissivität, aus einem seit sechzig Jahren andauernden Friedenszustand kommend – ratlos und in psychischer Verwirrung gegenüberstehen. Wer wird in Berlin jemals auf einer öffentlichen Tribüne aussprechen, daß die Unterordnung der NATO unter amerikanischen Oberbefehl mit der Selbstachtung der Europäer auf Dauer nicht vereinbar ist? Eine klare Distanzierung von den Extravaganzen des derzeitigen US-Präsidenten, der als »borne again« jeder Realität enthoben zu sein scheint und die mythische Schlacht von Armageddon gegen die Kräfte des Bösen führt, läge nicht nur im Interesse Deutschlands und Europas, sondern auch im wohlverstandenen Interesse der USA.

In einer Besprechung meines letzten Buches, die relativ positiv ausfiel – »une fois n'est pas coutume« –, wird mir vorgeworfen, daß ich mich gelegentlich kraß und derb ausdrücke, daß ich mich, wenn mich grimmige Heiterkeit überkommt, nicht an die übliche Salonsprache unserer Medien halte. Dem könnte ich den Spruch des französischen Dichters Boileau entgegenhalten, der unter der Herrschaft Ludwigs XIV. über einen notorischen Betrüger namens Rollet den in Schulbüchern verewigten Satz schrieb: »J'appelle un chat un chat et Rollet un fripon – Eine Katze nenne ich Katze und Rollet einen Gauner.« So will ich es auch in dem vorliegenden Buch halten. Im übrigen zitiere ich allzu gern Bernard Shaw mit dessen Warnung: »Beware of old men, they have nothing to lose – Nehmt euch vor alten Männern in acht, sie haben nichts zu verlieren.«

Vor meinem Abflug aus Kabul, wo sich – ähnlich wie in Bagdad – die Straßen des Botschafter- und Behördenviertels allmählich in betonierte Schützengräben verwandeln, bin ich zum Freitagsgebet in die Moschee gegangen. Unmittelbar neben dem stinkenden, mit Müll und Kot angefüllten Rinnsal des Kabul-Flusses reckt die »Dschami« ihren dürftigen Kuppelbau, ihr schmuckloses Minarett in die verseuchte Atmosphäre der auf 4,5 Millionen Einwohner angeschwollenen Hauptstadt. Ein hastig gemurmeltes »bismillah rahman rahim« verschafft mir Zugang zu den Reihen der Betenden. Die bärtigen Gesichter der Gläubigen drücken Verzückung, heiligen Eifer und eine unerbittliche Härte aus. Die »Khutba«, die Predigt, ist bereits beendet. So frage ich im Hinausgehen einen jungen Turbanträger, welchen Koranvers der Imam denn heute als Motto seiner Ermahnung an die Gläubigen gewählt habe. Der »Talib« erwähnt einen Auszug des Heiligen Buches, der mir aus einer anderen »Khutba« im kurdischen Grenzgebiet in Erinnerung blieb.

Im Zusammenhang mit dem theologischen Disput, der nach meiner Rückkehr nach Europa zwischen dem Papst und einer Reihe erregter »Ulama« ausgetragen wird, lohnt es sich, über die kämpferische Aussage und den mythischen Bezug des Propheten auf die Gemeinsamkeit der drei abrahamitischen Religionen nachzudenken, die in diesen »Ayat« enthalten sind. »Inna lahum el janna«, so beginnt der Vers, »denen gehört das Paradies, die auf dem Weg Allahs streiten, die töten und getötet werden.« – »wa iaqtuluna wa iuqtaluna« – Ihnen wird wahrhaftig die Verheißung zuteil, die enthalten ist in der Thora der Juden, im Evangelium der Christen und im Koran – »fi et taurat wa el injil wa el qur'an«.

WEISSRUSSLAND
Blutiger Schnee

Rückkehr zum »Kalten Krieg«

Der graue Himmel lastet schwer über dem platten Land von Belarus. Die leeren Sowchosen-Felder sind mit einer dünnen, weißen Schicht überzogen. Vor Baranovicy setzt Schneetreiben ein. Der Nordwind malt Schlieren und Schlangen auf den vereisten schwarzen Asphalt. Die Wälder, die sich an die »Rollbahn« nach Moskau herandrängen – Birken und Fichten – gehören bereits jenem endlosen Taiga-Gürtel an, der sich bis zur Pazifikküste bei Wladiwostok hinzieht.

Wir fahren in südwestlicher Richtung von Minsk, der Hauptstadt der Republik Belarus, zur polnischen Grenze. Unser Ziel dort ist die Festung Brest, die man noch unlängst Brest-Litowsk, »Litauisch-Brest« nannte. »Das ist das richtige Wetter, um in Rußland Eroberungskriege zu führen«, doziert Igor, ein junger Historiker der Universität Minsk, der mir als Reisebegleiter empfohlen wurde. »Die Tataren, deren Joch Rußland fast drei Jahrhunderte erleiden mußte, wußten aus ihren asiatischen Weiten, daß in den frühen Winterwochen, wenn der Boden schon gefroren, die Wasserläufe und Sümpfe in Eis erstarrt sind, die optimalen Bedingungen für schnelles Vorrücken herrschen. Iwan IV., der bei uns der ›Strenge‹ und bei euch der ›Schreckliche‹ heißt, hat seinen entscheidenden Feldzug zur Rückeroberung des Tataren-Bollwerks Kazan an der mittleren Wolga bei klirrendem Frost unternommen. Die Potentaten der Neuzeit hingegen, sei es nun Bonaparte oder Hitler, scheuten vor Winterkampagnen zurück, und das polare Klima wurde ihnen zum Verhängnis.« Mir fällt ein Vers von Victor Hugo über den Rückzug der »Grande armée« Napoleons ein, die bei ihrer verzweifelten Überquerung der Beresina dem Schneesturm schutzlos ausgeliefert war: »Zwei Feinde gab es, den Zaren und den Nordwind. Der Nordwind war schlimmer. – Deux ennemis, le Tsar, le Nord – le Nord est pire.«

Der Geschichtslehrer Igor entspricht nicht dem bäuerlichen, etwas plumpen Typus, der in der weißrussischen Gesellschaft überwiegt. Obwohl er keinen blonden Bart trägt, erinnern mich sein hageres Gesicht und die tiefsitzenden blauen Augen an jenen jungen Mönch im Patriarchat von Belgrad, der zu Zeiten des Kosovo-Krieges das Unrecht beklagte, das der vereinigte Westen dem serbischen Volk antat, obwohl dieses sich einst als wackerster Vorposten der Christenheit an der Militärgrenze der »Krajina« gegen die Einfälle der osmanischen Janitscharen aufgeopfert hatte. »Zumindest Hitler hätte es nach den Erfahrungen Napoleons besser wissen müssen«, meint Igor. Aber der »Führer« habe Schnee und Kälte instinktiv gefürchtet, ja gehaßt. Diese traumatische Veranlagung des Mannes aus Braunau, der hoch am Obersalzberg sein Domizil gewählt hatte, war mir unbekannt.

Igor holt eine zerlesene Taschenbuchausgabe aus seiner Aktentasche, das Tagebuch von Joseph Goebbels über die Jahre 1940 bis 1942, das – wie ich später erfahren soll – zur Standardlektüre weißrussischer Intellektueller und auch Staatsfunktionäre gehört. Er verweist mich auf folgende Passage aus dem März 1942, also nach dem vergeblichen Vorstoß der Wehrmacht auf Moskau: »Er [der Führer] sagt mir in einer intimen Aussprache, daß er sich in letzter Zeit etwas krank gefühlt habe. Hin und wieder habe er mit stärksten Schwindelanfällen zu kämpfen gehabt. Der lange Winter hat so auf seine seelische Verfassung eingewirkt, daß das alles nicht spurlos an ihm vorübergegangen sei. Der Führer hat ja niemals eine besondere Vorliebe für den Winter gehabt. Schon früher haben wir manchmal darüber gelacht, welch einen körperlichen Abscheu er gegen Frost und Schnee hatte. Er konnte beispielsweise niemals verstehen, daß es Menschen gibt, die im Frühling etwa Schneegebiete aufsuchen, um Ski zu laufen. Jetzt hat sein Widerwille gegen den Winter eine grausame, furchtbare Bestätigung gefunden. Daß der Winter ihn persönlich und auch die deutschen Truppen noch einmal so hart hernehmen würde, das hat er allerdings bei seinem instinktiven Widerwillen gegen ihn niemals vermuten können. Nun ist das in einem Umfang der Fall gewesen, der früher unvorstellbar war. Dieser lange, harte und grausame Winter müßte in der Tat verflucht werden.«

Das waren wohl nicht die idealen psychologischen Voraussetzungen, um die Macht des Großdeutschen Reiches bis zur Wolga und – wer weiß – bis zum Ural auszudehnen. Durch den weißen Schleier sichten wir die quadratischen Plattenbauten der Stadt Baranovicy. Sie war im Zweiten Weltkrieg total vernichtet worden. In der Chruschtschow-Ära wurde sie im damals üblichen phantasielosen Stil hochgezogen. Mit der deutschen Kriegsgräberfürsorge sei vereinbart worden, daß am Rande der Ortschaft ein deutscher Soldatenfriedhof angelegt werde, erfahre ich. Die Verluste der Wehrmacht seien beim sowjetischen Durchbruch durch die Heeresgruppe Mitte im Sommer 1944 in diesem Raum besonders hoch gewesen.

In der Oblast Baranovicy hatte – mehr noch als in anderen Regionen der vom Dritten Reich besetzten Sowjetunion – ein brutaler, ein gnadenloser, entsetzlicher Partisanenkrieg getobt. Seit der angeblichen Zeitenwende, die sich am 11. September 2001 mit dem Anschlag auf das World Trade Center in Manhattan vollzog, seit der Begriff »asymmetric war« und die globale Ausweitung einer unkontrollierbaren Guerrilla die Strategen weit mehr beschäftigen als das obsolete Modell der Panzerschlacht von Kursk, gewinnen die Sabotage- und Terrorakte der verstreuten, aber hocheffektiven Freischärlergruppen im weißrussischen Hinterland des Zweiten Weltkrieges eine beklemmende Aktualität.

Mit Igor kann ich ziemlich ungeniert die heiklen politischen Fragen seiner Heimat ansprechen. Im Rahmen des »Akademischen Austauschdienstes« hatte er ein paar Monate in der Bundesrepublik verbracht und verfügt über solide Referenzen. Dem autoritären Regime des Präsidenten Alexander Lukaschenko, der in der westlichen Presse gelegentlich zu einem panslawistischen Osama bin Laden aufgebauscht wird, steht er mit Distanz, aber ohne Verkrampfung gegenüber. Warum ich überhaupt nach Minsk gekommen sei und warum ich so großen Wert darauf lege, die Fahrt über 350 Kilometer Eisstrecke nach Brest am Bug auf mich zu nehmen, hat er mich wie so viele andere Gesprächspartner gefragt. Die Antwort ist simpel. Seit es der US-Administration des George W. Bush nicht mehr genügt, eine Achse des Bösen – bestehend aus Irak, Iran und Nordkorea – als Zielscheibe amerikanischer Terrorbekämpfung auszurufen, hat Bushs Außenministerin und engste Vertraute, Condoleezza Rice, eine zusätzliche Liste von Schurkenstaaten aufgestellt und unter dem Etikett »Vorposten der Tyrannei – outpost of tyranny« zum Einsatz subversiver und robuster Umsturzmethoden freigegeben. Es handelt sich dabei um so unterschiedliche Länder wie Simbabwe im südlichen Afrika, Burma in Hinterindien, das sich heute Myanmar nennt, Iran und Nordkorea sowieso, die Karibikinsel Kuba des Erzfeindes Fidel Castro und – in Europa – eben um die Republik Weißrußland, die sich im Gegensatz zu allen ehemaligen Verbündeten und Randrepubliken der Sowjetunion in Osteuropa der dräuenden Forderung nach Einführung von Demokratie und Marktwirtschaft amerikanisch-europäischer Provenienz unbelehrbar und störrisch widersetzt.

Es lohnt sich, diesem »outpost of tyranny«, der sich in unmittelbarer Nachbarschaft der EU in scheinbar stalinistischer Verkrustung behauptet, eine Untersuchung zu widmen, einen Ortstermin anzuberaumen. Es geht ja in Minsk um weit mehr als um das Schicksal eines ehemaligen Kolchosen-Direktors namens Lukaschenko, der das altrussische Herrschaftsprinzip der Autokratie in paternalistischer Tarnung wiedererstehen läßt. In Weißrußland wird eine Kraftprobe zwischen Washington und Moskau ausgetragen. In Minsk ist der absurde »Drang nach Osten«, dem sich nicht nur die Atlantische Allianz, sondern auch die als Trabant Amerikas agierende Europäische Union auf Kosten Rußlands verschrieben hat, auf die ideologische Beharrungskraft eines Diktators gestoßen, der allen Versuchen der westlichen »Völkergemeinschaft«, sein Regime von Minsk den Regeln einer demokratischen »Zivilgesellschaft« anzupassen, mit listiger Brutalität widersteht. »Was versteht man überhaupt bei euch unter dem Wort ›Zivilgesellschaft‹«, fragt Igor, und ich muß gestehen, daß mir keine überzeugende Definition einfällt.

Als Gefolgsmann seines Präsidenten läßt sich Igor keineswegs einordnen. Aber seine Ablehnung äußert sich nuanciert. Während meines Aufenthaltes in Minsk habe ich mich nicht um eine Audienz bei Alexander Lukaschenko bemüht. Den Vorschlag des Außenministers Martinow, ein Interview mit zuvor eingereichten Fragen zu führen, habe ich abgehnt. So bleibt mir als persönlicher Eindruck von dem Tyrannen lediglich sein häufiges Auftreten im lokalen Fernsehen, dessen Programm sich im übrigen durch postsowjetische Phantasielosigkeit auszeichnet und der Schilderung des »Großen Vaterländischen Krieges« gegen Hitler-Deutschland einen besonderen Platz einräumt. Auch die »Heldentaten« russischer Soldaten in Tschetschenien, die in den Moskauer Studios im Stil von Rambo-Einsätzen produziert wurden, werden dort gewürdigt. Exzessiven Personenkult kann man diesem Präsidenten kaum nachsagen. Sein Porträt ist in sämtlichen Amtsstuben präsent, aber damit steht er ja als Staatschef keineswegs allein. Die TV-Auftritte dieses großgewachsenen Mannes mit dem scharf geschnittenen Profil und dem dichten Schnauzbart wirken ein wenig unbeholfen. Er zeigt sich im Kreise seiner Minister, die andächtig zu ihm aufblicken und seinen relativ banalen Aussagen wie einer Offenbarung zu lauschen scheinen. Dabei gebärdet er sich jedoch mehr als Schulmeister denn als Despot und vermittelt sogar den Eindruck einer gewissen ländlichen Einfalt. Dieser Hüne redet zudem in einer hohen Tonlage und eignet sich nicht sonderlich zum wortgewaltigen Tribun.

Trotzdem – darin stimmt Igor mit jenen Oppositionspolitikern überein, die ich zwei Tage zuvor ohne große konspirative Vorbereitungen in Minsk treffen konnte – verfügt der ehemalige Kolchosenchef und Propagandaoffizier der Sowjetarmee über eine unbestreitbare Popularität vor allem bei der Agrarbevölkerung, und diese gibt weiterhin – selbst wenn sie inzwischen oberflächlich verstädtert wurde – den Ton an. Als die Sowjetunion auseinanderbrach und sich in eine »Gemeinschaft Unabhängiger Staaten« verwandelte, tat sich Weißrußland am schwersten mit der eigenen nationalen Identität. Zudem war dieser westlichste Teil des Stalin-Imperiums nach den Verwüstungen des Zweiten Weltkrieges, in dem ein Drittel seiner Einwohner ermordet wurde, von Moskau beim Wiederaufbau und bei der Ansiedlung einer für sowjetische Verhältnisse hochentwickelten Technologie systematisch bevorzugt worden. Dabei spielten die Rüstungsprojekte eine eminente Rolle.

Der Kommunismus, so stellt Igor fest, habe in Weißrußland tiefe Wurzeln geschlagen, und die Bevölkerung war mit dem staatlichen Dirigismus sogar relativ gut gefahren. So verhielten sich die Parteifunktionäre von Minsk gegenüber dem Perestroika-Abenteuer Gorbatschows in den späten achtziger Jahren extrem zurückhaltend. Um 1990 bildeten sich zwar nationalistisch orientierte Kräfte, die im Namen der Freiheit gegen die fest zementierte Nomenklatura der Alt-Kommunisten antraten, aber diese abrupte belarussische Distanzierung von den großrussischen Vettern stieß auf geringen Widerhall. »Die Europäer und Amerikaner«, so argumentiert Igor, »wollen einfach nicht begreifen, daß das im Ausland so hoch gepriesene Experiment von Perestroika plus Glasnost fürchterliches Elend, Gesellschaftsauflösung und hemmungslose Korruption über die Sowjetmenschen gebracht hat. Unserer Teilrepublik ist damals der schlimmste Niedergang erspart geblieben, weil sich der hiesige Volkswille instinktiv gegen die abenteuerlichen Demokratisierungs-Ukase Gorbatschows und gegen die Auswüchse einer pervertierten Marktwirtschaft unter Jelzin zur Wehr setzte, die am Ende nur den Oligarchen zugute kamen.«

Das bäuerlich-mißtrauische Weißrußland hatte im Sommer 1991 sogar offen mit dem dilettantischen Putsch jener kommunistischen Hardliner sympathisiert, die Gorbatschow während seines Krim-Aufenthalts zu stürzen suchten. Der darauffolgenden Wirtschaftsliberalisierung, die – von Boris Jelzin und seiner »Familie« patroniert – einen Abgrund von Betrügerei, von Verschleuderung des Staatsvermögens bewirkte, hatten die Behörden von Minsk sich verweigert. Als trotzdem Bestechlichkeit in den Reihen der sich neu bildenden Politikerkaste um sich griff, kam es zur dramatischen Wende. Nach Ausbootung des Übergangspräsidenten Schuschkewitsch, eines romantischen Nationalisten, wurde im Juli 1994 die erste freie Wahl zur Berufung eines neuen Staatsoberhauptes anberaumt. Das Ergebnis verblüffte alle, sowohl die historisierenden Schwärmer als auch die Mafiosi der Nomenklatura. »Selbst ich habe damals für Alexander Lukaschenko gestimmt«, gesteht Igor lächelnd ein, »weil er ein Neuling in der Politik war, als ehrliche Haut vom Lande galt, über keine Organisation verfügte, aber als Vorsitzender einer parlamentarischen Antikorruptionskommission hart durchgriff, sich als eine Art slawischer Robin Hood feiern ließ.«

»Mit 82 Prozent der Stimmen ist Lukaschenko im Juli 1994 zum Präsidenten von Weißrußland gewählt worden, und der Westen hat dieses Ergebnis bis heute nicht verwunden«, fährt Igor fort. »Vor allem die Deutschen hatten Gorbatschow zu ihrem Nationalheiligen erkoren. Und dann den Alkoholiker Jelzin, der so gut in das Bild des tolpatschigen russischen Bären paßte. Ich kann mich einfach nicht mit diesen beiden Reichszerstörern identifizieren, auch wenn ich dem Sowjetsystem keine Träne nachweine.« Lukaschenko sei mit Hilfe seiner populistischen, slawophilen Argumente, vor allem aber durch seine Stellungnahme gegen den sittlichen Niedergang an die Macht gelangt. Das sei um so bemerkenswerter gewesen, als er der Verleumdung durch die Medien ausgesetzt war, die damals von seinem reaktionären Erzrivalen, dem Regierungschef Wjatscheslaw Kebitsch, gesteuert wurden.

Das Bauernvolk von Weißrußland erblickte in Lukaschenko einen der Ihren. Dieser ehemalige »Kolchosnik« erweckt, wie selbst seine Gegner zugeben, bei den kleinen Leuten die Hoffnung auf wohlwollende Fürsorge. Als ich zwei Tage vor meinem Ausflug nach Brest mit einer Runde von Lukaschenko-Gegnern zusammengesessen hatte, war ich auf sympathische, unerschrockene Oppositionelle, darunter manche Wissenschaftler und Literaten, gestoßen. Sie hatten die allmähliche Wandlung des Volksfreundes Lukaschenko zum Autokraten am eigenen Leib zu spüren bekommen. Der eine oder andere hatte Monate im Gefängnis verbracht, ohne daß eine ernsthafte Anklage gegen ihn erhoben wurde. Vor allem mit dem drohenden Berufsverbot wurde die Opposition in Schach gehalten. Die systematische Ausschaltung des Parlaments durch den Präsidenten, der die Abgeordneten als »eine Bande von Roßtäuschern« bezeichnete, hatte Empörung ausgelöst, und mehr noch der Beschluß Lukaschenkos, sich entgegen den Satzungen der von ihm verabschiedeten Verfassung ein unbegrenztes Recht auf Wiederwahl zu sichern. Im März 2006 trat er seine dritte Amtszeit an, und die Regimegegner beklagen zutiefst die Spaltungen in den eigenen Reihen. Zwar hatte man sich recht und schlecht auf die Person des Physikprofessors Alexander Milinkewitsch geeinigt, aber dieser Wissenschaftler war kaum geeignet, dem robusten Amtsinhaber Paroli zu bieten.

Ursprünglich hatten die Widersacher Lukaschenkos kritisiert, daß er die unerwartet erworbene staatliche Unabhängigkeit ihres Landes sowie dessen eigenständige Kultur einer bedingungslosen Ausrichtung auf die Weisungen Moskaus und der dort regierenden Großrussen geopfert habe. »Ich bin ein sowjetischer Belarusse«, hatte der neue Präsident erklärt. Nachdem er ein paar Jahre lang die überlieferte weißrussische Nationalfahne aus der kurzen Zeit der Eigenstaatlichkeit nach dem Ersten Weltkrieg – eine Farbkombination von Weiß-Rot-Weiß – zugunsten des alten Emblems der Sowjetrepublik Weißrußland, Rot-Grün mit einer gemusterten Borte, ersetzt hatte – Hammer und Sichel waren wohlweislich entfernt –, widersetzte er sich auch dem Versuch der Heimattreuen, das weiß-ruthenische Idiom, das er wie eine Vielzahl seiner Landsleute nur unvollkommen beherrscht, zur einzigen Amtssprache zu erheben. Er hielt wohl nicht viel von diesem »Dialekt«. Im übrigen witterte Lukaschenko damals, daß ihm am Ende der erratischen, ruinösen Staatsführung Jelzins und seines Clans eine Chance geboten würde, die Nachfolge dieses amtsunfähigen und trunksüchtigen »Zaren aller Reußen« anzutreten. Man hatte ihn ja inzwischen zum Vorsitzenden des Obersten Rates einer sich organisch zusammenschließenden russisch-weißrussischen Union berufen.

Doch diese Ambitionen, so stellten die Opponenten schadenfroh fest, wurden zunichte gemacht, als ein gewisser Wladimir Putin aus Sankt Petersburg die Gunst Jelzins gewann und mit der Routine eines bewährten KGB-Offiziers immer mehr Einfluß im Moskauer Kreml ausübte. »Lukaschenko hat nach diesem Karriere-Rückschlag die weißrussische Nation wiederentdeckt«, spottete ein Teilnehmer unseres verschwörerischen Diskussionskreises. »Unser Präsident hält es wohl mit Julius Cäsar, der es angeblich vorzog, der Erste in einem ›oppidum‹ zu sein als der Zweite in Rom. Jetzt ist Lukaschenko unbestreitbar der Erste in Minsk. Moskauer Blütenträume sind zerstoben, und er zementiert seine lokale Macht«, polterte ein urwüchsiger Literat, dem wie Taras Bulba, dem Romanhelden Gogols, der gewaltige Schnurrbart an beiden Mundwinkeln herunterwuchs. Eines müsse man ihm zugestehen, kamen die Männer überein, die das weiß-rot-weiße Nationalsymbol am Rockaufschlag trugen: Die wirtschaftliche Situation in Minsk sei erträglicher als etwa im russischen Smolensk oder in den benachbarten ukrainischen Städten. Auch die Korruption, die mit den Millionengewinnen der Perestroika-Nutznießer, der »Oligarchen«, in der zerfallenden Sowjetunion einen grotesk skandalösen Höhepunkt erreichte, sei vom ehemaligen Kolchosen-Direktor erfolgreich zurückgedrängt worden. »Wir haben nur einen Oligarchen, der über alle Staatseinkünfte eigenmächtig und ohne Kontrolle verfügt«, wurde dann allerdings eingeworfen, »und der heißt Lukaschenko.«

Die Bindung an Rußland sei weiterhin eng, viel zu eng, lautet ein häufig vorgetragener Vorwurf. Doch davon profitierte Weißrußland ja auch, weil Erdgas und Erdöl aus dem Osten noch zu Vorzugspreisen geliefert werden. Die örtliche Rüstungsindustrie, die in gewachsener Verflechtung mit der russischen Waffenproduktion technische Neuerungen entwickelt, bewähre sich als Handelspartner mancher Länder, die Putin nicht unmittelbar mit Kriegsmaterial ausstatten möchte. Neben China, so erfuhr ich, sei damit vor allem die Islamische Republik Iran gemeint.

»Heute würde Lukaschenko vermutlich nicht mehr unsere weiß-rot-weiße Nationalfahne gegen das verpönte Symbol aus der Stalin-Zeit eintauschen«, meinte ein stadtbekannter Anwalt. Viele Weißrussen mißtrauten allerdings dem Westen, wenn er seine strategischen NATO-Strukturen immer weiter nach Osten vorschiebt und einem latenten polnischen Revisionismus Vorschub leistet. Die militärische Zusammenarbeit zwischen Moskau und Minsk sei überaus intensiv und habe zum Ausbau einer gemeinsamen Raketenabwehr geführt, die nach Westen gerichtet ist. Man solle die Schläue und den groben Machtwillen Lukaschenkos nicht unterschätzen. Er habe aus dem Präzedenzfall der

»Orange-Revolution« in der Ukraine gelernt. Sein Verhältnis zu Putin sei alles andere als herzlich, und gewisse Einmischungen des Kreml hätten ihn zu dem Kraftspruch verführt: »Wenn der Kreml sich Belarus unterwürfig machen will, droht ihm ein schlimmeres Abenteuer als in Tschetschenien.« Aber das sei wohl der Übermut einer Wodka-Laune gewesen.

Wir hatten das landesübliche Gericht »Draniki« kräftig mit Wodka und georgischem Rotwein begossen. »Das Weißrußland Lukaschenkos fühlt sich als vorgeschobene Abwehrbastion gegen die Expansionsbestrebungen der amerikanischen Imperialisten in Osteuropa«, versuchte Taras Bulba die Lage zu erklären. Aber das klinge ja, als bereite sich hier ein neuer »Kalter Krieg« vor, wende ich ein. »Dieser neue Kalte Krieg ist längst im Gange«, lautete die kategorische Antwort.

*

Während der Fahrt nach Brest habe ich Igor von meiner Begegnung mit den Regimekritikern erzählt, natürlich ohne Namen zu nennen. Deren Argumente sind ihm bekannt. Er ist auch mit der romantischen Nostalgie vertraut, die auf brüchiger historischer Grundlage eine in sich geschlossene weißrussische Nation herbeisehnt. »Wir leben in einer besonders komplizierten Misch- und Übergangszone Europas«, kommentiert er. »Samuel Huntington, den man immer wieder zitiert, wenn es um den ›Zusammenprall der Kulturen‹ geht, hat durchaus recht, wenn er eine Trennungslinie zieht zwischen jenen privilegierten Teilen unseres Kontinents einerseits, die durch die lateinische Tradition Roms geprägt wurden – Reformation und Aufklärung entwickelten sich ja auf dieser Grundlage – und den östlichen Bevölkerungsgruppen Europas andererseits, die sich auf die byzantinische Orthodoxie ausrichteten und nach der Eroberung Konstantinopels durch die Osmanen den Schwerpunkt der prawoslawischen Politik in den Raum von Moskau verlagerten. Wir Weißrussen sind zwischen alle Fronten geraten, befinden uns in einer extrem fragilen Gemengelage – am heiß umstrittenen Schnittpunkt eines verhängnisvollen Schismas.«

Ursprünglich war die Christianisierung Weißrußlands von Kiew ausgegangen. Nachdem diese Wiege des Rurikiden-Reiches, diese »Mutter der russischen Städte«, im Jahre 1240 durch den Tataren-Sturm ausgelöscht wurde und die mongolischen Reiterhorden ganz Rußland unterwarfen, schreckten die asiatischen Eroberer davor zurück, sich in die undurchdringlichen Wälder und tückischen Sümpfe des Pripjet zu verirren, die noch im Zweiten Weltkrieg den roten Partisanen ein ideales Refugium boten. Später geriet dieser instabile politische Freiraum unter den Einfluß der Litauer und Polen, und die bekannten sich zum katholischen Ritus und zur petrinischen Autorität des Papstes. Der Ausdruck »Weißrußland«, so höre ich nicht zum ersten Mal, bezeichne jene westliche Zone Rußlands, die zu keinem Zeitpunkt in ein Vasallenverhältnis zur »Goldenen Horde« des Groß-Khans gezwungen worden sei. Dieser hatte in Saraj, unweit von Stalin- oder Wolgograd, seinen Herrschaftssitz aufgeschlagen. Die Selbstbehauptung gegenüber den noch heute als »Schwarze« bezeichneten Nomadenstämmen Zentralasiens soll bei der Namensgebung von »Weißrußland« Pate gestanden haben.

Im 14. Jahrhundert, nach der späten Bekehrung der störrischen Litauer zum Christentum, dehnte sich deren Großherzogtum, das heute zu den Zwergstaaten der Europäischen Union zählt, über ganz Weißrußland und die westliche Ukraine bis zum Schwarzen Meer aus. Igor verweist stolz darauf, daß in den frühen Jahren dieser litauischen Expansion das Weißrussische sich als Amtssprache im Großherzogtum von Vilnius durchgesetzt hatte. Die Vereinigung der litauischen und der polnischen Krone im Jahr 1385 führte dazu, daß die feudale Oberschicht sich auch in Weißrußland überwiegend zum Katholizismus bekehrte, während die Kleinbauern und Leibeigenen an der Orthodoxie festhielten.

Das Reiseziel Brest-Litowsk am Bug hatte ich mir ausbedungen, weil sich hier im Jahre 1569 eine folgenschwere religiöse Umschichtung vollzog. In der »Union von Brest« hatte der slawische Klerus vom Papst erwirkt, daß in der West-Ukraine und in Weißrußland eine »unierte« Konfession ins Leben gerufen wurde, eine griechisch-katholische Kombination, die sich unter Beibehaltung der byzantinischen Liturgie der höchsten Autorität des Papstes unterordnete. In der Folgezeit, bis ins späte 18. Jahrhundert, hat Weißrußland als Bestandteil der polnischen »Rzeczpospolita« in Rückständigkeit und Armut vor sich hingedämmert. Die polnisch-litauischen Großgrundbesitzer – an deren Spitze die Dynastie der Radziwill – bildeten die exklusive Oberschicht. In Handwerk und Handel betätigte sich eine zahlenstarke jüdische Gemeinde, die in der Abgeschiedenheit ihrer »Schtetl« toleriert, aber auch beargwöhnt wurde. Es entstand hinter der »Mauer, die die Thora schützt« jene seltsam versponnene Welt kabbalistischer Mystik und später der chassidischen Erneuerung, die sich in den Bildern Marc Chagalls, der aus Witebsk stammte, in einer magischen Traumvision darstellt.

»Von der Union von Brest ist auf den ersten Blick nicht viel übriggeblieben, nachdem die stets am Rande innerer Zerrüttung lebende Rzeczpospolita im 18. Jahrhundert den sukzessiven Teilungen zwischen Rußland, Österreich und Preußen zum Opfer fiel und Polen jede staatliche Identität einbüßte«, fährt der Historiker fort. »Das zaristische Rußland vollzog mit brutalem Zwang die Auflösung der Uniaten-Kirche und unterstellte die griechisch-katholischen‹ Papisten der Autorität der Moskauer Synode.« Es sei ein Wunder, daß in seiner Heimat eine beachtliche Zahl von Katholiken die Gleichschaltung durch die prawoslawische Kirche und später den Atheismus selbst nach der Vertreibung und Auswanderung der bis 1945 hier ansässigen polnischen Bevölkerungsgruppe überlebt habe. Ganz anders sollte sich die Entwicklung in jenem ukrainisch besiedelten Landesteil gestalten, der unter die Herrschaft Habsburgs geriet. In Ost-Galizien genoß die griechisch-katholische Uniaten-Kirche die Förderung der österreichischen Administration und des Jesuitenordens. So erkläre sich, daß die Nationalisten in der heutigen West-Ukraine, im Gegensatz zu Belarus, sogar den stalinistischen Terror nach dem Zweiten Weltkrieg im Untergrund überstanden hätten und heute den harten Kern des antirussischen ukrainischen Patriotismus bildeten.

Auf den Spuren von »Barbarossa«

Die östlichen Vororte von Brest werden von tristen Plattenbauten der Chruschtschow-Zeit gesäumt. Im Schneegestöber wirken die Mietskasernen noch deprimierender. Dazwischen schieben sich neue Wohnblocks, die sich durch grelle Farben, seltsame Schnörkel, aber auch durch höhere Qualität auszeichnen. Da ist es wie eine Wohltat, daß ein paar Häuserzeilen aus der Zwischenkriegsperiode erhalten blieben, als diese Festung zu Polen gehörte. Die stalinistischen Repräsentationsfassaden, die man einst als »Zuckerbäckerstil« verlachte, haben imperialen historischen Symbolcharakter angenommen. Noch bevor wir das Zentrum erreichen, fällt der Blick auf den prächtig vergoldeten, machtvollen Bau einer russisch-orthodoxen Kathedrale, die Lukaschenko als Zeichen der Zugehörigkeit von Belarus zum prawoslawischen Glauben errichten und durch den Moskauer Patriarchen Alexej sowie den Metropoliten Filaret einweihen ließ.

Von dem ursprünglich starken polnischen Bevölkerungsanteil ist in Brest wenig übriggeblieben. Der Diktator von Minsk hat zumindest keinen Glaubenskrieg gegen die Katholiken entfacht. Der orthodoxe Metropolit der Hauptstadt, der aufs engste mit den Staatsorganen Lukaschenkos zusammenarbeitet, nimmt gegenüber den päpstlichen Bemühungen um eine Annäherung an die Ostkirchen eine konziliantere Haltung ein als der argwöhnische Moskauer Patriarch. In Pinsk residiert immer noch der mehr als neunzigjährige Prälat Slupj, der schon während seiner Verbannung in den Gulag vom Vatikan »in pectore«, also unter strikter Geheimhaltung seiner Identität, in das Kardinalskollegium aufgenommen wurde. Die langen Jahre in sowjetischen Straflagern hat Slupj offenbar im Vertrauen auf Gott recht unbeschadet überstanden. Heute genießt er selbst bei den ehemaligen Kommunisten und bei den Popen der Gegenkirche hohen Respekt.

Es ist nicht mein erster Besuch in Brest-Litowsk. Im Winter 1958 hatte ich auf meiner Reise im »Blauen Zug« von Berlin nach

Moskau zwangsläufig mehrere Stunden in dieser Grenzstation verbracht. Die Umstellung auf die russische Spurweite nimmt heute nur noch eine halbe Stunde in Anspruch. Damals brauchte man mehr Zeit dazu, was mir Muße für einen Bummel durch die öden Straßen verschaffte. Mir war vor allem die entweihte katholische Kathedrale aufgefallen. Deren Portal war mit dicken Querbalken verriegelt. Im übrigen wurde das Gotteshaus zu jener Zeit des Atheismus als Versammlungsraum oder Sporthalle genutzt. Heute ist es dem römischen Kult zurückerstattet. Die im Jesuitenstil gestaltete Fassade mit der alles beherrschenden Marien-Statue leuchtet in gelben und himmelblauen Farben. Es ist für diese Gegend bezeichnend, daß sich schräg gegenüber ein Lenin-Denkmal aufreckt. Sein Arm ist wie zur beschwörenden Abwehr gegen diese Wiedergeburt der Religion erhoben, die er einst als »Opium für das Volk« schmähte.

Andere Zeugen der Vergangenheit haben an dieser Stelle überdauert. An der Kreuzung des Dserschinski-Prospekts bemerke ich die stattliche Büste Felix Dserschinskis, des Gründers des bolschewistischen Überwachungs- und Terrorapparates, der ursprünglich Tscheka, dann GPU, später NKWD und schließlich KGB genannt wurde – eine Bezeichnung, der Lukaschenko treu geblieben ist, während der neue Kreml-Herr Putin die Initialen FSB einführte. Dserschinski entstammte einer polnischen Adelsfamilie aus der Umgebung von Brest. In einem anmutigen Park entdecke ich sogar die vom Schnee wie von einem weißen Mantel geschmückte Bildsäule des polnischen Schriftstellers und Freiheitskämpfers Adam Mickiewicz, der als Autor von »Pan Tadeusz« und betont nationaler Schriften bekannt wurde. Mickiewicz, so scheint es, verkörpert weiterhin wie ein steinerner Gast den Anspruch Warschaus auf seine verlorenen Ostgebiete. Dennoch hat man ihn nicht entthront, vielleicht aus Rücksicht auf die verstreute polnische Minderheit, die in Weißrußland auf höchstens vier Prozent geschrumpft ist.

Vergeblich halte ich Ausschau nach Spuren jüdischen Lebens. Vierzig Prozent der Einwohner von Brest bekannten sich vor 1939 zum mosaischen Glauben, organisierten sich teilweise in der kämpferischen Organisation »Bund« und behaupteten sich als führende Intellektuellenschicht trotz der antisemitischen Schikanen des späten Piłsudski-Staates. Fast alle Juden von Brest, die dem blitzschnellen Vordringen der Wehrmacht nicht entrinnen konnten, sind in den Konzentrationslagern Himmlers vernichtet worden. Die wenigen Überlebenden, denen die Flucht gelang, seien nach Israel, nach Nordamerika und mehr noch nach Deutschland ausgewandert, als das Ausreiseverbot aufgehoben wurde, so erfahre ich.

Mir kommt plötzlich eine bewegende Szene in den Sinn, die ich im März 1982 in der Knesset von Jerusalem beobachten konnte. Der französische Präsident François Mitterrand hatte Israel einen Staatsbesuch abgestattet und vor dem jüdischen Parlament eine sehr ausgewogene Rede gehalten. Bei aller nachdrücklichen Beteuerung, die französische Republik werde sich für das Überleben des zionistischen Staatswesens einsetzen, hatte Mitterrand den damaligen Ministerpräsidenten Menachem Begin ermahnt, auch für die arabischen Einwohner Jerusalems eine Lösung ins Auge zu fassen, die den Wünschen der Palästinenser Rechnung trage. Begin war darauf seinerseits ans Rednerpult getreten, um Mitterrand eine klare Absage zu erteilen. Dieser unscheinbar wirkende Mann, dem man nicht zutraute, daß er als Führer der radikalen Kampftruppe »Irgun« der britischen Mandatsmacht im Heiligen Land durch eine Serie von Anschlägen das Verbleiben verleidet hatte, und dem mit der Sprengung des britischen Hauptquartiers im Hotel »King David« ein Coup gelungen war, um den ihn manche heutige Terroristen beneiden würden, hatte bei seiner Argumentation gegen den französischen Vorschlag auf die eigene Kindheit zurückgegriffen, und die hatte sich in Brest-Litowsk abgespielt. Begin erinnerte pathetisch an seinen Vater, mit dem er gemeinsam im fernen polnischen Exil immer wieder die Verheißung des Gottes Jahwe beschworen hatte: »Nächstes Jahr in Jerusalem.«

Wir nähern uns dem riesigen Festungsgelände. Längs der Baumallee, die zum Hauptportal mit dem gigantischen Sowjetstern aus Stahl führt, zeichnen sich auf rotem Hintergrund die Gesichter von Soldaten der Roten Armee ab, als sie beim völlig unerwarteten Ansturm der deutschen Wehrmacht am 22. Juni 1941 verzweifelten Widerstand leisteten. Unsere Führung an dieser Schicksalsstätte, an diesem Schnittpunkt zwischen Mittel- und Osteuropa, hat jetzt ein älterer, vierschrötiger Herr übernommen, dem man den ehemaligen Offizier anmerkt. Er hat sich für meinen Besuch Zeit genommen. Ich habe längst festgestellt, daß bei meinem Aufenthalt in Belarus keine meiner Erkundungen dem Zufall überlassen bleibt. Sergej, mein neuer Betreuer in Brest, versucht in keiner Weise, mich propagandistisch zu beeinflussen. Sein Vater hatte in einem der Sowjet-Regimenter gedient, die beim deutschen Vordringen aufgerieben wurden. Wie lange ist in den unterirdischen Stollen gekämpft worden, die Zar Nikolaus I. im Jahr 1843 als Bollwerk gegen den Westen anlegen ließ? Der Widerstand dürfte nicht länger als zwei Wochen gedauert haben. Dann waren auch die verstreuten NKWD-Einheiten vernichtet, die im weiteren Umfeld ihre letzte Munition verschossen hatten. Deren Überlebende wurden laut »Kommissarbefehl« Hitlers ohne jede Prozedur erschossen.

»Fragen Sie die alten Leute von Brest«, beginnt Sergej mit grimmigem Unterton seine Erklärungen. »Unsere Kriegführung war eine einzige Katastrophe. Die Wehrmacht hatte bereits nach sechs Tagen die Stadt Minsk erobert, und zwei Wochen nach dem faschistischen Überfall wehte die Hakenkreuzfahne über Smolensk.« Wenn es in diesem Tempo weitergegangen wäre, hätte spätestens nach vier Wochen der Häuserkampf um Moskau beginnen können. Das Sowjetvolk mußte damals zwölf Tage lang, bis zum 3. Juli 1941, warten, ehe Josef Stalin, der total überrumpelt war, sich über den Rundfunk zu Wort meldete und zum »Großen Vaterländischen Krieg« aufrief. Die Verbitterung über diese Stunde der Verblendung und des Versagens steckt wohl noch tief in jedem Russen.

Die Kälte wird zunehmend unerträglich, während wir durch das Ruinenfeld des Festungsgeländes stapfen. Der Wind schneidet schmerzhaft ins Gesicht. Der Schneefall verdichtet sich. So entdecke ich ganz plötzlich den kolossalen Kopf, der an die Tapferkeit der Verteidiger im Sommer 1941 gemahnen soll. Der Ausdruck dieses Giganten wirkt trotzig und irgendwie entrückt. Da ein so gewaltiger Felsbrocken nicht zu transportieren war, ist das

Denkmal in Beton gegossen. Während ich den gegen Westen gerichteten Blick des sterbenden Rotarmisten auf mich wirken lasse, kommt mir ein anderes Monument in den Sinn, das auf dem Mamaja-Hügel bei Stalingrad hoch über der Wolga thront. Zwischen Brest und Stalingrad hat sich die Tragödie des deutschen Rußlandfeldzuges abgespielt. Am östlichsten Ausläufer der deutschen Offensive schwingt eine gigantische Siegesgöttin, die den Triumph der Roten Armee verkörpern soll, ihr mächtiges Schwert weit über die bereits asiatisch anmutende Steppe. Seltsamerweise ist ihr weit aufgerissener Mund, der den Siegesschrei ausstößt, nicht nach Westen, in Richtung auf den deutschen Angreifer gerichtet, sondern nach Osten, als gelte es, einen neuen Mongolensturm abzuwehren.

Sergej zeigt mir pflichtgemäß und mißmutig die Ruinen des »Weißen Palais«, das im März 1918 eine Szene russischer Schmach beherbergte. Hier unterzeichneten die unter Führung Lenins frisch an die Macht gekommenen Bolschewiki den Vertrag von Brest-Litowsk. Für die roten Revolutionäre ging es darum, ihr durch die Armeen der »Weißen« bedrohtes neues Zwangsregime mit allen Mitteln zu konsolidieren. So fand sich Lenin gegenüber dem Wilhelminischen Reich, das selber der Niederlage entgegentaumelte, zu ungeheuerlichen territorialen Konzessionen bereit. Die Bolschewiki verzichteten laut Vertrag von Brest auf die Ukraine, Weißrußland, Finnland, die baltischen Staaten und die kaukasischen Besitzungen Rußlands in Georgien und Aserbeidschan.

Gegen den heftigen Widerstand Trotzkis, der die hinhaltende Verteidigung gegen die Deutschen fortsetzen wollte, hatte sich Lenin mit dieser Kapitulation durchgesetzt. Damals war er noch davon überzeugt, daß die kommunistische Revolution demnächst auch auf Deutschland übergreifen würde. Dann wären seine Zugeständnisse nicht mehr das Papier wert gewesen, auf dem sie gedruckt waren. Vorerst aber vollzog sich nach dem März 1918 der eingeleitete Zersetzungsprozeß des alten Zarenreichs. Neben den Deutschen und Österreichern waren auch türkische und bulgarische Offiziere bei der Protokollierung der russischen Niederlage zugegen. In Kiew und Minsk wurde die Unabhängigkeit proklamiert, die für Weißrußland und die Ukraine allerdings nur wenige Monate andauern sollte. Ähnlich erging es Georgien, wo ein bayerisches Bataillon die lokalen Separatisten unterstützt hatte, sowie der Republik Aserbeidschan, wo die osmanische Armee, die sich selbst in voller Auflösung befand, vorübergehend Baku besetzte. Nur die baltischen Staaten und Finnland behaupteten ihre Sezession.

»Blicken Sie auf eine aktuelle Landkarte Osteuropas«, schimpft Sergej, »und Sie werden etwas Erstaunliches, für alle Russen Tragisches entdecken. Die riesigen Gebietsverluste, die Lenin 1918 widerwillig konzedierte und die Stalin im Zweiten Weltkrieg mehr als wettgemacht hat, entsprechen sehr präzis den Grenzen, auf die die rußländische Föderation Wladimir Putins durch die diversen Separatisten und deren amerikanischen Drahtzieher zurückgedrängt wurde. Das Baltikum wurde preisgegeben. Die Republik Belarus reicht bis in die Nähe von Smolensk nach Osten. Die Ukraine hat ihre Loslösung von Moskau in der sogenannten Orange-Revolution bekräftigt. Die kaukasischen Eroberungen des Zarenreichs in Georgien und Aserbeidschan sind endgültig verlorengegangen. Sie werden verstehen, daß der Name Brest für mich einen düsteren Klang hat, zumal im Norden dieser Festung – nur ein paar Kilometer von uns entfernt – in einem Jagdschloß bei Belovege der Sowjetunion durch Boris Jelzin mit der Gründung des ›Ostslawischen Dreibunds‹ der Todesstoß versetzt wurde. Der Schnee hindert uns heute daran, die Fahrt in dieses Naturschutzgebiet anzutreten, aber – ehrlich gesagt – ich bin nicht traurig darum, denn ich denke nur widerwillig an diese düstere Stunde zurück.«

Wir werfen einen Blick auf die prächtig restaurierte orthodoxe Nikolaikirche. Dann suchen wir im Museum Zuflucht vor dem eisigen Sturm. Die dort ausgestellten Waffen und Fotos aus dem Schicksalssommer 1941 sind von mäßigem Interesse, aber mir fällt eine grob gezeichnete Landkarte auf, die die territoriale Zielsetzung der Operation »Barbarossa« aufzeigen soll. Demnach hätte der deutsche Generalstab über Moskau hinaus bis zur Wolga bei Kazan vordringen wollen. Der Strom hätte bis zu seiner Mündung ins Kaspische Meer bei Astrakhan die Front der Wehrmacht gegen versprengte Überreste der Roten Armee gebildet. Somit wäre der gesamte Kaukasus unter deutsche Vorherrschaft geraten. Von Kazan aus hätte sich ein Sperrgürtel in gerader Linie quer durch die Wälder und Sümpfe des Nordens bis zum Hafen Arkhangelsk am Weißen Meer gezogen, womit auch Karelien mit der Flottenbasis Murmansk unter deutsche beziehungsweise finnische Autorität gefallen wäre. Es ist das erste Mal, daß ich eine präzise geographische Darstellung der deutschen Eroberungsabsichten entdecke, aber Sergej bezweifelt die Authentizität dieses strategischen Entwurfs.

Meine Absicht, bis zum Bug zu fahren, um das gegenüberliegende polnische Ufer zu inspizieren, stößt auf Widerspruch. Wir bewegen uns zwar ungehindert auf die Eisdecke der Muchavez zu, eines Nebenflusses des Bug, der die Festung nach Norden abschirmt. Aber vom polnischen Staatsgebiet ist Brest durch eine Sperrzone von 500 Meter Tiefe abgeriegelt.

Ich spreche Igor auf diese seltsamen Anzeichen nachbarlicher Spannung an. »Die historischen Wunden sind hier nie verheilt«, belehrt er mich. »Das mehr oder minder einvernehmliche Zusammenleben von Polen, Litauern und Weißrussen, das – im Verbund mit relativ großer Toleranz für die Juden – nach der ›Union von Brest‹ vorherrschte, den belarussischen Bauern und Leibeigenen jedoch eine untergeordnete Rolle zuwies, hat die Teilungen der Rzeczpospolita nicht überlebt. Sie brauchen nur Dostojewski zu lesen, um zu spüren, wie ablehnend die meisten Russen ihrem katholischen, polnischen Nachbarvolk gegenübertreten. Zwei Jahre nach der Neugründung Polens im Jahre 1918 versuchte die Rote Armee unter Führung von Tuchatschewski noch einmal, bis Warschau durchzustoßen. Diese Offensive war bekanntlich durch das ›Wunder an der Weichsel‹, durch das wehrhafte Aufgebot aller Patrioten, die der polnische Marschall Piłsudski gegen die weit überlegene sowjetische Kavallerie zusammentrommelte, zurückgeschlagen worden. Im Gegenangriff drangen nunmehr die Polen weit nach Osten vor und besetzten vorübergehend sogar die Stadt Minsk. Im Vertrag von Riga erzielte Warschau die Annexion der westlichen Hälfte der heutigen Republik Belarus und betrieb dort bis zum Ausbruch des Zweiten Weltkrieges eine hemmungslose Siedlungspolitik.«

Mir war das »Wunder an der Weichsel« wohlbekannt, da eine Gruppe französischer Offiziere unter Führung des Generals Weygand am Aufbau der Piłsudski-Armee aktiven Anteil genommen hatte und weil sich unter diesen Instrukteuren ein gewisser Major Charles de Gaulle befunden hatte.

Die neuerliche Ausdehnung der Sowjetrepublik Weißrußland nach Westen erfolgte nach dem Blitzkrieg der Wehrmacht im September 1939, als die Rote Armee Josef Stalins in Abstimmung mit ihren nationalsozialistischen Komplizen fast kampflos bis zum Bug vorrückte. Das Zweckbündnis zwischen den beiden ideologischen Todfeinden sollte zwar nur bis zum jähen Beginn der Operation »Barbarossa« im Juni 1941 dauern, aber die Erinnerung an dieses zynische Zusammenspiel der Diktatoren ist längst nicht gelöscht. Die Wochenschau-Bilder von der gemeinsamen Parade deutscher und sowjetischer Truppen in Brest sind erhalten geblieben. »Unser Land hat sich in mancher Hinsicht von den psychologischen Folgen des Rigaer Vertrages und des Hitler-Stalin-Pakts nicht erholt«, erklärt Igor. »Die von Piłsudski-Polen zwischen den beiden Weltkriegen verwaltete Westhälfte hat sich in diesen zwanzig Jahren jener Osthälfte Weißrußlands entfremdet, die schon im Januar 1919 – nach ein paar Monaten der vom Deutschen Reich protegierten Unabhängigkeit – durch Lenin als Sozialistische Sowjetrepublik Belarus seinem roten Imperium einverleibt wurde.«

Im gemütlichen alten Stadtkern entdecken wir ein Lokal, das den ungewöhnlichen Namen »Jules Verne« trägt. Wie die Kunde von diesem französischen Science-fiction-Autor, der so manche technische Entdeckung unserer Gegenwart ein Jahrhundert zuvor erahnt hatte und mit seinem Roman »Zwanzigtausend Meilen unter dem Meer« weltweiten Ruhm erntete, bis an den Bug gelangt ist, kann mir niemand erklären. Meine Annahme, daß es sich hier um ein Relikt aus der Epoche polnischer Frankophilie in den zwanziger und dreißiger Jahren handelt, wird von dem Wirt, der aus Indien stammt, widerlegt. Erst vor drei Jahren sei das »Jules Verne«, dessen aufwendige Ausstattung an die »belle époque« anknüpfen möchte, eröffnet worden. Das Speiseangebot ist kosmopolitisch, die Küche erstaunlich gut.

Während ich eine beachtliche, nach Gramm bemessene Portion Wodka kippe, greift Sergej das Thema Polen wieder auf. Der ehemalige Oberst der Sowjetarmee teilt die russische Antipathie gegenüber diesem westlichen Anrainer vollauf. Sein Mißtrauen gegenüber Warschau werde ja – wie er zu erklären sucht – durch die jüngste Entwicklung eindeutig bestätigt. Der Wodka vertreibt nicht nur die Kälte aus unseren erstarrten Gliedern, er regt auch zur Mitteilsamkeit an, und wir kommen zur Sache. »Ihr Deutschen glaubt wohl, daß der Beitritt Polens zur Europäischen Union ein großer Gewinn für die angestrebte Einheit des Kontinents und die immer noch problematische deutsch-polnische Versöhnung sei. Aber in Minsk und in Moskau herrscht ein ganz anderer Eindruck vor.« Als Michail Gorbatschow sich überreden ließ, eine halbe Million Soldaten aus der ehemaligen DDR zu evakuieren, hatte er – auf Drängen der sowjetischen Generalität – darauf vertraut, daß die Wiedervereinigung Deutschlands nicht zum Auftakt einer zielstrebigen Ausdehnung der Atlantischen Allianz in Richtung Osten würde.

In Berlin hatte Boris Jelzin den kläglichen Abzug seiner Armeen aus Ostdeutschland, umgeben von hochgestimmten deutschen Gastgebern, in alkoholisiertem Zustand wie einen Sieg gefeiert. »Deutschland, wir reichen Dir die Hand, wir geh'n zurück ins Vaterland«, sang der Chor der letzten Rotarmisten. Im Kreml nahm man in dieser für Rußland verhängnisvollen Phase der internen Auflösung, die man nur mit den Wirren der »Smuta« vergleichen kann, offenbar nicht wahr, daß parallel zum Vordringen der Bundeswehr bis zur Oder Washington sämtliche früheren Satellitenstaaten der Sowjetunion Schritt um Schritt unter die militärische Obhut des Pentagon stellte. Der strategische Ausverkauf brachte es mit sich, daß die NATO am Bug kampierte, daß ihre AWACS-Flugzeuge über dem Baltikum in unmittelbarer Nachbarschaft von Sankt Petersburg kreisten. Dazu kam die erklärte Absicht der USA, die westliche Allianz auf die Ukraine und Weißrußland auszuweiten. Im Süden – über den Balkan und den Kaukasus – spannten die amerikanischen Strategen einen weit ausgreifenden Umklammerungsring, während die GUS-Republiken Zentralasiens im Chaos oder in orientalischer Despotie versackten und Millionen russischer Kolonisten vertrieben wurden.

»Ich bin zu alt, um ein belarussischer Patriot zu werden«, fährt der ehemalige Oberst fort. »Ich war Soldat der Sowjetarmee. Ich bin in Afghanistan verwundet worden, und ich habe mich in den achtziger und neunziger Jahren durch unsere Politiker verraten gefühlt. Wenn die CIA sich auch noch in Minsk durchsetzen sollte wie in Kiew, dann hätte George W. Bush wohl sein Ziel erreicht, Rußland endgültig zu schwächen.« Der wachsende Zorn der Russen gilt – wie auch Igor bestätigt – dem regionalen Führungsanspruch, den Warschau neuerdings gegenüber Litauen, Weißrußland und der West-Ukraine zu entwickeln scheint. Die Gewichtsverlagerung, die durch die fatale Verblendung der Brüsseler Eurokraten und ihre in Zeiten des Kalten Krieges erworbene Hörigkeit gegenüber den Forderungen Washingtons entstand, könne man wie folgt skizzieren: Zunächst setzt Washington den Beitritt der osteuropäischen Partner zum Atlantikpakt und ihre Integration in die von US-Generalen kommandierte NATO durch. Dann betreibe man die überstürzte Eingliederung der neuen Bündnisstaaten in die Europäische Union, womit dieser militärische Prozeß – sehr zum Leidwesen der europäischen Haushalte – finanziell von Brüssel abgesichert werde. Jegliche Absicht der »alten« europäischen Kernstaaten, den kontinentalen Zusammenschluß als ein von Washington halbwegs unabhängiges Kraftzentrum zu gestalten, werde somit im Keim erstickt.

In Polen erlebe man die flagrante Demonstration, wie die Priorität der Bindung an Washington jede echte Solidarität mit Brüssel oder Straßburg übertrumpfe. Statt sich mit Eurofightern oder Mirages auszustatten, habe die polnische Luftwaffe ausschließlich amerikanische F 16-Maschinen geordert. Die Fluglinie LOT habe eine Flotte von Boeing und keinen einzigen Airbus bestellt. Sogar in das globale Raketenabwehrsystem des Pentagon sei Polen durch die Aufstellung einer riesigen Radaranlage voll integriert. Das »Weimarer Dreieck«, das sich noch vor wenigen Jahren eine militärische Zusammenarbeit zwischen Paris, Berlin und Warschau als Beginn einer selbständigen europäischen Verteidigung zum Ziel gesetzt hatte, sei völlig entwertet, seit sich

Polen als »Trojanisches Pferd« Amerikas erweise und im Irak-Krieg ostentativ der »coalition of the willing« beitrat, nicht ohne Seitenhiebe gegen die deutschen und französischen Kriegsverweigerer auszuteilen.

Ich wende ein, daß man sich psychologisch in die Lage der Warschauer Regierung versetzen müsse. Ich hatte im Sommer 1967 erlebt, wie General de Gaulle, der aus den Jahren seiner Waffenbrüderschaft mit der Armee Piłsudskis eine tiefe Zuneigung für Polen empfand, vor dem Sejm in Warschau für eine größere Selbständigkeit Warschaus gegenüber der erdrückenden Schutzmacht Sowjetunion plädierte. Der kommunistische Generalsekretär Gomułka war ihm mit der fast beleidigenden Frage entgegengetreten, wie er sich denn im Ernstfall auf die Solidarität Frankreichs verlassen könne, dessen Armee bei der Aggression Hitlers im September 1939 Gewehr bei Fuß vor der Siegfried-Linie stehengeblieben sei und der Vernichtung seines Vaterlandes tatenlos zugesehen habe?

Gewiß, seit 1967 hat sich die Situation von Grund auf verändert. Warschau braucht keine Zugeständnisse mehr an Moskau zu machen. Aber im Unterbewußtsein, so betont immer wieder der neue polnische Verteidigungsminister Radek Sikorski mit anklagendem Unterton, bleibe das Gespenst des russischen Hegemonialwillens lebendig und sei auch die Erinnerung an den deutschen Versuch, seine Nation zu knechten und auszulöschen, nicht aus dem kollektiven Gedächtnis verbannt. Welchen Garanten für die dauerhafte Unabhängigkeit Warschaus gäbe es denn, so argumentiert Sikorski, außerhalb einer strikten Ausrichtung auf jene transatlantische Weltmacht, bei der so viele polnische Patrioten nach ihren diversen vergeblichen Revolten gegen Sankt Petersburg, Berlin und Wien einst Zuflucht gefunden hatten.

»Die polnische Diplomatie neigt neuerdings wieder zur Großmannssucht«, insistiert Sergej ärgerlich. Man vergesse im Westen zu schnell, daß die Republik Piłsudskis nach der Machtergreifung Hitlers ein Militärbündnis mit Nazi-Deutschland ins Auge gefaßt hatte. Als Stalin der Tschechoslowakei in der Sudetenkrise zu Hilfe kommen wollte, habe Warschau – vielleicht sogar aus verständlichen Gründen – der Roten Armee den Transit durch Galizien in Richtung Slowakei verweigert. Von einem Zusammengehen mit dem Dritten Reich hätte sich der einflußreiche polnische Außenminister Oberst Beck, der dem verstorbenen Marschall Piłsudski nicht das Wasser reichen konnte, wohl versprochen, im Verbund mit der Wehrmacht die Ostgrenze seines jungen Staates bis nach Minsk und Kiew vorzuschieben. Noch im Münchener Abkommen von 1938 habe sich Polen gemeinsam mit Ungarn an der Zerstückelung der Tschechoslowakischen Republik aktiv beteiligt und das schlesische Industrierevier von Teschen sowie ein paar Gebietszipfel der Tatra annektiert. Im übrigen sei die wieder entstandene Rzeczpospolita nicht vor inneren Zersetzungserscheinungen gefeit. Wenn der polnische Staat im 18. Jahrhundert so jäh und hoffnungslos untergegangen sei, müsse man dafür auch die selbstauferlegte Lähmung seines Adels-Parlaments zur Verantwortung ziehen, wo die Praxis des »liberum veto« die Kammer zur illusorischen Einstimmigkeit der Abgeordneten verurteilt habe.

Auch auf die Balten sind meine Gefährten nicht gut zu sprechen. Der Historiker Igor verweist darauf, daß selbst zur Zeit der »Lubliner Union« die in Wilna tonangebende Aristokratie – Marschall Piłsudski war ein Nachfahre dieser »Schlachta« – sich als »gente Lithuanus, natione Polanus« definiert hatte. Für die Belarussen, die auch Weiß-Ruthenen genannt wurden, bestand da wenig politischer Entfaltungsraum. »Heute führen sich unsere litauischen Nachbarn auf, als hätten in Kaunas, wohin ihre Regierung nach der gewaltsamen Annexion von Vilnius durch Polen zwischen den beiden Weltkriegen ausgewichen war, idyllische, demokratische Verhältnisse vorgeherrscht. In Wirklichkeit hatte sich dort der Militärdiktator Antanas Smetona einer korporativen Staatsform zugewandt.« Sein Regime wurde als nationalistisch und moderat antisemitisch eingestuft. Auch Lettland sei damals alles andere als eine vorbildliche Demokratie gewesen. Vielmehr habe sich dort zwischen 1920 und 1939 ein faschistisches Regime etabliert. In Riga versuche man heute die überaus aktive Rolle vergessen zu machen, die die lettischen Schützen-Regimenter – hart bedrängt durch die deutschen »Freikorps« – nach der Oktoberrevolution auf seiten der Bolschewiki gespielt hatten. »Böse

Zungen«, so ergänzt Igor, »behaupten immer noch, daß sich der revolutionäre Sieg Lenins auf drei Faktoren gestützt habe: die jüdische Intelligenzija, die lettischen Schützenbataillone und die Lethargie der russischen Volksmasse.« Daß sich heute die lettische Staatspräsidentin, die über einen amerikanischen Paß verfügen soll, im Auftrag Washingtons zur glühenden Vorkämpferin eines Beitritts der Türkei zur Europäischen Union aufschwingt, mute seltsam an. In Estland schließlich sei es damals wohl harmloser zugegangen. Aus dem Patrizierhaus, das jetzt die Botschaft der Bundesrepublik Deutschland beherbergt, hatte Präsident Konstantin Päts sein kleines Land zwar autoritär regiert, aber ganz ernst nehmen konnte man diesen skurrilen Staatschef nicht, der sich meist mit Regenschirm und Fahrrad in der Öffentlichkeit zeigte.

Nach der Mahlzeit – ein typisch weißrussisches Pilzgericht und dazu ein vorzüglicher Kaiserschmarren – zieht sich die Konversation in die Länge. In Minsk werden wir wohl erst zu nächtlicher Stunde eintreffen. Über dem Buffet, so stelle ich amüsiert fest, hängt tatsächlich ein Porträt des Schriftstellers Jules Verne an einem Ehrenplatz und neben ihm die Abbildung seiner Ehefrau, über deren Bedeutung ich bislang nie etwas vernommen hatte. Draußen verdüstert sich der Wintertag, und in der warmen Stube geraten wir mit zunehmendem Alkoholpegel ins Grübeln. Auf die wiederholte Frage, warum ich die beschwerliche Fahrt nach Brest-Litowsk auf mich nehmen wolle, antworte ich ausweichend. Ich entdecke nämlich entlang dieser neuen »Frontlinie« am Bug, daß selbst im Herzen Europas die globale Friedensutopie, die nach Beendigung des Kalten Krieges in den Medien so überschwenglich gefeiert wurde, auf brüchigem Fundament ruht.

Hier redet niemand mehr von jener innigen Übereinstimmung, die George W. Bush im treuherzigen Augenausdruck Wladimir Putins zu entdecken glaubte. Statt einer vom Selbsterhaltungstrieb diktierten engen Partnerschaft zwischen Washington und Moskau, statt des Zusammenrückens der beiden Hegemonen der weißen Menschheit, die der Bedrängung durch die gleichen Herausforderungen existentiell ausgesetzt sind – gemeint ist das weltweite Aufbäumen einer verzettelten, aber extrem virulenten islamischen Revolution einerseits, der unaufhaltsame Aufstieg der Volksrepublik China zur wirtschaftlichen und militärischen Weltmacht andererseits –, haben die neokonservativen Hardliner am Potomac ihre ideologische Bekehrungsoffensive auch auf das Rußland Wladimir Putins ausgedehnt. Dabei tritt die amerikanische Absicht zutage, sich im Zuge einer anmaßenden Beteuerung von »freedom and human rights« den präferentiellen Zugriff auf die unermeßlichen Erdöl- und Gas-Reviere des Kaukasus, Zentralasiens und Sibiriens zu sichern, die der Kreml bislang als seine exklusive Domäne betrachtete. Jenseits des Atlantik scheint sich die unersättliche Gier der Mega-Konzerne über die elementare Staatsräson hinwegzusetzen. Jedenfalls, so hört man in Minsk, sei Osteuropa wieder soweit, daß amerikanische Streitkräfte an der Weichsel ihre vorgeschobenen Radarschirme und – wer weiß – heimlichen Abschußrampen installieren, während der russische Generalstab auf dem Boden der verbündeten Republik Belarus das eigene Nuklearpotential reaktivieren läßt.

Zu diesem heiklen Thema äußert sich der Oberst wohlweislich nicht. Ich frage ihn deshalb nach der Authentizität jener Planungsskizze von »Barbarossa«, die mir im Festungsmuseum aufgefallen ist. Das sei bestenfalls eine Hypothese der operativen sowjetischen Führung gewesen, mischt sich Igor ein. Welche Absichten Hitler gehabt habe, entnehme man doch am besten den Goebbels-Tagebüchern; bei deren Lektüre öffne sich ein Abgrund menschlicher Verblendung. Wie die hohe Professionalität des deutschen Generalstabes für ein ebenso abenteuerliches wie dilettantisches Unternehmen eingespannt werden konnte, bleibe wohl auf ewig ein Rätsel, könne nur durch die geradezu magische Faszination erklärt werden, die Hitler, den man doch in preußischen Offizierskreisen als »böhmischen Gefreiten« verspottete, nach seinem Blitzsieg über Frankreich auf seine Umgebung ausübte.

Persönliche Erinnerungen an den 22. Juni 1941 stellen sich bei mir ein. Es war ein strahlender, warmer Sommertag. Ich war zu jener Zeit Schüler im Wilhelms-Gymnasium von Kassel und lebte in einem kleinen, von katholischen Marianisten-Brüdern geführten Internat. Wir hatten gerade in geschlossener Gruppe die

Messe besucht – auch so etwas gab es im Dritten Reich –, da dröhnten die Lautsprecher mit der ersten Sondermeldung von der Ostfront durch die Straßen. Jedem Passanten wurde auf eindrucksvolle Weise verdeutlicht, daß beim Sturm auf die Sowjetunion eine Schicksalsstunde geschlagen hatte. Mit dem schmetternden Ausklang der »Préludes« von Liszt, die die Meldungen über erste militärische Erfolge einrahmten, hatte Joseph Goebbels wieder einmal seine propagandistische Begabung unter Beweis gestellt. Aber diese »âme damnée« des Dritten Reiches hatte auf Grund der erstaunlich objektiv abgefaßten SD-Berichte über die Stimmung der Bevölkerung auch erkannt, daß den Deutschen dieser Rückfall in einen Zweifrontenkrieg unheimlich vorkam.

In den Tagen, die dem Großangriff vorausgingen, wurden Gerüchte über gewaltige Truppenverschiebungen im Generalgouvernement – so wurde damals Rest-Polen genannt – kolportiert, und diese fänden in vollem Einvernehmen mit der Kreml-Führung statt. Der Hitler-Stalin-Pakt von 1939 war wider Erwarten der braunen Kommunisten-Hasser auf breite Zustimmung beim Volk gestoßen, und schon hieß es, daß die russischen Eisenbahnen deutsche Heeresverbände quer durch die Ukraine in Richtung Zentralasien und speziell nach Persien transportierten. Dort sei bereits im Verbund mit der Roten Armee der Vorstoß gegen Britisch-Indien geplant. In London mußten damals ähnliche Agentenberichte vorliegen, wie heute noch am Khyber-Paß längs der afghanischen Grenze die eilig errichteten Betonhöcker im Stil der Siegfried-Linie beweisen, die der potentiellen Aggression aus dem Norden den Zugang zur Indus- und Ganges-Ebene erschweren sollten.

Zweifel an einem deutschen Sieg kamen in jener Anfangsphase des Rußlandfeldzuges nicht auf. Goebbels notierte lediglich, man solle es nicht als böses Omen werten, daß der Sturm am gleichen Tag – einem 22. Juni – begann, an dem auch Napoleon zu seiner desaströsen Rußland-Kampagne aufgebrochen war. Die Studienräte des Wilhelms-Gymnasiums von Kassel, die – auch wenn sie das Parteiabzeichen trugen – keine eingefleischten Nazis und fast ausnahmslos sehr redliche Männer waren, stimmten als deutsche Patrioten diesem Endkampf gegen den Bolschewismus aus vollem

Herzen zu. Falls sie bange Ahnungen hatten, ließen sie sich das gegenüber ihren Schülern, die sich in den oberen Klassen darauf vorbereiteten, am Marsch nach Osten teilzunehmen, nicht anmerken. Ich erzähle unserer kleinen Tafelrunde von Brest von diesen fernen, persönlichen Impressionen. Das Ausmaß der Vermessenheit, das an der Spitze des Dritten Reiches und auch in der deutschen Heeresführung vorherrschte, war ja damals niemandem bewußt.

»Sie haben mich eben auf die Karte des angeblichen Barbarossa-Plans angesprochen. Die wirklichen Absichten waren noch viel ambitionierter«, doziert der Historiker und zückt erneut sein Exemplar der Goebbels-Tagebücher. »Wir werden«, so schrieb der Reichs-Propagandaminister am 9. Juli 1941, »etwa bis an die Wolga, wenn militärische Notwendigkeiten es gebieten, auch bis an den Ural vorstoßen. Die Pazifizierung der übrigen russischen Gebiete wird, soweit sich irgendwo noch ein militärischer Widerstand zeigen sollte, durch Extraexpeditionen durchgeführt werden.« Igor blättert genüßlich in seiner Taschenbuchausgabe. Dort ist auch die Aussage des Generalstabschefs Halder vom 3. Juli 1941 zitiert: »Es ist also wohl nicht zu viel gesagt, wenn ich behaupte, daß der Feldzug gegen Rußland innerhalb 14 Tagen gewonnen wurde.« Am 22. Juli 1941 meldete das Oberkommando der Wehrmacht, die Durchbruchsoperationen der deutschen Armeen und ihrer Verbündeten hätten die sowjetische Verteidigungsfront »in zusammenhanglose Gruppen zerrissen, so daß sich eine einheitliche Führung des Feindes nicht mehr erkennen lasse«. – »›Mission accomplished‹, würde man das heute nennen«, spottet Sergej.

Immerhin war Goebbels einer der ersten, die die Gefahr des russischen Winters in ihr Kalkül einbezogen. Hatte er noch am 24. September 1941 notiert: »Das Asiatentum muß wieder in seine Schlupfwinkel nach Asien zurückgetrieben werden«, und die unmittelbar bevorstehende Zernierung Moskaus bis zum 15. Oktober angekündigt – »die Baracken für die Überwinterung unserer Truppen sind schon in größtem Umfang hergestellt« –, so erkannte er relativ früh, daß die deutschen Soldaten mit völlig unzureichender Winterausrüstung ins Feld gerückt waren. Schon im August 1941 hatte er eine »Wollsammlungsaktion« angeregt. Mit diesem Vorschlag war er jedoch beim zuständigen General Jodl auf heftigen Widerspruch gestoßen. Front und Heimat, so lautete das Argument der hohen Militärs, seien überzeugt, der Ostfeldzug werde vor Einbruch des Winters beendet sein, und man solle die Zuversicht nicht durch eine »Wollaktion« untergraben. »Im Winter«, so hieß es wörtlich, »da sitzen wir in unseren warmen Quartieren von Leningrad und Moskau.«

Als dann die Heeresgruppe Mitte nach der Kesselschlacht von Wjasma und Brjansk buchstäblich im Schlamm steckenblieb und ein sibirischer Kälteeinbruch früher als erwartet die für solche Temperaturen ungeeigneten Panzerdivisionen zum Stillstand verdammte, kam Goebbels zu dem Schluß, daß militärische Operationen im Gebiet der Sowjetunion »während des Winters nicht durchführbar« seien. Mit einem solchen Klima wußten die von den »deutschen Herrenmenschen« verachteten Ostvölker besser umzugehen. Nur ein Jahr später sollten die sowjetischen Divisionen – unterstützt durch zahllose Panzer-Rudel vom Typ T 34 – die Sechste Armee in der eisigen Hölle von Stalingrad einschließen und vernichten.

»Es gibt einen anderen Faktor, den das deutsche Oberkommando überhaupt nicht einkalkuliert hatte«, mischt sich der ehemalige Oberst ein. »Der Partisanenkrieg hat vor allem im heutigen Belarus, das die Nazis als Reichskommissariat Weißruthenien ihrem Ost-Imperium hinzufügen wollten, schon im Herbst 1941 mit der Verunsicherung der deutschen Nachschublinien eine beachtliche strategische Bedeutung gewonnen.« Auch zu diesem Thema findet sich ein Kommentar aus der Feder Goebbels': »Ein SD-Bericht informiert mich über die Lage im besetzten Rußland. Sie ist doch prekärer, als allgemein angenommen wird. Die Partisanengefahr erhöht sich von Woche zu Woche. Die Partisanen beherrschen Gebiete im besetzten Rußland und üben dort ihren Terror aus. Auch sind die nationalen Bewegungen aufsässiger geworden, als man zuerst angenommen hatte. Das gilt sowohl für die baltischen Staaten als auch für die Ukraine.«

»Man glaubt fast, einen Rapport des amerikanischen Prokonsuls und Botschafters Paul Bremer über die Lage im Irak aus dem

Sommer 2003 zu lesen«, ereifert sich Sergej. Spätestens in Faluja und Ramadi seien ja den US-Strategen die Augen aufgegangen für die prekäre Situation, in die sie ihre GIs manövriert hatten. Heute nenne man das den »asymmetrischen Krieg«, aber schon Napoleon habe dem spontanen Volksaufstand in Spanien ziemlich hilflos gegenübergestanden. Was auf sowjetischem Territorium die politischen Kommissare mit der Aufwiegelung der breiten Massen vollbrachten, hätten auf der Iberischen Halbinsel die fanatisierten katholischen Mönche bewirkt, die die französischen Invasoren nicht nur als fremde Unterdrücker bekämpften, sondern mehr noch als Künder einer religionsfeindlichen, jakobinischen Ideologie. Damals wurde das Wort »Guerrilla« oder »Kleinkrieg« erfunden. Die Bekämpfung von Freischärlern oder »illegal combattants«, wie George Bush seine Gegner heute nennt, trug von Anfang an das Kainsmal wahlloser Hinrichtungen und abscheulicher Grausamkeit.

Die geradezu hündische Ergebenheit des scharfsinnigen Intellektuellen Goebbels gegenüber Hitler schlägt sich in seiner Lagebeurteilung nieder. Er begeistert sich für die »physische und psychische Strapazierbarkeit« eines Mannes von 52 Jahren, ein Alter, das doch bei einem normalen Menschen als Höhepunkt seiner Leistungskraft gilt. Für die Rückschläge der Wehrmacht werden General von Brauchitsch und seine Umgebung verantwortlich gemacht. Wie weit die nationalsozialistische Führung sich schon im März 1942 von jedem Wirklichkeitsbezug verabschiedet hatte, geht aus folgender Eintragung Goebbels' hervor: »Ein neuer Winter wie der vergangene wird nicht mehr über uns kommen«, phantasierte er. »Eventuell kann es im Osten zu einem hundertjährigen Krieg kommen, der uns dann aber keine besonderen Sorgen mehr zu bereiten braucht. Wir stehen dann dem übrigen Rußland gegenüber, wie England Indien gegenübersteht ... Eventuell hat der Führer die Absicht, eine riesenhafte Verteidigungslinie aufzubauen und dann den Ostfeldzug auf sich beruhen zu lassen.«

»Ich will den amerikanischen Kollegen ja nicht zu nahe treten«, unterbricht der Oberst die Lektüre. »Aber eine ähnliche Überheblichkeit ist bei US-Verteidigungsminister Donald Rumsfeld auszumachen, der an seinem ›Sieg über den weltweiten Terrorismus‹ keinerlei Zweifel hegt, die Eindämmung Chinas und die strategische Erniedrigung Rußlands mit der linken Hand bewältigen will und Amerika mit einem undurchdringlichen Abfangsystem gegen feindliche Raketen ausrüsten möchte.« Mich frappiert vor allem die sträfliche Unkenntnis der Realität Indiens, die aus der zitierten Passage des NS-Propagandisten spricht. Daß Großbritannien seine Herrschaft über den Subkontinent einem raffiniert ausgeklügelten System der »indirect rule« und der Schaffung weitgestreuter Loyalitäten verdankte, hatten die Nationalsozialisten wohl überhaupt nicht begriffen. Ebensowenig hatten sie die geringste Ahnung davon, daß der koloniale »splendour« des Empire zwischen Delhi und Kalkutta nur wenige Jahre nach dem für London siegreichen Krieg ein jähes Ende nehmen sollte.

Wie erbärmlich nahm sich daneben die »Eingeborenen-Politik« der braunen Bonzen aus, die im Generalgouvernement und in den Reichskommissariaten des Ostens ihren rassistischen Wahnideen gegenüber Juden und slawischen »Untermenschen« freien Lauf ließen und in ihrem Machtwahn glaubten, mit Knute und Ausrottung regieren zu können. Selbst Goebbels, der von Alfred Rosenberg, dem Ideologen des »Mythus des 20. Jahrhunderts«, offenbar nicht viel hielt, kam allzu spät auf den Gedanken, daß man durch die Einrichtung von Scheinregierungen eine etwas positivere Haltung der Bevölkerung in den besetzten Ostgebieten herbeiführen könne. Im April 1942 schreibt er in seinem Tagebuch: »In der Ukraine waren die Einwohner anfangs mehr als geneigt, den Führer als Retter Europas anzusehen und die deutsche Wehrmacht wärmstens zu begrüßen. Diese Einstellung ist im Laufe der Monate vollkommen umgewandelt worden. Wir haben in unserer Politik die Russen und vor allem die Ukrainer zu stark vor den Kopf geschlagen. Der Knüppel auf den Kopf ist eben auch Russen und Ukrainern gegenüber ein nicht immer überzeugendes Argument.«

»Heute können wir offen darüber sprechen«, kommentiert Igor. »Auch in der westlichen Hälfte von Belarus, jenem breiten Gebietsstreifen, den die Polen Piłsudskis zwischen Bug und dem Vorfeld von Minsk annektiert hatten und der im Hitler-Stalin-Pakt der Sowjetunion zugeschlagen wurde, hatten die Hinrichtungskommandos des NKWD unter den bürgerlichen und auch bäuerlichen Schichten grausam gewütet. Die kommunistische Gleichschaltung und Kollektivierung wurde so brutal betrieben, daß ein beachtlicher Teil der weißrussischen Bevölkerung die vorrückenden Deutschen 1941 mit freundlicher Kollaborationsbereitschaft begrüßte, bis die Sklavenhalter Hitlers ihnen die unerträgliche Fron der deutschen ›Herrenrasse‹ vor Augen führten. Die dort lebenden Polen hatten ohnehin nichts Gutes zu erwarten, und die Juden waren zur ›Endlösung‹ verdammt.«

Der Oberst verabschiedet sich und drängt zum Aufbruch. Für die Rückfahrt nach Minsk – immerhin eine Entfernung von 350 Kilometern – steht uns ein neuer Fahrer zur Verfügung. Seinem Vorgänger sieht der untersetzte, dienstbeflissene Mann zum Verwechseln ähnlich. Er spricht keine Fremdsprache und wird sich kaum zu Wort melden. Mag sein, daß er in Wirklichkeit unsere Konversation versteht und das Gesagte registriert. Aber bespitzelt wird man heute überall. Die westlichen Demokratien bilden da keine Ausnahme. Im übrigen habe ich mir auch in den schlimmsten Polizeistaaten längst angewöhnt, meinen diversen Zufallsbekanntschaften mit Wohlwollen und wachem Mißtrauen zu begegnen. Der Schnee hat nachgelassen, aber der Wind pfeift noch eisiger. Der Chauffeur bewegt seinen Wagen auf der spiegelglatten »Rollbahn«, an deren Ende – rund tausend Kilometer entfernt – Moskau liegt, mit schlafwandlerischer Sicherheit.

Wir halten an einer Tankstelle, die den Firmennamen »Yukos« trägt. Yukos sei doch der gewaltige Erdöl-Konzern, den sich der Oligarch Michail Chodorkowski in der Jelzin-Zeit unter den Nagel gerissen hatte, ehe er von Putin nach einem undurchsichtigen Strafverfahren für acht Jahre in ein Arbeitslager verbannt wurde, frage ich. »Sie werden verstehen«, erläutert Igor, »daß wir die Entrüstung der amerikanischen und europäischen Medien nicht teilen, die Chodorkowski zu einem Helden der freien Marktwirtschaft und einem Opfer post-sowjetischer Willkür stilisieren. Für uns ist er ein Verbrecher, der Volksvermögen in Milliardenhöhe geplündert hat. Ich bin kein Antisemit, und die Tatsache, daß Chodorkowski Jude ist – wie übrigens so mancher Oligarch –, spielt für mich keine Rolle. Aber dieser Mann hegte zusätzlich noch politische Ambitionen und stand im Begriff, mit den großen amerikanischen Energie-Konzernen zu konspirieren. Er war ein typischer Vertreter jener geschäftstüchtigen, aber skrupellosen Kategorie von ›neuen Russen‹, oft ehemalige Komsomol-Funktionäre, deren politische Grundvorstellungen von einem der Ihren, dem ins Ausland geflüchteten Boris Beresowski, wie folgt resümiert wurde: ›Demokratie ist die Herrschaft des Geldes‹. Wenn Alexander Lukaschenko – zumindest zu Beginn seiner Karriere – sich einer solch breiten Beliebtheit erfreute, so, weil er sich zur Zeit der hemmungslosen Milliarden-Schiebereien der Jelzin-Ära der Privatisierung und der damit verbundenen Verschleuderung der nationalen Ressourcen in der Republik Weißrußland resolut in den Weg gestellt hat.«

Zu unserer Linken leuchten die Lichter der Stadt Baranovicy aus dem weißen Dunst. In der Oblast Baranovicy hat sich eines der grauenhaftesten Kapitel des Partisanenkrieges abgespielt, der hier bereits im Frühherbst 1941 einsetzte. Vor meiner Abreise nach Minsk hatte ich mir eine Dokumentation verschafft, die der polnische Historiker Bogdan Musial anhand original-sowjetischer Dokumente zusammengestellt hatte. Die Schilderung dieser Guerrilla, die auch von russischer Seite mit großer Grausamkeit geführt wurde, hatte ich nur zögernd in meinen Koffer nach Minsk gepackt. Auch die Sammlung deutscher und amerikanischer Zeitschriften, die ich zur Überbrückung der unvermeidlichen Wartestunden mitgenommen hatte, könnten mir bei der Kontrolle Schwierigkeiten bereiten, so hatte man mir gesagt. Die Kritiker der Lukaschenko-Diktatur hatten vor jeder Beförderung subversiver Schriften gewarnt. Doch bei der Ankunft interessierte sich niemand für diese Druckerzeugnisse. Meinen Besitz an fremden Währungen mußte ich jedoch präzis auf einem Formular eintragen. Diese Maßnahme galt nicht der Verhinderung von Devisenschmuggel oder illegaler Wechselgeschäfte. Dem KGB ging es darum, die Finanzierung weißrussischer Regimegegner durch amerikanische und europäische NGOs zu unterbinden.

Bei den ersten Partisanen, die sich in der Oblast Baranovicy – begünstigt durch dichte Wald- und Sumpflandschaft – zusammenfanden, handelte es sich um sogenannte Überlebensgruppen, wie

Bogdan Musial den damaligen NKWD-Berichten entnahm. Baranovicy ist in jener westlichen Hälfte Weißrußlands gelegen, die zwischen 1922 und 1939 der polnischen Republik einverleibt worden war und wo die Weiß-Ruthenen den blitzartig vordringenden Deutschen anfangs mit relativ freundlicher Einstellung begegneten. Bei den Freischärlern des Jahres 1941 sammelten sich auch sogenannte »Vostotschniki«, Angehörige der sowjetischen Verwaltung, die von der Wehrmacht überrollt wurden und bei den Säuberungsaktionen der SS-Verfügungstruppen oder deutscher Polizei-Einheiten keine Gnade fanden. Dazu kamen versprengte Soldaten der Roten Armee, deren Kampfbereitschaft sich in dem Maße verstärkte, wie sie von dem erbärmlichen Schicksal und der Aushungerung ihrer gefangenen Kameraden in den deutschen Sammellagern erfuhren.

Schon im Winter 1941/42 erhielten die versprengten Widerstandskämpfer starken Zulauf, als die Besatzungsbehörden dazu übergingen, Deportationen von Weißrussen für die deutsche Rüstungsindustrie vorzunehmen und Tausende von Zwangsarbeitern ins Reich zu verfrachten. Ab 1942 wurde ein regulärer Kontakt mit sowjetischen Befehlszentralen hergestellt, die die Koordination der Sabotage-Aktionen und Überfälle mit unerbittlicher Härte in die Hand nahmen. Die entsandten Kommissare sorgten dafür, daß die Partisanenhaufen sich gegenüber der Bevölkerung nicht wie plündernde Horden aufführten. Die ethnische Zusammensetzung der ständig wachsenden Armee von Untergrundkämpfern wurde in der Oblast Baranovicy wie folgt aufgelistet: Etwa 60 Prozent Weißrussen, 26 Prozent Russen, 8 Prozent Juden, 4 Prozent Ukrainer und nur 0,4 Prozent Polen. Die minimale Beteiligung der in Baranovicy zu jener Zeit stark vertretenen polnischen Bevölkerung erklärt sich aus der Vertreibungs-, ja Vernichtungspolitik, die der sowjetische Geheimdienst gegen sie betrieben hatte. Binnen 21 Monaten wurden unter kommunistischer Gewaltherrschaft im heutigen Belarus mehr als 300 000 Polen verschleppt oder umgebracht. Im Verlauf der sogenannten Katyn-Aktion wurden etwa 20 000 Angehörige der polnischen Oberschicht durch Genickschuß liquidiert. Kein Wunder, daß es zur Bildung einer polnischen »Armija Krajowa« kam, die nicht nur den Verzweiflungskampf gegen die Wehrmacht fortsetzte, sondern auch den sowjetischen Partisanen als Feind gegenüberstand. Die kleinen jüdischen »Überlebensgruppen« ließen sich in die auf Stalin eingeschworene Aufstandsbewegung schlecht integrieren und waren immer wieder dem latenten Antisemitismus ihrer slawischen Landsleute ausgesetzt.

Das grauenhafte Durcheinander, das gegenseitige Abschlachten wird in einer Meldung des Oblast-Komitees Baranovicy an den sowjetischen General Ponamorenko aus dem Jahr 1943 skizziert: »Es sei hervorgehoben, daß die Belarussen den Partisanen positiv gegenüberstehen und sich den Abteilungen anschließen, während sich viele Polen negativ zu den Partisanen verhalten und ihnen sogar feindlich gesinnt sind. Es ist eine Reihe von Fällen bekannt, in denen Polen in den Dörfern kleine Partisanengruppen bei der Ausführung von Aufträgen ermordet haben. Sie benachrichtigen die Deutschen über die Bewegungen der Partisanen. Die katholischen Belarussen schwanken und verhalten sich reserviert, einerseits sympathisieren sie mit den Partisanen, aber ein Teil von ihnen arbeitet mit den Polen zusammen. Unter solchen Leuten leisten wir die entsprechende Arbeit …« In Zeiten des asymmetrischen Krieges, in den sich mehrenden Aufstandsgebieten rund um die Welt, die heute von Partisanenverbänden – als Freiheitskämpfer oder Terroristen verbrämt – unsicher gemacht werden, gewinnt die Dokumentensammlung über »sowjetische Partisanen in Weißrußland« beklemmende Aktualität.

Der Schnee liegt wie ein Leichentuch über dieser blutgetränkten Landschaft. Igor und ich sind des Sprechens müde. In der Dämmerstimmung kommt mir das Gespräch in den Sinn, das ich zwei Tage vor meinem Aufbruch nach Minsk beim Abendessen mit dem ehemaligen Bundespräsidenten Walter Scheel in Berlin geführt hatte. Walter Scheel hatte im Zweiten Weltkrieg bei der Luftwaffe – zuletzt als Nachtjäger – gedient. Wie die meisten Überlebenden jenes Krieges redet er nicht viel über seine Fronterlebnisse. Im Winter 1941, als die »Schneckenoffensive« der Wehrmacht vor Moskau durch den arktischen Kälteeinbruch blockiert wurde, war er mit einer Ju 52, ohne es zu ahnen, in einen

von sibirischen Truppen belagerten Kessel eingeflogen. Die Sibirjaken, denen der Frost nichts anhaben konnte, bewegten sich in
ihren weißen Tarnanzügen auf Skiern und waren der versprengten deutschen Einheit kämpferisch überlegen. Dem Leutnant
Scheel und seinen Kameraden war es damals mit Not gelungen,
der Gefangennahme zu entgehen. »Ich habe mich in meinem Leben nie wieder so geschämt wie in jenen klirrenden Frosttagen des
Dezember 1941«, berichtete er. Als Pilot war er mit Filzstiefeln,
dicker Pelzkleidung und Kopfschutz gegen die infernalischen
Temperaturen geschützt. Aber da stieß er auf ein Bataillon säch-
sischer Infanteristen, die nicht einmal mit den üblichen leichten
Uniformmänteln ausgestattet waren. Das Leiden dieser in Richtung auf die Hauptkampflinie flüchtenden Soldaten, ihre panische
Angst vor dem Erfrierungstod hatte sich ihm schmerzlich einge-
prägt.

Endlich leuchtet das prächtige Spektakel der festlich illuminier-
ten Stadt Minsk auf. Igor ist aus seinem tiefen Schlaf noch nicht
erwacht. Sein asketisches Gesicht wirkt in dieser Erstarrung mehr
denn je wie ein Ikonen-Porträt der prawoslawischen Kirche.

»Outpost of tyranny«

Minsk, im Januar 2006

Die deutsche Botschaft hat mich gut beraten, meine Unterkunft
in Minsk im IBB zu suchen. Die Buchstaben stehen für »Internationale Bildungs- und Begegnungsstätte«. Das Zimmer ist bescheiden, aber bequem. Der Fernsehapparat überträgt zwar nicht
den amerikanischen Nachrichtenkanal CNN, wohl aber BBC
International. Ich stelle fest, wie diese einst vorbildliche britische
Medienanstalt an Niveau und auch an Unparteilichkeit verloren
hat. Aber was haben in dieser Hinsicht die deutschen Sender zu
bieten, die ebenfalls hier zu empfangen sind? Der Blick aus dem
Fenster ist nicht gerade erheiternd. Hinter einer verwahrlosten

Grünfläche sind ein paar russische Holzhäuschen erhalten. Vor allem aber wird die Sicht durch eine mächtige Mietskaserne versperrt, deren grelle, rot-weiße Bemalung wenigstens etwas Farbe in diese triste Umgebung bringt. Von der Stadtmitte sind wir recht weit entfernt und zudem an einer großen Durchgangsstraße gelegen, die auch hier nach dem berüchtigten Tscheka-Gründer Felix Dserschinski benannt ist.

Dem Prospekt des IBB entnehme ich, daß mit der Planung dieses deutsch-belarussischen Tagungsortes unter dem Eindruck der Tschernobyl-Katastrophe von 1986 begonnen wurde. Die Initiative ging überwiegend auf eine evangelische Stiftung in Dortmund zurück und wurde von dem damaligen Ministerpräsidenten Johannes Rau unterstützt. An dem Joint-venture, wo neben verschiedenen Seminarräumen und einem großen Tagungssaal auch das Restaurant »Westfalia« schmackhaften Sauerbraten serviert, haben sich das lokale Tourismus-Unternehmen »Sputnik«, die Stadt Minsk und eine belarussische Sparkasse beteiligt. Der Zweck dieser Bildungsstätte, so lese ich, konzentriere sich auf »offenen Dialog, intellektuellen und interkonfessionellen Austausch sowie freie Meinungsäußerung«. Es ist ebenfalls von internationalem Dialog und demokratischem Prozeß die Rede. Der Zufall fügte es, daß die Inbetriebnahme des IBB im September 1994 unter großer Beteiligung staatlicher und kirchlicher Repräsentanz zu jenem Zeitpunkt erfolgte, als der heute international als Diktator geächtete Alexander Lukaschenko nach seinem unangefochtenen Erdrutschsieg seine Herrschaft über Weißrußland antrat.

Mancher wird sich fragen, warum ich den Vorgängen in Belarus so viel Platz und Bedeutung einräume. Aber der Fall dieses Durchgangslandes von zehn Millionen Einwohnern – die Zahl nimmt wegen der niedrigen Geburtenrate jährlich um 40 000 Seelen ab – ist in mancher Hinsicht typisch für die politische Voreingenommenheit des Westens und für die kulturellen Spaltungen, die sich im Zeichen eines ideologisch konzipierten Globalisierungswahns ausweiten und vertiefen. Belarus entspricht nicht den Erwartungen, die die atlantischen Partner an die Teilstaaten der zerbrochenen Sowjetunion richteten. Minsk fügte sich nicht ein in das Konzept einer überstürzten Liberalisierung von Politik und Wirtschaft, wie sie von Gorbatschow und Jelzin unter gönnerhafter Zustimmung und Förderung Washingtons und Bonns losgetreten wurde. Am 19. August 1991 hatten noch die Veteranen der Partei-Hierarchie mit dem kläglich gescheiterten Putsch der Moskauer Hardliner gegen Gorbatschow sympathisiert. Für Boris Jelzin bot sich damals die Gelegenheit, als Retter der neugewonnenen Freiheiten aufzutreten.

In ihrer Ratlosigkeit einigten sich die Funktionäre von Belarus darauf, einen angesehenen, aber ziemlich weltfremden Physikprofessor, Stanislaw Schuschkewitsch, aus der Versenkung zu holen und ihn zum Parlamentspräsidenten, dann zum Staatschef der Republik zu küren. An der Spitze einer kleinen politischen Gruppierung, der »Weißrussischen Volksfront«, hatte sich Schuschkewitsch einer konsequenten Wiedererweckung der nationalen Eigenständigkeit seiner Heimat verschrieben. Anstelle der marxistisch-leninistischen Staatsdoktrin, die abhanden gekommen war, wandten sich die ehemaligen Führungskader der KPdSU einer Ersatzideologie zu, der »Belarussifizierung« eines Landes, das den eigenen ethnischen und linguistischen Ursprüngen weitgehend entfremdet war. So erhielt das Weißrussische, das von vielen Städtern gar nicht mehr gesprochen wurde, den exklusiven Status einer offiziellen Amtssprache. Die romantische Rückbesinnung auf eine dem Volk wenig vertraute historische Identität war von Anfang an fragwürdig. Unterdessen klammerten sich die kommunistischen Kader an ihre ererbten Privilegien und stürzten das Land in eine Wirtschaftskrise, die in weiten Kreisen die nostalgische Erinnerung an sowjetische Planwirtschaft wachrief. Der krampfhafte Wiederbelebungsversuch einer belarussischen Nation, den Stanislaw Schuschkewitsch mit ehrlichem Bemühen, aber ohne Sinn für die katastrophale Wirtschaftsrealität betrieb, führte zur Zersplitterung der demokratischen Kräfte in Belarus, die bis auf den heutigen Tag andauert. Den Intrigen der korrupten und mafiös operierenden Apparatschiks waren diese politischen Neulinge nicht gewachsen.

Im Januar 1994 wurde Präsident Schuschkewitsch das Opfer seiner eigenen Naivität. Unter der verlogenen Anklage von

Bestechlichkeit enthob ihn die reaktionäre Parlamentsmehrheit seines Amtes. An der Spitze der offiziellen »Kommission zur Bekämpfung der Korruption«, die Schuschkewitsch, den Protegé des Westens, zu Fall brachte, befand sich zu jener Zeit ein bislang unbekannter Außenseiter namens Alexander Lukaschenko. Dieser verstand es, mit populistischen Themen die Gunst der Masse zu gewinnen. Obwohl der Altkommunist Wjatscheslaw Kebitsch, der 1994 als Regierungschef in Minsk amtierte, über alle Register des offiziellen Propagandaapparates gegen den Kandidaten Lukaschenko verfügte und eine Schmähkampagne gegen ihn orchestrierte, hat der damals 39jährige Newcomer, den seine Anhänger »Sascha« nannten und der neuerdings sogar als »Batka«, als »Väterchen« verehrt wird, mit der erdrückenden Mehrheit von 82 Prozent der Stimmen seine Präsidentschaft völlig legal angetreten. Dann verließ er allerdings sehr bald den Pfad der demokratischen Tugend. Da er es ablehnte, eine Partei zu gründen, und dennoch seine Gegner mit allen Mitteln neutralisieren wollte, ist Lukaschenko weder vor der radikalen Entmachtung des Parlaments noch vor einem plebiszitären Verfassungsbruch zurückgeschreckt, der es ihm erlaubt, sich beliebig lang an der Spitze Weißrußlands zu behaupten. Darüber hinaus riß er das Monopol über die elektronischen Medien an sich und verfolgte die Oppositionspresse mit allen nur denkbaren Schikanen.

In Minsk ist das westliche Konzept des »Nation building« gescheitert, und die Frage stellt sich, ob jede Abweichung von den gepredigten Normen sich so katastrophal auswirkt, wie das in Washington und in Straßburg kategorisch behauptet wird. Für einen Mann wie Lukaschenko ist jedenfalls nicht die Tragödie von »Nine Eleven« der Wendepunkt der jüngsten Geschichte gewesen. Am 3. Juli 1999 äußerte er sich wie folgt in der Zeitung »Sovjetskaya Belorussya«: »Blicken wir den Dingen ins Gesicht. Die Auflösung der Sowjetunion war die größte geopolitische Katastrophe des 20. Jahrhunderts. Es handelt sich dabei um eine Katastrophe, deren Folgen nicht nur uns berühren, sondern – wie ich fürchte – auch unsere Kinder und Enkel. Wir haben alle gesehen, wie die Industrie-Unternehmen nach 1991 zusammenbrachen. Viele haben sich heute noch nicht davon erholt. Das kombinierte System wirtschaftlicher Bindungen, die im Laufe von Jahrzehnten geknüpft und allmählich verbessert wurden, ist plötzlich explodiert. Die aktive Kriminalisierung der Wirtschaft und der Politik hat damit eingesetzt. Das zivile Leben wurde anarchisch und unregierbar. In meiner Eigenschaft als Präsident von Belarus bin ich stolz, daß unsere Republik eine der wenigen war, die dem politischen, ökonomischen und sozialen Chaos nicht verfallen sind, auch wenn wir nahe daran waren. Die Präsidentschaftswahl von 1994 hat dem zerstörerischen Prozeß, der auch unser Land bedrohte, ein Ende gesetzt.« Es hatte seinerzeit beachtlichen Mutes bedurft, um gegen die erstarrte, aber immer noch mächtige Nomenklatura Front zu machen. »Wir sind alle die Geiseln eines abscheulichen, eines unmoralischen und lasterhaften Systems der Manipulation und des Betrugs«, lehnte sich Lukaschenko damals auf. »Die Devise dieses Systems lautet: Alles steht zum Verkauf und alles kann gekauft werden.«

In Belarus hat sich der Westen als unfähig erwiesen, sich in die Psychologie eines benachbarten, aber fremden Landes zu versetzen. Dazu kommt ein guter Schuß opportunistischer Heuchelei. So wird der Republik Weißrußland jede Form von Präsenz im Straßburger Europaparlament verweigert, während dort die extravagante Tyrannei kaukasischer Despoten milde Absolution erhält. Im IBB-Hotel haben die einst häufigen Treffen mit deutschen Delegationen sowie die gegenseitige kulturelle Kontaktpflege unter diesem rigorosen Ostrazismus bereits schwer gelitten. Der Deutsche Akademische Austauschdienst, der noch in den neunziger Jahren großzügige Stipendien an belarussische Studenten verteilte und damit intellektuelle und auch sentimentale Bindungen schuf, die weit über die fragwürdige Alleinherrschaft Lukaschenkos ihre Früchte tragen würden, wurde in seiner Aktivität eingeschränkt. Wieder einmal heult man im Berliner Reichstag mit den Wölfen und verhängt Sanktionen, die erwiesenermaßen untauglich und kontraproduktiv sind.

Wo schon unablässig von Samuel Huntington und seinem »Clash of civilizations« die Rede ist, sollte man nicht nur die von ihm beschriebene Unvereinbarkeit von säkularisiertem Abendland und eiferndem Islam erwähnen, sondern auch seinen Hinweis auf den konfessionellen Antagonismus, der sich nach dem Schisma von 1054 zwischen Konstantinopel und Rom, zwischen byzantinischer und lateinischer Christenheit ergab. Auf dem Boden Weißrußlands kommt dieser Gegensatz – spätestens seit der Union von Brest – deutlich zum Vorschein. Das ambivalente Niemandsland zwischen Bug und Beresina, das die nationalistischen Schwärmer im heutigen Minsk als verlorengegangene belarussische Heimat glorifizieren, stand ja in Wirklichkeit unter der Feudalherrschaft der litauischen und polnischen Adelsgesellschaft.

Der Höhepunkt der Entfremdung war nach dem Tod des Zaren Boris Godunow im Jahr 1605 erreicht, als ganz Rußland in den unsäglichen Wirren der »Smuta« versank. Damals war die polnische Rzeczpospolita von Krakau nicht davor zurückgeschreckt, einen zum Katholizismus bekehrten Usurpator als angeblichen Sohn Iwans des Schrecklichen den Moskowitern als Herrscher aufzuzwingen. Die schwer gepanzerte polnische Reiterei, die mit seltsamen, riesigen Flügeln ausgestattet war, drang nach Moskau vor, bemächtigte sich des Kreml und installierte dort unter dem Segen der Jesuiten den »falschen Zarewitsch« Dmitri. Das konnte nicht gutgehen. Das fromme russische Volk blieb der griechischen Orthodoxie und dem prawoslawischen Glauben treu. Es folgte dem Aufruf seines Patriarchen, stürmte den Kreml und bereitete dem Pseudo-Zaren Dmitri ein schreckliches Ende. Aber erst im Jahr 1612 sollte die letzte polnische Garnison die Moskauer Festung endgültig räumen und die Flucht nach Westen antreten.

Das heutige Belarus steht noch im Schatten dieser wirren Konfrontation. Die unerträgliche Demütigung, als die die Eroberung Moskaus und des Kreml durch die katholischen Polen vom russischen Volk empfunden wurde, hat mit Sicherheit jene Kräfte angespornt, die im Laufe des 18. Jahrhunderts die systematische Unterwerfung, dann die totale Aufteilung der polnischen Adelsrepublik und bei dieser Gelegenheit auch die Annexion sowie die kulturelle Assimilation der Weiß-Ruthenen betrieben. Hier wurde eine Erbfehde ausgetragen, deren Nachwirkungen später die brutale Repressionspolitik der Romanow-Zaren im 19. Jahrhundert gegen die diversen Warschauer Aufstände geprägt haben. Die nationale Wiedergeburt Polens, das sich – der eigenen Nationalhymne getreu – nie verloren gibt, wurde in unseren Tagen anläßlich der allmählichen Zerbröselung kommunistischer Macht zu einem der entscheidenden Faktoren beim Niedergang des Sowjet-Imperiums. Wer hat schon zur Kenntnis genommen, daß bei der Wahl eines neuen Nationalfeiertages für die russische Föderation Wladimir Putin weder den Sieg über Napoleon noch die Eroberung von Berlin im Jahre 1945 gewählt hat, sondern das Datum der Vertreibung der Polen aus Rußland im Jahre 1612?

Ob der Kolchos-Direktor Alexander Lukaschenko sich dieser schweren Erblast überhaupt bewußt ist? Als Sproß eines bescheidenen bäuerlichen Milieus wurzelte sein Unterbewußtsein wohl noch in der prawoslawischen Orthodoxie. Dennoch war er als überzeugter Kommunist und Sowjetpatriot aufgewachsen und empfand die stalinistische Form des Agrar-Kollektivismus als Fortschritt gegenüber der früheren Feudalgesellschaft. Diese Grundeinstellung ging einher mit einem panslawischen Gemeinschaftsgefühl, das sich bei Auflösung der Sowjetunion durch instinktive Anlehnung an den großrussischen Bruder in Moskau äußerte. Da Lukaschenko sich auf die weiterhin in die russischen Streitkräfte stark integrierte eigene Armee nicht voll verlassen kann, wurden die Polizeiorgane, vor allem der KGB zu Säulen seiner Macht ausgebaut. Sogar von »Todesschwadronen« ist die Rede, und neben vier relativ bekannten politischen Gegnern sollen etwa dreißig potentielle Aufrührer liquidiert worden sein. Zu den prominentesten Opfern der Repression zählen der ehemalige Innenminister Juri Zacharenko und der frühere Vizepräsident des Parlaments, Viktor Gonchar, die trotz ihrer Zugehörigkeit zur korrupten Nomenklatura von den Regimegegnern heute als »Freiheitshelden« gefeiert werden.

Und dennoch – trotz der Omnipräsenz der Sicherheitsorgane – ist es in Minsk für einen westlichen Beobachter relativ unkompliziert, sich mit deklarierten Oppositionellen und überzeugten Lukaschenko-Gegnern zu treffen. Dazu bedarf es keiner besonderen konspirativen Tricks. Man verabredet sich – ungeachtet der Abhörwanzen – in den Wohnungen von Dissidenten, begegnet ihnen beim Dinner in westlichen Botschaften oder gibt sich in den volkstümlichen, oft in Kellern gelegenen Gaststätten ein Stelldichein. Dort wird deftige Nahrung serviert und das Trommelfell durch eine abscheuliche Abart russisch deformierter Rock-Musik strapaziert. Die Konversation leidet zwar unter dem Lärm, aber dafür ist der Gast vor »Lauschangriffen« geschützt. Übergroße Ängstlichkeit habe ich nirgendwo angetroffen, schon gar nicht bei einer Vielzahl akademischer Jugendlicher, die unverdrossen den »American way of life« imitieren und sich nach westeuropäischen Libertäten sehnen. Trotz drohendem Verweis von der Universität wird dort kräftig auf die Pauke gehauen, und ich hüte mich natürlich, die Namen meiner Gesprächspartner zu nennen.

In einem Fall darf ich jedoch eine Ausnahme machen, und zwar bei der Erwähnung des urwüchsigen Filmautors Juri Chaschtschewatski, einem polternden, grauhaarigen Rebellen, der sich in keiner Weise einschüchtern läßt und das Arbeitsverbot, das über ihn verhängt wurde, mit grimmiger Gelassenheit erträgt. Sein satirischer Film über Lukaschenko, »Ein gewöhnlicher Präsident«, wurde im Westen mit einem Preis prämiert. Der KGB von Minsk scheint inzwischen resigniert hinzunehmen, daß Chaschtschewatski sein polemisches Produkt auch an ausländische Besucher verteilt. Im IBB habe ich mir die DVD vorführen lassen. Der Diktator wird dort als psychisch labiler Mensch gezeigt. Die Kamera richtet sich immer wieder auf die Augen, die gelegentlich eine unergründliche Starre, dann wieder das wachsame Mißtrauen eines Raubtieres ausdrücken. Von Bonhomie ist da bei Batka wenig zu spüren. Der Schnurrbart Lukaschenkos wird in einen symbolischen Zusammenhang mit dem Oberlippenschmuck Stalins und Hitlers gebracht. Über den großdeutschen Führer hatte sich »Sascha« angeblich zu der unbedachten Äußerung hinreißen lassen: »Zumindest hat Hitler gezeigt, wie man einen Staat zu Ordnung und Disziplin erzieht.« Geheime Sympathien für Stalin werden ihm ohnehin unterstellt. Die gelegentlichen Protestaktionen von Oppositionsgruppen, die von belarussischen Polizeikräften mit Schlagstöcken auseinandergetrieben werden, sind ausführlich dargestellt, täuschen jedoch nicht darüber hinweg, daß es sich bislang um sporadische Aufwallungen einer ansonsten überwiegend lethargischen und autoritätshörigen Bevölkerung handelt. Am Ende der Dokumentation erwecken idyllische Ausblicke auf belarussische Frühlingslandschaften die Sehnsucht nach gesellschaftlicher Veränderung und nach Harmonie.

Für seine zahlreiche Anhängerschaft erscheint Lukaschenko, dieser jovial auftretende Hüne, jedoch in einem ganz anderen Licht. Selbst seine schärfsten Kritiker werfen ihm nicht vor, daß er sich bereichert habe. Er befleißige sich sogar eines bescheidenen privaten Lebensstils. Von Anfang an hat er sich als Anwalt der kleinen Leute, vor allem der bäuerlichen Schichten, bewährt. Wenn auch die Bauernschaft nach massiver Abwanderung in die Städte nur noch weniger als die Hälfte der Bevölkerung ausmacht, haben diese urbanen Neuzuwanderer ihre ländliche Grundeinstellung bewahrt. Ein Soziologe hat sogar herausgefunden, daß die besondere Neigung der meisten Belarussen, die es sich leisten können, ihrer Datscha gilt, einer Freizeitunterkunft zwischen Landhaus und Schrebergarten. Dort pflegen sie ihre Erdverbundenheit und schaffen sich einen gesellschaftlichen Freiraum.

Eines hat »Sascha« immerhin erreicht. Im Gegensatz zu den anderen Nachfolgerepubliken der Sowjetunion werden die Renten der alten Leute, die nicht weniger als zwanzig Prozent der Gesamtbevölkerung ausmachen, pünktlich ausbezahlt und sogar aufgestockt. Die medizinische Versorgung funktioniert einigermaßen. Der Preis der Grundnahrungsmittel wird niedrig gehalten und strikt kontrolliert. Die enge Anlehnung an Rußland – die Grenzschranken wurden in einem feierlichen Staatsakt zwischen Lukaschenko und dem damaligen russischen Regierungschef Tschernomyrdin beseitigt – stößt auf keinen nachhaltigen Widerspruch, zumal Lukaschenko eine Zeitlang gehofft hatte, an der Spitze einer großen slawischen Union die Nachfolge Boris Jelzins im Kreml antreten zu können. Nachdem jedoch Wladimir Putin diese Spitzenposition im Kreml zufiel, darf die Republik Belarus ihre bislang fragwürdige Eigenstaatlichkeit wieder stärker betonen. Man lebt eben in Minsk besser als in der russischen oder ukrainischen Nachbarschaft. Wenn Polen und Litauen sich dynamischer, wenn auch weniger sozial zu entwickeln scheinen, so weiß jedermann, daß sich dieser Vorsprung durch die massive Finanzhilfe aus Brüssel und Washington erklären läßt. Unter dem strengen Regiment »Saschas« ist es gelungen, den belarussischen Rubel zu stabilisieren und sogar die Außenhandelsbilanz positiv zu gestalten. Man bemüht sich in Minsk um ein System, das Planwirtschaft und ökonomische Vernunft zu vereinbaren sucht.

»Lukaschenko hat die Politik im Blut«, heißt es im Bericht eines westlichen Diplomaten. »Er ist kein Intellektueller, aber er weiß, wie man dem Volk gefällt und wie man eine solide Gefolgschaft an sich bindet, indem man für soziale Absicherung sorgt.« Gewiß, es wird viel über diesen Mann gespottet, der mit hoher Stimme redet, seinen kahlen Schädel kunstvoll zu kaschieren sucht und der die belarussische Sprache nur fehlerhaft beherrscht. Es wird sogar behauptet, daß er von Zigeunern abstamme und unter manisch-depressiven Phasen leide. Diese Schwächen kompensiert er durch sportliche Leistungen. Das Fernsehen zeigt ihn immer wieder als robusten »Molodez«, der sich als Skiläufer oder Eishockeyspieler hervortut und bei einem Rollschuhwettkampf als erster ins Ziel kam.

Mehr und mehr wendet sich der Präsident von den marxistischen Idealen seiner Jugend ab. Im slawophilen Gedankengut suche er eine neue geistige Heimat, mokieren sich seine Kritiker. Er gerate damit in die Nachbarschaft von Alexander Solschenizyn, der zum Kummer seiner westlichen Bewunderer die Überzeugung vertritt, daß die Slawen auf fremde Einflüsse verzichten können und über alle moralischen und physischen Vorzüge verfügen, um sich selbst zu genügen. Lukaschenko genießt die volle Unterstützung der orthodoxen Kirche Rußlands und ihres Patriarchen Alexej. Von Autokephalie einer belarussischen Kirche ist in Minsk nicht die Rede, und das Exarchat von Minsk, das dem Metropoliten Filaret untersteht, will dem Beispiel Kiews nicht folgen. Wieder einmal wird Solschenizyn von den Spöttern als Vordenker Lukaschenkos zitiert. Es gebe einen höheren Wert für den Gläubigen als die tägliche Nahrung, und dieser Wert sei der Glaube. Der bescheidene Lebensstandard des slawischen Bauern sei dem westlichen Materialismus überlegen, der sich auf Schein und Trug gründe. Solschenizyn hatte Gorbatschow und Jelzin wegen ihrer prowestlichen Orientierung heftig gerügt und schon 1990 die Schaffung eines slawischen Staatenbundes anstelle der Sowjetunion vorgeschlagen. Ob der berühmte Schriftsteller des »Archipel Gulag« sich jedoch mit einem Regime angefreundet hätte, das die »Verleumdung der Republik Belarus« als Straftatbestand qualifiziert und dem KGB eine zentrale, übermächtige Überwachungsfunktion zuweist, bleibt überaus fragwürdig. Es dürfte Solschenizyn schwerfallen, in »Batka« Lukaschenko einen Retter der »russischen Seele« zu entdecken.

MINSK, IM JANUAR 2006

Über die protzige Architektur von Minsk ist von den wenigen Ausländern, die die Stadt in offizieller Mission oder als Touristen besuchten, viel gelästert worden. Ich zögere nicht, mich dem Vorwurf des schlechten Geschmacks auszusetzen, wenn ich behaupte, daß dort – beiderseits der elf Kilometer langen Ost-West-Transversale – ein imponierender Wiederaufbau nach der totalen Zerstörung im Zweiten Weltkrieg stattgefunden hat. Josef Stalin hat diesen westlichen Vorposten seines Sowjetreiches für den hartnäckigen Widerstand gegen das Dritte Reich belohnen wollen. So steht es Minsk ganz gut an, daß ihm der pompöse Stalin-Stil den Charakter eines grandiosen Mausoleums verliehen hat.

Mit dem Spott über den Zuckerbäckerstil, der dem krausen Geschmack des Kreml-Despoten aus Georgien entsprach, sollte man sich zurückhalten. Jene postmodernen Städteplaner, die den Extravaganzen, der verkrampften Originalitätssucht unserer Baumeister im wiedervereinigten Berlin freien Lauf ließen, sollten sich besonderer Mäßigung befleißigen. In Minsk würde man vergeblich nach einer Horrorkonstruktion wie dem quadratischen Glas-Monstrum suchen, das das einst idyllische Kranzler-Eck am Kurfürstendamm verunstaltet. Wer sich für die Neugestaltung des Potsdamer Platzes begeistert, wo sich bei nächtlicher Beleuchtung immerhin einige erfreuliche Farbeffekte einstellen, wird bei Tage in die Wirklichkeit zurückgerufen beim Anblick der riesigen Aquarien, deren Glasfassaden eine solide Bausubstanz nicht ersetzen können.

Natürlich befremden die mächtigen Kolonnaden, der üppige und sinnlose Zierat, ein oft spießig anmutender Neo-Klassizismus der von Stalin hinterlassenen Innenstadt. Doch dieser Gigantismus signalisiert recht sinnvoll die Kulturschwelle, die hier überschritten wird und die 1,7-Millionen-Metropole Minsk inmitten einer Taiga-ähnlichen Landschaft zum Bollwerk macht. Auf die brutale Demonstration sowjetischen Machtwillens, die sich in Partei- und Regierungsbauten, den weit gestreckten Fassaden der wissenschaftlichen Fakultäten und den Wohnburgen eines kollektivistischen Gesellschaftskonzepts äußert, folgte nach dem Tode des »Völkervaters« die Plattenbau-Phase der Chruschtschow-Zeit. Dem Verfall und der Verwahrlosung dieser einst übereilt errichteten, heute trostlos anmutenden Wohnsilos, die ja auch in den westeuropäischen Großstädten anzutreffen sind und dort zu unerträglichen Sozialspannungen, ja in der Banlieue von Paris zu vandalistischem Aufruhr führten, ist Lukaschenko mit dem für ihn typischen Ordnungssinn entgegengetreten. Die von ihm angeordnete Sanierung der grauen Betonklötze hat bei vielen Belarussen den Wunsch gefördert, in diesen Ensembles zu sehr vernünftigen Bedingungen ein bescheidenes Eigenheim zu erwerben. Seit 1994 wird hektisch weitergebaut, wobei Wert auf solidere Fertigung und kurios orientalische Schmuckelemente gelegt wurde.

Es liegt mir fern, eine detaillierte Beschreibung der Stadt Minsk vorzunehmen, aber ein paar überraschende Eigenheiten sollten erwähnt werden. So wurde die endlose, von feierlichen Prachtfassaden gesäumte Transversale ursprünglich nach Lenin benannt. Als die belarussischen Nationalisten unter Schuschkewitsch vorübergehend das Sagen hatten, tauften sie die Allee in »Prospekt Francyska Skaryny« um und huldigten damit einem weißrussischen Drucker aus dem 16. Jahrhundert, den man als »slawischen Gutenberg« verehrt. Lukaschenko entfernte den Namen dieses Nationalhelden von den Straßenschildern und führte die Bezeichnung »Unabhängigkeitsprospekt« ein. Dagegen hat es zwar Protest gegeben, aber Sascha gab damit zu verstehen, daß er die staatliche Selbständigkeit der Republik zu seiner eigenen Sache gemacht hatte und von dem Gedanken einer Verschmelzung mit Rußland abrückte. Der Besucher wird am »Ploschtschad Nesawisimosti«, am Platz der Unabhängigkeit, auf das Bürohaus der weißrussischen Regierung aufmerksam gemacht, das bei der überstürzten Räumung von Minsk durch die deutsche Wehrmacht im Sommer 1944 nicht mehr gesprengt werden konnte und den Befehl Hitlers, »verbrannte Erde« zu hinterlassen, überdauerte. An der »Ploschtscha Nesaleschnastsi« – so heißt der Platz auf weißrussisch, und daran erkennt man doch erhebliche Sprachunterschiede – überrascht vor allem der rote Backsteinbau einer katholischen Kirche. Ein reicher polnischer Adliger hatte das Gotteshaus in Erinnerung an seine verstorbenen Kinder im Jahr 1910 errichten lassen und den beiden Heiligen Simon und Helena geweiht. Zur Sowjetzeit war dort ein Kino untergebracht. Lukaschenko gab die Kirche an den römisch-katholischen Bischof von Minsk zurück.

Zahlreiche gepflegte Grünflächen lockern die granitene Strenge der Hauptstadt auf. Jenseits einer solchen Parkanlage mit Lenin-Statue behauptet sich der plumpe Klotz, der das Zentralkomitee der KPdSU beherbergte. Hier arbeitet jetzt Lukaschenko, und hier wohnt er wohl auch meistens in recht anspruchslosem Rahmen. In der unteren Etage findet ein instruktives Gespräch mit einem jener dynamischen, sportlich auftretenden jungen Männer statt, die in der unmittelbaren Umgebung des Staatschefs tätig sind und als einzige Vertraute nennenswerten Einfluß auf seine Entscheidungen ausüben. Am Eingang zum »Allerheiligsten« unterscheiden sich die Kontrollmaßnahmen der uniformierten Milizionäre nicht sonderlich von den Sicherheitsvorkehrungen deutscher Ministerien.

In den holzgetäfelten hohen Gängen des Präsidentenpalastes mit den grauen Teppichläufern hat sich der säuerliche Geruch der alten Sowjetunion erhalten. Mein Gesprächspartner, Valeri Tsepkalo, ist kein beliebiger Gefolgsmann des Präsidenten. Obwohl er knapp vierzig Jahre alt sein dürfte, hat er Belarus bereits als Botschafter in Washington vertreten und amtiert jetzt in Minsk als »Assistant to the President of the Republic of Belarus«. Das Porträt von Batka hängt als einziger Schmuck an der düster-gelben Tapete. Der Aufenthalt in Amerika hat bei Tsepkalo, den ich ausnahmsweise unter seinem richtigen Namen vorstelle, eine positive Wirkung hinterlassen. Er spricht mit einer Offenheit, die in den Ministerien am Potomac inzwischen leider selten geworden ist. Wir unterhalten uns über die Probleme der Globalisierung und der Rezession, die beiderseits des Atlantiks aufkommen. Bei dem »Assistant« habe ich es keineswegs mit einem Dogmatiker der staatlichen Planwirtschaft zu tun. Das Festhalten an gewissen Formen des Dirigismus habe es Belarus erlaubt, die extrem schwierige Übergangsphase nach dem Zusammenbruch der Sowjetunion relativ unbeschädigt zu überstehen. Nach einer Dekade des Perestroika-Experiments und zügellosen Reformeifers sei es angesichts der Gefahr einer Verschleuderung des Volksvermögens im Jahr 1994 höchste Zeit gewesen, daß Präsident Lukaschenko das Steuer herumriß. Jetzt wiederum müsse das Land sich darauf besinnen, daß Eigeninitiative unentbehrlich bleibt, daß wirtschaftliche Fortschritte nur erzielt werden, wenn ausländisches Kapital eine rechtlich gesicherte Basis vorfände. Vom Präsidenten habe er den Auftrag erhalten, einen »Park of High Technologies«, eine Art Silicon Valley, zu entwerfen, der durch Steuervorteile auch fremde Investoren anlocken würde.

Der Berater des Präsidenten überreicht mir ein Exemplar der üppigen Hochglanz-Broschüre »Horizons«, die – seiner Aussage zufolge – die wesentlichen Punkte der belarussischen Zukunftsgestaltung enthält. Gleich zu Beginn findet eine auffällige Distanzierung vom russischen Brudervolk statt. Die historische Nostalgie gilt nun einmal dem Großherzogtum Litauen, das vom Baltikum zum Schwarzen Meer reichte und als dessen Herzland das heutige Belarus dargestellt wird. So wird der Widerstand der Stadt Mogilew gegen moskowitische Eroberer und Plünderer im frühen 17. Jahrhundert besungen. Damals hatten sich die griechisch-katholischen Gläubigen der mit Rom unierten Kirche dem Zugriff aus Osten widersetzt. Andererseits wurde dem weiß-ruthenischen Bauernvolk im Rahmen der polnischen Rzeczpospolita und ihrer feudalistischen Adelsstrukturen wenig Raum zur Selbstverwirklichung gelassen. Die ganze Widersprüchlichkeit der Region wird durch die Tatsache illustriert, daß die Einführung des Magdeburger Stadtrechtes vor 530 Jahren in den historischen Ortschaften von Belarus gewürdigt, gleichzeitig jedoch die Heiligsprechung des letzten russischen Zaren Nikolaus II. durch den Patriarchen von Moskau mit einer Anhäufung von Ikonen gefeiert wurde.

Bei Valeri Tsepkalo wie auch bei anderen Wirtschaftsexperten, denen ich in in den folgenden Tagen in der »Akademie der Wissenschaften« oder den großen Traktoren- und Lastkraftwagenwerken von Minsk begegne, kann ich keine besondere Zuneigung für das Rußland Wladimir Putins entdecken. Die Entfremdung wäre möglicherweise noch weiter gediehen, wenn die beiden ostslawischen Staaten nicht so unlösbar aufeinander angewiesen wären. Für den Kreml geht es darum, einer prowestlichen Revolution, wie sie in Kiew oder Tiflis stattfand, in Belarus einen Riegel vorzuschieben. Für diese Stabilität ist Lukaschenko immer noch der zuverlässigste Garant. Belarus wiederum bleibt wirtschaftlich auf die Russische Föderation angewiesen, die etwa sechzig Prozent der Exporte aufnimmt. Im Angebot sind vor allem Düngemittel auf Grund der reichhaltigen Kali- und Pottasche-Vorkommen dieses Landes. Ganz offen wird die Rückständigkeit der Agrarwirtschaft zur Sprache gebracht, etwa der Mißstand, daß dieser größte Kartoffelproduzent Osteuropas – die Belarussen werden von ihren Nachbarn als »Kartoffelfresser« verspottet – fast nur minderwertige Sorten anzubieten hat. Das gleiche gilt für die überreiche Ernte von Äpfeln niederer Qualität.

Da die Textilindustrie, die einst florierte, dem internationalen Wettbewerb nicht standhält, verlegt Lukaschenko das Schwergewicht auf seine petrochemischen Fabriken und die umfangreichen Raffinerien, die ihm als Erbe der Sowjetunion zugefallen sind. Zu Verstimmungen ist es bei den Verhandlungen mit dem russischen Konzern Gazprom gekommen. In Minsk hatte man aufmerksam beobachtet, wie Putin die aufsässigen Ukrainer der Orangen Revolution, die zudem vor keiner betrügerischen Abzweigung ihrer Transitlieferungen zurückschreckten, durch die plötzliche Erhöhung des Gaspreises auf internationales Niveau in Bedrängnis brachte. Ähnliches blieb Lukaschenko bislang erspart. Er bezieht weiterhin den Energiebedarf, den Gazprom jährlich bereitstellt, zu dem Vorzugstarif von etwa 47 US-Dollar pro 1000 Kubikmeter. Dafür verlangt jedoch der russische Lieferant Gazprom eine Besitzbeteiligung an der Pipeline Beltrans, die quer durch die Republik in Richtung Polen verläuft.

Über andere, diskrete Geschäfte, die in Minsk getätigt werden, spricht man mit Zurückhaltung. Die russische Rüstungsindustrie läßt ihre Panzer, Flugzeuge und Präzisionswaffen wie zu Zeiten der sowjetischen Einheit in den Ateliers von Belarus perfektionieren. Die Auslieferung von Rüstungsmaterial auf dem Umweg über Minsk an dubiose Abnehmer, die George W. Bush ein Dorn im Auge sind – sei es nun China, Iran oder Sudan –, kommt den Interessen der beiden Unionsstaaten zugute. Ernsthaft wird in Minsk die Möglichkeit erwogen, den eigenen Außenhandel, der bisher überwiegend über den litauischen Hafen Klaipeda, die einst deutsche Stadt Memel, zu hohen Kosten und unter dem wachsamen Auge der NATO abgewickelt wird, über Kaliningrad, das frühere Königsberg, umzuleiten, was allerdings komplizierte Transitabkommen mit Vilnius voraussetzt. Unterdessen werden die bei Baranovicy eingebunkerten Raketenstellungen der russischen Vorneverteidigung auf die polnischen Basen der US-Streitkräfte gerichtet. Die Rampen von Vileika weisen auf die Häfen des Baltikums. Zumindest auf diesem Gebiet bewährt sich eine alte Waffenbrüderschaft.

Zunehmende Faszination übt die Volksrepublik China auf die jungen, pragmatischen Technokraten aus, die Alexander Lukaschenko nach seiner Weigerung, eine eigene Partei zu gründen, als »braintrust« um sich versammelt hat. Schon zum vierten Mal ist der Staatschef von Belarus nach China gereist. Nach dem Gespräch mit seinem chinesischen Counterpart, Präsident Hu Jintao, verwies »Sascha« immer wieder auf die Disparität zwischen seinem kleinen Heimatland von zehn Millionen Einwohnern und dem ungeheuerlichen Menschenpotential im Reich der Mitte. Aber er gab auch folgende Erklärung ab: »Bei der Erörterung der internationalen Fragen haben wir nicht die geringste Divergenz in der Beurteilung der heutigen Welt feststellen können. Wir verfügen über eine absolut identische Wahrnehmung. Wir treten beide für eine multipolare Welt ein.« Die Bewunderung des Weißrussen gilt nicht so sehr der Titanen-Gestalt Mao Zedongs, als dem listigen Pragmatiker Deng Xiaoping, dessen rigorose Staatslenkung einerseits, dessen marktwirtschaftliche Lockerung andererseits den phänomenalen Aufstieg der fernöstlichen Volksrepublik ermöglichte. Wenn es geographisch sinnvoll wäre, würde der osteuropäische Staat Belarus am liebsten jener »Gruppe von Shanghai« beitreten, mit deren Gründung Putin und Hu Jintao den US-Einfluß in Zentralasien einzudämmen suchen.

Die Zeitschrift »Horizons« enthält eine überaus positive Biographie Deng Xiaopings, des Gefährten des Langen Marsches, der einst die Rotgardisten mit seiner Feststellung in Rage versetzte, es sei egal, ob eine Katze schwarz oder weiß sei, Hauptsache sie fange Mäuse. Die Schwärmerei für den chinesischen Weg geht noch weiter. Konfuzius wird als einer der großen Lehrmeister der Menschheit zitiert, ja das Blatt greift auf den weißrussischen Sinologen Osip Kowalewski zurück, der um 1830 – zu einem Zeitpunkt also, als der zaristische Imperialismus sich anschickte, weite Territorien Chinas an sich zu reißen – die uralte Kultur des Fernen Ostens in höchsten Tönen pries. Ob Kowalewski bei seinem intensiven Studium der mongolischen Yuan-Dynastie sich wohl bewußt war, daß die Erben Dschingis Khans ihre gefürchtete Nomadenherrschaft in einmaliger geographischer Expansion zwischen dem Gelben Meer im Osten und den weißrussischen Sümpfen im Westen etabliert hatten? In die trügerische Morastlandschaft des Pripjet hatten sich die Reiterheere der »Goldenen Horde« zwar nicht vorgetraut, aber 300 Jahre später fielen ihre Nachkommen, die Krimtataren über die Stadt Minsk sowie andere Ortschaften von Belarus her und legten sie in Schutt und Asche.

Ich spreche Valeri Tsepkalo auf seine Botschafterzeit in Washington an. Er hat das jüngste Buch Samuel Huntingtons »Who are we?« gelesen, das in der Überfremdung der protestantisch-angelsächsisch ausgerichteten Ursprungskultur der USA durch die lateinamerikanischen und katholischen Immigranten aus Süden, vor allem aus Mexiko, einen fatalen Umbruch ankündigt. Er habe sich selber nach Laredo und Nuevo Laredo begeben und am

Rio Grande del Norte die Stichhaltigkeit dieser Ängste überprüft. Im Gespräch mit dem aufgeschlossenen, ein wenig zynischen Aufsteiger in der Umgebung Batkas habe ich Mühe, die bleierne Last der geschmähten Autokratie zu erspüren.

Wie er denn als diplomatischer Repräsentant eines »rogue state« mit seiner US-Umgebung zurechtgekommen sei, frage ich Tsepkalo. »Das war anfangs nicht einfach«, räumt er ein. »Aber wissen Sie, wer mir am Ende die Türen zum politischen Establishment geöffnet hat? Das war ausgerechnet jener Ultrareaktionär John Bolton, der als US-Botschafter bei den Vereinten Nationen der Weltorganisation am liebsten den Garaus machen würde.« Es habe sich dabei wohl um die heimliche Geistesverwandtschaft von zwei konträr ausgerichteten »Neokonservativen« gehandelt, versuche ich zu witzeln, und Valeri lacht. Die wirkliche Überraschung bereitet mir der Assistent des Präsidenten jedoch mit dem Hinweis auf seine jüngste eigene Veröffentlichung, die unter dem Titel »The Immortality Code« erschienen ist. Ich begnüge mich, ein paar Auszüge aus der Rezension in »Horizons« zu zitieren, die dieser eigenartigen philosophischen Betrachtung gewidmet ist: »Valeri Tsepkalo«, so schreibt der Kritiker, »konfrontiert seinen Leser mit seiner Erkenntnissuche von Tod und Wiedergeburt. Über das Leben nach dem Tode nachzudenken, kommt der Meditation über wirkliche Freiheit gleich. Man lerne zu sterben, den Tod zu akzeptieren, und schon höre man auf, wie ein Sklave zu leben. Moses, Buddha, Jesus und Mohammed – sie alle wollten, daß der Mensch frei sei. Aber die Menschen, in Zweifeln und Ungeduld befangen, fuhren fort, den Tod zu fürchten und strebten nach Unsterblichkeit. Der Autor zitiert Montaigne: ›Es gibt kein Unheil im Leben derjenigen, die begriffen haben, daß der Verlust des Lebens kein Unheil ist.‹«

»In Tsepkalos Vorstellung«, so lese ich weiter, »bedeutet die Auferstehung die Rückkehr der Seele und die Neuentdeckung der Persönlichkeit. Laut ›Unsterblichkeits-Code‹ würde der Mensch auf ewig zu sich selbst zurückkehren und seine früheren Lebensabläufe in sich aufbewahren. Goethe habe geschrieben: ›Wer nicht an ein zukünftiges Leben glaubt, ist für dieses Leben gestorben.‹ – Tsepkalo hat diesen Gedanken erweitert, indem er behauptet, daß der Mensch unsterblich sei, solange unsere Welt existiert.«

Hinter den grauen Mauern des ehemaligen Zentralkomitees der KPdSU von Minsk unter dem Bild des »Tyrannen« Alexander Lukaschenko ist der philosophischen Spekulation offenbar keine Grenze gesetzt. Der Künder dieser Erkenntnisse, die der indischen Mystik recht nahestehen, wirkt dabei nicht im geringsten wie ein Phantast, sondern tritt mit der Allüre eines zielstrebigen Machtmenschen auf.

Der Golem geht um

Kein ausländischer Diplomat versäumt es, den Besucher auf die kunstvoll ziselierten korinthischen Kapitelle zu verweisen, die eines griechischen Tempels würdig wären, wenn nicht jeder wüßte, daß sich hier das Hauptquartier des allmächtigen KGB befindet. Dem unvermeidlichen Felix Dserschinski ist auch hier eine Bronzebüste gewidmet. Doch jenseits des alten Großmarktes, wo am lieblich gewundenen Swislach-Fluß die Restaurierung der Altstadt aus dem 17. Jahrhundert partiell unternommen wurde, findet Minsk zu einer religiösen Grundstimmung zurück, die die Atheisten der Stadt nicht austreiben konnten. Natürlich beherbergen die orthodoxen und katholischen Klöster, die in alter Barockpracht wiedererstanden sind, keine frommen Ordensgemeinschaften mehr. In Westeuropa ist ja ein ähnlicher Vorgang der Desakralisierung im Gange. Aber die Heilig-Geist-Kathedrale des Metropoliten Filaret, der ehemals polnische Zisterzienser-Konvent und die zierliche Maria-Magdalena-Kirche beherrschen die ehemaligen Festungsanlagen. Eingeklemmt zwischen zwei modernen, häßlichen Zweckbauten – die Sankt-Patrick-Kathedrale von Manhattan hat ja ein ähnliches Schicksal erlitten – betont die Peter-und-Paul-Kirche die Beharrungskraft der katholischen Minderheit. Manches erinnert hier an den sakralen Anspruch der litauischen Hauptstadt Vilnius.

Beim Komitee für religiöse und ethische Angelegenheiten habe ich es mit einem Beamten zu tun, der sich zur konfessionellen Harmonie in Belarus beglückwünscht. Der früher starke Anteil polnischer Katholiken ist nach dem Zweiten Weltkrieg als Folge der massiven Vertreibung nach Pommern und Schlesien auf zwei Prozent geschrumpft. Aber die Zahl der »Papisten« wird immer noch mit vierzehn Prozent beziffert, ehemalige Gläubige der griechisch-katholischen Uniaten und wohl auch eine Anzahl von Polen, die für die belarussische Nationalität optierten. Achtzig Prozent bekennen sich zur prawoslawischen Orthodoxie. Der Rest setzt sich aus protestantischen Sekten, ein paar muslimischen Tataren-Einsprengseln und einer verschwindend kleinen Zahl von Juden zusammen. Der historisch gebildete Leiter des Instituts möchte mir zum Abschied eine bescheidene Ikonen-Kopie als Erinnerung mit auf den Weg geben. Er zögert einen Moment zwischen der Madonna von Tschenstochau, der Nationalheiligen Polens, und der Muttergottes von Kazan, die den Sieg des Christentums über das muslimische Tataren-Joch symbolisiert. Er entscheidet sich für das Jungfrauenbild aus Kazan, dessen Original von Papst Johannes Paul II. dem orthodoxen Patriarchat zurückerstattet wurde.

Vergeblich habe ich nach einer Gedenkstätte Ausschau gehalten, die den Opfern der nuklearen Katastrophe von Tschernobyl gewidmet wäre. Alle paar Jahre finden in Minsk und anderen Städten von Belarus Trauerfeierlichkeiten für die Toten dieser grauenhaften Verstrahlung statt, deren Zahl noch immer nicht präzis beziffert ist. Angeblich hat die westliche Finanzhilfe für die an Leukämie Erkrankten nachgelassen, seit Weißrußland sich unter Lukaschenko vom westlichen Demokratie-Modell abwandte. Eines sollte jedoch im Rückblick auf Tschernobyl festgehalten werden. Das Kernkraftwerk, das im April 1986 explodierte, befindet sich etwa neunzig Kilometer nordwestlich von Kiew – eindeutig auf ukrainischem Territorium. Die Hauptleidtragenden des Vernichtung speienden Reaktors Nummer 4 waren jedoch die südöstlichen Oblaste der Republik Belarus. Auf Grund der Wetterverhältnisse sind siebzig Prozent der radioaktiven Verseuchung zwischen Gomel und Brest niedergegangen. Ukrainische oder russische Gebiete waren weit weniger betroffen. Die engagierten Atomgegner sollten zur Kenntnis nehmen, daß der Verzicht auf den Bau von Nuklearwerken im eigenen Land keinen Schutz bietet, falls in den Kernenergie-Zentralen der Nachbarländer ein GAU stattfände. Um nur ein Beispiel zu nennen: Falls die gigantische französische Atomanlage im lothringischen Cattenom – das vorbildlich geschützt, aber nur wenige Kilometer von der saarländischen Grenze entfernt ist – auseinanderbräche, würden die vorherrschenden Westwinde die massivste Kontaminierung auf dem Gebiet Deutschlands verursachen. Eine havarierte Anlage im Taunus oder im Münsterland könnte kein größeres Verhängnis für die Bewohner der Bundesrepublik heraufbeschwören.

Bei aller Bemühung um Normalisierung und Aufbau kann sich die Stadt Minsk nicht aus der Friedhofsstimmung lösen, die ihr die Geschichte auferlegt hat. So bleibe ich vor einem kleinen, geschmackvollen Totenmal in Form einer Moschee stehen. An dieser Stätte wird der belarussischen Gefallenen im Afghanistan-Krieg zwischen 1979 und 1989 gedacht. 700 ihrer Söhne hat die Republik für die sinnlose Eroberungskampagne am Hindukusch geopfert. Die Namen der Toten sind in Marmor gemeißelt. Ob denn das militärische Fiasko nachwirke, habe ich mich erkundigt. Nachdrücklich wird das bejaht. Eine tiefe Traumatisierung sei zurückgeblieben, und die psychische Belastung der Kriegsteilnehmer sei noch spürbar. Dabei hatte ich der robusten slawischen Natur gar nicht zugetraut, daß sie ähnlich verwundbar reagieren würde wie die depressiv veranlagten amerikanischen Veteranen von Vietnam.

»Dreh dich nicht um, der Golem geht um!« Wenn diese düstere Mahnung aus dem mystischen Roman Meyrinks irgendwo Sinn macht, dann in der beklemmenden Granitwüste von Minsk. Der Golem, diese furchterregende Zwangsvorstellung aus dem jüdischen Ghetto von Prag, dieser Koloß, der Untergangsahnung weckte, war auch in Belarus zu Hause. Die Stadt Minsk war vor dem Zweiten Weltkrieg fast zur Hälfte von Juden bevölkert, ähnlich wie Witebsk, Gomel, Grodno oder Brest. Bis auf wenige Ausnahmen fielen sie der »Shoah« anheim. Ich habe zu einem greisen Überlebenden der mosaischen Gemeinde Kontakt aufgenommen, einem ehemaligen Kantor, dem die Tragik seines Volkes ins Gesicht geschrieben steht. Seine Schilderung hört sich an wie ein klagend vorgetragener »Kaddisch«.

Simon Bielski, dessen Vater sich einer der wenigen jüdischen Partisanengruppen angeschlossen hatte, die in der Oblast Baranovicy gegen die SS, aber auch gegen deren ukrainische Kollaborateure und sogar gegen feindselige polnische Freischärler ums nackte Überleben kämpften, geleitet mich im Herzen von Minsk zum erschütternden Memorial, das der jüdische Bildhauer und Architekt Levin entworfen hat. Inmitten einer bescheidenen Grünanlage, war dort, wo am 2. März 1942 der Massenmord an 5000 Juden –vom Kleinkind bis zum Greis – stattgefunden hatte, eine Grube ausgehoben. Eine lange Reihe hagerer, gequälter Opferfiguren aus Bronze steigt die steile Böschung der Hinrichtungsstätte hinab. Diese dünnen, entfleischten Gestalten mit den hohlen Totenkopfgesichtern erinnern an die Bronze-Statuen von Giacometti. Von dieser todgeweihten Gruppe geht eine Würde und Erhabenheit aus, die man bei dem ungeschlachten Holocaust-Mahnmal von Berlin schmerzlich vermißt.

In seiner bescheidenen Wohnung berichtet Simon Bielski über das Schicksal seiner Glaubensbrüder, die schon im 14. Jahrhundert dank einer liberalen Einwanderungspolitik der litauischen Großfürsten aus West- und Südeuropa ins Land geströmt waren. Sie sollten wohl in dieser rückständigen Gegend Handel und Wandel fördern, stießen jedoch sehr bald auf die strenge Reglementierung durch die polnische Adelsmonarchie und das Mißtrauen der ärmlichen Landbevölkerung. »Unsere Rechte in der polnischen Rzeczpospolita wurden systematisch eingeschränkt. Ein Jude durfte kein Land erwerben und keinen Wehrdienst leisten. Als bescheidene Handwerker und Händler mußten die jiddisch sprechenden Zuwanderer ihr Leben fristen, kapselten sich selbst in ihren strengen mosaischen Gesetzen ab. Da sie sich auch als Geldverleiher betätigten, wurden sie von den polnisch-litauischen oder weißrussischen Kleinbauern oft als Wucherer geschmäht.«

Marc Chagall, so erklärt der Kantor, habe eine jüdische Zauberwelt geschaffen und mit dieser Magie seiner Bilder dem Elend entrinnen wollen, zu dem – mit Ausnahme einer halbwegs assimilierten Oberschicht – die mosaische Gemeinde verurteilt war. Unterdessen entwickelte sich unter dem Einfluß der chassidischen Erweckungsbewegung eine neue religiöse Überschwenglichkeit. Jedenfalls hätten die Hollywood-Produktionen über den Holocaust, wo von einer Gruppe in die USA ausgewanderter Juden ein idyllisches Schtetl-Leben in Galizien oder Wolhynien voll Heiterkeit und Wohlstand vorgegaukelt werde, ein total verfälschtes Bild von dem traurigen Leben und der Diskriminierung entworfen, unter denen die Kinder Israels schon vor Ausbruch der Hitlerschen Vernichtungswut litten. Nachdem das Zarenreich sich Weißrußland, die Ukraine und Litauen einverleibt hatte, wurde diese Westregion, »Pale« genannt, zum Zwangsaufenthalt der russischen Juden deklariert. Im 19. Jahrhundert kam es zu jenen blutigen Pogromen und antisemitischen Ausschreitungen, die einen massiven Exodus der Israeliten bewirkten und bei einigen von ihnen – im Einklang mit dem Österreicher Theodor Herzl – die Sehnsucht nach einer eigenen Heimstätte, nach einem zionistischen »Judenstaat« aufkommen ließ. Dort, im Gelobten Land, würden sich die Hebräer – was ihnen bislang versagt war – dem Aufbau einer vorbildlichen Landwirtschaft und der Gründung einer eigenen Armee widmen können, die heute zu den besten der Welt gehört.

»Sie haben sicher am Horhaka-Park das grüne Holzhaus gesehen, das heute als Museum dient«, fährt Simon Bielski fort. »Dort wurde 1898 der illegale Gründungskongreß der ›Russischen Sozialdemokratischen Arbeiterpartei‹ abgehalten, aus der später die Kommunistische Partei hervorgegangen ist. Unter den obwaltenden Umständen war es kein Wunder, daß bei diesen Revolutionären, die sich gegen die Autokratie des Zaren auflehnten, die Judenschaft Weißrußlands besonders stark vertreten war.« Deren Intellektuelle hatten später unter der Autorität Lenins die unverhoffte Chance, ihre sozialistischen Vorstellungen, die ja auch den Zionismus prägten, und ihre gesellschaftliche Gleichstellung durchzusetzen. Ursprünglich hatten sie der Utopie weltweiter proletarischer Brüderlichkeit angehangen. Erst mit den Schauprozessen der dreißiger Jahre, nachdem der geniale Gründer der Roten Armee, Leo Dawidowitsch Trotzki, der ursprünglich Bronstein hieß, von dem Georgier Stalin als Todfeind des Sowjetstaates verfolgt und später im Exil ermordet wurde, setzte jene grauenhafte Liquidierungswelle ein, der neben zahllosen anderen auch die jüdischen Gründungsväter des Arbeiter- und Bauernstaates zum Opfer fielen.

Schon die »Dekabristen«, jene zaristischen Offiziere des frühen 19. Jahrhunderts, die nach ihrer Rückkehr vom Frankreichfeldzug und ihrem Sieg über Napoleon in Sankt Petersburg gegen Nikolaus I. putschten und die Schaffung einer konstitutionellen Monarchie forderten, diese im Westen hoch gefeierten Freiheitshelden oder »Reformer«, wie man heute sagen würde, hatten ja mit dem Gedanken gespielt, die jüdische Bevölkerungsmasse in den Kaukasus oder nach Sibirien auszusiedeln.

Ich kann dem Kantor von meiner Reise in die autonome Region Birobidschan im Juli 1993 berichten. Gemeint ist jener fernste Winkel der russischen Fernost-Provinz am Amur, wo Josef Stalin, dem die geistige Beweglichkeit der Söhne Israels wohl unheimlich war, beschlossen hatte, eine gesonderte jüdische Verwaltungseinheit zu schaffen.

Die Gründung von Birobidshan, bestätigt Bielski, sei von vielen Juden in der Sowjetunion als fürchterliches Signal gedeutet worden. Der Verdacht war längst aufgekommen, daß Stalin nicht frei sei von Antisemitismus. Bevor er 1939 den Pakt mit Hitler schloß, hatte er den Außenminister Litwinow, der ursprünglich Finkelstein hieß, durch den Russen Molotow abgelöst. Ähnliche, rassisch motivierte Umbesetzungen fanden in zahlreichen Amts- und Parteizentralen statt. Es hatte die ganze ideologische Verbohrtheit der Nazis dazugehört, an der Zwangsvorstellung einer jüdisch-bolschewistischen Weltverschwörung festzuhalten. Man stelle sich vor, der Mann aus Braunau hätte in dem Georgier, wie das der Wirklichkeit entsprach, eine verwandte Natur entdeckt. Auf das kurzfristige Arrangement zur Teilung Polens wäre möglicherweise eine Schicksalsgemeinschaft zwischen der »Kommunistischen Partei der Sowjetunion« und der »Nationalsozialistischen Deutschen Arbeiterpartei« gefolgt. Wer eine solche Hypothese als Hirngespinst ablehnt, verdrängt offenbar die Tatsache, daß Josef Dschugaschwili alias Stalin in den letzten Monaten seiner Herrschaft einem antisemitischen Wahn zu verfallen drohte. Der Prozeß gegen die jüdischen Ärzte, die »Mörder in den weißen Kitteln«, war vermutlich der Auftakt zu einer neuen antijüdischen Verfolgungswelle und wurde nur durch den plötzlichen Tod des roten Zaren abgewendet.

Zu später Stunde habe ich in meiner IBB-Klause noch einmal die Tagebücher des Joseph Goebbels zur Hand genommen und bin auf folgende Passage gestoßen: »Ich habe mir einen sowjetischen Propagandafilm mit einer ausführlichen Darstellung der Persönlichkeit Stalins vorführen lassen«, schreibt Goebbels im Juni 1942. »Ich kann dabei Stalin eine ganze Zeit bei einer Rede vor dem kommunistischen Kongreß beobachten. Er macht einen sehr ruhigen und geschlossenen Eindruck. Wir haben es zweifellos bei diesem Mann mit einer Persönlichkeit zu tun, die in keiner Weise mit den halben Portionen in den demokratisch-plutokratischen Ländern verglichen werden kann. Hier handelt es sich um einen Mann von Format.«

*

Die Fahrt durch das nächtliche Minsk ist ein Lichterfest. Bei Tage mag manches an der pompösen Architektur auszusetzen sein. Aber sobald sich die Dunkelheit senkt, tauchen Beleuchtungseffekte von hoher künstlerischer Qualität die Avenuen, Prospekte, Kolossalbauten und auch die renovierten Kirchen in gleißende, polychrome Pracht. Die riesige gläserne Kugel, die die neue Bibliothek aufnehmen soll und angeblich durch iranische Petro-Dollars finanziert wurde, bildet den Höhepunkt dieses statischen Feuerwerks.

In die Lobby und den sonst so nüchternen Sitzungssaal des deutsch-belarussischen Begegnungszentrums zurückgekehrt, verschlägt es mir die Sprache. Die kargen Räume sind durch Luftballons, Papierschlangen und Glitzerzeug jeder Art in eine ausschweifende Vergnügungsstätte verwandelt. Eine grotesk kostümierte Kapelle spielt dröhnenden Rock. Das Publikum ist jung und betont elegant. Da bewegen sich nicht nur die lokalen »Bisnissmen« im gut geschnittenen Smoking. Ein ganzer Schwarm

slawischer Schönheiten, die möglichst viel von ihren wohlge-
formten Rundungen zur Schau stellen, sich in provozierende Miniröcke zwängen und auf extrem hohen Hacken balancieren,
bemüht sich mit dick aufgetragener Gesichtsbemalung um den
Eindruck enthemmter Frivolität. Als Osterhasen, Teddybären
und Mickymäuse kostümierte Statisten täuschen Fröhlichkeit vor.
Die Tische des Buffets brechen unter dem Speiseangebot fast zusammen, und ich nehme an, daß französischer Champagner und
nicht Schaumwein von der Krim in den Gläsern perlt. Über dem
nahen Dserschinski-Prospekt schießt mit gewaltigem Knattern
ein aufwendiges »feu d'artifice« in den eisigen Winterhimmel.

Vom Hotelpersonal erfahre ich, daß die Gründung eines neuen
Unternehmens, einer Lebensmittelfabrik, gefeiert wird und daß
es sich dabei um eine aus privaten Mitteln finanzierte Firma handelt. Was denn dort hergestellt werde, frage ich, und die Antwort
der Portiersfrau, die mit ihrer grauen, bescheidenen Kleidung so
gar nicht in den Rausch der »jeunesse dorée« paßt, lautet resigniert: »Sie produzieren etwas, was man frißt, was billig und un-
gesund ist und was die Konsumenten dick macht.« Mit anderen
Worten, es handelt sich um Kartoffel-Chips, um »Junk food«, wie
es in Amerika so beliebt ist. Aber dabei bleibt es nicht.

Für den kommenden Tag ist eine ähnlich ausschweifende Veranstaltung vorgesehen, die die Gründung einer Kaugummi-
Fabrik zelebrieren soll. Um das Ganze zu krönen, werde ich beim
westfälischen Abendessen durch eine alkoholisierte, ordinäre
Männerrunde inkommodiert – Polen, Österreicher, Ungarn,
Ukrainer –, die nach Belarus gekommen sind, um die Produktion
von Coca-Cola aufzunehmen. Über dem protzigsten stalinistischen Hochhaus der Innenstadt war mir bei Tage schon die riesige
hellrote Werbung für McDonalds aufgefallen. Der »American
way of life«, so scheint es, befindet sich in der Republik Lukaschenkos unaufhaltsam auf dem Vormarsch. Leider sind es nicht
die eindrucksvollen Leistungen der USA auf kulturellem und wis-
senschaftlichem Gebiet, die die schleichende Unterwanderung
dieser immer noch proletarisch-bäuerlichen Gesellschaft von
Belarus in Angriff nehmen.

Der Mann des Präsidenten

Warum die belarussischen Militärbehörden sich die Mühe gegeben haben, andeutungsweise jene »Stalin-Linie« zu rekonstruieren, von der manche Experten behaupten, es habe sie gar nicht gegeben, bleibt schwer verständlich. Bei der Ortschaft Zaslawe sind Gräben ausgehoben, ein paar Wälle aufgeschüttet und Stacheldrahtverhaue gezogen worden. Daneben stehen altertümliche Panzerfahrzeuge und zwei Hubschrauber – bestimmt keine Relikte des Zweiten Weltkrieges –, die den roten Stern tragen. Aber mein Betreuer auf dieser Tournee westlich und nördlich von Minsk hat Wert auf die Besichtigung gelegt, und bei ihm handelt es sich nicht um eine beliebige Person. Über Michail Lusenko, so wollen wir ihn nennen, hatte ich schon vor der Abfahrt aus Minsk erfahren, daß er nicht nur eine einflußreiche Beraterfunktion an der Spitze des belarussischen Staates ausübt. Dieser jugendlich und athletisch wirkende blonde Mann von etwa vierzig Jahren – seinem Kollegen Valeri Tsepkalo ist er im Typus sehr nahe – bekleidet einen hohen Rang im allmächtigen Sicherheitsapparat des KGB. Mir ist das nur recht; denn in so manchen autoritär regierten Ländern habe ich die Erfahrung gemacht, daß in den Geheimdiensten eine intellektuelle Elite herangezüchtet wird, die über objektive Sachkenntnis verfügt und sich mit verblüffender Offenheit äußern darf. Lusenko macht da keine Ausnahme. Im Gegenteil. Er versichert mir gleich zu Anfang, daß er kein gewöhnlicher Apparatschik sei und kein Blatt vor den Mund nehme.

Die Temperatur an diesem strahlenden Tag bewegt sich immer noch um 30 Grad minus. Unter der klaren Sonne dehnen sich die schneeverwehten Felder mit den schwarzen Wäldern im Hintergrund zu einem grandiosen Tableau russischer Weite. Besagte Stalin-Linie, so heißt es, war zwischen den beiden Weltkriegen unmittelbar an der damals bei Zaslawe verlaufenden polnischen Grenze angelegt worden. Es sei ein Fehler der sowjetischen Führung gewesen, meint der hohe KGB-Beamte, diese Verteidigungsposition zu schleifen, als die Rote Armee im Herbst 1939 bis zum Bug vorrückte. Aber man könne daraus Schlüsse ziehen. »Das totale Versagen und die Vernichtung der sowjetischen Armeen im heutigen Belarus zu Beginn der Operation Barbarossa waren auf das Fehlurteil Stalins zurückzuführen, der einfach nicht an den deutschen Überfall glauben wollte und – statt die Schlachtordnung auf Verteidigung auszurichten – seine Panzerdivisionen in Offensiv-Formationen aufgestellt hatte.« Die Behauptung von Überläufern, Hitler sei einem russischen Großangriff nur um ein paar Wochen oder Monate zuvorgekommen, will Michail nicht von der Hand weisen.

Ob es denn die Stalin-Linie überhaupt gegeben habe, frage ich. Doch da werde ich wieder auf die »geheime Offenbarung« der Goebbels-Tagebücher verwiesen. »Dnjepr bei Rogatschew überschritten. Damit durch die Stalin-Linie durch«, heißt es dort lakonisch am 5. Juli 1941, und eine Woche später mokiert sich der Reichspropagandaminister über englische Meldungen, die Wehrmacht habe sich an der Stalin-Linie festgefahren. Neben Lusenko haben zwei junge Gefährten in dem geräumigen Geländewagen Platz gefunden. Wolodja, der am Steuer sitzt, ist Jura-Student und spricht beinahe perfekt Deutsch. Er ist zudem über alles vorzüglich informiert. Sonja wiederum, eine blonde slawische Schönheit, hatte an der Universität Minsk Germanistik belegt und arbeitete vorübergehend als Bankangestellte. Sie ist ein zurückhaltendes Mädchen, und ihr Charme erinnert mich irgendwie an einen Buchtitel von Siegfried Lenz: »So zärtlich war Suleyken«. Mit beiden hatte ich mich schon vor meiner Abfahrt nach Zaslawe ausführlich über die politische Situation in ihrer Heimat unterhalten. Obwohl sie sich dem Russentum eng verbunden fühlen, sind sie im Laufe der Jahre doch Befürworter der belarussischen Unabhängigkeit und Eigenstaatlichkeit geworden.

Zwischen Bug und Dnjepr offenbart sich die normative Kraft des Faktischen. Mit Rußland verbündet sein, aber sich durch den großen Bruder nicht erdrücken lassen, das scheint auch neuerdings die Devise Lukaschenkos zu sein. Einer seiner erbittertsten Kritiker gelangte sogar zu der resignierten Feststellung: »Lukaschenko hat den Weißrussen ein Gefühl kollektiver Identität verliehen. Das mag seltsam klingen, aber in mancher Hinsicht hat er eine Rolle gespielt, die mit der Lech Wałesas in Polen verglichen werden könnte. Mit ihm haben die Belarussen einen Wortführer gefunden, in dem sie sich wiedererkennen.«

Wie dem auch sei, das unrühmliche Ende der Sowjetunion hat unwiderruflich auf ihre ostslawischen Republiken übergegriffen. Noch rätselhafter erscheint da im Rückblick die überstürzte Zusammenkunft von Belovege nördlich von Brest-Litowsk, wo am 8. Dezember 1991 der russische Präsident Boris Jelzin, der weißrussische Parlamentspräsident Schuschkewitsch und der ukrainische Präsident Krawtschuk mit der Gründung des »Ostslawischen Dreibundes« dem Sowjet-Imperium Stalins den Todesstoß versetzten. Erst diese slawische Konspiration löste bei den kommunistischen Statthaltern in Zentralasien jene wütende Ratlosigkeit aus, die sehr schnell zur radikalen Sezession Usbekistans, Kasachstans, Kirgisiens, Turkmenistans und Tadshikistans führte. Die Separation der baltischen und kaukasischen Unionsrepubliken war längst eingeleitet.

Ist es die späte, traumatische Nachwirkung des Tataren-Jochs, dem Rußland fast drei Jahrhunderte lang ausgeliefert war? Sucht man in Minsk verzweifelt nach irgendeiner Erklärung für diesen territorialen Ausverkauf und kopflosen Verzicht? Oder glaubt Michail Lusenko wirklich, daß Boris Jelzin nach den für Moskau katastrophalen Irrungen der Perestroika gar keine andere Wahl blieb? Jedenfalls vertritt er die Ansicht, daß die ostslawischen Republiken sich zu Recht von all jenen Völkerschaften befreien, sich ihrer entledigen sollten, die über kurz oder lang, vor allem aus Gründen der Demographie zu einer unerträglichen Belastung würden.

*

Ich hatte die Entwicklung an Ort und Stelle erlebt und ganz anders in Erinnerung. Der Machtzerfall war von Moskau ausgegangen, und die Hauptverantwortung lag bei Michail Gorbatschow. Als erster ausländischer Berichterstatter war ich 1990 in die Enklave Nagorni-Karabach gereist, wo die armenische Bevölkerung ihren Anschluß an die Sowjetrepublik Armenien und die Trennung von Aserbeidschan forderte. Von einem Ausscheiden aus dem sowjetischen Staatsverband war damals nicht die Rede. Über den Wirrwarr, den totalen Staatszerfall jener russischen Zeitenwende hatte mir im Sommer 1994 der russische Fallschirm-General Alexander Lebed berichtet. Das Gespräch fand in Tiraspol, der »Hauptstadt« jenes absurden Streifens »Transnistrien« statt, der zwischen Moldowa und Ukraine eingeklemmt liegt. Der Staatsstreich gegen Gorbatschow am 19. August 1991, dessen Hintergründe längst nicht geklärt sind und der nach zwei Tagen kläglich zusammenbrach, hatte Boris Jelzin die Chance verschafft, sich als Retter Rußlands und der »Demokratie« feiern zu lassen. Das Machtvakuum im Kreml, nicht der revolutionäre Elan der allogenen Völker hatte die Kettenreaktion der Auflösung verursacht.

Mit tiefem Groll hatte Lebed, der später als Präsidentschaftskandidat scheiterte und als Gouverneur des russischen Gebiets Krasnojarsk unter dubiosen Umständen bei einem Hubschrauber-Absturz umkam, von den widersprüchlichen Weisungen erzählt, die er von Gorbatschow erhalten hatte. Erst mußte er in Vilnius auf die litauischen Unabhängigkeitskämpfer schießen lassen, dann wurde er – angesichts der weltweiten Empörung – eiligst zurückgepfiffen. In Tiflis hatte er seine »Speznas« mit scharfen Spatenkanten auf die Demonstranten losgelassen und wurde ebenfalls von der Zentrale desavouiert. Als er in Baku den Pogromen der Aserbeidschaner gegen die Armenier durch Panzereinsatz ein Ende setzte, zwang Moskau ihn zum unrühmlichen Abzug aus dem Süd-Kaukasus.

Der wackere Troupier Lebed, den sein politischer Rivale Schirinowski als »Neandertaler in Uniform« zu diffamieren suchte, entrüstete sich darüber, daß nicht zumindest die riesige Steppenrepublik Kasachstan, deren Nordhälfte seit der Neuland-Kampagne Nikita Chruschtschows fast ausschließlich von Russen und Ukrainern bevölkert ist, aufgeteilt wurde. Diese »partition« hätte es der Russischen Föderation damals erlaubt, sich auch die menschenleere Wüstenlandschaft von Tengis am Kaspischen Meer einzuverleiben, wo sich die reichsten Erdölvorkommen Kasachstans befinden. Den gleichen Vorwurf hatte übrigens auch Alexander Solschenizyn erhoben. Das reaktionäre Komplott unfähiger und alkoholisierter Apparatschiks im August 1991 hatte Lebed aus unmittelbarer Nähe erlebt und als erbärmliche Komödie empfunden, während er den späteren Staatsstreich Boris Jelzins, der im Oktober 1993 das russische Parlament, das »Weiße Haus« von Moskau durch die Panzer der Tamanskaja-Division beschießen ließ, als nationale Tragödie beklagte.

»Es hat alles mit Afghanistan begonnen«, nimmt der KGB-Mann seine etwas widersprüchlichen Thesen wieder auf. Die Räumung Kabuls durch die Sowjetunion habe wie das Fanal des bevorstehenden Untergangs gewirkt. Ich verheimliche nicht, daß ich die Mudschahidin des radikalen Islamisten Gulbuddin Hekmatyar auf diesem Feldzug gegen die Sowjet-Präsenz im südlichen Hindukusch begleitet hatte, was er vermutlich aus seinen Archiven ohnehin weiß. Wieder einmal trägt der Geheimdienst-Experte eine eigenartige These vor. Moskau hätte sich auf unbegrenzte Zeit in Afghanistan behaupten können, wenn nur der nötige Durchhaltewille vorhanden gewesen wäre. Der afghanische Kommunist Nadschibullah habe doch noch drei Jahre nach Abzug der Sowjet-Truppen weite Teile des Landes gegen die wachsende Übermacht der Mudschahidin gehalten. Mehr als 100 000 afghanische Schüler und Studenten seien damals zur Schulung und kulturellen Umerziehung in die Sowjetunion verschickt worden. Hätte man die Geduld aufgebracht, diese Früchte reifen zu lassen, wäre auch die Lage am Hindukusch im marxistisch-leninistischen Sinne zu stabilisieren gewesen. Ich will Lusenko nicht heftig widersprechen, äußere jedoch meine Skepsis.

Beim belarussischen KGB verfügt man offenbar über vorzügliche Islam-Spezialisten. Jedenfalls ist mein Begleiter perfekt informiert über die Bedeutung und Gliederung der Sufi-Gemeinden oder »Tariqat« im Kaukasus und über die Abweichungen der schiitischen Lehre, die in Aserbeidschan vorherrscht. Er weiß sogar über die Ismailiten von Badagschan, nördlich und südlich der tadschikisch-afghanischen Grenze, Bescheid und über die Bemühungen des Aga Khan, seinen bedrängten und darbenden Gläubigen im Pamir-Gebirge Hilfe zu leisten. Auch über die

Situation im Nahen und Mittleren Osten, zumal im Irak, ist er genauestens unterrichtet. »In Belarus haben ein paar muslimische Gemeinden von Tataren und Aserbeidschanern überlebt, und mit denen haben wir keinerlei Probleme.« Aber es gibt auch eine regionale Zusammenballung von Tschetschenen, und dort habe sich ein Hort der Kriminalität, des Schwarzhandels und der politischen Subversion gebildet. Es hatte eines regelrechten Feuergefechts bedurft, um diese zum kämpferischen Islamismus neigenden Kaukasier zu unterwerfen und des Landes zu verweisen. In Tschetschenien sei Wladimir Putin gar nichts anderes übriggeblieben, als mit äußerster Brutalität zuzuschlagen. Lusenko bejaht diese Aktion. Offenbar tritt in dieser Frage eine instinktive Solidarität der Tschekisten zutage.

Von der Stalin-Linie bei Zaslawe sind wir in weitem Bogen nach Nordwesten gefahren. Wir durchqueren ländliche Gebiete mit bescheidenen Holzhäusern. Fern von den Großstädten, in die die Bevölkerung zunehmend abwandert, hat sich ein archaisches Rußland erhalten. Es mag an manchen Stellen sogar noch an Wasserleitungen, vielleicht sogar an Elektrizität mangeln, aber von Hunger und Elend kann nirgendwo die Rede sein. »Zumindest haben wir wenig Arbeitslosigkeit in Belarus«, erklärt mein einflußreicher Gefährte. Doch auch er hegt den Verdacht, daß die Zahl der »Jobless«, die mit 1,5 Prozent angegeben wird, erheblich geschönt sei. Der Durchschnittslohn von umgerechnet 219 Euro im Monat sei hingegen wohl zu niedrig kalkuliert, und die Tendenz weise nach oben. Die Wirtschaft soll 2005 um 9,2 Prozent gewachsen sein, eine verblüffende, geradezu chinesische Rate angesichts der Tatsache, daß die von der Sowjetunion ererbten Staatsbetriebe den Anforderungen der Globalisierung nicht gewachsen sind. Es ist bezeichnend, daß in den bäuerlichen Gegenden die Zustimmung für den Präsidenten am stärksten ausgeprägt ist, während die oppositionellen Gruppierungen, die zu ihren seltenen Protestkundgebungen allenfalls ein paar Tausend Anhänger zusammentrommeln könnten, bei der relativ privilegierten urbanen Mittelschicht und bei den Intellektuellen Zustimmung finden. Lukaschenko nehme die wachsende Feindseligkeit, die ihm aus der postkommunistischen Nomenklatura entgegenschlägt, sehr viel ernster als die Splitterparteien der Reformer und ihre schwärmerische Nationalromantik.

Im tiefen Schnee unter gleißend blauem Himmel erreichen wir die Toten-Gedenkstätte von Khatyn. Diese beklemmende Anlage stammt aus der Sowjetära. Böse Zungen behaupten, Leonid Breschnew habe dieses auf deutschen Befehl im März 1943 bis auf das letzte Kind ausgerottete Dorf als Mahnmal gewählt, um von einer anderen, ebenso grauenvollen Schädelstätte, von dem weiter in Richtung Smolensk gelegenen Massengrab von Katyn abzulenken, wo auf Befehl Stalins die Henker des NKWD zwischen 1939 und 1940 Tausende polnischer Offiziere durch Genickschuß liquidierten. Das ändert nichts an dem Grauen, das sich im belarussischen Khatyn abspielte. Der Name steht für Hunderte von Ortschaften, die zur Zeit der deutschen Okkupation der Vernichtung anheimfielen. 3,4 Millionen Menschen seien binnen drei Jahren umgebracht worden. Fast die Gesamtheit der weit über eine Million zählenden jüdischen Bevölkerung führt die Trauerliste an. In Witebsk, der Heimat Marc Chagalls, so heißt es, seien von damals 170 000 Einwohnern nur 118 am Leben geblieben.

Ein elektrisch betätigtes Glockenspiel klingt über das weiträumige Bestattungsareal wie das Geläute einer Totenmesse. Der Friedhof wird von Birken umrandet und durch die riesige Bronzefigur des einzigen Überlebenden des Gemetzels, des Schmiedes Kaminski, überragt, der schwer verwundet unter einem Leichenhaufen ausharrte, in taumelnder Verzweiflung seinen ermordeten Sohn entdeckte und auf seinen Armen wie ein Kreuzigungssymbol hochhielt.

Wer in den diversen Oblasten alles gewütet hat – SS-Verfügungstruppen, das berüchtigte Strafbataillon Dirlewanger, reguläre deutsche Polizeieinheiten, belarussische und ukrainische Kollaborateure der Okkupanten –, läßt sich kaum noch auseinanderdividieren. Khatyn sei ein katholisches Dorf gewesen, erklärt mir Michail, und die Killer seien in diesem Falle Männer der ukrainischen Waffen-SS, der Division »Galizien« gewesen, die unter deutschem Kommando operierten. Weiter südlich hätten ukrainische Nationalisten unter dem Kommando des heute in Lemberg als Nationalheld verehrten Partisanenführers Stepan

Bandera sowohl gegen die Sowjets als auch gegen die Wehrmacht gekämpft. Gleichzeitig habe Bandera einer anderen Rotte ukrainischer Freischärler Gefechte geliefert, die unter dem Befehl eines gewissen Bulba stand. Beide seien von den Deutschen am Ende gefangengenommen und unter Sonderbedingungen in das KZ Sachsenhausen eingewiesen worden. Von dort seien sie irgendwie entkommen. Stepan Bandera, der sich nach Kriegsende den Amerikanern andiente, wurde im Jahr 1959 vom sowjetischen Geheimdienst in München zur Strecke gebracht. Der bewaffnete Widerstand der ukrainischen Nationalisten Ost-Galiziens zwischen Lemberg und den Karpaten sei erst 1953 durch den Einsatz von vierzehn NKWD-Regimentern ausgemerzt worden.

Wie es denn zu erklären sei, daß die Juden Weißrußlands, die von Hitler zur »Endlösung« verurteilt waren, im Abwehrkampf eine so geringe Rolle gespielt hätten, von den Partisanen oft ins Abseits gedrängt und beargwöhnt wurden, frage ich. Natürlich habe ein tief verwurzelter Antisemitismus bestanden, gibt mein Begleiter zu, wenn auch weit weniger in Belarus als in der Ukraine. Mit der im Herbst 1939 nach Ost-Polen vorrückenden Roten Armee hätten viele Juden, die gerüchteweise von den Leiden ihrer Glaubensbrüder im deutschen Generalgouvernement vernommen hatten und schon unter der Piłsudski-Republik diskriminiert wurden, anfangs bereitwillig kooperiert. Von der deutschen Blitz-Offensive 1941, die in zwei Wochen bis in den Raum Smolensk vorstieß, seien die israelitischen Gemeinden ebenso überrascht worden wie der georgische Tyrann im Kreml. Zudem hatten viele Schtetl-Bewohner, die Jiddisch, also ein dem Mittelhochdeutschen verwandtes Idiom sprachen, sträfliche Illusionen gehegt. Die Gewalttaten der Deutschen im von der Wehrmacht besetzten Teil Polens seien vermutlich durch die stalinistische Propaganda übertrieben worden, hieß es gelegentlich.

Gerade die Ältesten, die den Ersten Weltkrieg erlebt hatten, erinnerten sich zum Beispiel an den deutschen General Ludendorff, der sich später als rabiater Antisemit entpuppte, aber damals – um die Gunst der jüdischen Einwohner Galiziens zu gewinnen – Aufrufe plakatieren ließ, die mit der Anrede »Meine lieben Jidden« begannen. Die Deutschen seien im Gegensatz zu den Kosaken und

Bolschewiki, so lautete die Selbsttäuschung, doch ein altes Kultur-volk und zu Massenmorden gar nicht befähigt. Überdies ging die Legende um, die ja nicht ganz aus der Luft gegriffen war, die Na-zis wollten die Juden in Madagaskar ansiedeln, und eine solche Per-spektive erschien vielen erträglicher als die befürchtete Deporta-tion nach Sibirien unter Bewachung des NKWD. »Soll ich noch hinzufügen«, beendet Lusenko seinen Vortrag, »daß die Märtyrer-Stadt Witebsk schon im 16. Jahrhundert von Iwan dem Schreck-lichen dem Erdboden gleichgemacht und ausgelöscht wurde? Dann begreifen Sie vielleicht, unter welchen schrecklichen Bela-stungen der Vergangenheit dieses Land stöhnt und daß seine Men-schen vor allem Stabilität und gesichertes Auskommen suchen.«

Eine weißrussische Jeanne d'Arc

DUDUTKI, IM JANUAR 2006

Auf der Weiterfahrt nach Süden gelangen wir wieder auf die Transversale, die Minsk durchschneidet. Mir fallen die ansehn-lichen Wohnblocks auf, die in den Vororten hochwachsen. Sonja bemerkt, daß die U-Bahn neuerdings auch die Randgebiete mit dem Zentrum verbindet. Im Vorbeifahren werfe ich einen Blick auf das Universitätsgebäude, wo ich zwei Tage zuvor an einem Se-minar für Journalistik teilnahm, das in Belarus nicht alltäglich sein dürfte. Ein deutscher Journalist des »Manager-Magazins« – in Begleitung einer Weißrussin, die auch für den Deutschlandfunk tätig war – hielt vor etwa dreißig Studenten einen Vortrag über Publizistik in Deutschland. Es ging hier nicht um Ideologie, son-dern um Praxis. So fragte er die jungen Belarussen, wie sie – falls sie über ein kleines Vermögen verfügen würden – ihr Geld anle-gen würden. Er zählte auch eine Reihe von Wirtschaftsskandalen auf, die die deutsche Presse beschäftigt hatte, und versuchte ab-zuwägen, in welchen Grenzen bei Bagatellfällen eine gewisse Schonung walten dürfe. Mir fiel auf, daß lediglich die Studentin-

nen, die ohnehin in der Mehrheit waren, an der Diskussion teilnahmen, während die jungen Männer sich vorsichtig, fast scheu
zurückhielten. Das Thema »Schwarzarbeit«, auf das der deutsche
Kollege zu sprechen kam, stieß bei allen Anwesenden auf kopf-
schüttelndes Unverständnis.

Am Ende forderte mich die Leiterin des Lehrgangs, eine ge-
diegene ältere Dame, auf, über meine lange Berufserfahrung zu
berichten. Ich solle doch etwas zum Problem des Terrorismus
sagen. Ich versuchte, die Probleme des weltweiten Zivilisations-
konflikts, die Ungewißheiten des »asymmetrischen Krieges«,
aber auch die journalistischen Arbeitsbedingungen in Krisenge-
bieten so unbefangen und objektiv darzustellen, wie ich das in
meinen Seminaren an der Ruhr-Universität von Bochum getan
hätte. Welche realen Berufschancen das Studium der Publizistik
ausgerechnet in Minsk bieten kann, bleibt schleierhaft. Daß Alexander Lukaschenko die ihm ergebene Presse am straffen Zügel
führt, ist bekannt. Die diversen Oppositionsblätter, die sich überwiegend der belarussischen Sprache bedienen, werden in jeder
Hinsicht schikaniert oder sogar beschlagnahmt. Sie können neuerdings auch nicht mehr auf Druckereien in der nahen russischen
Föderation ausweichen. Die Beschränkung der Meinungsfreiheit
gehört zu den Prärogativen des »pouvoir sultanesque«, der orientalisch anmutenden Despotie, wie französische Beobachter das
Regime von Minsk bewerten.

Dem KGB war sicherlich nicht entgangen, daß ich einige Monate zuvor bei der Verleihung des Henri-Nannen-Preises in Hamburg neben Irina Chalip auf der Bühne gestanden hatte, die
auf Grund ihrer Unbeugsamkeit den Ruf einer belarussischen
»Jeanne d'Arc« genießt. Die 37jährige stellvertretende Chefre-
dakteurin der »Belorusskaja Delowaja Gaseta«, deren anklagende
Artikel von diversen Menschenrechtsorganisationen begierig zitiert werden, ist eine schöne, blonde Frau von hohem Wuchs, die
am Tag der Preisverleihung im fast durchsichtigen, schwarzen
Tüllkleid auftrat. Irina Chalip hat eine ganze Serie von Skandalen
aufgedeckt, die Chemie-Industrie ihres Landes unter die Lupe
genommen und ist gegen die Todesstrafe zu Felde gezogen. Mehrfach stand sie vor Gericht und sah sich langen Verhören ausgesetzt.

Bei ihren Auseinandersetzungen mit der Justiz hatte sie sogar einen Staatsanwalt geohrfeigt, was ihr eine Geldstrafe einbrachte. Da sie sich bei ihren Enthüllungen auch auf Aussagen von Ermittlern stützt, die zu den Amerikanern übergelaufen sind, führt sie ein ziemlich gefährliches Leben. Irina Chalip betrachtet Lukaschenko als ihren Feind. »Ich weiß, daß eine Journalistin eigentlich neutral sein soll. Aber neutral heißt emotionslos, und das ist ein Luxus, den man sich nur in einer freien Presse leisten kann.« Immerhin ist ihre Reise nach Hamburg und die Rückreise nach Minsk nicht behindert worden, und was ihre Begeisterung für die »freie Presse« des Westens betrifft, so fürchte ich, daß diese wackere Kämpferin, der ich bei der Preisverleihung heftig applaudierte, manche herbe Enttäuschung erleben könnte, falls eines Tages die Willkür »Batkas« durch die Finanzinteressen von marktorientierten Verlagsgruppen und deren politischer Präferenzen abgelöst würde. Wie schrieb noch der zutiefst konservative deutsche Leitartikler Paul Sethe in den frühen Dekaden der Bonner Republik: »Die Freiheit der Presse ist die Freiheit von 200 reichen Leuten, ihre Meinung zu veröffentlichen.« Ich nehme an, daß diese Zahl inzwischen erheblich geschrumpft ist.

*

Zu dem Zeitpunkt meines Aufenthalts in Belarus ist das Datum der vorgezogenen Präsidentenwahl für den 19. März 2006 bereits festgelegt. Auch bei den einfachen Leuten wird eifrig über die Chancen des Oppositionskandidaten Alexander Milinkewitsch diskutiert, die als gering eingeschätzt werden, und zwar nicht nur wegen der systematischen Benachteiligung und offiziellen Sabotage, denen er und seine Anhänger sich ausgesetzt sehen. Der Physikprofessor mit dem grauen Bart genießt weithin persönliche Hochachtung, doch eine resolute Staatsführung, wie sie vom Volk unter den schwierigen Umständen verlangt wird, trauen ihm die wenigsten zu. Es hat zudem eines endlosen Kuhhandels bedurft, um die oppositionellen Splittergruppen halbwegs zu koordinieren. Echte Loyalität kann Milinkewitsch weder von Anatoli Lebedko, dem Vorsitzenden einer »Schattenregierung«, die unter dem Namen »Nationalkomitee« firmiert, noch von den diversen Formationen erwarten, die als »belarussische Sozialdemokraten«, »belarussische Volksfront«, »belarussische Kommunisten«, als »Frauenpartei Nadseja«, als »belarussische Grüne« oder als »Junge Front« antreten.

»Sascha« kennt seine Untertanen gut genug, um zu wissen, daß ihm wirkliche Gefahr nur von den in Intrigen geschulten Mitgliedern der alten Nomenklatura drohen könnte. Die jungen Technokraten, die Lukaschenko um sich schart – im inneren Kreise nennt man ihn den »Caudillo« – und denen er beachtliche Privilegien sowie ein Anrecht auf kritische Meinungsäußerung konzediert, haben die Ereignisse von Kiew, die sich in unmittelbarer Nachbarschaft abspielten, sorgfältig studiert. Bei den Krawallen gegen Milošević in Belgrad vor fünf Jahren wurde die Generalprobe einer Aufstandsbewegung durchexerziert, die sich im wesentlichen auf eine Vielzahl von »Non-Governmental Organizations« – NGO's –, von »Nichtregierungs-Organisationen« stützte, um Demonstrationen und öffentliche Proteste zu entfesseln. Natürlich sind mit den verdächtigten NGO's nicht die karitativen Verbände, weder »Misereor« noch »Brot für die Welt« gemeint, und auch nicht »Amnesty International«, sondern jener professionelle Wanderzirkus von jungen Agitatoren aus diversen Ländern, die durch internationale Stiftungen gesteuert und finanziert werden.

Was Belarus betrifft, so finden die Manöver dieser sehr speziellen NGO's und deren Generalproben in Sonderausbildungslagern Polens und Litauens statt. Die CIA führt dabei häufig die Regie. Schon im März 1997 verwies Lukaschenko die »Soros-Stiftung« des Landes, die sich den Regimewechsel ganz offen zum Ziel gesetzt hatte. Wer die schillernde Persönlichkeit des milliardenschweren Finanzspekulanten und politischen Hasardeurs George Soros unter die Lupe nimmt – der gebürtige Ungar hatte 1992 sogar das britische Pfund durch seine Manipulationen ins Wanken gebracht und mit gezieltem Angriff auf die thailändische Währung zur Auslösung der ostasiatischen Wirtschaftskrise 1997/98 beigetragen –, vermag sogar einiges Verständnis für diese Verbotsmaßnahme aufbringen.

Es hat sich eine seltsame Praxis in den internationalen Beziehungen eingeschlichen, seit Washington – unter Berufung auf »freedom and democracy« – eine ganze Serie von »foundations« und »think tanks« von der Leine läßt, um unter Mißachtung aller Souveränitätsregeln in die Innenpolitik fremder Staaten einzugreifen. So versorgt die amerikanische Stiftung »National Endowment for Democracy« diverse weißrussische »Bürgerinitiativen« mit üppigen Spenden. Sie verfolgt die Absicht, die Republik von Minsk auch auf den Beitritt zur NATO vorzubereiten und sie zu den sakrosankten Prinzipien der freien Marktwirtschaft zu bekehren. Das »Pontis-Foundation's Institute for Civic Diplomacy« gehört in die gleiche Kategorie. Die internen belarussischen »Nichtregierungs-Organisationen« ihrerseits stellen sich als Repräsentanten der Basisdemokratie dar. Die USA, die NATO, der Internationale Währungsfonds, die OSZE, die Weltbank und sogar liberale Elemente Rußlands stehen ihnen hilfreich zur Seite.

Der Europarat und die Kommission von Brüssel beteiligen sich an dem Kesseltreiben, auch wenn die EU noch keine »Belarus Bill« verabschiedet hat, wie das in Washington geschah. Auch in Straßburg erwägt man jedoch die Schaffung eines »Demokratie-Fonds«, der nach amerikanischem Modell funktionieren würde. Die Bundesrepublik hat die Deutsche Welle für Propagandasendungen eingeschaltet, und die BBC ist in voller Aktion. Aus Litauen, Polen und der Ukraine bilden Lukaschenko-feindliche Radio- und Fernsehprogramme – unter anderem »Baltic Waves« und Radio »Racia« – ein durchaus effizientes Gegengewicht zum Rundfunkmonopol, das der Diktator von Minsk sich rigoros anmaßt. Mit konkreten Lockungen wird nicht gespart, wie sich an dem Appell einer in London beheimateten Organisation ermessen läßt. Dieses »Centre for European Reform« plädiert für eine grundlegende politische Veränderung, die der Republik Belarus Zugang zu einer vorteilhaften »neighbourhood policy« verschaffen würde. »Belarus könnte dann«, so heißt es wörtlich in einem Traktat, »in den Genuß all jener Handelskonzessionen, Kooperationsprogramme und EU-Zuschüsse gelangen, die den anderen Nachbarn der Europäischen Union gewährt werden. Diese sollte unverzüglich einen Aktionsplan entwerfen, der die Reformen definiert, deren

Realisierung von Belarus verlangt würde, sowie auch die Vorteile, die sich aus der Erfüllung dieses Plans ergeben würden.«

Die Auflösung des weißrussischen Parlaments und dessen faktische Ausschaltung hatte seit 1997 die internationale Isolierung eingeleitet. Belarus verlor jede Form von Partnerschaft und Vertretung im Europarat. Die Beziehungen zur Europäischen Union, zu den Vereinigten Staaten und den internationalen Finanzgremien wurden auf Eis gelegt. Diese Abstrafung mag durchaus plausibel erscheinen. Sie macht jedoch deutlich, mit welch unterschiedlichen Maßen in Brüssel und Straßburg die moralischen Bewertungen getroffen werden. Man nehme nur das Beispiel der kaukasischen Republik Aserbeidschan, die überwiegend von schiitischen Türken bevölkert ist. Dort hatte sich nach der Unabhängigkeit das ehemalige Mitglied des sowjetischen Politbüros Haidar Alijew, der zudem noch eine Spitzenfunktion im KGB ausübte, unter Mißachtung aller demokratischen Spielregeln ins Präsidentenamt gedrängt. Nach seinem Tod fand in dynastischer Nachfolge die Inthronisierung seines Sohnes Ilham Alijew statt. Diese orientalische Politkomödie wurde von den Europa-Parlamentariern fast ohne Widerspruch und Tadel zur Kenntnis genommen und toleriert.

Am Rande sei bemerkt, daß der Wunsch zahlreicher Weißrussen, der Europäischen Union und eventuell sogar der NATO beizutreten, durchaus vorhanden sein dürfte. Die Orientierung nach Westen und die Abkehr vom russischen Brudervolk stößt jedoch auf Skepsis und Unwillen, wenn sich polnische, litauische oder ukrainische Politiker als lautstarke Anwälte dieser Neuorientierung und als Wortführer einer »lupenreinen Demokratie« zu Worte melden. Die Orange-Revolution von Kiew hat sich auf die Belarussen ernüchternd, ja abschreckend ausgewirkt. Zu schnell ist diese euphorische Volkserhebung der Ukraine in die alte Routine persönlicher Rivalitäten und oligarchischer Korruption zurückgefallen. Die Namen Viktor Juschtschenko und Julia Timoschenko haben in Minsk keinen werbenden Klang.

In meinem langen und bewegten Leben – damit mag ich manchen schockieren – habe ich schon schlimmere Diktatoren erlebt als die bäuerlich-robuste Autokratie des Batka von Minsk. Der

Mann wird als mißtrauisch, verschlagen, krankhaft machtsüchtig beschrieben. Bisher halten sich seine Schandtaten in Grenzen. Wenn die Teilnahme an einer verbotenen politischen Versammlung mit zwei Wochen Gefängnis und die Ohrfeige für einen Staatsanwalt mit einer Geldbuße geahndet wird, ist noch nicht der totale Staatsterror ausgebrochen. Was nun die prügelnden Polizisten von Minsk und Mogilew betrifft, so begegnen wir ihresgleichen in manchen Hauptstädten des Westens.

Bei meinen offiziellen Kontakten hat kaum jemand versucht, mich mit plumper Propaganda einzudecken. Michail Lusenko macht da keine Ausnahme. Auf unserer späten Autofahrt, die sich nun südlich von Minsk auf das Dorf Dudutki zubewegt, kommt die Sprache auf die missionarische Demokratie-Beschwörung, deren sich die Bush-Administration befleißigt. Auch im KGB von Minsk hat man die neuen politischen Autoren gelesen und festgestellt, daß der amerikanische Professor japanischer Abkunft, Francis Fukuyama, der einst das »Ende der Geschichte« ankündigte, heute von seiner Heilsbotschaft abgerückt ist und das Mehrparteiensystem des Westens als untauglich für asiatische und afrikanische Kulturkreise bezeichnet. Ist es nicht aufschlußreich, daß Wladimir Putin von den Reformvorhaben seiner gestrandeten Vorgänger im Kreml zunehmend Abstand nimmt, zur klassischen russischen Autokratie zurückfindet und der Amtsführung des Genossen Lukaschenko in mancher Hinsicht nachzueifern scheint? »Die Atlantische Allianz tut ja alles, um ihn in dieser Orientierung zu bestärken«, fügt der hohe KGB-Offizier lächelnd hinzu. Noch am Vortag hatten wir über BBC erfahren, daß in Moskau zwei britische Spione ihre elektronische Apparatur in einem ausgehöhlten Stein getarnt hatten, um Kontakt mit russischen V-Leuten aufzunehmen. Wieder einmal handelte es sich um Angehörige von »Non Governmental Organizations«, die bei ihrer subversiven Tätigkeit ertappt wurden und unter den schönen Namen »Eurasian Foundation«, »Moscow Helsinki Group«, »Charity« oder »Merlin« tätig waren.

Wie sich Rußland weiterentwickeln wird, frage ich Lusenko. Der zeigt sich zutiefst pessimistisch. Wenn schon die Bevölkerung von Belarus jedes Jahr um 40 000 Menschen abnehme, so sei der demographische Schwund in der Russischen Föderation geradezu haarsträubend und auf die Dauer staatszersetzend. »Unsere größte Sorge ist die Schwäche Rußlands«, hatte er schon mehrfach betont. In der Widersprüchlichkeit der moskowitischen Reaktion auf den eigenen Niedergang sehe er die ernsteste Gefahr für die Zukunft der Republik Belarus. Ähnliches habe ich in Minsk häufig zu hören bekommen.

*

Im Dorf Dudutki huldigt der Staat dem einfachen Leben. Jedenfalls verstärkt sich dieser Eindruck beim Besuch der musealen Rekonstruktion einer typischen Ortschaft des 19. Jahrhunderts. Dabei ist nichts geschönt. Die hölzernen Wohnhäuser wirken karg, ja ärmlich. Im Winter schliefen die Familien auf mächtigen Kachel-Kaminen. Dem Gast wird selbstgebrannter Wodka, vorzügliches Brot und geschmacksarmer Käse angeboten. Handelt es sich bei dieser Anlage, die von einer Windmühle holländischen Stils überragt wird, um eine Touristen-Attraktion oder um die Absicht des Präsidenten, sein Volk gebieterisch auf seine bäuerlichen Wurzeln zurückzuverweisen?

Es ist spät geworden. Die Kälte schneidet ins Gesicht. Der rote Sonnenball im Westen senkt sich wie ein Kelch voll Blut auf die düsteren Baumkronen, wird zum Symbol des unaufhörlichen Mordens, das diese Durchgangsebene erlitten hat. Wenn der Blick sich auf die blaue Düsternis im Osten richtet, fühlt man sich der beklemmenden geographischen Monotonie ausgeliefert, die sich – kaum unterbrochen durch die Bodenwellen des Ural – bis zum Pazifischen Ozean hinschleppt. »Nur fünfzig Kilometer sind wir an dieser Stelle von jener Furt entfernt, an der die ›Grande armée‹ Napoleons im Zustand der Auflösung über die Beresina zurückflutete«, erklärt mein Begleiter. Ich muß an das Denkmal des Marschall Ney denken, des Böttchersohns aus Saarlouis. Auf der Esplanade von Metz und am Pariser Observatoire ist der »Prince de la Moskova« mit dem Gewehr in der Hand wie ein einfacher Grenadier dargestellt, der auf die vorstürmenden Kosaken feuert.

»Batkas« Sieg

Die Schlacht ist geschlagen. In Wirklichkeit war es nur ein Scharmützel. Die Wiederwahl Alexander Lukaschenkos zum Präsidenten von Belarus habe ich in meinem Moskauer Hotelzimmer im »Baltschug« am Bildschirm verfolgt. 83 Prozent, so lautet das offizielle, zweifellos manipulierte Ergebnis, das »Batka« für sich verbucht. Dabei hätte er auch ohne faule Tricks mit einer Mehrheit von 60 Prozent rechnen können, so meinen die russischen Experten, die für ihren Minsker Verbündeten wenig Sympathie aufbringen. Die westlichen Kameramänner und Reporter haben sich als Beobachter in Belarus recht zwanglos bewegen können. Als die Opposition, geschart um den Kandidaten Alexander Milinkewitsch, unter weiß-rot-weißen Fahnen auf dem Platz der Unabhängigkeit immerhin ein paar tausend überwiegend jugendliche Protestler versammelte, standen die behelmten Ordnungsschützer des Regimes in Bereitschaft. Das Vorgehen von Polizei und »Omon« beim Auseinandertreiben der Kundgebungen, die einige Tage andauerten, vollzog sich ohne exzessive Brutalität. Die seltenen Prügelszenen wurden zwar von den Fernsehteams genüßlich gefilmt, die Zahl der wirklichen Randalierer durch gezielte Kameraführung aufgebauscht, aber der große Skandal blieb aus. Es gab weder Tote noch Schwerverletzte, und ich kann mich des Verdachtes nicht ganz erwehren, daß gewisse Befürworter des atlantischen »Drangs nach Osten« darüber enttäuscht waren.

Erschwerend kam für Milinkewitsch hinzu, daß der ehemalige Rektor der Universität Minsk, Alexander Kosulin, als Konkurrent auftrat und als Provokateur zu agieren schien. Die politische Publizistik unserer Tage ist zunehmend oberflächlich und kurzatmig. So schwindet auch sehr schnell das Interesse an den Ereignissen von Belarus, zumal sich Lukaschenko nach seinem »Triumph« eine ganze Woche nicht in der Öffentlichkeit sehen ließ. Schon gingen Gerüchte um über seine Erkrankung oder einen Rückfall in seine angeblichen Depressionsphasen. Der sich zuspitzende

114

Konflikt um die iranische Nuklear-Anreicherung, der Tod des Serben-Präsidenten Milošević in einer Gefängniszelle von Den Haag sorgten für ergiebigere Schlagzeilen. Immerhin haben sich laut Meinungsumfragen 59 Prozent der deutschen Medienkonsumenten für verschärfte Sanktionen der EU gegen den weißrussischen »outpost of tyranny« ausgesprochen. Daß bei dieser Art von Abstrafung die kleinen Leute die Leidtragenden sein würden, scheint niemanden zu inkommodieren.

Zwar hat Wladimir Putin seinem Kollegen in Minsk eine lauwarme Glückwunschbotschaft geschickt. Doch in Moskau ist kein Jubel aufgekommen. Da es der aus Warschau und Vilnius gesteuerten Subversion nicht gelungen war, die Position des Diktator ernsthaft zu erschüttern, könnte sich Washington, so munkeln in Moskau manche Experten für Außenpolitik, auf andere Methoden verlegen. Es sei den USA ja bereits gelungen, den postkommunistischen Staatschef der Republik Moldowa, Wladimir Woronin, durch wirtschaftliche Verlockungen in das NATO-Lager zu ziehen. »Wer weiß«, so vertraut mir der Analyst eines renommierten Instituts an, »ob nicht auch Lukaschenko, der sich von Putin nicht genügend estimiert fühlt und mit der Preisgestaltung durch Gazprom zunehmend Ärger hat, in aller Diskretion seine Wendung nach Westen, besser gesagt nach Washington vorbereitet wie so mancher post-sowjetische Potentat vor ihm. Im Falle einer solchen Kehrtwende würden die westlichen Moral-Apostel seine rüden Herrschaftsmethoden wohl nachsichtiger beurteilen.« Schon befürchten ein paar Schwarzseher an der Moskwa, daß Weißrußland – mit oder ohne »Batka« – in den weit geöffneten Schoß der westlichen Allianz abgleiten könnte. Dann stünde die NATO vor den Toren von Smolensk, und das würde doch düstere Erinnerungen wecken. »Vestigia terrent – die Spuren der Vergangenheit flößen Schrecken ein«, hieß es im alten Rom, wo man sich auf imperiale Schicksalsdeutung verstand.

RUSSLAND
Der Geheimdienstchef und
die Reichszerstörer

Alarm im Zentralkomitee

Moskau, im März 2006

»Der Rote Platz war leer – la Place Rouge était vide«, so beginnt ein sentimentaler Schlager von Gilbert Bécaud. In dieser kalten Vorfrühlingsnacht ist die riesige Pflasterfläche vor dem Moskauer Kreml zwar nicht von Menschen verlassen, aber irgendwie erscheint sie mir verödeter als in früheren Jahren. Es dauert eine Weile, bis ich merke, woran das liegt. Die Wachablösung am Marmor-Mausoleum findet nicht mehr statt. Es sammeln sich keine Gruppen von Neugierigen, um das martialische Ballett der wie Roboter exerzierenden Rotarmisten zu bestaunen, die vor der Gruft des Vaters der Oktoberrevolution nach Erreichen ihrer Position zu Stein erstarrten.

Stattdessen halten sich dort ein paar Milizionäre auf und plaudern zwanglos. Die wenigen Nachtschwärmer, die dem kalten Wind trotzen, streben dem riesigen Kaufhaus GUM zu, wo seit Ende der Sowjetzeit ein bemerkenswerter Wandel stattfand. Die leeren Rajons und die spießige Dekoration der kargen sozialistischen Jahrzehnte sind exklusiven Boutiquen ausländischer Luxusfirmen gewichen. Die breiten Wandelgänge dieses Riesenbaus, dessen Innengestaltung das Flair eines orientalischen Basars nicht ganz verleugnen kann, werden von eleganten Snack-Bars im Designer-Stil gesäumt, wo die »jeunesse dorée« der postkommunistischen Gesellschaft den Untergang des »Paradieses der Werktätigen« nicht mit ordinärem Wodka, sondern mit französischem Champagner begießt. Die jungen, provozierend aufgeputzten Russinnen sind oft von betörender Schönheit. Die Fassade des

GUM ist durch die Lichterketten zu einem überdimensionalen Knusperhäuschen verunstaltet. An dieser Stelle muß dem Bürgermeister Juri Luschkow, der das Gesamtbild der nächtlichen Metropole mit Hilfe von Scheinwerfern und Bestrahlungseffekten künstlerisch verzaubert, der gute Geschmack abhanden gekommen sein.

Auch die knallbunten Neubauten, die die nördliche Ausfahrt zur Twerskaja einengen – die orthodoxe Votiv-Kapelle und ein nach mittelalterlichem Vorbild restauriertes Stadttor –, wirken kitschig. Man muß schon weitergehen – in Richtung auf das »Hotel National«, wo ich 1958 bei meinem ersten Besuch der sowjetischen Hauptstadt logierte –, um in heroische Zeiten zurückversetzt zu werden. Dort ist dem Marschall Schukow, der im Winter 1941 Moskau gegen den deutschen Ansturm behauptete, ein klotziges Reiterdenkmal errichtet worden. Hoch aufgerichtet steht der Eroberer von Berlin in den Steigbügeln seines Rosses und blickt mißbilligend auf die Ausschachtungen zu seinen Füßen. Dort soll ein gigantisches unterirdisches Einkaufszentrum, eine »Super-Mall«, wie man in den USA sagt, entstehen.

Ich bin auf den Roten Platz zurückgekehrt. Im Winter 1958 hatte ich hier gestanden. Zu jener Zeit war Josef Stalin, der fünf Jahre zuvor gestorben war, an der Seite des mumifizierten Wladimir Iljitsch Lenin aufgebahrt und der Besichtigung freigegeben worden. Damals wehte an der hohen Kreml-Mauer noch der eisige Hauch der Geschichte, ein Atem von Grauen und Furcht. Ähnliches mochte Napoleon Bonaparte verspürt haben, der – die eigene Niederlage in den Weiten Rußlands schon vor Augen – den Wunsch verspürte, die Basilius-Kathedrale sprengen zu lassen, die er als Ausdruck monströser orientalischer Barbarei wahrnahm.

Ich denke an die Intourist-Begleiterin Natascha zurück, die mir 1958 die Geschichte des Roten Platzes und des Kreml erklärt hatte. Die russische Historie, so lautete ihre Aussage, sei durch drei überragende Gestalten geformt worden. Am Anfang stand der Erbauer der Basilius-Kirche, Iwan IV., den wir den »Schrecklichen«, die Russen den »Gestrengen« – »Grosny« nennen. In sieben Feldzügen hatte er der Tataren-Herrschaft, die von der Wolga aus immer noch das Heilige Rußland bedrohte, endgültig das

Rückgrat gebrochen und jeden seiner Siege durch eine Kuppel dieses bizarren Gotteshauses verewigt. Höchste Bewunderung zollte Natascha Peter I., dem Großen, der – bevor er das Fenster nach Westen aufstieß – erst einmal die Arroganz der Feudalherren, der Bojaren, zähmen mußte und die rebellische Palasttruppe der »Strelitzen« scharenweise hinrichten ließ. Die Intourist-Führerin zeigte mir den steinernen Ringbau, wo diese Massenexekution stattgefunden hatte. Zar Peter soll höchst persönlich zur Axt gegriffen haben, um sich an den Enthauptungen zu beteiligen. Als dritter nationaler Gigant wurde Josef Stalin erwähnt, der beim kleinen Volk – trotz allen Horrors, den er einflößte – immer noch als Retter im Vaterländischen Krieg und als kommunistischer Zuchtmeister verehrt wurde.

Es ist ein Glück, daß Napoleon seine Zerstörungsabsicht nicht wahrgemacht hat. Was wäre der Rote Platz ohne die Architektur der Basilius-Kathedrale, die in die Tataren-Steppen Asiens verweist? Ebensowenig kann die Silhouette des modernen Moskau auf die sieben Kolossaltürme, die bizarren Pyramiden verzichten, die Josef Stalin als symbolische Zwingburgen hinterließ. Dem wirklichen Helden großrussischer Vergangenheit, Peter I., der bei Poltawa die Macht Schwedens brach und Moskau den Rücken kehrte, um in den Sümpfen der Newa auf den Knochen hunderttausender Zwangsarbeiter die strahlende Pracht von Sankt Petersburg zu errichten, wurde unweit des Kreml im Flußbett der Moskwa unlängst eine zusätzliche Glorifizierung zuteil. Dort ist er in riesiger Bronze-Darstellung – in Rußland muß wohl alles gigantisch sein – auf dem Deck eines Segelschiffs als Gründer der russischen Kriegsflotte porträtiert. Sehr gelungen ist das Denkmal nicht. Doch Peter I. bleibt weiterhin die dominierende Leitfigur, und sein Porträt hängt richtungweisend über dem Schreibtisch Wladimir Putins im Kreml.

Trotz der frostigen Temperaturen bin ich in dieser Nacht noch eine Weile flaniert in Richtung des Hotel Savoy, wo ich im März 1992 genächtigt hatte. Das Savoy galt in jenen Monaten als die gediegenste Absteige für Ausländer. Vom Fenster meines Zimmers bot sich ein merkwürdiger Ausblick. Gleich gegenüber befand sich der mächtige Bau des »Detski Mir«, der »Welt des Kindes«, wo in einer für die gesamte Sowjetunion einmaligen Auswahl Spielzeuge und Kinderkleidung angeboten wurden. Zu Zeiten des real existierenden Sozialismus versammelten sich hier in aller Herrgottsfrühe, lange vor der offiziellen Geschäftsöffnung, endlose Käuferschlangen aus Moskau und der fernsten Provinz. Dieses »Kinderparadies« war – durch eine seltsame Fügung – in unmittelbarer Nachbarschaft der Hauptverwaltung des KGB und des berüchtigten Lubjanka-Gefängnisses angesiedelt worden.

Jewgeni Strachow hatte mich im März 1992 am Flugplatz Scheremetjewo abgeholt. Rasch waren wir zu Freunden geworden, und ich schätzte seine rauhe russische Art. »Sie werden das Zentrum von Moskau nicht wiedererkennen«, sagte er mit einem Lächeln, hinter dem sich ein Hauch von Resignation verbarg. Tatsächlich entfaltete sich zwischen Lubjanka und Gorkistraße – neuerdings wieder Twerskaja – ein befremdendes, elendes Schauspiel. Seit das pseudoliberale Perestroika-Abenteuer Gorbatschows aus dem Ruder gelaufen war, brach jede ökonomische Ordnung zusammen. Der repräsentativste Teil Moskaus war zu einem Ramschmarkt ungeahnten Ausmaßes verkommen. Die Szenen wurden oft im Fernsehen gezeigt: Alte Mütterchen priesen ihr bescheidenes Hab und Gut – eine Tischdecke, einen Pullover, Handschuhe – für ein paar Rubel an; junge Leute boten umgefüllte Whisky-Flaschen mit undefinierbarem Inhalt feil. Aus der laufenden Produktion wurden wertvolle Pelzkappen abgezweigt, die allerdings nur gegen Dollar zu haben waren. Es sah aus, als stünde ganz Rußland zum Ausverkauf. Selbst die unmittelbare Nachkriegszeit im ausgebombten Deutschland hatte keinen solchen Schwarzmarkt-Dschungel hervorgebracht, und die Trödelstätten der Dritten Welt wogen ihre Armseligkeit wenigstens noch durch malerische Exotik auf.

Hier war ein zutiefst europäisches Volk auf den Hund gekommen, und dieser Abstieg hatte sich ohne Krieg, ohne Niederlage, ohne fremde Besatzung vollzogen. Jewgeni fühlte sich in seiner russischen Ehre beleidigt. »So weit sind wir abgesunken«, knurrte er, »der einzig florierende Berufszweig ist die Prostitution, und die Trafikanten sind sich der nationalen Schmach offenbar gar nicht bewußt.« Das Savoy, wo ein Zimmer für etwa 400 Dollar pro

Tag vermietet wurde, war ein privilegierter Aussichtspunkt zur Beobachtung dieses hektischen Treibens Tausender von Gelegenheitshändlern. Alles vollzog sich mit beklemmender Lautlosigkeit. Wirkliches Elend oder gar Hunger sprachen nicht aus den teilnahmslosen Gesichtern. Dennoch ragten die Luxushotels der Valuta-Ausländer wie Inseln der Frivolität aus diesem Chaos. Auf ähnliche Weise hatten sich wohl die internationalen Konzessionen am »Bund« von Shanghai gegen die Misere Chinas abgeschottet. Ich empfand ein ungutes Gefühl. Erst nach Einbruch der Dunkelheit löste sich das Spektakel auf. Um Mitternacht wurde ich durch die halbherzigen Aufräumarbeiten der Moskauer Straßenfegerinnen geweckt. Es waren alte, ausgemergelte Frauen in ärmlicher Vermummung. Kinder spielten mit leeren Konservenbüchsen aus der westlichen Konsumgesellschaft Fußball.

Am folgenden Tag erlebte ich damals rund um das Denkmal des revolutionären Helden Jakow Swerdlow ein besonders dichtes und geheimnisvolles Gedränge. Undurchsichtige Transaktionen wurden dort getätigt. Die Bronze-Statue des verdienten Alt-Bolschewisten Swerdlow war gestürzt und beseitigt worden. »Er war sowieso ein Jude«, kommentierte Jewgeni. Vor der Lubjanka besichtigten wir den leeren Marmorsockel, auf dem einmal die Statue des Gründers der Tscheka, Felix Dserschinski, gestanden hatte. Die Bilder seiner Entthronung nach dem gescheiterten August-Putsch 1991 waren um die ganze Welt gegangen. »Dserschinski war Pole«, bemerkte Strachow achselzuckend. Er war nicht in der Lage, mir die kirchenslawischen Schriftzüge zu Füßen des hastig gezimmerten Holzkreuzes zu erklären, das an der Stelle des Staatsterroristen errichtet worden war. Nach einigem Rätseln fand ich die Übersetzung der Kreidezeichen: »In hoc signo vinces – In diesem Zeichen wirst Du siegen«, so hatte eine himmlische Stimme gerufen, als vor der Entscheidungsschlacht dem römischen Kaiser Konstantin das Symbol des Christentums in einer Vision erschien. Nach dem Sieg hatte der Imperator das Duldungsedikt für die vorderasiatische Lehre des Nazareners erlassen. Auf den Trümmern der Tscheka knüpfte das Heilige Moskau schon wieder an seine Tradition als »Drittes Rom« an.

*

120

Von Jewgeni Strachow habe ich erfahren, daß ich lange Jahre auf einer »Schwarzen Liste« stand, die die Sowjetbehörden für mißliebige Ausländer angelegt hatten. Nachdem die Sowjetbotschaft in Bad Godesberg mir Ende 1983 in letzter Minute das Visum verweigert hatte, als ich Oskar Lafontaine nach Tiflis begleiten wollte, und ähnliche Absagen sich zu wiederholen drohten, fand ich glücklicherweise eine Prozedur, um diese Diskriminierung zu umgehen. Ich wandte mich an die offizielle Nachrichten- und Medienagentur Novosti, die im Ruf stand, über einen direkten Draht zum Geheimdienst KGB zu verfügen. Die freundlichen Kollegen verschafften mir binnen kurzer Frist die gewünschte Einreiseerlaubnis und statteten mich sogar mit russischen Kamerateams aus, denen ich sehr bald kameradschaftlich verbunden war.

Welches der Grund dieser diskriminierenden Maßnahme war, habe ich nie erfahren. Meine Berichterstattung über den Kampf der Mudschahidin gegen die Sowjetunion, dessen Zeuge ich im Verbund mit der radikalen Kampftruppe »Hezb-e-Islami« des »Fundamentalisten« Gulbuddin Hekmatyar in der rauhen Felslandschaft des südlichen Hindukusch geworden war, könnte eventuell der Anlaß gewesen sein, obwohl ich mich jeder Gehässigkeit oder gar Hetze gegen die russischen Okkupanten enthalten hatte. Daß ich hingegen drei russische Kriegsgefangene, die sich in der Gewalt der Aufständischen befanden, filmen durfte, mag vielleicht in Moskau als Demütigung empfunden worden sein, obwohl ich diesen zutiefst verängstigten Rotarmisten, die durch einen glücklichen Zufall der üblichen Folterung und Hinrichtung entgangen waren, in meiner damaligen Eigenschaft als Mitglied des Präsidiums des DRK möglicherweise das Leben gerettet hatte. Über das Internationale Komitee vom Roten Kreuz konnte ich ihnen sogar die Ausreise in die Schweiz vermitteln.

Wie dem auch sei, meine Einreise-Visa und Drehgenehmigungen habe ich nach einmaliger Verweigerung stets erhalten, doch bis zur Ära Jelzin wurde ich bei der Ankunft am Flughafen Scheremetjewo jedes Mal von argwöhnisch blickenden Grünmützen der Grenzkontrolle aus der Reihe der Einreisenden ausgesondert, in ein düsteres Kabuff verwiesen und dort eine Stunde festgehalten, ehe man mich mürrisch durch die Sperre winkte. Wie gern hätte ich meinen russischen Aufenthalt im März 2006 wieder in Begleitung meines Freundes Jewgeni Strachow verbracht. Aber er war inzwischen gestorben, und ich bin sicher, daß ihn die unheilvolle Entwicklung seines Vaterlandes bis zuletzt mit tiefem Gram belastete.

Auf der Wunschliste meiner Gesprächspartner, die ich vor meiner Abreise in der Russischen Botschaft Unter den Linden einreichte, befand sich auch Juri Fedjaschin, den ich auf dem Höhepunkt der Kongo-Wirren zu Beginn der sechziger Jahre als TASS-Korrespondent in Kinshasa, das noch Leopoldville hieß, kennen und schätzen gelernt hatte. Fedjaschin war »a man for all seasons«. Die damalige Krisensituation im »Herzen der Finsternis« schuf eine spontane und verläßliche Solidarität unter den stets bedrohten »weißhäutigen« Korrespondenten, welches auch immer ihre Nationalität oder ideologische Ausrichtung war. Mein russischer Gefährte der Kongo-Jahre, der es inzwischen zum Vizepräsidenten von Novosti gebracht hatte und mir in Moskau stets behilflich zur Seite stand, halte sich, wie ich bei meiner Ankunft erfuhr, in einem Sanatorium auf und sei aus gesundheitlichen Gründen nicht zu sprechen.

Um so erfreuter bin ich, daß Valentin Falin sich gleich am ersten Tag zu einer Begegnung bereit findet. Ich war ihm in den vergangenen Dekaden als Botschafter in Bonn, als Präsident von Novosti – diese Organisation spielte offenbar eine Schlüsselrolle – und als hohem Funktionär des Zentralkomitees der Kommunistischen Partei der Sowjetunion begegnet. Irgendwie mußte ich ihm sympathisch sein, denn er hat sich mir gegenüber stets mit großer Offenheit geäußert. So hatte er im Sommer 1980 kein Blatt vor den Mund genommen, als ich seine Meinung zur sowjetischen Okkupation Afghanistans einholte, die acht Monate zuvor begonnen hatte und nach acht Jahren enden sollte. Der Meinungsaustausch fand damals im langgestreckten Gebäude des Zentralkomitees statt. Die Sicherheitsmaßnahmen in diesem Zentrum der Macht waren unauffällig. Kaum ein Milizionär war zu sehen. Nikolai Portugalow, langjähriger Novosti-Korrespondent in der Bundesrepublik, erwartete mich am Eingang und begrüßte mich mit alter Herzlichkeit. Wir waren gute Bekannte. Mit dem Fahrstuhl fuhren wir in den zweiten Stock. Im Innern war diese Schaltzentrale sowjetischer Macht ein belangloser, etwas muffiger Bürobau. Ein paar gewichtige Männer mit verschlossenen Gesichtern gingen über den Flur.

Valentin Falin empfing uns in einem kleinen, schmucklosen Sitzungssaal. Mit seinem blassen, ernsten Gesicht, der glatten Haarsträhne, die ihm in die Stirn fiel und den ausdrucksvollen Augen erinnerte er mich an einen befreundeten Diplomaten des Quai d'Orsay, der aus einer bourbonischen Seitenlinie stammte.

Das Gespräch verlief zwanglos auf Deutsch, und Portugalow machte Notizen. Zunächst ging es um NATO-Nachrüstung und die deutsch-französischen Beziehungen. Falin unterstrich die Gemeinsamkeit der westeuropäischen und der sowjetischen Interessen in vielen Teilen der Welt, insbesondere in der Nahost-Frage. Ich nutzte die Erwähnung des islamischen Raums, um das Afghanistan-Thema aufzugreifen. Falin, der ohnehin nicht zu Frohsinn neigte, setzte eine besonders sorgenvolle Miene auf. »Warum hat die Sowjetunion es denn zugelassen, daß die marxistischen Parteien im April 1978 in Kabul geputscht haben?« fragte ich. – »Als ob wir darauf irgendeinen Einfluß gehabt hätten«, erwiderte der ehemalige Botschafter. Präsident Daud, der seinen Vetter, König Mohamed Zaher Schah, fünf Jahre zuvor gestürzt hatte, war dabei, alle progressiven Elemente seines Landes, die er bereits inhaftiert hatte, physisch zu liquidieren. Die marxistische »Saur-Revolution« – ursprünglich eine Koalition von reformorientierten Intellektuellen und Militärs – war eine spontane Reaktion der Afghanen gewesen.

Wir wandten uns dem Krieg am Hindukusch zu. Falin verwies darauf, wie zögerlich, ja widerstrebend die Kreml-Führung unter Leonid Breschnew sich auf das afghanische Unternehmen eingelassen habe. Natürlich wurde im ZK offizieller Optimismus zur Schau getragen. Wer erinnert sich heute noch daran, wie tief beeindruckt die Stäbe der Atlantischen Allianz von dieser anfangs so erfolgreich gestarteten Militäraktion waren? Russische Luftlandetruppen hatten Kabul und die großen Provinzstädte praktisch ohne Gegenwehr besetzt. Panzereinheiten riegelten sämtliche

Grenzübergänge ab und bewegten sich mindestens ein Jahr lang ungestört auf den großen Verbindungsstraßen. »So hätten die Amerikaner in Vietnam operieren müssen«, hieß es bei den Sachverständigen; »dann würde heute noch das Sternenbanner über Saigon wehen.«

Die Kreml-Marionette Babrak Karmal wurde im ehemaligen Königspalast von Kabul installiert. Unter den afghanischen Kommunisten konnten immerhin so viele Sympathisanten rekrutiert werden, daß ein paar kampftaugliche rote Divisionen aufgestellt und ins Feld geschickt wurden. Im Westen glaubte jedermann – inklusive Henry Kissinger, der sich dazu während eines Bertelsmann-Symposions in Gütersloh auf meine Anfrage äußerte – an einen dauerhaften Sieg der Sowjetmacht am Hindukusch.

Als Falin die amerikanische Waffenhilfe für die Rebellen erwähnte, erhob ich Einspruch. »Man berichtet doch, daß die afghanischen Partisanen kaum Munition für ihre alten Flinten haben«, wandte ich ein. »Schweres Material haben die Aufständischen natürlich noch nicht«, war die Antwort. »Aber Infanteriewaffen in großer Menge, und es sickert ständig neues Gerät aus Pakistan ein. Wozu brauchten sie auch Panzer? Wir können mit unseren Tanks in diesen Gebirgen ja auch nicht viel ausrichten.« Die rückwärtigen Lager der Mudschahidin auf pakistanischem Boden seien ein schweres Handicap für die erfolgreiche Bekämpfung des Aufstandes. Pakistan lade mit der Duldung dieser Basen eine große Verantwortung auf sich. Damals ahnte niemand, daß erst die Lieferung von amerikanischen Boden-Luft-Raketen vom Typ Stinger, deren Wirkung sich für die Hubschrauber-Flotte der Sowjets vernichtend auswirkte, sechs Jahre später die entscheidende Wende zu Gunsten der Mudschahidin herbeiführen würde.

Die Spaltung der rivalisierenden marxistischen Parteien Afghanistans bereitete der sowjetischen Führung offenbar wachsenden Kummer. Die Angehörigen von »Khalkq« und »Partscham« seien einfach nicht unter einen Hut zu bringen, ja sie ermordeten sich gegenseitig, wann immer sich eine Gelegenheit böte. Als ich bemerkte, daß Moskau mit Babrak Karmal wohl einen allzu willfährigen, keineswegs repräsentativen Politiker begünstige, wurde mir geantwortet, daß er immer noch besser sei als seine Vorgänger Taraki oder gar Hafizullah Amin. »Taraki war ein Dichter«, sagte Falin und deutete eine Geste der Verzweiflung an. Hafizullah Amin hingegen habe sich als Massenmörder betätigt.

Ob die Sowjetunion nicht fürchte, in Afghanistan in ein ähnlich aussichtsloses Unternehmen zu schliddern wie seinerzeit Frankreich in Algerien? »Das können Sie nicht vergleichen!« protestierte Falin. »In Afghanistan haben wir es mit einem absolut rückständigen, total unterentwickelten Land zu tun, das sich noch nicht aus dem Mittelalter gelöst hat. An der Kolonisation Algeriens durch Frankreich kann man viel aussetzen, aber die Franzosen haben doch einen nachhaltigen zivilisatorischen Einfluß, eine positive Einwirkung im Sinne der Modernisierung ausgeübt.«

Über eine Lösung der Afghanistan-Frage war man sich im Zentralkomitee der KPdSU schon damals nicht einig. Sollte die Karte Babrak Karmal konsequent bis zum Ende ausgereizt werden? Sollte man jenen nachgeben, die für eine radikale Repression des »Banditenwesens« plädierten? Oder sollte – unter Achtung der afghanischen Eigenart und der islamischen Religion – nach einem energischen hohen Offizier gesucht und der afghanischen Armee die Regelung der internen Probleme des Landes überlassen werden? Militärregime waren ja weit verbreitet in der Dritten Welt. Ich wandte ein, daß von der offiziellen Armee Afghanistans, die sich im Zustand der Auflösung und Massendesertion befand, nicht viel zu erwarten sei und daß die Aufstellung sowjettreuer Einheiten ein gewagtes, langwieriges Unterfangen bleibe. Nachdem ich mich von Valentin Falin verabschiedet hatte, lud ich Portugalow zum gemeinsamen Abendessen ein. Aber der Novosti-Korrespondent lehnte mit Bedauern ab. »Das sind nicht die Regularien dieses Klosters«, sagte er scherzend.

*

Drei Jahre später sollte ich Nikolai Portugalow unter ganz anderen Umständen in Hamburg wiedertreffen, und zwar während meiner kurzen Phase als Chefredakteur des »Stern«. Das Fenster meines Arbeitszimmers im »Affenfelsen« an der Außenalster öffnete sich unmittelbar auf das benachbarte amerikanische Generalkonsulat. Der russische Kollege hatte mich auf dem Höhepunkt des innerdeutschen Zusammenpralls von Verfechtern und engagierten Gegnern der »Nachrüstung« aufgesucht. Es ging darum, die sowjetische Aufstellung von Mittelstrecken-Raketen des Typs SS 20, die auf Westeuropa gerichtet waren, durch die Dislozierung amerikanischer »Pershing II« auf deutschem Boden zu kompensieren. Es handelte sich hier um die letzte dramatische Kraftprobe zwischen den beiden Bündnissystemen in West und Ost, und von deren Ausgang hing sehr viel ab.

Helmut Schmidt und Helmut Kohl hatten sich in seltener Einmütigkeit für den »NATO-Doppelbeschluß« eingesetzt und ihr politisches Schicksal damit verbunden. Der französische Staatspräsident François Mitterrand, der vor dem Bundestag in Bonn eine beschwörende Rede hielt, hatte dem nuklearen Abschreckungsprojekt der NATO zum Entsetzen der meisten sozialdemokratischen Abgeordneten seine volle Unterstützung versichert. Als Chefredakteur des »Stern«, dessen Redaktion sich in dieser späten Phase des »Kalten Krieges« beschwichtigend, ja pazifistisch verhielt, war ich als überzeugter Anhänger der »Pershing II«, die ich als »instrument de dissuasion« wertete, in eine totale Isolation geraten. Der »Stern« – von der Verlagsspitze bis zum letzten Archivar – stand zudem noch unter dem Schock der gefälschten Hitler-Tagebücher und der damit verbundenen Blamage. Auch als geschulter Einzelkämpfer war ich gegenüber einem Meinungsblock von 300 Redaktionsangehörigen zur Ohnmacht verurteilt.

Ob diese internen Spannungen innerhalb der Zeitschrift den sozialistischen Deutschland-Experten bekannt waren? In jenen Tagen veranstalteten Hunderttausende von »Friedenskämpfern« am Bonner Hofgarten ihre Monster-Demonstration gegen die angebliche Kriegstreiberei. Eine gezielte Medien-Kampagne rüttelte an den Grundfesten der Atlantischen Allianz. Damals nahm Otto Schily, der spätere Innenminister der rot-grünen Koalition, an Sitzblockaden vor den US-Kasernen teil, um den Antransport der Raketen zu verhindern. Zwanzig Jahre später, als Mitglied der Regierung Schröder, sollte er sich zum engsten Vertrauensmann der Administration Bush entwickeln. Er pflegte enge Beziehungen zu dem ultrakonservativen Justizminister Ashcroft und genoß eine bevorzugte Behandlung im Weißen Haus. Mir ist es ganz anders ergangen. In der Stunde dieser extremen Belastung der transatlantischen Partnerschaft hatte ich mich aus voller Überzeugung und – wie sich später herausstellte – in richtiger Einschätzung der internationalen Entwicklung für eine konsequente Betonung der nuklearen Partnerschaft mit Amerika eingesetzt. Als ich jedoch nach Beendigung des Ost-West-Konflikts vor einer unbedachten Überreaktion auf die Terroranschläge von »Nine Eleven« warnte und auf Grund meiner Kenntnis der Verhältnisse an Euphrat und Tigris gegen den törichten Feldzug »Iraqi Freedom« Stellung bezog, wurde ich ausgerechnet von jenen Politikern und Journalisten, die während der Pershing-Krise für Nachgiebigkeit gegenüber Moskau plädiert hatten, als »König der Unken« und als Antiamerikaner apostrophiert.

Nikolai Portugalow hatte mich 1983 aufgesucht, um mir den Besuch des höchsten Moskauer Propaganda-Beauftragten und einflußreichen Partei-Hierarchen Leonid Samjatin anzukündigen. Der Beauftragte des Kreml würde von General Tscherwow begleitet sein, der die militärische Verhandlungsmission über Nuklearfragen mit den Amerikanern leitete. Moskau hatte schweres Geschütz aufgefahren und glaubte offenbar, durch intensive Beeinflussung des »Stern«, der über eine Millionenauflage verfügte, ein zusätzliches und wichtiges Sprachrohr zur Beeinflussung der aufgewühlten öffentlichen Meinung in der Bundesrepublik zu aktivieren. Als Portugalow das amerikanische Konsulat gleich nebenan entdeckte, prallte er beim Anblick der »Stars and Stripes« regelrecht zurück. »In dieses Büro, wo er von der CIA abgehört werden könnte, wird Samjatin keinen Fuß setzen«, sagte er, und ich versicherte ihm, daß das Gespräch in einem weit abgelegenen Konferenzraum stattfände.

Ich führe diese Anekdote hier so ausführlich an, weil das Festhalten an der »Nachrüstung« und die starre Haltung, die die Regierung Kohl allen Pressionen des Kreml entgegensetzte – neben dem gescheiterten russischen Feldzug in Afghanistan, neben der Aufsässigkeit der polnischen Katholiken, neben der selbstverschuldeten Wirtschaftszerrüttung –, wohl maßgeblich dazu beigetragen haben, die extrem nachgiebige Diplomatie Michail Gorbatschows bei der für die Sowjetunion verhängnisvollen Bereinigung des Ost-West-Konfliktes zu orientieren.

Das wirklich substantielle Gespräch mit Samjatin und General Tscherwow habe ich unter Ausschluß der Redaktion geführt. Portugalow agierte als Dolmetscher und Protokollführer. Ich will nicht in Einzelheiten abschweifen, aber ich machte die Besucher aus Moskau darauf aufmerksam, daß die pazifistische und bündnisfeindliche Stimmungsmache, die sie in der westdeutschen Bevölkerung anheizten, eines Tages auch auf die östliche Seite des »Eisernen Vorhangs«, auf die Satelliten der Sowjetunion, zumal die DDR, überspringen könnte. Dieser Bumerang-Effekt und die nationale Aufwallung würden sich dort allerdings gegen die Strukturen des Warschauer Paktes richten. Das Ganze endete wie das Homberger Schießen. In Anwesenheit der politischen Redakteure fand dann in einem renommierten Austernkeller ein festliches Mittagessen statt. Trotz aller verbalen Kompromißwilligkeit der meisten Mitarbeiter des »Stern« dürften die Moskauer Emissäre mit der Einsicht zurückgereist sein, daß ihnen kein Durchbruch gelungen war.

*

Wieder vergingen sieben Jahre. Ich hielt mich im August 1990 in Moskau auf, und nach einem Telefonat mit Portugalow fand ich mich in einer tristen Amtsstube des Zentralkomitees bei Valentin Falin ein. Ich habe ihn in der tragischsten Stunde seiner politischen Karriere angetroffen. In der Zwischenzeit war Michail Gorbatschow dank Perestroika und Glasnost zum Liebling des Westens geworden. Man feierte den letzten Generalsekretär der KPdSU und seine auf Eleganz bedachte Frau Raissa wie zwei Heilsgestalten aus dem Osten. Gorbi lebte noch in der Illusion, er könne durch Gewährung bürgerlicher Freiheit und marktwirtschaftlicher Reformen den Bestand der Sowjetunion in Form einer solidarischen Föderation gewährleisten. Die »Deutsche Demokratische Republik« jedoch hatte er längst abgeschrieben. Das berühmte Wort »Wer zu spät kommt, den bestraft die Geschichte«, hat er wohl nie ausgesprochen, aber es drückte seine Abneigung gegen Erich Honecker sehr deutlich aus.

Falin hatte gerade die jüngsten Nachrichten von den Vereinbarungen zwischen Kohl und Gorbatschow bei ihrem ländlichen Picknick am Rande des Kaukasus erhalten. Er wußte, in welchen Abgrund sein Land nunmehr stürzen würde. Der sonst so emotionsarme Funktionär war bleich vor Wut. Es zeichnete sich ja nicht nur der Zerfall des Sowjet-Imperiums ab. Der russische Nationalstolz war zutiefst verletzt. Wie hatte Falin mir gegenüber die Öffnung der Berliner Mauer kommentiert? Den eigentlichen Todesstoß hätten Schabowski, Krenz, Stoph und Genossen dem deutschen Arbeiter- und Bauernstaat versetzt, als sie sich zur überstürzten Freigabe des Übergangs bereit fanden, nicht um dem Volkswillen endlich offene Bahn zu lassen, sondern in der närrischen Selbsttäuschung, die ostdeutsche Bevölkerung werde ihnen diese vermeintliche Großzügigkeit durch weiteres politisches Wohlverhalten und durch Beharren auf Eigenstaatlichkeit danken.

»Vive la Russie!«

Die Limousine des Hotels Baltschug setzt mich am 24. März 2006 am Eingang der altvertrauten Medien-Agentur Novosti ab. In dem grauen Gebäudekomplex hat sich seit Leonid Breschnew nichts verändert. In den Gängen verewigt sich sowjetischer Mief. Die Unfreundlichkeit der Angestellten hat sich nicht verändert, und die Putin-Mannschaft ist zweifellos schlecht beraten, ihre Pressekonferenzen weiterhin im dortigen trostlosen Auditorium aus der Sowjetzeit abzuhalten. Falin erwartet mich in einem geräumigen Parloir. Er war nie ein Kind von Fröhlichkeit gewesen, und jetzt spricht die ganze Traurigkeit der russischen Seele aus seinem klugen Gesicht. Er ist längst pensioniert, aber das Personal begegnet ihm mit großem Respekt. Trotz aller Melancholie merke ich ihm auch eine gewisse Erleichterung an, daß er von der Bürde seines Amtes entbunden ist. Der Ablauf der Ereignisse hatte seine schlimmsten Befürchtungen bestätigt, ja übertroffen.

Ich spreche ihn gleich auf das Vordringen der NATO, den atlantischen »Drang nach Osten« an, der in Moskau schlimme Erinnerungen wecken muß. »Unsere Führung hat sich eben in unvorstellbarem Maße an der Nase herumführen lassen«, beklagt sich der ehemalige Botschafter. Wenn Gorbatschow schon bereit war, der deutschen Wiedervereinigung freien Lauf zu lassen, hätte er dafür doch gewaltige Gegenleistungen einfordern können. Aber er habe bis zu seiner Entmachtung auf der ganzen Linie klein beigegeben. Angeblich hatte er im Gespräch mit Amerikanern und Deutschen darauf gedrungen, daß keine Ausweitung der NATO und ihres militärischen Potentials bis zur sowjetischen Grenze stattfände. Aber diese Zusage war weder in Washington noch in Bonn schriftlich festgehalten und honoriert worden. Stattdessen richtet sich das Pentagon in der wiedererstandenen »Rzeczpospolita Polen« ein. Warschau betrachte sich als Vorzugsverbündeter der Bush-Administration und träume offenbar davon, die eigene Einflußzone auf Kosten der Ukraine und Weißrußlands auszuweiten. Die baltischen Staaten sind voll in die westliche Allianz integriert, und über Estland kreisen die AWACS-Flugzeuge in unmittelbarer Nachbarschaft von Sankt Petersburg. Die Orange Revolution in der Ukraine hat zwar noch keinen formellen Beitritt zum Atlantik-Pakt und zur Europäischen Union bewirkt, aber die ukrainischen Streitkräfte werden bereits von Instrukteuren aus den USA und der Bundesrepublik auf die Organisationsstrukturen und die Einsatzmethoden umgeschult, die im Westen üblich sind. Noch krasser und konsequenter schreitet die Ausrichtung Georgiens und Aserbeidschans auf den amerikanischen Führungsanspruch voran.

Mein Gegenüber bleibt weiterhin von der deutschen Frage fasziniert. Dabei kommt im Rückblick eine Art Galgenhumor auf. Falin erzählt mir einen Witz, der in Sowjetkreisen umging, als Ost-Berlin noch unter der Ächtung der internationalen Gemeinschaft litt. Damals, so lautet der Scherz, sei es zu einem fürchterlichen Atomkrieg gekommen, und es habe nur zwei Überlebende gegeben: Erich Honecker und eine junge, hübsche Amerikanerin. Nun seien sie beide wohl gezwungen, den Erhalt des Menschengeschlechts zu sichern, sagte die Amerikanerin und ließ ihre Reize spielen. Worauf Honecker erwidert habe, er sei dazu zwar bereit, »aber erst, wenn ihr Amerikaner die DDR anerkannt habt«.

Da er meine Bindungen an Frankreich kennt, kommt Falin auf die kritischste Phase der deutschen Wiedervereinigung zu sprechen, als François Mitterrand im Verbund mit Margaret Thatcher alles versucht hatte, um die DDR wenigstens in Form einer lokkeren Konföderation mit der Bundesrepublik am Leben zu erhalten. Die beiden Staats- und Regierungschefs der »Entente Cordiale« hätten Gorbatschow gedrängt, sich ihrem Bemühen anzuschließen und eine gemeinsame Demarche in Ost-Berlin zu unternehmen. Doch der Generalsekretär der KPdSU habe sich dem Vorschlag strikt verweigert. Was den damaligen französischen Staatschef betrifft, könnte ich eine persönliche Erfahrung hinzufügen. Kurz nach dem Wahlsieg, der ihm die Präsidentschaft bescherte, hatte ich Mitterrand 1981 im Elysée-Palast gefragt, wie er sich denn zur Frage der deutschen Einheit zu verhalten gedenke. Die Antwort war kategorisch: »Natürlich bejahe ich die deutsche Wiedervereinigung. Dies ist ein natürlicher und notwendiger Vorgang, der dem Willen des deutschen Volkes entspricht, und den muß man respektieren. Nur habe ich folgende Gewißheit«, fuhr Mitterrand fort, »während meiner Amtszeit als Präsident wird sich dieser historische Vorgang nicht abspielen.« – Er stand mit seiner Fehleinschätzung damals nicht allein.

Wir unterhalten uns eine Weile zwanglos über eine Reihe von Bekannten, über deutsche Politiker und Publizisten von gestern und von heute. Falin war alles andere als ein kommunistischer Betonkopf gewesen, und so gibt er über Josef Stalin eine düstere psychologische Analyse preis. Der Georgier Josef Dschugaschwili, so sein eigentlicher Name, war von Geburt an am linken Arm gelähmt, und die Zehen seines rechten Fußes waren krallenähnlich zusammengewachsen. Sein Vater, ein trunksüchtiger Schuster, lebte am Rande der Dorfgesellschaft, und seine Mutter, eine Ossetin, mußte als Zugehfrau niedrigste Arbeiten verrichten, habe zudem ein sehr lockeres Leben geführt, so daß die Vaterschaft Dschugaschwilis angezweifelt wurde. Die Kinder von Gori hätten sich geweigert, mit dem kleinen Josef zu spielen und ihn übel gepeinigt. Aus diesen frühen Jahren – ein wenig Bildung sollte er als Seminarist erwerben – stamme bei dem Ausgestoßenen sein abgrundtiefer Haß auf die ganze Menschheit, und den habe Stalin als allmächtiger Herrscher des Kreml voll ausleben können.

Ins Hotel zurückgekehrt, nehme ich jene Notizen zur Hand, die ich am 1. Januar 1992 in meinem südfranzösischen Landhaus niedergeschrieben hatte, zu einem Zeitpunkt, als die üblichen Narren von der »Friedensdividende des Kalten Krieges« schwärmten, die jetzt zu kassieren sei, oder das »Ende der Geschichte« feierten, das ihnen Francis Fukuyama versprochen hatte. Wie hatte Paris auf die »Wende« reagiert?

Der große Kollaps in Osteuropa, die Auflösung des Warschauer Paktes, die deutsche Wiedervereinigung, der schier unglaubliche Schwund des sowjetischen Imperiums hatten im Elysée-Palast und am Quai d'Orsay zunächst Ratlosigkeit und Lähmung ausgelöst. Alle Konzepte waren durcheinandergeraten. François Mitterrand war schlecht beraten, unterlag einem fatalen Irrtum, als er sich dem überstürzten Ablauf der deutschen Wiedervereinigung entgegenstemmen wollte. Kaum war er von dieser Illusion schmerzlich geheilt, da mußte er feststellen, daß sich die Staatenwelt Mittel- und Osteuropas nach ihrer Befreiung von sowjetischer Dominanz nicht etwa Frankreich als Partner eines neuen Gleichgewichts gegen die teutonische Präpotenz auserkoren hatte, sondern sich an die USA klammerte. Obendrein suchten sie ihren wirtschaftlichen Vorteil ausgerechnet im engen Verbund mit den Deutschen, die nach den Verbrechen des Hitler-Regimes für alle Zeiten – so glaubte man in Paris – aus dem Rennen geworfen schienen. Auch in der Behandlung des tragischen Falles Gorbatschow hatte sich der französische Staatschef einen Fauxpas nach dem anderen geleistet. Durch seinen sozialistischen Gewährsmann in Straßburg, Jean-Pierre Cot, hatte er dem aufstrebenden Boris Jelzin in unsäglicher Arroganz die Tür weisen lassen. Als die Verschwörerclique Janajews im August 1991 putschte, verlas Mitterrand im Fernsehen einen Brief der Usurpatoren, als handele es sich dabei um die Verheißung der sehnsüchtig erhofften Stabilisierung im Osten. Im Anschluß an die Palästina-Konferenz in der spanischen Hauptstadt – den »letzten Tango in Madrid«, wie die ansonsten recht trockene Zeitung »Iswestija« höhnte – lud Mitterrand den sowjetischen Staatschef Gorbatschow in sein Landhaus in Latche ein, schmeichelte dem Gast und verkannte völlig dessen bereits vollzogene Entmachtung.

Gewiß, die Franzosen hatten keinerlei Grund, Begeisterung über das Wiedererstarken Germaniens an den Tag zu legen. Schon die alte Bundesrepublik hatte sich als führende Wirtschaftsmacht auf dem Kontinent etabliert. Der Zugewinn des Gebietes der DDR aber – so belastend diese Ausdehnung in einer ersten, langen Phase auch sein mochte – verlieh den Deutschen ein deutliches Übergewicht. Kein Wunder, daß sich in Paris Mißstimmung breitmachte. Das geschah ohne ängstliche Verkrampfung oder schnöde Mißgunst. Das kontinentale Gleichgewicht war aus den Fugen geraten, und nun verhielten sich die Gallier, als hätte zwischen zwei befreundeten, aber konkurrierenden Wirtschaftsunternehmen der eine, ohnehin überlegene Partner durch eine Firmenfusion zusätzliches Gewicht gewonnen. Dazu trat die ständige Einflußerweiterung Deutschlands nach Osten und Südosten. Die verzweifelte Hinwendung der Slowenen und Kroaten nach Bonn und das ermutigende Echo, auf das sie dort stießen, weckten Erinnerungen an die balkanische Expansion der Habsburger, sogar Reminiszenzen an das Heilige Römische Reich Deutscher Nation.

Frankreich sah sich plötzlich marginalisiert, an den Rand gedrängt, fühlte sich in das Rollenspiel der früheren Kapetinger gegenüber dem »Sacrum Imperium« zurückgeworfen. Viele Pariser Redaktionen, das war das Traurigste an diesem Schauspiel, waren dabei von mangelnder osteuropäischer Ortskenntnis, ja gallischer Provinzialität geprägt.

War die Gralsgestalt Charles de Gaulle der letzte Repräsentant nationaler »grandeur« gewesen, wie er selbst wohl düster geahnt hatte? »La France se portugalise«, hatte der General einst bissig bemerkt und spielte damit auf den Niedergang lusitanischen Glanzes an. Nun überließ er dem ungeliebten, ja insgeheim verabscheuten Nachfolger Mitterrand die undankbare Aufgabe, sich um jene von der Geschichte erzwungene »Ehe mit Deutschland« zu bewerben, die er dem Schriftsteller André Malraux während eines »merowingischen« Schneetreibens im Landhaus von Colombey-les-Deux-Églises resigniert angekündigt hatte.

Dieser seltsame, unzeitgemäße Magier, der sich im täglichen Ablauf der Politik oft verrannte, verfügte über erstaunliche Gaben der Weitsicht. Wie hatten wir über ihn gespottet, wie hatten viele sowjetische Begleiter sich geärgert, als sich de Gaulle im Sommer 1966 auf seiner Reise nach Moskau, Leningrad und Nowosibirsk weigerte, die Sowjetunion hochleben zu lassen, und stattdessen den altmodischen Ruf »Da sdrawstwujet Rossija« – Es lebe Rußland! – ausbrachte. Instinktiv hatte er gespürt, daß dem substanzlosen Vaterland der Werktätigen, diesem ideologischen Zusammenschluß von Apatriden, keine Zukunft beschieden war, daß dieses Gebäude eines Tages in seine nationalen Bestandteile zerfallen würde. Im Hinblick auf die kontinentale Einigung hatte er den Ausdruck »Europa der Staaten« geprägt – nicht »Europa der Vaterländer«, wie so oft behauptet wird – und war damit dem höchst ungewissen Verlauf dieses langfristigen Prozesses wohl am nächsten gekommen. Als er die französische Atomstreitmacht gegen den massiven Widerstand der USA und deren Trabanten aufbaute, ließ er durch den General Ailleret verkünden, diese »force de dissuasion« sei nicht allein gegen den Osten gerichtet, sondern dazu berufen, nach allen Himmelsrichtungen hin – »tous azimuts« – abzuschrecken.

Seit einigen Jahren bestätigt sich auch diese Vision des einsamen Mahners. Die atomare Bedrohung dürfte in absehbarer Zeit aus den diversen Anrainerregionen auf das blühende, aber zum Defätismus neigende Europa gerichtet sein. »Eines Tages«, so hatte der General orakelt, »werden sogar die Russen begreifen, daß sie Weiße sind.« Dieser Tag war jetzt gekommen, und die Moskowiter, die sich an der Spitze des Emanzipationskampfes der sogenannten Dritten, der farbigen Welt gegen den westlichen Kapitalismus und Imperialismus wähnten, haben längst entdeckt, daß sie im Kaukasus und in Zentralasien die letzten kolonialen

Positionen Europas verteidigten, daß sie als Nachzügler der Geschichte auftraten und in die Alpträume des Tatarenjochs zurückgestoßen wurden. Wie recht hatte der Einsiedler von Colombey-les-Deux-Églises schon 1964, als er bei einer seiner als Hochamt zelebrierten Pressekonferenzen im Elysée auf die quasi biologische Konfliktlage verwies, die sich zwischen den menschenleeren, endlosen Räumen Sibiriens und der dynamischen, unwiderstehlichen Expansion der Milliardenmasse des Reiches der Mitte abzeichnete.

*

Bei der Veröffentlichung dieses Buches bin ich auf den Vorwurf gefaßt, daß ich kein Slawist sei und somit keine Berechtigung habe, die Lage in Rußland zu schildern. Ich bin mir des Handicaps sehr wohl bewußt. Aber welche Erkenntnisse haben denn die »old Russia hands« oder die unermüdlichen Kreml-Astrologen in den vergangenen Jahrzehnten zutage gefördert? Sie haben durchweg falschgelegen mit ihren Prognosen, Deutungen und Personeneinschätzungen. Natürlich konnte niemand voraussehen, daß dieses riesige Imperium fast lautlos, »mit einem Seufzer«, auseinanderbrechen und untergehen würde. Entscheidend war der »human factor«, die krasse Unfähigkeit der auf Stalin folgenden Generalsekretäre der KPdSU, Zukunftsvisionen zu entwickeln und sich den Realitäten anzupassen. Die dahinsiechende Sowjetunion war zur Gerontokratie geworden. Als ich Valentin Falin fragte, wie es denn möglich gewesen sei, daß der frühere KGB-Chef Andropow ausgerechnet auf Michail Gorbatschow gekommen sei, um die längst fällige Verjüngung an der Spitze von Partei und Staat vorzunehmen, ob man einem abgebrühten Geheimdienst-Spezialisten nicht hätte zutrauen müssen, daß er einem qualifizierten, notfalls brutaleren Genossen zur Kreml-Herrschaft verhelfe, erhielt ich nur die Antwort, daß Juri Andropow, der wegen einer Nieren-Insuffizienz unter ständiger Dialyse stand, zu häufigen Kur-Aufenthalten nach Mineralni Woda im Nordkaukasus gereist sei, daß er in der Nachbarschaft dieser Heilquellen den Parteisekretär der Stadt Stawropol namens

Michail Gorbatschow kennen- und wohl persönlich schätzengelernt habe.

Die ausgedehnten Reiserouten in der früheren Sowjetunion, die ich hinter mich gebracht habe, können sich sehen lassen. Im Gegensatz zu den permanenten Korrespondenten war ich nicht zur »stabilitas loci« verurteilt und konnte weite Regionen erschließen. Was nun das Expertenwissen betrifft, so möchte ich als Exempel meine erste Reportage erwähnen, die mich schon 1958 in die zu jener Zeit fast unzugänglichen Städte Taschkent und Samarkand in Usbekistan geführt hatte.

An meine früheste Erkundungsreise in Zentralasien denke ich mit heimlicher Genugtuung zurück. Wenige Monate zuvor hatte ich die Kriegssituation in Algerien, die durch die Machtergreifung de Gaulles eine schicksalhafte Wende erfahren hatte, im Aurès-Gebirge und in der Kabylei beobachtet. Mich beschäftigte die zu jener Zeit absurd klingende Überlegung, ob nicht auch das sowjetische Imperium in Zentralasien eines Tages zwangsläufig einem vergleichbaren Zersetzungsprozeß ausgesetzt sein könnte wie die französische Militärpräsenz in Nordafrika. Beim deutschen Botschafter Kroll, der als Kenner der Sowjetunion und wohlgelittener Gesprächspartner Nikita Chruschtschows über hohes Ansehen verfügte, war ich im pistaziengrünen Moskauer Botschaftsgebäude an der Grusinskaja mit solchen Spekulationen auf lebhaften Widerspruch gestoßen. Das Nationalgefühl der Usbeken sei vom kommunistischen Internationalismus auf eine bescheidene folkloristische Rolle reduziert worden, und was den Islam betreffe, so sei er endgültig gestorben in diesem Vaterland der Gottlosen. Kroll stand mit seiner Überzeugung nicht allein. Noch 1980 – ich produzierte für das ZDF eine Dokumentation unter dem Titel »Zwischen Marx und Mohammed« – begegneten mir die in Moskau akkreditierten Kollegen mit schmunzelnder Skepsis. »Du hast zuviel Bennigsen gelesen«, hieß es da. Gemeint war der schwedische Islamologe, der in akribischer Unermüdlichkeit den Überbleibseln koranischer Frömmigkeit in Zentralasien nachgegangen war.

Diesem Interesse für die exotischen Randrepubliken der Sowjetunion verdanke ich wohl auch, daß ich als erster ausländischer

Chronist die Sezessionsbewegungen im Kaukasus und in Zentralasien an Ort und Stelle erkundete, während der Chor der Gorbatschow-Fans und Jelzin-Bewunderer vor dem »Weißen Haus« von Moskau, dem russischen Parlament, kampierte, um den dortigen Ränkespielen auf die Spur zu kommen.

Der Emir von Baku

Blicken wir zunächst auf die Wirren zurück, die sich zwischen den beiden südkaukasischen Republiken Armenien und Aserbeidschan um den Besitz der überwiegend armenisch, das heißt christlich bevölkerten Enklave Nagorni-Karabach entzündet hatten. Dieses bizarre Einsprengsel, das von Stalin der schiitisch-muslimischen Sowjetrepublik Aserbeidschan recht willkürlich zugeschlagen wurde, war nun zum Stein des Anstoßes und zum Objekt einer ethnischen Auseinandersetzung geworden. Bei meiner Expedition im Mai 1991 war ich mit einem Hubschrauber in diesen Gebirgsflecken transportiert worden. Auf den nahen Hängen des Biojuk Kurs, 2700 Meter hoch, lag noch Schnee. Als Eskorte hatten uns die aserbeidschanischen Behörden zwei abenteuerlich uniformierte Leibwächter mitgegeben, Männer mittleren Alters, deren Bartstoppeln schon grau schimmerten. Sie trugen die Tarnjacken der sowjetischen Kampftruppen und jenes blaugestreifte Marinetrikot, das ursprünglich den Elite-Einheiten »Speznas« vorbehalten war. Die sich kriegerisch gebärdenden Begleiter blickten resolut, die Kalaschnikow in der Hand, auf die armenischen Dörfer unter sich und spielten Vietnam oder Afghanistan. Eine ebenfalls scheckig uniformierte Frau tat sich als Partisanin wichtig.

Am späten Nachmittag sind wir zu Oberstleutnant Sokolow gerufen worden, der hoch über der Mulde von Schuscha mit einem dem Innenministerium (MVD) unterstellten Regiment und einer Anzahl Panzerspähwagen sein Quartier im »Sanatorium« errichtet hatte. Er sollte im Rajon von Schuscha für die Wahrung eines Minimums an Ordnung sorgen. Seine Truppe stand ziemlich ratlos zwischen den sich bekämpfenden aserbeidschanischen und armenischen Milizen. Das Sanatorium war auf schauerliche Weise heruntergekommen. Im Umkreis kampierten überwiegend asiatische Soldaten mit ausgeprägten Mongolengesichtern, Usbeken und Turkmenen, während die Offiziere russischer Abstammung waren. Der Oberstleutnant hauste in einem kärglichen Raum, wo sich seine Funkgeräte und eine Pritsche befanden. Er lud uns zu einem Glas örtlichen Rotweins ein, und das Gespräch begann in aller Unbefangenheit. Sokolow war ein dunkelhaariger, gutaussehender Mann. Seine Familie lebte in Ufa. Er trug die erdbraune Uniform der MVD-Einheit und erklärte mir, daß in diesen Einheiten, ähnlich wie bei den regulären Armeestreitkräften, vor allem Wehrpflichtige dienten.

Ich fragte, ob er bereit sei, mir ein Briefing, einen kurzen Lagevortrag zu halten. Zu meiner Überraschung ging er ohne Zögern auf die Landkarte zu und erklärte mir die verworrene Lage in seinem Rajon. In diesem Abschnitt hatten die Azeri die meisten armenischen Bauern bereits verdrängt. Der Offizier zeigte mir drei armenische Dörfer, deren Bewohner, von allen Seiten umzingelt, unter größtem Risiko lebten und deshalb mit Hubschraubern in die nahe Republik Armenien abtransportiert werden müßten. Das sei keine leichte Aufgabe, denn die Armenier würden den russischen Soldaten grundsätzlich unterstellen, daß sie mit den Azeri unter einer Decke steckten. Wir stellten Betrachtungen darüber an, wie sehr sich die Umstände seit dem zaristischen Reich gewandelt hätten, als die christlichen Armenier gegen die muslimischen Türken stets eine zuverlässige Vorhut auf seiten des Heiligen Rußlands gebildet und dafür im Ersten Weltkrieg eine grausige Quittung erhalten hatten.

Der Oberstleutnant machte sich keine Illusionen über das Verhältnis der meisten Aserbeidschaner zur Sowjetunion. Eine Volksabstimmung über die weitere Zugehörigkeit Aserbeidschans zur großen sowjetischen Gemeinschaft habe zwar im März 1991 eine offiziell positive Aussage erbracht. Aber diese Befragung habe unter extrem geringer Wahlbeteiligung, unter den Zwangsmaßnahmen des Ausnahmezustandes stattgefunden. Die Manipulation sei für jedermann evident gewesen.

Was den Oberstleutnant am meisten erbitterte, waren die Unschlüssigkeit des eigenen Oberkommandos, das Fehlen jeglicher Direktiven aus Moskau, wofür er vor allem die Widersprüche der Perestroika verantwortlich machte. Er müsse in dieser verlorenen Gegend des Kaukasus auf eigene Faust handeln, weil die Verantwortlichen der Union entweder unfähig oder zu feige seien, eine klare Position zwischen Baku und Eriwan zu beziehen. Möglicherweise betrachte man im Kreml dieses Lavieren als geschicktes Austarieren und verspreche sich davon die Beibehaltung des Status quo durch zynisches Pendeln zwischen den verfeindeten Völkerschaften. »Wir haben ein russisches Sprichwort«, meinte Sokolow achselzuckend, »und das besagt: Wer gleichzeitig zwei Hasen erlegen will, verfehlt sie beide.« Er ist im sibirischen Bratsk nördlich von Irkutsk geboren worden, wie er nebenbei erwähnte, wohin seine Familie von Stalin in ein Zwangsarbeitslager verschickt worden sei.

Plötzlich erinnerte mich dieser einsame russische Oberstleutnant inmitten seiner asiatischen Truppe an jene französischen Offiziere in den Schluchten des Aurès-Gebirges oder der Kabylei, die während des Algerienkrieges ebenso verzweifelt auf eine klare politische Zielgebung aus Paris warteten, sich in ihren Trotz verrannten, um die »Algérie française« zu retten, und am Ende als Betrogene dastanden. Der Zorn der »Centurionen«, der die Algerien-Armee Frankreichs einst zum Putsch gegen die Vierte Republik und deren unschlüssige Kabinettspolitik getrieben hatte, schwelte wohl auch beim russischen Offizierskorps. Nur war in Moskau kein General de Gaulle in Sicht. Bei mir stellte sich ein merkwürdiges, fast nostalgisches Gefühl der Solidarität ein. Ich dachte über die seltsamen Wege europäischer Schicksalsverbundenheit nach, während ich an den behelmten usbekischen Posten vorbei dem Gästehaus von Schuscha zustrebte.

Schon drei Monate später schlug für Aserbeidschan die Stunde der Unabhängigkeit. Enthusiastisch und irgendwie romantisch hatte sich das nationale Erwachen vollzogen. Die oppositionelle »Volksfront« war mit Genehmigung der kommunistischen Behörden im altmodisch verschnörkelten Theater aus der späten Zarenzeit zu ihrem Kongreß zusammengekommen. Damals hatte wirklich ein Wind der Freiheit über Baku geweht, und die flüchtige Illusion der Demokratie kam auf. Die glühenden Patrioten wollten die Tradition jener sozialdemokratisch gefärbten Mussawad oder »Gleichheitspartei« wiederaufnehmen, die – 1918 gegründet – schon 1920 von den Rotarmisten des Bolschewikenführers Kirow zerschlagen und erstickt worden war. Im Rückblick versteht man recht gut, daß sich die europäischen Orientalisten in ihrer exaltierten Vorstellung, man könne das westliche Geistesgut der Aufklärung und der Menschenrechte auf den islamischen Orient übertragen, für die bourgeoisen Revolutionäre der »Volksfront« von Baku begeisterten. Da waren all jene intellektuellen Reformer und sogenannten Demokraten vereint, die sich trefflich als Aushängeschild fortschrittlichen Aufbruchs vorführen ließen. In Wirklichkeit verfügten sie jedoch weder über die nötige Brutalität noch die Unterstützung beim einfachen Volk, um sich länger als ein hoffnungsvolles Morgenrot zu behaupten.

Eine schöne Kundgebung erinnerte an die Geburt der Mussawad-Republik vor 73 Jahren. Mit Inbrunst wurde die alte Nationalhymne gesungen. Der Orientalist Abulfaz Elcibey, zum Vorsitzenden der Volksfront gewählt, gab eine eindrucksvolle Prophetengestalt ab mit seinem schwarzen Bart und den glühenden Augen. Neben ein paar rauhen Clanführern aus der Provinz waren vor allem hohe Funktionäre, die Routiniers des alten Systems, auf den Zug des aserbeidschanischen »Rinascimento« gesprungen. Sie hatten teilweise ihre nach westlicher Mode gekleideten Frauen mitgebracht. Ein nervöser junger Mann gesellte sich zu mir und sorgte sehr schnell für Ernüchterung. Ich könne davon ausgehen, daß jeder dritte der hier Anwesenden ein heimlicher Spitzel, zumindest ein Zuträger des immer noch allmächtigen KGB sei. Ich solle mir doch nur das Oberhaupt der schiitischen Gemeinde, den Scheikh-ul-Islam Allah Schukür Poschasande ansehen, der mit einem kleinen Gefolge von Mullahs in der Proszeniumsloge des Theaters unter zwei barbusigen Nymphen aus Gips Platz genommen hatte. Dieser erst 43jährige Mann, der noch von den kommunistischen Behörden als Oberhaupt der schiitischen Glaubensgemeinschaft des Kaukasus in der Tasapir-Moschee in Baku eingesetzt worden war, sei ein typisches

Beispiel für die Manipulation der Religiosität durch die Gottlosen. Poschasande habe zwar an der El-Azhar-Universität in Kairo studieren dürfen, aber dieses Privileg sei nur erprobten Marionetten des Regimes zugestanden worden. In der Tat sah der fettleibige, bleiche Repräsentant des geduldeten Staats-Islam nicht gerade vertrauenerweckend aus.

Dennoch war es ein symbolträchtiger Auftritt, der sich im Rokoko-Theater aus dem Jahr 1911 vollzog. An der gleichen Stelle – umgeben von Putten und Najaden – hatte Grigori Sinowjew, einer der engsten Weggefährten Lenins, den großen weltweiten Völkerkongreß des Jahres 1920 organisiert. Bei dieser Gelegenheit wurden alle Kolonialvölker, insbesondere auch die geknechteten Massen des »Dar-ul-Islam« zur revolutionären Auflehnung gegen die westlich-kapitalistische Fremdherrschaft aufgerufen. Immerhin hat die Sowjetmacht siebzig Jahre lang an der Schimäre proletarischer Revolutionierung der sogenannten Dritten Welt festgehalten. Erst in Afghanistan sollten die frommen Mudschahidin den Kreml-Herren vor Augen führen, daß sie sich selbst – im Gefolge des Zarenreiches – des imperialistischen Expansionismus und der ausbeutenden Fremdherrschaft schuldig gemacht hatten.

Die Dilettanten der Volksfront waren natürlich der anstehenden Konfrontation mit Moskau in keiner Weise gewachsen. Im Mai 1992 stießen schwerbewaffnete armenische Milizen, mit modernen sowjetischen Panzern ausgestattet, über den Korridor von Latschin nach Nagorni-Karabach vor und vertrieben die dort ansässigen Azeri aus ihrer historischen Hochburg Schuscha. Über das Autonome Gebiet von Berg-Karabach hinaus eroberten die Armenier in einer Art Blitzkrieg die Städte Agdam und Fisoli. Sie rissen damit ein Fünftel des Territoriums der Republik Aserbeidschan an sich.

Es bedurfte zwei Jahre später des in der Wolle gefärbten Kommunisten Haidar Alijew, der sich in allen mörderischen Tricks und Ränkespielen des sowjetischen Geheimdienstes bestens auskannte und sogar dem Moskauer Politbüro an prominenter Stelle angehört hatte, um die Unabhängigkeit Aserbeidschans, der er sich mit dem Engagement eines Neophyten verschrieb, auf solide Grundlagen zu stellen. Hatte Abulfaz Elcibey während seiner kurzen Präsidentschaft das politische Überleben Aserbeidschans in der engen Anbindung an die Türkei und deren kemalistische Ideologie gesucht, so verstand sich Alijew sehr viel besser auf das Geschäft internationalen Austarierens und zögerte nicht, die amerikanische Hegemonialmacht in eine Kraftprobe einzubeziehen, die plötzlich wieder in die Tradition des von Kipling besungenen »Großen Spiels« zurückfiel.

Ich bin dieser etwas unheimlichen Vatergestalt des neuen Aserbeidschan im Juli 1995 begegnet. Haidar Alijew beherrschte die Bühne im Palast des Volkes von Baku, dessen Stil an die Protzbauten der DDR erinnerte. Der Präsident war ein hochgewachsener, eindrucksvoller Mann. Trotz seines Alters hielt er sich kerzengerade. Seine Stimme dröhnte mächtig, und er bediente sich der türkischen Azeri-Sprache, wie mir meine Nachbarn im Saal bestätigten, in allen Nuancen. Der lange Aufenthalt in Moskau, der Aufstieg in die höchsten Sphären sowjetischer Macht hatten ihn seiner Ursprungsnation nicht entfremdet. Auf dem großflächigen Gesicht wirkte das strahlende Lächeln wie eine aufgesetzte Maske. Die Augen dieses kaukasischen Staatschefs, der alle Tiefen und Intrigen des kommunistischen Machtapparats ausgelotet hatte, blickten leicht verschleiert auf das jubelnde Publikum. Der Argwohn, durch ständige Morddrohungen wachgehalten, war für ihn zur zweiten Natur geworden.

Doch an diesem heißen Sommertag, der den überfüllten Palast des Volkes in eine Sauna verwandelte, gab es Grund zu Freude und Genugtuung. Die ganze Aufmerksamkeit Alijews, seine an Galanterie grenzende Höflichkeit galt dem Ehrengast aus der befreundeten Türkei. Tansu Çiller, die Ministerpräsidentin des anatolischen Nachbarstaates, war in aller Eile zum Staatsbesuch nach Baku gereist. Nach einem Komplott gegen den aserbeidschanischen Staatschef war es zu Mißstimmigkeiten zwischen Alijew und diversen türkischen Beratern gekommen. Tansu Çiller gewann spontan die Sympathie der Anwesenden. Die türkische Regierungschefin trug ein knallrotes Kostüm, das ihr züchtig zu den Knöcheln reichte. Unter den kurz geschnittenen, rotbraun gefärbten Haaren blickte sie mit ihrem strahlenden Lächeln auf die

142

in orientalischer Devotion erstarrte Männergesellschaft. Über der weißen Bluse wirkte ihr pausbäckiges Gesicht noch immer extrem jung. »Wenn der alte Witwer Alijew die attraktive Türkin begrüßt, dann schmilzt dieser harte Mann geradezu dahin«, flüsterte mir ein westlicher Diplomat zu. Tatsächlich hätte Haidar Alijew die hübsche Çiller wohl am liebsten umarmt und geküßt, wenn das die islamischen Sitten, die unterschwellig in Aserbeidschan lebendig blieben, zugelassen hätten. So begnügte er sich damit, ihre Hand hochzuhalten. Die beiden wurden wie ein Gladiatorenpaar gefeiert. Auf der Tribüne wehte die rote Fahne der Türkei mit weißem Halbmond und Stern neben der des unabhängigen Aserbeidschan, einer horizontal gestreiften Trikolore in Blau-Rot-Grün, ebenfalls mit dem islamischen Halbmond in der Mitte.

Für die Hauptpersonen waren zwei riesige goldene Sessel wie Throne aufgestellt. Ringsum wogte ein Blumenmeer. Die Reden waren konventionell. Es ging vor allem darum, dem starken Mann in Baku spektakuläre Rückendeckung aus Ankara zu geben, zu einer Zeit, als er sich auf Grund seiner Erdölgeschäfte mit den USA den Zorn Jelzins zugezogen hatte und der Konflikt mit Armenien trotz aller Bemühungen der OSZE bedrohlich weiterschwelte. Alijew betonte noch einmal feierlich, daß es in dem Streit um Nagorni-Karabach keinen aserbeidschanischen Verzicht geben könne. An seinen strahlenden Gast gewandt, beteuerte er: »Wenn die Türkei lacht, dann lacht auch Aserbeidschan. Wenn die Türkei weint, dann weint auch Aserbeidschan.« Seine besondere Verehrung, so versicherte er, gelte Kemal Pascha, der unter dem Namen Atatürk die moderne Türkei geschaffen hatte.

Auf den Staatsakt folgte ein künstlerisches und folkloristisches Programm. Alijew und Çiller setzten sich ins Publikum. In geduckter Haltung nahmen Minister und hohe Beamte die Weisungen ihres Präsidenten entgegen. Die türkischen Berater, die ihre Regierungschefin begleiteten, trugen Zivil. Meine Begleiter machten mich auf den Sohn Alijews, Ilham, aufmerksam, der dem Vater sehr ähnlich sah und mit seiner rassigen Frau, einer kaukasischen Schönheit, gekommen war. Er galt als einflußreicher Ratgeber und übte als Vizepräsident der Gesellschaft SCOAR beim Abschluß von Erdölverträgen entscheidenden Einfluß aus. Schon damals ahnte man, daß Ilham seinem Vater in einer dynastischen Sukzession, die eines persischen Despoten würdig wäre, nach dessen Tod als Staatschef nachfolgen würde. Über diese quasi monarchische Mißachtung aller demokratischen Grundregeln würden die amerikanischen Gönner und Förderer dieses unentbehrlichen Petroleum-Lieferanten am Kaspischen Meer resolut hinwegsehen.

Ich hatte alle Muße, den selbstherrlichen Alijew, diesen ehemaligen »Politruk«, der mühelos in die Rolle des früheren Schirwan Schah hineingewachsen war, aus einer Entfernung von vier Metern zu studieren. Eine Biographie, die zu seinen Ehren veröffentlicht wurde und sich in Lobhudelei überschlug, kam mir in den Sinn. »Es ist schwer, über Haidar Alijew zu schreiben«, hieß es da, »denn alles, was über ihn gesagt wurde, klingt zu gering und bescheiden vor dem Hintergrund seiner überragenden Persönlichkeit. Ein unvergleichliches Organisationstalent kombiniert sich bei ihm mit aufrechter Hingabe an den Staat und einer bemerkenswerten Weitsicht. Alijew versteht es, die anstehenden Entwicklungen klar zu analysieren und die Dialektik der historischen Vorgänge zu durchleuchten ... Er ist wirklich der einzige Mann in unserer Republik, der unsere hochgesteckten Ziele zu erreichen vermag.«

Das musikalische Programm setzte ein. Es war vom Minister für Kultur inszeniert, der – wie konnte es anders sein – den angemessenen Namen »Bülbül«, also Nachtigall, trug. Zuerst erklang laut dröhnend ein Marsch in schleppend orientalischem Rhythmus, dann eine Folge von Bektaschi-Gesängen, Hymnen jener kuriosen islamischen Bruderschaft, die bei den Elitetruppen des Sultans, den Janitscharen, die geistliche Ausrichtung vorgab. Anschließend demonstrierte man musikalisch internationale Aufgeschlossenheit: Das Repertoire reichte von Rachmaninow und Georges Bizet bis zu Gershwin.

Eine üppige Sängerin in schillernd-grünem Abendkleid erntete brausenden Beifall, als sie Vertonungen des berühmten aserbeidschanischen Dichters Nizami vortrug. Ein Tenor in weißem Smoking übte sich in Belcanto, ein bärtiger Bassist in russischer Volksmusik. Die Tänzer hingegen gaben sich orientalisch. Die russische Ballettschule hatte in Baku eine beachtliche Disziplin und Anmut hinterlassen. Die durchweg schönen Mädchen – alle ethnischen Varianten und Vermischungen des Kaukasus widerspiegelnd – tanzten in blau-durchsichtiger Gaze, trugen den Bauch frei und balancierten graziös Kannen und andere Gefäße auf dem Kopf. Die jungen Männer – verkleidet wie Statisten aus einem Hollywood-Film über Omar Khayyam – sprangen mit Turban und Krummdolch in rasendem Reigen. Es war ein zutiefst höfisches Spektakel, das man Tansu Çiller bot. Als Schnittpunkt zwischen Orient und Okzident, so wollte sich die Republik Aserbeidschan an diesem Nachmittag präsentieren. Aber der bleibende Eindruck war der eines kitschigen Serail und – was die politische Atmosphäre betraf – eines despotisch-byzantinischen Herrschaftsstils, den schon die osmanischen Sultane nach der Eroberung Konstantinopels einst bereitwillig übernommen hatten.

»Erhebe Dich und greife zum Schwert«

Im hintersten Winkel Sowjetisch-Zentralasiens, in Tadschikistan, hatte sich der Umbruch unter ganz anderen Auspizien vollzogen. Vor dem rosa Halbrund des Madschlis Oli, wo der Oberste Sowjet in der Hauptstadt Duschanbe tagte, hatte am 9. September 1991, einem strahlend heißen Tag, eine exaltierte Stimmung um sich gegriffen. Im Rosengarten hinter einer breiten Marmortribüne – damals noch von dem gebieterischen Lenin überragt, der Fremdherrschaft und Gottlosigkeit verkörperte – hatten sich die Revolutionäre des Islam versammelt. Es waren meist bärtige, stämmige Männer, die würdevoll auftraten. Viele hatten die Landestracht angelegt, den Kaftan aus gestreifter, bunter Seide. Alle trugen die grüne oder schwarze Tupeteika auf dem Kopf. Die Jüngeren umklammerten zusammengerollte Banderolen.

Unser Begleiter Juri hatte mich dringend ermahnt, diese gefährlichen Gestalten zu meiden, die doch nur auf Umsturz und Todschlag aus seien, reaktionäre Finsterlinge, die sich einem fanatischen Aberglauben verschrieben hätten. Die Nachfahren der Basmatschi, die Islamisten, die von Anfang an der kommunistischen Überfremdung Widerstand geleistet hatten, seien da aus ihren Höhlen gekrochen, um mit allen Errungenschaften der Zivilisation und des Fortschritts, die ihnen das Sowjetregime trotz mancher Fehlleistung gebracht habe, endgültig zu brechen.

Irgendwie waren die Russen von Duschanbe, die in der Stadt noch zwanzig Prozent der Bevölkerung ausmachten, von der nationalen und religiösen Wiedergeburt völlig überrascht und überrollt worden. Am Vorabend hatte ich im Kreise intellektueller Russen und Tadschiken, Männlein und Weiblein bunt gemischt, bei Wodka und Sakuski an einer Verlobungsfeier teilgenommen. Alle waren guter Dinge. Es ging sehr fröhlich, aber gesittet zu. Meine Gastgeber gehörten jener Elite an, die sich mit Überzeugung zur »multikulturellen Gesellschaft der Zukunft« bekannte, zu jener Schimäre, der später so mancher westliche Beobachter im bosnischen Sarajevo oder in Tuzla erliegen sollte. Im übrigen waren sie durch den unvermeidlichen Bildungsgang des »Sowjetmenschen« geprägt. In diesem Kreis aufgeklärter Geister, wo nur Russisch gesprochen wurde, hatte man zwar anfangs mit jenen Randalierern sympathisiert, die am 12. Februar 1990 für die Freiheit Tadschikistans auf die Straße gegangen waren. Als die Aufrührer jedoch muslimischen Studentinnen den Schleier aufzwingen wollten, als Nicht-Tadschiken tätlich angegriffen wurden und neben der Forderung nach Unabhängigkeit der Kampfruf »Allahu akbar« laut wurde, waren sie auf Distanz gegangen. Ihre Empörung hielt sich in Grenzen, als die Scharfschützen der Sicherheitsorgane heimtückisch das Feuer auf die Demonstranten eröffneten und etwa dreißig junge Fanatiker – tödlich getroffen – in ihrem Blut lagen.

Die »fundamentalistische« Gefahr schien vorerst abgewehrt, und die Schöngeister der Intelligenzija konnten Hoffnung schöpfen. Sie schwärmten von einem liberalen, pluralistischen Mittelweg politischer Mitgestaltung, obwohl es dafür bei diesen rauhen, archaischen Gebirgsvölkern auf dem Dach der Welt nicht die geringsten Voraussetzungen gab. Den neubestallten prorussischen Präsidenten Rahmon Nabijew, der dem nördlichen Clan von Leninabad, heute Chodschend, verhaftet war, betrachteten sie als eine unerfreuliche Übergangserscheinung. Tatsächlich sollte er ein Jahr später durch seine eigene Leibgarde erschossen werden.

Seltsame Verblendungen, die ich auch bei der Demokratischen Partei Tadschikistans in ihrem unscheinbaren, flachen Gebäude, gleich neben einem afghanischen Schwarzmarkt gelegen, angetroffen hatte. Diesem Zusammenschluß von Prominenz, Schriftstellern, Journalisten und Akademikern war sogar der Druck einer eigenen Zeitschrift – »Adalat«, das heißt Gerechtigkeit – zugestanden worden. Um ihre Verwurzelung im alt-iranischen Volksgut zu unterstreichen, hatten sie sich ein Zitat der »Avesta« als Motto zugelegt: »Gute Worte, gute Absichten, gute Taten« lautete der zahme Rückgriff auf das Gedankengut Zarathustras. Im Büro der Demokratischen Partei wurde heftig diskutiert. Man war zwar bereit, dem Islam wieder religiöse Entfaltung einzuräumen, aber politische Macht wie im Iran sollten die Mullahs in Tadschikistan nie an sich reißen dürfen.

Um ihre Verbundenheit mit den Reformern in Moskau zu unterstreichen, hatten die Demokraten – Gipfel der Naivität – ein großes Bild Boris Jelzins an die Wand geheftet. Diese Idealisten eines kemalistisch angehauchten Säkularismus, diese Phantasten humanitärer Gerechtigkeit repräsentierten nur eine winzige Minderheit. Vom Volk und von der zentralasiatischen Wirklichkeit waren sie durch ihre modernistische Anmaßung unendlich weit entfernt. Wendehälse gab es unter den Liberalen natürlich in Hülle und Fülle, und an Spitzeln war kein Mangel. Dennoch hatte mancher unter ihnen in den vergangenen Jahren, als er seine staatszersetzenden Thesen vertrat, vorübergehende Inhaftierung und Benachteiligung im Berufsleben auf sich genommen. Im Grunde verhielten sich die zynischen Betonköpfe des alten kommunistischen Machtapparates viel realistischer und konsequenter als die Intellektuellen und Menschenrechtler. Die routinierten Parteikader ließen sich mit dem Segen Moskaus als »Rote Khane« bestätigen und stützten sich auf die angestammten, immer noch intakten Bindungen der Clan- und Sippenwirtschaft.

Aber wenden wir uns wieder dem 9. September 1991 zu, dem Schicksalstag Tadschikistans. Der Zugang zum Obersten Sowjet war mir verwehrt worden. Dort hielten die Deputierten – europäisch und festlich gekleidet, mit den roten Abzeichen sowjetischer Huld geschmückt – ihren gravitätischen Einzug. Sie kamen zu einer Debatte über die Zukunft des Staates, über die Umwandlung der kommunistischen in eine sozialistische Partei zusammen. An den Parlamentspforten abgewiesen, mischte ich mich resolut unter die Volksmasse, die nach und nach den ganzen Lenin-Platz füllte und deren Sprechchöre bis in den Sitzungssaal dieser Pseudokammer dröhnten. Inzwischen wurden Transparente entfaltet. Sie waren mit ungelenk gemalten arabischen Schriftzeichen bedeckt. Da wurde unverblümt die Einführung der koranischen Rechtsprechung verlangt. Die Kommunisten sahen sich als »Feinde Gottes« geschmäht. Ich ging kurz entschlossen auf den harten Kern dieser bärtigen Männer zu. Sie erinnerten mich lebhaft an die afghanischen Mudschahidin, bei denen ich zehn Jahre zuvor an den Steilhängen des Hindukusch Schutz vor den sowjetischen Hubschraubern gesucht hatte. Um jedes Mißtrauen zu zerstreuen, fügte ich dem Friedensgruß »Salam aleikum«, der – man kann es nicht oft genug wiederholen – nur unter gläubigen Muslimen ausgetauscht werden sollte, ein kurzes Koranzitat hinzu. Gleich fanden sich zwei junge Männer, die der arabischen Hochsprache halbwegs mächtig waren. Die Atmosphäre entspannte sich sofort.

Ich wußte sehr wohl, daß die Tadschiken – im Gegensatz zu ihren persischen Verwandten – nicht dem schiitischen, sondern dem großen sunnitischen Glaubenszweig des Islam sowie der hanefitischen Rechtsschule angehören. Dennoch holte ich zu dem politisch-religiösen Lackmus-Test aus, der sich fast immer bewährt hatte. Ich zog jene Fotografie hervor, die mich an der Seite des verstorbenen Ayatollah Khomeini zeigt. Die Wirkung war phänomenal. Mit einem Schlag war ich als Freund und Gefährte akzeptiert. Mit allen Zeichen der Begeisterung wurde die Abbildung Khomeinis in der Menge herumgereicht, unablässig geküßt und mit Segenswünschen bedacht. Ein bärtiger Hüne bat mich inständig, ihm diese Erinnerung an den heiligen Mann zu überlassen und gab sich dann als Mohammed Scharif zu erkennen, als Anführer jener Bewegung des Erwachens oder »Nahda«, die sich ganz offen die Errichtung eines islamischen Gottesstaates zum Ziel gesetzt hatte.

Mohammed Scharif, der – soweit ich recht informiert bin – inzwischen den Märtyrertod gefunden hat, war eine eindrucksvolle kämpferische Erscheinung. Sein düsterer Blick richtete sich drohend auf den Parlamentsbau. Wie eindringlich hatten mich doch meine russischen und tadschikischen Gewährsleute vor jedem Kontakt mit der verbotenen »Nahda« gewarnt. Ich würde mich dabei in Lebensgefahr begeben. Aber jetzt war ich von den Anhängern dieser Islamischen Revolution dicht und wohlwollend umringt. Zwei muskulöse Männer mit grünen Armbinden stellten sich mir als Leibwächter zur Seite. Die Erlaubnis zu Fernsehaufnahmen wurde ohne Zögern gewährt. Um meinen Schädel vor der sengenden Sonne zu schützen, wurde mir eine Tupeteika übergestülpt.

Auch ein paar »Demokraten« hatten sich inzwischen der Kundgebung zugesellt. Während die ersten Redner auf die Marmortribüne unterhalb der Lenin-Statue kletterten und je nach politischer Ausrichtung ihre reichlich widersprüchlichen und kunterbunt gemischten Vorstellungen von Freiheit, Demokratie, staatlicher Unabhängigkeit, Glasnost und Islam vortrugen, während die Renegaten des Sozialismus die Wiedereinführung der arabischen Schrift befürworteten und sogar ein Plakat mit dem lächerlichen Spruch »Boris Nikolajewitsch (gemeint war Jelzin), wir verbeugen uns vor Dir« flüchtig hochgehalten wurde, gewannen die Islamisten der »Nahda« unausweichlich die Oberhand. Am Ende standen sich nur noch zwei reale Kräfte gegenüber: Die Epigonen des Marxismus-Leninismus und die Eiferer des islamischen Gottesstaates. Alle anderen politischen Facetten taumelten offenbar zwischen Verwirrung und Opportunismus.

Ein fanatisch blickender Imam mit grünem Turban hatte sich des Mikrofons bemächtigt. »Der gottlose Kommunismus ist tot«, brüllte er der jubelnden Menge zu, »der Islam ist die einzige, wahre Demokratie, und die Scharia, das koranische Gesetz, ist das unveräußerliche Instrument ihrer Verwirklichung. Nur im Glauben an den Propheten Mohammed – Heil und Segen seinem Namen – können wir Sitte und Tugend beim Volk und vor allem bei der Jugend wiederherstellen.«

Zwischen den Abgeordneten des Obersten Sowjet und den Demonstranten war durch Entsendung von Vermittlern ein diskreter Dialog in Gang gekommen. Das Parlamentspalaver drang in Fetzen über die Lautsprecher bis auf den Lenin-Platz. Plötzlich wurde dieses Getuschel durch eine feierliche, etwas düstere Melodie übertönt. Ein Vorsänger trug die Strophe vor und die Menge fiel inbrünstig und textkundig in den Refrain ein. Es handelte sich um ein Gedicht des indisch-muslimischen Dichters Mohammed Iqbal, als Nietzsche-Kommentator in Deutschland hochgeschätzt, der zu den prominentesten Vorkämpfern der pakistanischen Staatsgründung zählt. Ursprünglich war die Hymne wohl gegen die britische Kolonialherrschaft gerichtet. »Erwache aus dem tiefen Schlaf wie eine Narzisse«, begann das Lied, »verscheuche die Traurigkeit, steh auf! ... Der Osten ist wie eine Straße im Nebel, der Osten ist so still, daß sein Atem kraftlos wird, aber der Boden wartet hier auf seine Befreiung ... Erwache aus dem tiefen Schlaf, erwache, erwache, erwache!« Weiter heißt es: »Oh Allah, errette mich vor den süßen, trügerischen Einflüsterungen des Westens, errette mich vor der Ungerechtigkeit ... Die ganze Welt liegt in Schutt und Asche, die Untaten der Fremdlinge haben alles verwüstet ... Erhebe dich und greife zum Schwert!«

Die Hymne schien den Tadschiken vertraut zu sein, denn sie wurde harmonisch, in trotzigem Rhythmus von der Masse aufgenommen. Möglicherweise war das antikolonialistische Poem den asiatischen Jungpionieren und Komsomolzen einst von ihren marxistischen Lehrmeistern beigebracht worden, um sie zum Kampf gegen den westlichen Imperialismus auf seiten der pakistanischen Brüder anzustacheln. Jetzt kehrte die Botschaft jedoch wie ein Bumerang zu den russischen Kolonialherren zurück.

Die Stimmung hatte sich aufgeheizt. Die letzten Klänge des Chores waren noch nicht verhallt, da kam es zur Sensation des Tages. Ein unbeschreiblicher Jubel brach los. Die Masse brüllte vor Begeisterung, als ein Redner, dessen Stimme sich vor Erregung überschlug, die große Nachricht verkündete: Die Deputierten des Obersten Sowjet von Duschanbe hatten endlich die Unabhängigkeit Tadschikistans ausgerufen. Aus den umliegenden Straßen waren Frauen und Kinder mit großen Körben und Kannen ge-

kommen, um Brot, Früchte und alkoholfreie Getränke zu vertei-
len. Jetzt öffnete sich auch das schwere Messingtor des Parlaments. Einzelne Abgeordnete – schnell wurden es mehr und
mehr – eilten durch das Spalier klatschender Menschen, um sich
am nationalen Volksfest zu beteiligen. Gewiß waren da manche
Opportunisten auf dem Weg in eine Frontstellung, die nunmehr
keine Gefahren mehr zu bieten schien. Sogar hochdekorierte Offiziere in sowjetischer Uniform stellten sich neben den Führern
des militanten Islam auf. Ein bekannter Opernsänger, vom früheren Regime mit Ehrungen überhäuft, stimmte eine Huldigung an
die wiedergewonnene Freiheit an.

Am späten Nachmittag lockerte die Ankunft des höchsten
geistlichen Würdenträgers Tadschikistans die unerträgliche Spannung. Der Qadi von Duschanbe, Akbar Turadzhon-Zoda, verlieh
der bislang ideologisch gemischten Veranstaltung ihre offizielle
islamische Weihe. Der Qadi wußte um den Ernst der Stunde. Er
kannte die Gefahren, die weiterhin hinter den Festungsmauern
der nahen KGB-Zentrale und des Innenministeriums lauerten. Er
riet zur Besonnenheit und zur Mäßigung. Der relativ junge Mann,
er war etwa vierzig Jahre alt, hatte nach dem Studium in Buchara
und Taschkent eine vertiefte religiöse Ausbildung im Haschemi-
tischen Königreich Jordanien erhalten. Mit viel List und Geschick
hatte er sich der Kompromittierung, der Bestechung durch das
Sowjetsystem nach Kräften widersetzt.

Ein paar Tage zuvor hatte ich den Qadi in seiner prächtig re-
staurierten Moschee aufgesucht und ein längeres Gespräch mit
ihm geführt. Er drängte auf die totale Unabhängigkeit Tadschikistans und auf die Ausschaltung der Kommunisten. In seiner
Freitagspredigt hatte er in schneeweißer Gewandung – weißer
Kaftan, weißer Turban, sogar weiße Seidensocken – auf der Kanzel, dem kunstvoll geschmückten Minbar, Platz genommen und
zu den faszinierten Gläubigen sämtlicher Altersgruppen gesprochen. Die Kommunisten hätten in der Vergangenheit alles dik-
tiert, sie hätten jegliche menschliche Regung unterdrückt, sie
seien angetreten, um das geistliche Erbe des Islam mit ihrer militanten Gottlosigkeit zu vernichten. Doch diese demütigende Unterordnung sei zu Ende. Die frommen Muselmanen stünden im

151

Begriff, den Sieg über die heimtückischen Feinde – er nannte sie »Duschmanen« – davonzutragen. Der Koran biete die Gewähr dafür, daß alle Menschen Brüder seien.

Der Qadi war überzeugt, daß die von Stalin willkürlich und sinnlos gezogenen Grenzen in Zentralasien darauf angelegt waren, die diversen muslimischen Völkerschaften gegeneinander aufzuhetzen. So ermahnte er seine Gläubigen immer wieder, insbesondere am guten Zusammenleben von iranischen Tadschiken und turksprachigen Usbeken nicht zu rütteln und die seit Jahrhunderten andauernde gegenseitige Durchdringung der beiden Kulturen nicht in Frage zu stellen. Am Ende, so beteuerte Turadzhon-Zoda, sei nur der Islam in der Lage, die vom bolschewistischen Westen wie ein Gift nach Zentralasien verpflanzte Doktrin des Nationalismus zu überwinden und ein harmonisches Zusammenleben zu garantieren.

An dieses Gespräch mußte ich denken, als gegen Abend die Kundgebung auf dem Platz der Freiheit ihrem feierlichen Höhepunkt zustrebte. Der Muezzin hatte zum Abendgebet gerufen. Die Anwesenden vor der gewaltigen Lenin-Statue suchten die Richtung der heiligen Stätten von Mekka und verbeugten sich nach Westen. Nach Abschluß des Rituals wurde ich von einem jungen Koranschüler umarmt und geküßt. Am frühen Morgen hatte er meinen ersten Kontakt zur »Nahda« hergestellt. Er murmelte einen Koranvers, der mich aufhorchen ließ. Mit dem Arm auf die Überläufer des Obersten Sowjet weisend, murmelte er: »a laisa fi dschahanam mathuan lil kafirin!« – Soll doch in der Hölle die Wohnstatt der Gottlosen sein! Am Abend des 9. September 1991 hatte ich voreilig geglaubt, die Gründung der Islamischen Republik Tadschikistan erlebt zu haben.

Es ist dann alles ganz anders gekommen. Der Freudentaumel über die wiedergewonnene Freiheit hat nicht lange angedauert. Zu unterschiedliche Kräfte waren am Werk. Zwar war es den verbündeten Islamisten und »Demokraten« noch gelungen, den Neo-Stalinisten Nabijew aus dem Präsidentenamt zu vertreiben. Aber es konnte sich keine Harmonie einstellen in diesem von Natur aus zerrissenen Land, bei den zur Gewalttätigkeit neigenden Bergvölkern, die bislang nur durch das eiserne sowjetische Korsett zusammengepreßt wurden. Abgrundtiefes Mißtrauen bestand weiterhin zwischen den Fundamentalisten der »Nahda« und den aufklärerischen Intellektuellen der Demokratischen Partei, die sich zu dieser widernatürlichen Allianz zusammengefunden hatten. Mehr noch als die ideologischen und konfessionellen Zerwürfnisse spielten in Tadschikistan wohl die tief verwurzelten regionalen, die partikularistischen Gegnerschaften eine entscheidende Rolle. Alle Voraussetzungen für einen unerbittlichen Stammeskrieg waren geschaffen, zumal die »Nahda«-Anhänger dazu übergingen, die Einführung des koranischen Rechts mit puritanischer Unduldsamkeit voranzutreiben.

Die russische Armeeführung ihrerseits war nicht gewillt, die chaotischen Zustände, die Afghanistan seit nahezu fünfzehn Jahren plagten, auf das Territorium der ehemaligen Sowjetunion übergreifen zu lassen. Ein Sieg der »Fundamentalisten« in Duschanbe würde in Taschkent, in Samarkand und Buchara wie ein Menetekel aufleuchten. Ganz Zentralasien wäre aufgewühlt. Vor allem die Präsidenten Islam Karimow von Usbekistan und Nursultan Nasarbajew von Kasachstan mußten das Überspringen des religiösen Fiebers auf breite Bevölkerungsschichten ihrer eigenen Republiken befürchten. Der sowjetische Geheimdienst und dessen tadschikische Kumpane hatten sich bisher bedeckt gehalten. Aber ihre konspirative Präsenz war in keiner Weise erloschen. Ihnen entging keine Regung auf der turbulenten politischen Bühne. Schon organisierten sie insgeheim den vernichtenden Gegenschlag.

Nach ein paar Wochen des anarchischen, aber hoffnungsvollen Übergangs, nach einem kurzen Experiment wirrer und ausschweifender Libertät beschloß Moskau, dem Spuk ein Ende zu setzen. Rudel russischer Panzer rückten, aus Usbekistan kommend, auf Duschanbe zu. Sie wurden von motorisierten Infanterieverbänden begleitet, denen die schwachbewaffneten Islamisten, die »Garmi«, wie man sie nach ihrer Hochburg im Garm-Tal nannte, nicht gewachsen waren.

Unter den diversen Bürgerkriegsparteien fand ein entsetzliches Morden statt, dem schätzungsweise 50 000 Menschen zum Opfer fielen. Die meisten starben unter grauenhaften Folterungen. Die

russischen Einwohner Tadschikistans – auf 600 000 Seelen geschätzt – ergriffen in wilder Panik die Flucht oder suchten Schutz
bei der 201. sowjetischen Schützendivision, die in Duschanbe ihr
Hauptquartier aufgeschlagen hatte. Es hat immerhin drei Jahre
gedauert, bis diese in sich zerrissene Republik am Pamir-Gebirge
ein prekäres Gleichgewicht fand.

Als ich im März 1995 nach Duschanbe zurückkehrte und das
Parlamentsgebäude aufsuchte, ergriff dort der neue Staatschef
Emamoli Rachmonow nur kurz das Wort. Er war – gestützt auf
die russische Truppenpräsenz – im November 1994 auf dubiose
Weise in seinem Amt bestätigt worden. Der sehr iranisch wirkende
Mann, ein ehemaliger Kolchos-Direktor wie der weißrussische
Präsident Lukaschenko, machte den Eindruck eines farblosen
Apparatschiks und verfügte über keine sonderliche Autorität.
Aber das Volk war es leid, im Blut zu waten. Seitdem zeichnen sich
zwar neue Spannungen im Zeichen des intensiven Opium- und
Heroinschmuggels aus Afghanistan ab. Aber wer sich in Tadschikistan aufgehalten hat, der begreift, daß für jeden politisch Verantwortlichen im ehemals sowjetischen Zentralasien die Stabilität
absolute Priorität hat, und sei sie um den Preis der Diktatur, besser gesagt, einer angestammten orientalischen Despotie erkauft.
Immerhin hatte sich im Frühjahr 1995 die Lage so weit beruhigt,
daß wir von der Hauptstadt aus bis zur südlichen Grenze von Afghanistan bis zum Fluß Pjandsch, der in seinem weiteren Verlauf
Amu Daria genannt wird, ohne sonderliche Gefahr vordringen
konnten.

Ich hätte mir damals unter Aufbietung aller Phantasie nicht
vorstellen können, daß ich zehn Jahre später, im Herbst 2005, in
Begleitung von deutschen Soldaten der ISAF-Truppe – vom südlich gelegenen Stützpunkt Kundus kommend – das afghanische
Gegenufer des Pjandsch präzis an dieser Stelle erkunden würde.

Das Amerika-Haus

Das »Russische Institut für USA- und Kanada-Forschung« ist noch immer in einem Winkel der Chlebny-Gasse untergebracht und schwer zu finden. Dieses politische Studienzentrum ist der berühmten Akademie der Wissenschaften angeschlossen, die von Peter dem Großen gegründet wurde, aber es muß sich weiterhin mit einem schäbigen Gebäude in einem tristen Hinterhof begnügen. Wie vor vierzehn Jahren verweist mich der gelangweilte Pförtner mit müder Handbewegung auf ein Labyrinth von Treppen und Gängen, das sich als Kafka-Kulisse eignen würde. In einem ärmlich möblierten Raum, dessen Wände durch Bücher-Regale verstellt sind, treffe ich nach einigem Suchen meinen Gesprächspartner, Professor Viktor Kremenjuk, der sich mühsam hinter dem mit Schriftstücken übersäten Schreibtisch erhebt.

Der angesehene Wissenschaftler mit dem etwas wirren grauen Haar und den müden blauen Augen hinter Brillengläsern entspricht ein wenig dem Typus des Professor Nimbus. Kategorische Aussagen über das Verhältnis Rußland-Amerika, die ich von ihm erhoffte, werde ich hier kaum zu hören bekommen. Als einzige Dekoration des Büros fällt mir eine Reihe vergilbter Fotographien über der obersten Borte auf. Dort sind Roosevelt und Kennedy, Gorbatschow und de Gaulle in seltsamer Assoziation aufgereiht. Von Kremenjuk werde ich wohl nicht das häufig geäußerte Urteil über Gorbi vernehmen: »Er glaubte, ins Wasser springen zu können, ohne sich naß zu machen.« Unsere Konversation verläuft höflich, aber unverbindlich und wenig aufschlußreich. Offenbar geht dieser Amerika-Experte davon aus, daß der bellizistische Eifer der Neokonservativen, als deren dezidiertester Wortführer Vizepräsident Dick Cheney auftritt, durch den mäßigenden Einfluß der Außenministerin Condoleezza Rice in Zaum gehalten werde. »She speaks nicely Russian«, führt Kremenjuk zur Unterstützung seiner These an, und ich zögere nicht, meine Skepsis anzumelden.

Im Amerika-Institut, so kommt es mir vor, trauern manche führenden Köpfe dem gescheiterten Perestroika-Experiment nach und leiden immer noch an ihrem Unterlegenheitskomplex gegenüber den USA. So vernehme ich mit Erstaunen, daß die spektakuläre Versöhnung, die George W. Bush mit dem libyschen Oberst Muammar el Qadhafi zelebrierte, mit dem einzigen Diktator der Welt, der tatsächlich den internationalen Terrorismus von Irland bis zu den Süd-Philippinen nach Kräften förderte und für die mörderische Sprengung von Passagierflugzeugen verantwortlich ist, als Modell künftiger Beziehungen mit schwierigen islamischen Partnern dienen könne.

Ob denn Rußland die kompromißlose Ausdehnung der Atlantischen Allianz in Osteuropa, im Kaukasus, ja in Zentralasien reaktionslos hinnehmen könne, forsche ich weiter. Doch ich erhalte nur die resignierte Antwort: »Sollen wir uns denn in einen neuen Kalten Krieg einlassen?« Dabei ist die Diskussion über einen solchen fatalen Rückfall in den Ost-West-Konflikt bei amerikanischen Kommentatoren zu einem geläufigen Kolumnenthema geworden. Die »Financial Times«, so zitiere ich, vergleicht die Anschuldigungen Cheneys, Rußland benutze den Export seiner immensen Erdöl- und Gasreserven »als Instrumente der Einschüchterung und Erpressung«, mit der Rede, die Winston Churchill 1946 in Fulton hielt, als er vor dem Niedergehen eines »Eisernen Vorhangs« in Europa warnte. Auch in der Chlebny-Gasse von Moskau dürfte sich ja herumgesprochen haben, daß, während der US-Vizepräsident in Kasachstan und Turkmenistan auf den Bau von Pipelines drängte, deren Verlauf Rußland umgehen und von direkten Lieferungen ausschließen würde, Condi Rice simultan in Ankara und Athen vorstellig wurde, um die Entscheidung für die georgisch-kaukasische Trasse auf Kosten der angestammten russischen Transportwege zu erzwingen. Amerikanische Politologen haben längst bemerkt, daß die Übergangsphase nach dem Ende des Kalten Krieges, die »post-Cold War world«, durch eine »post-post-Cold War«-Periode abgelöst wird, die die kurze, monopolare »belle époque« der amerikanischen »Hypermacht« mit einer zunehmend multipolaren Kräfte-Entfaltung konfrontiert.

Bevor ich nach Moskau aufbrach, hatte mir der russische Botschafter in Berlin, Wladimir Kotenew, die Lektüre des Buches »The Grand Chessboard« ans Herz gelegt. Der Autor Zbigniew Brzezinski hatte unter Jimmy Carter als nationaler Sicherheitsberater amtiert. Man mag entgegenhalten, daß die Präsidentschaft Carters schon einige Zeit zurückliegt und daß die polnische Abstammung Brzezinskis nicht gerade einer objektiven Einschätzung der russischen Absichten dienlich sei, aber dieser Historiker war der Lehrmeister Madeleine Albrights gewesen, die unter Bill Clinton Außenministerin war. Die Imperative amerikanischer Diplomatie und Strategie, die Brzezinski aufzeichnet, scheinen zudem bei George W. Bush und seinen Neo-Cons auf fruchtbaren Boden gefallen zu sein.

Diese Studie, die auf Deutsch unter dem Titel »Amerikas Strategie der Vorherrschaft« erschienen ist, besticht durch ihre brennende Aktualität. So zitiert Brzezinski den vor mir sitzenden Professor Kremenjuk mit folgender Aussage: »Die Vereinigten Staaten und die Länder der NATO sind dabei – obzwar unter größtmöglicher Rücksichtnahme auf Rußlands Selbstachtung, aber nichtsdestoweniger entschieden und beharrlich –, die geopolitischen Grundlagen zu zerstören, die, zumindest theoretisch, Rußland die Hoffnung lassen könnten, sich in der Weltpolitik den Status der Nummer zwei zu sichern, den früher die Sowjetunion innehatte.« Der russische Politologe unterstellt Washington, daß »die vom Westen betriebene Neuordnung des europäischen Raumes im Grunde von dem Gedanken geleitet ist, in diesem Teil der Welt neue, relativ kleine und schwache Nationalstaaten durch die mehr oder minder enge Bindung an die NATO, die EU und dergleichen zu stärken.« Das Zitat aus »The Grand Chessboard« – der Titel lehnt sich bewußt an den Ausdruck »The Great Game« an, das »Große Spiel«, das um 1900 zwischen Rußland und Großbritannien in den Weiten Zentralasiens ausgetragen wurde – gipfelt in der Frage Brzezinskis: »Kann Rußland gleichzeitig ein mächtiger Staat und eine Demokratie sein?«

Im Austausch mit Professor Kremenjuk überrascht mich seine Verhaltenheit und Vorsicht. Dieser schleichende Defätismus so mancher russischer Intellektueller kontrastiert mit dem imperialen Anspruch, den Wladimir Putin an den Tag legt und den von ihm beherrschten Medien vorschreibt.

Aus dem »Institut für USA- und Kanada-Forschung« hatte ich nach meinem Besuch im März 1992, also vor vierzehn Jahren, eine ganz andere Erinnerung zurückbehalten. Damals war ich im gleichen staubigen Flur auf zwei junge russische Wissenschaftler gestoßen, die mir durch ihre Unbekümmertheit imponierten. Sie unterschieden sich vorteilhaft von den sorgenvollen Mienen so mancher anderer Dozenten, die ich bei meinen Recherchen zur russischen Geschichte aufgesucht hatte. Wir wollen die beiden Planungsexperten mit den Namen Wladimir und Alexander versehen. Wladimir kam gleich in Fahrt: »Wir Russen sind in den vergangenen Jahren ausschließlich durch Amerika fasziniert gewesen. Das war unser Fehler. Ich sage das nicht, um unsere eigenen Mißstände zu vertuschen, aber auch Amerika steuert auf eine Auszehrung seines immensen Kräftepotentials zu. Die Amerikaner sind – so glauben wir – für Rußland ziemlich uninteressant. Sie haben weder geeignetes Personal, um uns zu beraten, noch ausreichend Geld, um uns unter die Arme zu greifen. Das wissen wir spätestens seit dem Golfkrieg des Jahres 1991, als sie die Deutschen und die Japaner zur Kasse baten. Allein unsere Eigenschaft als ebenbürtige Nuklearmacht beeindruckt und beschäftigt die US-Politiker; aber zur Rolle des ›brillant second‹ eignen wir Russen uns schlecht.«

Die beiden jungen Männer ließen ihrer Geringschätzung für die Perestroika-Clique freien Lauf. Gorbatschow im Verbund mit Schewardnadse habe Rußland dem Westen hemmungslos ausgeliefert. Eine Art »Bironowschtschina« habe stattgefunden, eine Überfremdung, vergleichbar mit dem kurländisch-deutschen Einfluß am Hof der Kaiserin Anna Iwanowna, einer Nichte Peters des Großen, die – ihrem Günstling Ernst Johann von Biron, einem Deutsch-Balten, zuliebe – die Germanisierung und Preußifizierung des Hofes von Sankt Petersburg zugelassen hatte.

Alexander erwähnte die Wirren im Kaukasus. Dort habe Moskau ohne Ziel und Plan einmal die Aserbeidschaner, dann die Armenier begünstigt. Es werde Zeit, daß die russischen Streitkräfte zumindest am Nordhang des Kaukasus ihre Autorität wiederherstellten. Die Revolte der Tschetschenen sei schlimm genug, aber vielleicht nur der Auftakt weiterer Sezessionsbestrebungen.

Die Unterhaltung verlief überaus freimütig. Die Kenntnisse meiner Gesprächspartner über Asien erwiesen sich als recht oberflächlich. Sie setzten weiterhin auf eine sich vertiefende Zusammenarbeit mit den zentralasiatischen GUS-Mitgliedern und fanden lobende Worte für die neo-nationalistischen Potentaten kommunistischer Provenienz, die in Usbekistan, Turkmenistan, Kasachstan die Macht an sich gerissen hatten. Bemerkenswert war ihre Abneigung, ja Feindschaft gegenüber Japan. Die Europäer sollten erkennen, daß Rußland eine Vorhut der abendländischen Christenheit gegen die gelben Massen Asiens bilde. Von parlamentarischer Demokratie könne bei den Partnern des Westens in Fernost doch nicht ernsthaft die Rede sein. Der aufkommenden Großmacht China – so trumpfte Wladimir auf – werde man mit dem überlegenen Atomarsenal Rußlands entgegentreten und sie in Schach halten können. Andererseits erfülle es jeden Russen mit Neid und Schmerz, wenn er beobachte, wie Deng Xiaoping die Stabilität seines Imperiums zu wahren wußte und damit die Voraussetzungen für den derzeitigen wirtschaftlichen Aufschwung im Reich der Mitte schuf.

In jeder Hinsicht sei Europa der naturgegebene Partner Rußlands. Noch verfüge die ehemalige Sowjetunion mit ihrer Spitzentechnologie auf dem Rüstungssektor, mit ihrer Laser-Forschung und Raumfahrterfahrung über beachtliche Vorteile. Mit Deutschland vor allem müsse Rußland sich zusammentun. Die Völker seien aneinander gewöhnt, im guten wie im schlechten. Vor den Deutschen brauche Rußland nach dem Ausgang des Zweiten Weltkriegs auch keine Angst mehr zu haben. Die beiden Dozenten legten jetzt eine verblüffende Deutlichkeit an den Tag: »Noch einmal werden die Deutschen keine Lust verspüren, sich den Arsch an der Wolga abzufrieren.« Die Kooperation mit Deutschland entspreche keiner Hinwendung zur West-Frömmigkeit, bedeute keinen Sieg der »Sapadniki«, der verpönten »Westler«. Es gehe hier um eine ganz natürliche Komplementarität, wie sie zwischen den USA und der Ex-UdSSR nun einmal nicht gegeben sei.

»Russen und Amerikaner sind sich in mancher Hinsicht zu ähnlich«, behauptete Alexander.

Am Ende ging wohl der Zynismus – vielleicht eine modische Form russischer Verzweiflung – mit den beiden durch. Nein, den Japanern könne man keine einzige Konzession machen. Aber über Ostpreußen, über Kaliningrad oder Königsberg – der Name sei sekundär –, darüber lasse sich eventuell reden. Ostpreußen, das sei eine Trumpfkarte Rußlands im europäischen Spiel: Man stelle sich doch nur vor, welch heillose Unordnung, welches Mißtrauen in Polen, in Litauen, ja sogar bei den atlantischen Verbündeten aufkäme, wenn Moskau sich über Königsberg mit Bonn oder Berlin verständigte. Die Frage eines Korridors würde wieder akut. Der Zustand von 1939 sei wieder erreicht. Sehr lange habe das ja damals nicht gedauert – nur zwei Jahre, aber das Vorzeigen des Köders Ostpreußen könne eine herrliche Verwirrung stiften. War das Gespräch in nihilistische Spielerei oder in schwarzen Humor abgeglitten, fragte ich mich.

Der Abschied vollzog sich herzlich. Auf der Suche nach dem Ausgang verirrte ich mich auf der Treppe ins Kellergeschoß. Wladimir hielt mich zurück. »Nein, nein«, sagte er, »hier befinden Sie sich auf dem Weg zu unserer dürftigen Kantine.« – »Und ich hatte schon gedacht, ich werde am Ende dieses Flurs auf ihre Verhörzellen stoßen«, erwiderte ich und löste damit große Heiterkeit aus.

Die neue Smuta

Bei meiner Beschreibung der aktuellen Zwangslage, in der das Rußland Wladimir Putins sich befindet, habe ich nicht die Absicht, ein umfassendes Tableau des historischen Werdegangs dieses eurasischen Imperiums zu entwerfen. Aber es kommt mir zugute, daß ich 1993 eine vierteilige Dokumentation für das Fernsehen mit dem Sammeltitel »Unter Kreuz und Knute« produzierte. Die Serie begann mit der Gründung der Waräger-Dynastie in Kiew; sie endete mit dem Zerbrechen der Sowjetmacht. Für die Bebilderung der historischen Vorgänge stand mir ein hervorragendes Archiv russischer Spielfilme zur Verfügung.

Da konnte ich mich nicht nur bei dem genialen Regisseur Eisenstein bedienen, der die Legende des Nationalhelden und Nationalheiligen Alexander Newski und dessen Sieg über das Ritterheer des Deutschen Ordens am Peipus-See im Jahr 1242 auf Geheiß Stalins zum Kult erhob. Auch von dem Zaren Iwan IV., dem Schrecklichen, hatte Eisenstein auf Weisung des tyrannischen Georgiers ein Porträt entworfen, in dem die Terrorisierung des Volkes einer strengen, väterlichen Fürsorge gleichgesetzt und der Sieg über die Tataren von Kazan im Jahr 1556 als historische Befreiungstat gefeiert wurde. Ich konnte neben dem vielgerühmten »Panzerkreuzer Potemkin« auch auf meisterhafte Darstellungen Peters des Großen (Lenfilm 1938), Boris Godunows (Mosfilm 1968) oder des Aufrührers gegen Katharina II., Jemeljan Pugatschow (Mosfilm 1978), zurückgreifen und auf naturgetreue Schilderungen des »Dekabristen«-Putsches, der Verschwörungen der »Narodniki« sowie anderer Episoden russischer Größe und Erniedrigung. Sogar eine allegorische Spielszene aus »Der Meister und Margarita« fanden wir im Archiv.

Der Schnitt der vierteiligen Dokumentation fand ungefähr zu dem Zeitpunkt statt, als Gorbatschow – das Idol der deutschen Medien – in Moskau selbst als Hasardeur, ja als Verräter an der heiligen russischen Berufung beschimpft und verflucht wurde. Es war ein symbolischer Vorgang, als der damals noch mächtigste Mann der Sowjetunion anläßlich der Oktober-Parade auf dem Roten Platz von einer johlenden Menge gezwungen wurde, sang- und klanglos den Ehrenplatz über dem Lenin-Mausoleum zu räumen, wo einst Stalin die unterwürfige Huldigung des Volkes entgegengenommen hatte. Ein Gedicht Puschkins schien den verworrenen, den schier aussichtslosen Niedergang der »Rodina« mystisch zu beschreiben: »Herr, wir haben im Dunkeln uns verirrt. – Was tun wir nun? – Jede Wegspur ist verloren! – Teufel haben sich unser bemächtigt, zerren und wenden uns mit Dämonenmacht wirr im Kreise herum, im Schneesturm und in der Nacht.«

Um meine Kenntnisse zu vertiefen, hatte ich 1992 die angesehenste historische Instanz Moskaus aufgesucht. Das Institut für

Russische Geschichte war in einem anonymen Gebäudekomplex am Stadtrand von Moskau untergebracht. Es unterschied sich in keiner Weise von der Mehrzahl aller Verwaltungen und Dienststellen, die die Sowjetunion hinterlassen hat. Es roch nach Staub in den düsteren Gängen. Wir brauchten einige Zeit, bis wir den uns zugewiesenen Konferenzraum entdeckten. Nach und nach fanden sich die Geschichtsprofessoren ein. Ihr elitäres Bewußtsein verbargen sie hinter einer gewissen Schlampigkeit des Auftritts.

Die Diskussion begann schleppend, fast widerwillig. Ich hatte den Wunsch geäußert, mich über die verschiedenen Höhe- und Tiefpunkte der russischen Vergangenheit zu informieren. Jetzt saß ich einer Reihe von Wissenschaftlern gegenüber, denen die Zugehörigkeit zur Akademie der Wissenschaften Prestige und Kompetenz verlieh. Nach mühseligem Anfang ergriff eine Dame südländischen oder semitischen Typs die straffe Leitung des Gesprächs. Meine erste Frage hatte Befremden ausgelöst. Mit welcher Phase der russischen Historie lasse sich denn die heutige Situation nach dem Zusammenbruch der Sowjetunion vergleichen, hatte ich wissen wollen. Die Geschichte wiederhole sich nicht, wurde mir zunächst geantwortet. Aber dann kamen die überwiegend jüngeren Dozenten überein, daß die Zeit der »Smuta«, die Zeit der Wirren, die das Moskowiter Reich im ausgehenden 16. und beginnenden 17. Jahrhundert heimgesucht hatte, eine gewisse Parallele zu den jetzigen Zuständen biete.

Die Smuta reicht – wenn wir sie etwas extensiv darstellen – von der Regentschaft Boris Godunows nach dem Tod Iwans IV. bis zum allmählichen Erstarken der neuen Romanow-Dynastie. Damals drohte Rußland in den Abgrund zu stürzen, wurde vom Machtkampf der Bojaren, vom Aufruhr des elenden Landvolkes, von Kosaken-Revolten, von Pest und Kirchenspaltung heimgesucht. Das Ende der Zeiten schien gekommen, als ein unbekannter Mönch, der »falsche Dmitri«, sich für den ermordeten Sohn Iwans IV. ausgab, die Monomach-Krone für sich beanspruchte und an der Spitze eines polnischen und katholischen Heeres im heiligen Moskau einzog. Die verhaßten Polen richteten sich im Kreml als Besatzer ein.

162

Der Vergleich war zweifellos überzogen. Die ehemalige Sowjetunion, so kamen wir in unserer Runde schnell überein, war weit von dem totalen Desaster der Smuta entfernt, das sich so tief in das kollektive Gedächtnis Rußlands eingekerbt hat. Aber es erschien mir interessant, daß hier ein Geschichtsabschnitt zitiert wurde, der dem durchschnittlichen Ausländer so gut wie unbekannt ist und in der geläufigen europäischen Geschichtsschreibung nur selten erwähnt wird.

Ein paar Tage später fand ich mich bei dem renommiertesten Historiker Boris Ribakow in seiner für Moskauer Verhältnisse geräumigen Wohnung ein. Ribakow, Mitglied der Akademie der Wissenschaften, war 84 Jahre alt, strotzte aber vor Vitalität. Ich erwähnte die gewagte These von der »neuen Smuta«, die über Rußland hereingebrochen sei. Der alte Gelehrte widersprach nicht kategorisch. Gewiß, es habe alles noch einen Anschein von Ordnung, vom apokalyptischen Chaos, das die Zeit der Wirren kennzeichnete, sei man wohl weit entfernt. In einem Punkt sei jedoch die Zeit der Wirren wieder über das russische Vaterland hereingebrochen, nämlich in Form einer wachsenden und bedrohlichen Überfremdung durch das westliche Ausland. Der Verdacht dränge sich auf, daß die Entscheidungen über das russische Schicksal nicht mehr in Moskau, sondern in ausländischen Hauptstädten gefällt würden. Eine patriotische Reaktion auf diese Demütigung könne nicht ausbleiben.

Dabei wahrte Ribakow deutliche Distanz zu jenen Slawophilen, die das Heil Rußlands in der Rückbesinnung auf uralte Formen des slawischen Gemeinwesens und vor allem auf das byzantinische Erbe der Orthodoxen suchten. An einem Ehrenplatz über seinem Schreibtisch hing das Porträt Peters des Großen, des unerbittlichen Modernisierers und Erneuerers. »Peter I. war ein Genie«, begeisterte sich Ribakow, »und unser Unglück besteht darin, daß keine auch nur halbwegs ebenbürtige Persönlichkeit in Sicht ist.« Der greise Professor, der sich mit Stolz auf seine tatarischen Ahnen berief, hatte sich in seinen Studien überwiegend mit den Fürstentümern der ostslawischen Frühzeit befaßt. Er war ein entschiedener Gegner jener Geschichtsdeutung, der zufolge die Staatswerdung Rußlands erst mit dem Eindringen der Wikinger, der Waräger, wie man sie hier nennt, begonnen habe. Schon lange vor dem skandinavischen Fürsten Rurik hätten sich auf russischer Erde kraftvolle politische Strukturen herausgebildet, auch wenn sie durch den Ansturm der asiatischen Steppenvölker immer wieder erschüttert worden seien. Er nahm vor allem Anstoß an der häufig zitierten »Nestor-Chronik«. Dieser ältesten Hagiographie zufolge hatten sich die ostslawischen Stämme an die erobernden Nordmänner gewandt mit der Bitte, ihren archaischen Sippenfehden ein Ende zu setzen. »Unser Land ist groß und reich, aber es ist keine Ordnung in ihm; kommt, bei uns Fürst zu sein und über uns zu herrschen!« sollen die Nowgoroder Slowenen und die slawischen Kriwitzschen zu den Wikingern gesagt haben.

Der sogenannte »Normannen-Streit«, der Disput über die Frage, ob die Waräger den Ausschlag für die politische oder nationale Geburt Rußlands gegeben haben, ist nicht so theoretisch, wie es auf den ersten Blick anmutet. Immerhin haben die Rurikiden, die Nachfahren jenes Rurik, der im neunten Jahrhundert auf dem Flußweg des Dnjepr den Durchbruch nach Konstantinopel suchte, bis ins 16. Jahrhundert, bis zu Iwan dem Schrecklichen als Großfürsten, zuletzt als Zaren, über Rußland geherrscht. Die Ideologen des Nationalsozialismus haben aus der Gründung der »Kiewer Rus« durch germanische Eroberer die absurde Behauptung abgeleitet, die Slawen seien zur eigenen Staatsbildung, ja zur Selbstregierung nicht befähigt. Es sei Aufgabe der nordischen Kriegerrasse – so hieß es in Rosenbergs »Mythus des 20. Jahrhunderts« – diese östlichen Völker, deren Schicksal sich in Leibeigenschaft und Knechtung erfülle, einer permanenten deutschen Ordnungsmacht zu unterstellen.

Professor Ribakow warnte mich vor den üblichen Prognosen und vorschnellen Urteilen. Gerade die Smuta habe vor 400 Jahren vorgeführt, wie plötzlich und unerwartet Rußland sich aus einem Abgrund der Erniedrigung zu neuer Macht und Größe erheben könne. Sein Blick fiel auf das zeitgenössische Gemälde, das seinen Heroen Peter I. in einem Brustpanzer darstellte. Puschkin hatte den unermüdlichen Erneuerer Rußlands als »kaiserliches Arbeitstier« gelobt. Boris Ribakow konnte nicht ahnen, daß Wladimir Putin, der acht Jahre nach unserem Gespräch die höchste

Gewalt im Kreml übernahm, mit ähnlicher Verehrung zu dem Gründer der Stadt Sankt Petersburg aufblicken würde, aus der er selbst gebürtig ist.

Bei meinen Ausflügen in die Vergangenheit habe ich hingegen festgestellt, daß das geschönte, ja verklärte Bild Katharinas II., das eine schwärmerische deutsche Geschichtsdarstellung entworfen hat, von den einheimischen Chronisten nicht geteilt wird. In deren Schilderungen herrscht das Porträt einer launischen, alternden Zarin von beträchtlichem Leibesumfang vor. Der jugendliche Liebreiz der Prinzessin von Anhalt-Zerbst wurde schon früh durch majestätische Härte ersetzt. Die Zarin huldigte einem ausschweifenden Geschlechtsleben mit wechselnden Favoriten, das dem der männlichen Monarchen ihrer Zeit in keiner Weise nachstand. Die Namen Orlow, Panin, Poniatowski, Potemkin sind nur die bekanntesten in einer sehr langen Reihe.

Die »Semiramis des Nordens«, wie Voltaire die Große Katharina lobhudelnd anredete, schrieb zwar Komödien im Geschmack des Rokoko und korrespondierte mit den Freigeistern der »Encyclopédie«. Aber über der Masse ihrer Untertanen – zu mehr als 95 Prozent völlig entrechtete Leibeigene – schwang sie die Knute. Auf die lebenslange Verpflichtung des Adels zum Dienst im Heer oder in der Verwaltung, die Peter der Große verfügt hatte, verzichtete sie hingegen.

In Petersburg hielt Katharina Hof im Stil des Rokoko. Durch ihren Günstling Potemkin, den sie zum Fürsten von Tauris erhoben hatte, ließ sie sich auf ihrer ausgedehnten Reise durch die Ukraine und die Krim von der armseligen Wirklichkeit ihres Reiches, vom Elend ihrer Untertanen abschirmen. Ihr Ehrgeiz war vor allem auf imperiale Ausdehnung gerichtet. Die Armeen der Zarin führten Krieg gegen Persien und die Türkei. Sie etablierten die russische Macht am Kaspischen Meer. Begleitet wurden diese Waffentaten von den Aufmunterungen Voltaires. »Eure Kaiserliche Majestät«, so schrieb dieser merkwürdige Freigeist im Oktober 1769 an die von ihm so verehrte Katharina, »geben mir das Leben wieder, indem Sie Türken töten.«

Das russische Heer erzwang auch die Unterwerfung der westlichen Ukraine mit Ausnahme Galiziens. Vor allem trat Katharina als die unerbittliche Vollstreckerin der vollständigen Teilung Polens zwischen Rußland, Preußen und Österreich auf. Die Frivolität der prunkvollen Feste in Sankt Petersburg erinnerte an die lockeren Sitten, an den »Hirschgarten« des französischen Königs Ludwig XV. Diese Maskenbälle benutzte die Zarin, um neue, leistungsfähige Liebhaber auszuspähen. Dem Vorwurf des moralischen Verfalls begegnete die Alleinherrscherin – von bescheidenem deutschem Geblüt, im lutherischen Glauben streng erzogen – mit einer demonstrativen Hinwendung zu den byzantinischen Formen russisch-orthodoxer Frömmigkeit. Die mächtige, alternde Frau auf dem Thron Peters des Großen war viel zu intelligent und gebildet, um sich der Zweideutigkeit ihrer historischen Rolle nicht bewußt zu sein. Bei aller Faszination für die Pariser Schöngeisterei und Aufklärung ließ sie in Rußland die Freimaurer, die »Farmasoni«, mit äußerster Härte verfolgen. Der kritische Schriftsteller Radischtschew, der in seiner »Reise von Petersburg nach Moskau« die unerträglichen Lebensbedingungen der Landbevölkerung angeprangert hatte, wurde von der Zarin zum Tode verurteilt und dann in einem Gnadenakt nach Sibirien verbannt. Die relativ privilegierten Bauern der Ukraine wurden zu Leibeigenen degradiert.

In der letzten Phase ihrer Herrschaft erreichte sie die Nachricht vom Ausbruch der Französischen Revolution. Mit scharfen Worten verurteilte Katharina die Proklamation der Menschenrechte, den Kult der Göttin Vernunft, jene Ideale, denen sie in jungen Jahren einmal gehuldigt hatte. Für sie waren die epochalen Ereignisse in Paris nur eine »Hydra mit tausend Köpfen«.

So etwa lautete die Bilanz, die meine russischen Lehrmeister mir von ihrer unerbittlichen, deutschstämmigen Zarin entwarfen. Sollte es zutreffen, daß die deutsche Bundeskanzlerin Angela Merkel ihren Schreibtisch mit dem Porträt der Großen Katharina schmückt, würde das den Moskauer Deutschland-Experten manches Rätsel aufgeben.

Primakow und die »Familie«

Bei der Auslotung der postsowjetischen Verhältnisse habe ich – dank großzügiger Vermittlung meiner russischen Betreuer – eine ganze Serie von Institutsleitern aufgesucht, deren Arbeitskreis man in den USA als »think tank« oder »brain trust« bezeichnen würde. Nirgendwo hatte ich das Gefühl, daß die akuten Probleme, mit denen sich Moskau aus allen möglichen Himmelsrichtungen bedrängt sieht, heruntergespielt oder beschönigt wurden. Man hat mir keine »Potemkinschen Dörfer« vorgeführt, und die Begeisterung für Wladimir Putin hält sich in Grenzen. Ich habe bei diesen Begegnungen viel gelernt, aber zu schlüssigen Ergebnissen bin ich nicht gelangt. Große Verwirrung herrscht vor. Deshalb würde ich jedem Analysten – früher sprach man von Kreml-Astrologen – mit äußerstem Mißtrauen begegnen, der vorgäbe, die politische Realität des heutigen Rußland ergründet zu haben. Die »Dämonen« Dostojewskis sind noch nicht zur Ruhe gekommen. Bei aller Normalisierung, die sich dank konsequenter und straffer Regierungsführung Putins abzeichnet, trotz der unbestreitbaren Anhebung des Lebensstandards, die eine Folge der rasant ansteigenden Exporterlöse für Erdöl und Erdgas ist, verewigen sich erschreckende Mißstände. So beteuert mir eine attraktive russische Kollegin, sie sei notfalls bereit, »auf den Strich zu gehen«, um ihrem Sohn die grauenhaften Demütigungen und Peinigungen eines Wehrpflichtigen zu ersparen. Die Bestechungssumme von 5000 US-Dollar garantiert angeblich die Freistellung vom Militärdienst. Seit den Quälereien, denen der Autor der »Brüder Karamasow« in seiner Garnison von Semipalatinsk in der kasachischen Steppe ausgeliefert war, scheint sich auf diesem Gebiet zumindest im »heiligen Rußland« wenig geändert zu haben.

Am Tag vor meiner Weiterreise nach Kazan wird mir der Wunsch erfüllt, an dem mir am meisten liegt. Die wenigsten Deutschen kennen den Namen Jewgeni Primakow, aber wenn es in Moskau einen Mann gibt, der über die Geheimnisse des Kreml vor und nach dem Sturz des Kommunismus profunde Einsicht besitzt, dann ist es dieser heute 76jährige, der als Präsident der Industrie- und Handelskammer der Russischen Föderation immer noch eine Schlüsselstellung einnimmt. Der Name Primakow war mir seit Jahrzehnten bekannt. Der promovierte Orientalist, der in Kiew geboren und in Tiflis aufgewachsen ist, genoß nämlich als Korrespondent der »Prawda« jenseits aller Ideologie den Ruf eines soliden und unvoreingenommenen Beobachters der arabischen Welt. In Kairo gewann er nicht nur die Sympathie seiner orientalischen Gesprächspartner jeglicher Couleur, er stand auch bei den Europäern und Amerikanern – ob sie nun Journalisten oder Geheimdienstler waren – in hohem Ansehen.

Auf Initiative Michail Gorbatschows wurde Primakow 1989 Mitglied des Zentralkomitees der KPdSU und Volksdeputierter der UdSSR. Wohl auf Grund seiner intimen Kenntnis des Orients und der engen Beziehungen, die er mit den dortigen Staatschefs unterhielt, wurde er 1991 zum Direktor des Auslands-Aufklärungsdienstes der Russischen Föderation ernannt, übte also eine Tätigkeit aus, die – mit erheblich erweiterten Vollmachten – der eines Präsidenten des Bundesnachrichtendienstes entspricht. Unter Jelzin stieg er zum Außenminister auf, bis er im September 1998 von »Zar Boris« zum russischen Ministerpräsidenten berufen wurde, eine Tätigkeit, die er allerdings nur acht Monate ausübte. Jewgeni Primakow war sogar als Staatsoberhaupt im Gespräch, bevor Jelzin am 31. Dezember 1999 seinen Rücktritt und den Namen seines Nachfolgers, Wladimir Putin, bekanntgab. Zu letzterem, der während seiner Tätigkeit als Chef der Auslandsspionage sein Untergebener war, unterhält er heute offenbar gute Beziehungen. Er bejaht jedenfalls die Bemühungen des derzeitigen Kreml-Chefs, in Rußland wieder Ordnung herzustellen und den Exzessen der staatszersetzenden »Reformer« entgegenzuwirken.

Der Empfang bei Primakow unterscheidet sich signifikant von meinen bisherigen Moskauer Kontakten und deren dürftigen Quartieren. Die Industrie- und Handelskammer ist in einem palastähnlichen Gebäude der Zarenzeit untergebracht. Das Protokoll hebt sich fast pompös von der schlampigen Wurstigkeit anderer Behörden ab. Begrüßt werde ich durch einen distinguierten Herrn in dunkelblauem Anzug, der mich in fast perfektem Französisch anspricht. Offenbar will mir der frühere Leiter der Auslands-Aufklärung zu verstehen geben, daß er über meinen Werdegang informiert ist.

Trotz seines hohen Alters strahlt Jewgeni Primakow Gelassenheit, Kraft, ja eine in solchen Kreisen ganz ungewöhnliche Behaglichkeit aus. In seiner Amtsstube, die den Ansprüchen eines französischen Staatssekretärs durchaus entspräche, begegnet mir der robuste, etwas untersetzte Mann mit Jovialität und – wie mir scheint – mit dem Anflug eines Auguren-Lächelns. Wir zählen eine Reihe gemeinsamer Bekannter und Vertrauter aus dem Orient auf und vertiefen uns in die von Unheil gebeutelte Welt des arabischen »Mashreq«. Natürlich genießt dabei die desolate Situation des Irak Priorität.

Bis zuletzt, noch zu Beginn des Jahres 2003, hatte Primakow versucht, dem Schicksal in die Speichen zu greifen. Er hat Saddam Hussein persönlich mit einem Angebot Präsident Putins aufgesucht. Demnach sollte der irakische Diktator von seinem Amt zurücktreten und neue Parlamentswahlen anordnen. Dafür wäre ihm und seiner Familie ein sicheres und komfortables Asyl zugesichert worden. Aber im Präsidentenpalast am Tigris schätzte man offenbar die Überlebenschancen des Regimes völlig falsch ein. Primakow äußert sogar den Verdacht, daß aus Washington falsche Signale ausgesandt wurden, um Saddam in die Irre zu führen. Es sollte angeblich bei ihm die Illusion geweckt werden, er könne noch einmal – wie zwölf Jahre zuvor bei der Offensive »Desert Storm«, die George Bush senior geführt hatte – mit einem blauen Auge davonkommen. Ähnliche Gerüchte hielten sich ja seit 1990 hartnäckig über die Mission der damaligen US-Botschafterin April Glaspie, die den irakischen Präsidenten über die kriegerischen Absichten der USA im Falle einer Besetzung Kuwaits auf höchste Weisung getäuscht und im unklaren gelassen hatte.

Die von George W. Bush provozierte Aktion »Iraqi Freedom« läßt so manche Frage offen. Im Gegensatz zu 1991 waren die Brücken über Euphrat und Tigris dieses Mal nicht bombardiert

oder gesprengt worden. Die Verfügungstruppe der »Republi-
kanergarde« blieb mit ihren modernen Panzern zur Immobilität
verurteilt. Ich greife auf meine persönliche Fronterfahrung aus
dem grauenhaften, acht Jahre dauernden Krieg zurück, den
Saddam Hussein 1980 gegen die Islamische Republik Iran unter
entsetzlichen gegenseitigen Verlusten geführt hatte. Dabei war er
aus Washington lebhaft ermutigt worden – mit dem Ziel, den
Ayatollah Khomeini zu stürzen und nebenbei die iranische Erd-
ölprovinz Chusistan für den Irak zu erobern. Während dieses
endlosen Gemetzels fanden intensive Kontakte zwischen dem
Pentagon und dem irakischen Oberkommando statt. Zweimal, so
bestätigt Primakow, sei der jetzige Verteidigungsminister Donald
Rumsfeld nach Bagdad geflogen, um die Strategie der beiden
Staaten zu koordinieren. Beim ersten Mal sei er von Saddam Hussein empfangen worden. Beim zweiten Besuch, der offenbar auch
Absprachen über die Lieferung von Chemikalien beinhaltete, war
er an den zuständigen irakischen Minister verwiesen worden. Um
die Verwendung der Chemikalien als Düngemittel war es dabei
mit Sicherheit nicht gegangen.

   Mein Gegenüber ist natürlich voll informiert über die Versuche
Moskaus, die nukleare Aufrüstung Teherans durch geschmeidige
Kompromißvorschläge zu unterlaufen. Auch für die Russen bleiben der Charakter und die Absichten des iranischen Präsidenten
Ahmadinejad mysteriös. Bislang habe ja Teheran mit der Forderung nach eigener Produktion von Kernenergie für zivile Zwecke
nicht gegen die Vorschriften des Non-Proliferation-Vertrages
verstoßen. Ob sich der außenpolitisch unerfahrene Staatschef des
Iran der extrem negativen Reaktion der westlichen Staaten, insbesondere Deutschlands, bewußt war, als er seine atomaren Pläne
in einem Atemzug mit der beabsichtigten Vernichtung Israels
erwähnte? Oder wollte er die Passivität der mit Amerika verbündeten arabischen Staatschefs, ihren Verrat an den palästinen-
sischen »Brüdern« ins öffentliche Bewußtsein zerren?

   Der Präsident der russischen Handelskammer, der großen Wert
auf seine Würde als Mitglied der Akademie der Wissenschaften
legt, bleibt den Geschehnissen in Ägypten aufs engste verbunden.
Als Prawda-Korrespondent in Kairo hat er wohl seine besten

Jahre verbracht. Aber seltsamerweise hat er die letzte große Figur des panarabischen Nationalismus, den »Rais« Gamal Abdel Nasser, nie persönlich getroffen. Ich hatte diesen »letzten Araber«, wie ihn sein treuer Gefolgsmann Mohammed Hassanein Heikal nennt, im Frühjahr 1965 in Kairo interviewt, als er im Begriff stand, nach der Aufnahme diplomatischer Beziehungen zwischen der Bundesrepublik und Israel seine Botschaft in Bonn zu schließen. Dieser Pharao der Neuzeit, der trotz seiner katastrophalen Rückschläge auf dem Schlachtfeld der Liebling der arabischen Massen zwischen Marokko und dem Persischen Golf geblieben war, ist mir als beeindruckende Persönlichkeit in Erinnerung. Bei unserem Meinungsaustausch in Moskau stimmen wir überein, daß es sich bei diesem hochgewachsenen, gebieterischen Mann, der trotz seiner koranischen Gläubigkeit die islamistischen Extremisten vom Schlag eines Sayyid Qutb hinrichten oder in Konzentrationslager einsperren ließ, um einen von westlichen Vorstellungen – Nationalismus und Sozialismus – zutiefst geprägten Offizier handelte. Nach dem desaströsen Scheitern seiner panarabischen Ambitionen, nach der kollektiven Niederlage der vereinigten arabischen »Umma« gegen den Judenstaat im Sechstagekrieg des Jahres 1967 war nicht nur das politische Prestige des »Rais« von Kairo ruiniert. Die arabischen Intellektuellen kamen mehr und mehr zu dem Schluß, daß sie mit ihrer Nachahmung und Übernahme europäischer oder amerikanischer Regierungsformen einem sträflichen Irrtum erlegen waren und daß sie ihre Würde und ihr Ansehen nur durch die Rückbesinnung auf islamische Konzepte – so verschwommen die auch sein mögen – wiedergewinnen würden. Die »Ummat-el-arabiya«, diese nationale Häresie mußte ersetzt werden durch die Gemeinschaft aller Gläubigen, durch die »Ummat-el-islamiya«.

Primakow erwähnt die De-facto-Anerkennung, die der Hamas-Bewegung Palästinas anläßlich eines Empfangs ihrer Führung in Moskau gegen heftigen Protest aus Washington und Jerusalem gewährt wurde. Wie lange könne sich Washington der Tatsache verschließen, daß die Palästinenser – in Gaza und im Westjordan-Gebiet – sich massiv für diese revolutionäre Partei entschieden haben? Schließlich waren es ja die westlichen Befürworter der sogenannten »road map«, die auf die Abhaltung demokratischer Wahlen drängten. Lösungsvorschlägen im Heiligen Land begegnet Primakow mit Skepsis. Israel könne von den Führern der Hamas schwerlich als Voraussetzung für jede Verhandlung verlangen, daß sie durch die Anerkennung des israelischen Staates und den Verzicht auf jede Form des bewaffneten Widerstandes ihre einzigen, mageren Trümpfe aus der Hand gäben.

Ich will die »tour d'horizon« nicht in die Länge ziehen. Ein paar Punkte seien noch erwähnt. Der Abfall der Ukraine, so Primakow, sei wohl zu einem wesentlichen Teil auf das Versagen der russischen Spezialdienste und auf Fehleinschätzungen an höchster Stelle zurückzuführen. In Georgien hätten die Amerikaner, die sich ursprünglich auf Eduard Schewardnadse, den ehemaligen Außenminister Gorbatschows stützten, dessen Schwäche und dessen Verschleiß frühzeitig diagnostiziert, aber mit ihrem neuen Günstling, dem Hitzkopf Saakaschwili, einen unberechenbaren Partner in den Sattel gehoben. Schon würden sich in Tiflis die Gegenkräfte regen, wie überhaupt das Patronat, ja das Protektorat, das George W. Bush über die sowjetischen Nachfolge-Republiken im Kaukasus und in Zentralasien zu errichten suche, auf unsicherem Fundament stehe. Die wütende Reaktion und die radikale Umkehr des bislang proamerikanischen Präsidenten Usbekistans, Islam Karimow, seien Beispiele dafür.

Was es mit der »Shanghai-Gruppe« auf sich habe, die von Moskau und Peking ins Leben gerufen worden sei, um dem hemmungslosen Einflußstreben Washingtons zwischen Kaspischem Meer und Chinesisch-Turkestan entgegenzuwirken, forsche ich weiter. Da verfolge man keine militärischen Ziele, lautet die Antwort, aber es entstehe allmählich im Zusammenspiel mit China wieder eine politische und ökonomische Kooperation mit Usbekistan, Kasachstan, Kirgistan und Tadschikistan. Es zahle sich aus, daß Moskau in diesem Raum noch über mannigfaltige Kontakte und lange Erfahrung verfügt. Ob der Beobachterstatus, der Indien, Pakistan, der Mongolei und sogar Iran im »Shanghai Club« offenstehe, zu greifbaren Resultaten führe, sei ungewiß. Ich erinnere bei diesem Anlaß an die Reaktion des pakistanischen Außenministers Khurshid Kasuri auf meine Frage, wer denn in seinen

Augen für Islamabad »the more reliable partner« sei, die USA oder China. Er hatte spontan erwidert: »Die Volksrepublik China ist für Pakistan stets ein verläßlicher Freund gewesen, und so wird es auch bleiben.«

An eine kriegerische Auseinandersetzung um die chinesische Insel Taiwan glaubt man in Moskau offenbar nicht, und was eine militärische Aktion der USA gegen Teheran betrifft, so würde diese auf die entschlossene Gegnerschaft sowohl Rußlands als auch Chinas stoßen.

Ein letztes Wort zu Europa, das in diesem Gespräch zu kurz gekommen ist. Mit 25 und mehr Mitgliedsstaaten lasse sich eventuell eine Freihandelszone, vielleicht sogar ein gemeinsamer Wirtschaftsraum realisieren, so wiederhole ich meine übliche These, an eine weltpolitische und strategische Entscheidungsfähigkeit sei bei dieser Vielfalt und der von Washington geschürten Zersplitterung gar nicht zu denken. Ich betone die Notwendigkeit einer Konzentration auf den alten karolingischen Kern. Für Primakow ist diese Sichtweise offenbar nicht neu. »Helmut Schmidt«, so sagt er, »hat sich mir gegenüber ähnlich geäußert.«

*

Ein junger Mann wird schwer begreifen, daß das hohe Alter oft eine Art brüderlicher Annäherung, eine stillschweigende Übereinkunft schafft. So hatte ich es vor drei Jahren bei meinem Gespräch mit dem vietnamesischen General Giap, dem Sieger von Dien Bien Phu, erlebt. Eine ähnliche Gemeinsamkeit hat sich auch – so empfinde ich es wenigstens – bei meiner Konversation mit Jewgeni Primakow eingestellt. Über seine interne Kenntnis der Kreml-Kabalen habe ich ihn wohlweislich nicht ausgefragt. Er dedizierte mir sein umfangreiches Buch »Neposnannaja Rossija« – »Das unbekannte Rußland« mit dem Untertitel »Mein Leben in der großen Politik«. Darin entdecke ich eine Fülle von Enthüllungen, die den meisten ausländischen Beobachtern wohl entgangen sind. Gekoppelt mit den zusätzlichen, teils vertraulichen Informationen, die mir bei anderen Recherchen in Moskau zuteil wurden, versuche ich ein differenziertes Tableau zu entwerfen und dabei über die Hauptakteure, über die diversen Schubkräfte der jüngsten russischen Tragödie meine Vermutungen anzustellen.

Man erwarte an dieser Stelle keine moralische Bewertung oder sogar psychologische Analyse Wladimir Putins. Ich habe ihm nicht tief in die Augen geblickt, wie George W. Bush es tat, um dann Rückschlüsse zu ziehen, die eine erschreckende Naivität bloßlegen. In seiner 24jährigen Karriere beim Geheimdienst KGB hat Putin es nicht nur zum schwarzen Gürtel der Karate-Kämpfer gebracht, er wurde auch intensiv darauf gedrillt, seine Empfindungen und Reaktionen sorgfältig zu kaschieren, ja – wenn es darauf angekommen wäre – einen Lügendetektor zu überlisten. Aus seinem langen Aufenthalt in der DDR, vornehmlich in Dresden, ist ihm zweifellos eine Neigung für Deutschland geblieben. Da mutet es verwunderlich, ja unverantwortlich an, wenn ausgerechnet eine Vielzahl deutscher Politiker und Publizisten dem derzeitigen Kreml-Herrn zumutet, sich parlamentarischen und marktwirtschaftlichen Postulaten zu unterwerfen, für die sein Land nun einmal nicht geschaffen ist.

Allen Behauptungen amerikanischer Meinungsfabrikanten zum Trotz genießt Wladimir Putin zwar nicht die Liebe seiner Untertanen, wohl aber ihren Respekt. Die Zustimmung liegt zur Zeit angeblich bei 59 Prozent. Sein zunehmend autoritärer Regierungsstil entspricht dem instinktiven Bedürfnis der Massen. Er hat die Eigenmächtigkeit der regionalen Spitzenfunktionäre und Gouverneure drastisch reduziert und das Parlament, die Duma, auf Vordermann gebracht. Als die Massenmedien, zumal die elektronischen, zu Instrumenten der »Oligarchen« zu werden drohten, schreckte er vor der Einschränkung »destruktiver Meinungsfreiheit« nicht zurück. Aber der Normalbürger empfindet es als Wohltat, daß – mit Ausnahme der kaukasischen Randgebiete – wieder ein erträgliches Maß an Sicherheit in die Russische Föderation eingekehrt ist und daß der Reisende nicht mehr befürchten muß, ausgeplündert und erpreßt zu werden, wenn er etwa den Zug von Rostow nach Moskau besteigt.

Um die Undurchdringlichkeit russischer Politik zu illustrieren, die sich seit der Rurikiden-Dynastie kaum verändert haben dürfte,

174

zitiere ich einen Satz aus dem Buch Primakows. »Am 31. Dezember 1999 gab Präsident Boris Jelzin seinen Rücktritt bekannt«, so beginnt seine zeitgenössische »Nestor-Chronik«. »In dieser Erklärung wurde auch der Name seines Nachfolgers genannt, Wladimir Putin. Für mich, wie auch für die meisten anderen, kam das alles völlig unerwartet.«

In der Abfolge von Palastintrigen und finanziellen Transaktionen, die zu diesem Machtwechsel im Kreml führten und die in kausalem Zusammenhang mit der durch Gorbatschow ausgelösten Wende von Perestroika und Glasnost stehen, bleibt das meiste von Mysterien umrankt. Allen Ernstes hatte »Gorbi« ja geglaubt, so wird versichert, die Kommunistische Partei würde ihm für seine umfassende Umstrukturierung als Instrument zur Verfügung stehen. Er verkannte die Unvereinbarkeit der von ihm angestrebten Demokratisierung und ökonomischen Liberalisierung auf der einen mit dem Fortbestehen der Einheitspartei und ihres Machtapparates auf der anderen Seite. In dieser Parteigläubigkeit hat sich Boris Jelzin als Erster Sekretär im Moskauer Komitee ursprünglich nicht sonderlich von Gorbatschow unterschieden. Erst nach dem Putschversuch im August 1991 und der damit verbundenen Entmachtung des Generalsekretärs der KPdSU, der in seinem Ferienquartier auf der Krim jeden Kontakt zum Machtzentrum verloren hatte, ging Jelzin auf antikommunistischen Kurs. Zwischen den beiden Männern entstand tödliche Feindschaft. Gorbatschow mußte vor dem Obersten Sowjet der Russischen Föderation eine beispiellose Demütigung durch Jelzin hinnehmen.

In Moskau schlug die Stunde der Dissidenten, als sich deren Galionsfigur, der im Westen hochverehrte Andrej Sacharow, zu Wort meldete. Über realen Einfluß verfügte er jedoch nicht. Jelzin hingegen, der in einer spektakulären Aktion – auf einem Panzer vor dem »Weißen Haus« von Moskau stehend – das klägliche Umsturzmanöver der kommunistischen Hardliner wie einen Spuk fortfegte, bewährte sich vor dem Volk und vor den Medien als Rammbock der Freiheit. Dieser robuste Tribun, der so typisch russisch auftrat, entsprach dem Geschmack und den Erwartungen der Massen. »Wenn Jelzin in jener Stunde des Aufruhrs zum Generalsekretär der KPdSU gewählt worden wäre«, so zitiert Primakow einen berühmten Politologen, »hätte die Partei ihre Rolle und Bedeutung in der Gesellschaft beibehalten.«

Aber es kam anders. Eine Vielzahl von Sowjetbürgern war des marxistisch-leninistischen Systems überdrüssig. In Moskau brach sich unter Anleitung Jelzins eine national-russische Tendenz Bahn, die der Partei resolut den Rücken kehrte. Dieser Umschwung erlaubte es Boris Jelzin, die Führung im Obersten Sowjet der Russischen Föderation an sich zu reißen. Er wurde zum ersten Präsidenten Rußlands berufen. Über dem Kreml wurde die mit Hammer und Sichel verzierte rote Flagge der Oktoberrevolution eingeholt und durch die alte, zaristische Trikolore mit den horizontalen Streifen Weiß-Blau-Rot ersetzt. In aller Eile, ja Überstürzung fand das konspirative Treffen der ostslawischen Spitzenpolitiker von Rußland, Ukraine und Belarus unweit der Grenzstadt Brest am Bug statt. Die Umwandlung der Union der Sozialistischen Sowjetrepubliken in eine »Gemeinschaft Unabhängiger Staaten« führte unvermeidlich zur Sezession der allogenen Völkerschaften. »Nehmt euch so viel Souveränität, wie ihr nur verkraften könnt«, rief der neue russische Staatschef den Separatisten des Baltikums, des Kaukasus und Zentralasiens in seltener Verblendung zu. »Tatsache ist«, so zitiere ich den Mann, der als Chef des Nachrichtendienstes, als Außenminister und Regierungschef unter Jelzin amtiert hatte, »daß man wohl auch in Rußland selbst rasch mit der eigenen Souveränität liebäugelte. Man wollte ganz einfach wieder russisch sein, sich auf Rußland konzentrieren und ein für allemal den Zustand beenden, daß Rußland zwar die Kommandofunktion hatte, aber sich in vielen Dingen einfach innerhalb der UdSSR verlor. Nicht zuletzt spiegelte sich darin auch die Unzufriedenheit wider, daß Rußland nach wie vor die Rolle eines Geberlandes gegenüber den fremden Randrepubliken spielte, während seine eigenen riesigen Gebiete jenseits des Urals wirtschaftlich daniederlagen.«

Die Regentschaft Jelzins wird durch zwei Faktoren gekennzeichnet: Der Einfluß der »Familie« und die Macht der »Oligarchen«. Würde man letztere als »Bojaren« bezeichnen, fänden wir hier die traditionellen Elemente russischer Schwäche vor der

Thronkonsolidierung unter Peter dem Großen wieder. Die Rolle der weiblichen Intrigantin, die im späten 17. Jahrhundert der Zarewna Sophia zufiel, bevor ihr Bruder Peter sie ins Kloster verbannte, wurde in der Umgebung Jelzins von dessen Tochter Tatjana Djatschenko und ihrem Klüngel wahrgenommen. Eine bittere Ironie der Geschichte besteht für das zeitgenössische Rußland darin, daß sich diese Brutstätte des Marxismus-Leninismus nach dem Erlöschen der Sowjetmacht in paradoxer Euphorie einer zügellosen Marktwirtschaft auslieferte, die Helmut Schmidt als »Raubtier-Kapitalismus« beschreiben würde. Die Exzesse des »Neoliberalismus«, die heute innerhalb der westlichen Welt mit zunehmender Schärfe diagnostiziert und kritisiert werden, steigerten sich bei der neu-russischen Schieber- und Spekulantenklasse zu einem Vulkanausbruch betrügerischer und krimineller Energie.

Vom Jahr 1992 an wurde der Wirtschaftskurs Moskaus von sogenannten »Liberalen« vorgezeichnet. Die bekannten sich zu jenen Thesen des US-Ökonomen Milton Friedman, die inzwischen heftig umstritten sind. Die russischen »Chicago-Boys« – so argumentieren die Patrioten – stießen in Amerika auf breite Zustimmung und Förderung, ja der Verdacht kam auf, daß gewisse Finanzkreise in Washington die ohnehin marode Wirtschaft der ehemaligen Sowjetunion vollends in den Ruin treiben wollten. Es schlug die Stunde der Oligarchen, die keineswegs unter den mutigen Dissidenten der Sowjetzeit, den ehrlichen Opponenten gegen die kommunistische Unterdrückung zu finden waren, sondern bei jenen jungen, ehrgeizigen Apparatschiks des späten Sowjetsystems, die als Komsomolzenführer und hohe Funktionäre über vorzügliche Ausgangspositionen verfügten. Bei der Privatisierung der russischen Rohstoff-Reichtümer – so schildert es Primakow – bevorzugte die Lobby der »Pseudoliberalen« jene skrupellosen Geschäftemacher, denen der Zuschlag staatlicher Konzessionen quasi automatisch zufiel. Unter dem Vorwand, die klaffenden Budgetlöcher möglichst schnell zu stopfen, wurde der Staatsbesitz zu Spottpreisen verschleudert.

Die Oligarchen hatten in Boris Jelzin den Mann erkannt, der unter dem Einfluß der »Familie«, insbesondere der Tochter Tatjana, ihre Machenschaften tolerieren, teilweise sogar begünstigen würde. Innerhalb der Pseudo-Elite des Geldes, der hemmungslosen Profiteure, der brutalen Parvenüs, die allen früheren Sozialvorstellungen abgeschworen hatten, bildete sich eine Gruppe, die unter Hintanstellung der nationalen Interessen krampfhaft bemüht war, im Fahrwasser einer amerikanisch orientierten Globalisierungspolitik in den sogenannten »Club der zivilisierten Staaten« aufgenommen zu werden. Zum inneren Kreis der »Familie« zählten vornehmlich der hochbegabte Finanzjongleur Jegor Gaidar, der vorübergehend sogar zum Premierminister aufstieg und in seinem Buch »Staat und Evolution« die »Notwendigkeit eines Tausches der Macht gegen Eigentum« postuliert, sowie Anatoli Tschubais, der sich mit dubiosen Methoden dank der Unterstützung Tatjana Djatschenkos an die Spitze der Aktiengesellschaft »Vereinigte Energiesysteme« katapultiert hatte.

Die Zahl der politisch ambitionierten neuen Multimillionäre wurde zu jener Zeit auf ein Dutzend geschätzt. Die Tatsache, daß die Mehrzahl von ihnen Juden sind, auch Michail Chodorkowski, der Brillanteste und Erfolgreichste dieser Wirtschaftsbosse, der später von Putin nach Tschita verbannt wurde, schürte beim Volk einen latenten Antisemitismus, der in Rußland ja nie erloschen war. »Ein Drittel der Russen sind Rassisten und Antisemiten«, hat mir ein Moskauer Kollege anvertraut. Auch Jewgeni Primakow wurde zur Zielscheibe dieses Ressentiments, als er bei seinem Aufstieg zum Regierungschef durch seine Gegner als gebürtiger »Finkelstein« diskriminiert wurde, wogegen er sich mit dem Hinweis zur Wehr setzte, nur eine seiner Großmütter sei Jüdin gewesen, und dazu bekenne er sich.

Eines ist sicher: Die Wiederwahl Jelzins zum Präsidenten Rußlands im Jahr 1996 war zu einem wesentlichen Teil der massiven Beihilfe der Oligarchen zu verdanken, und daraus ergaben sich für Zar Boris konkrete Verpflichtungen. Sein gesundheitlicher Verfall trug zu einem effektiven Machtverlust bei. Primakow hatte unmittelbar nach dem Sturz Gorbatschows das zupackende, energische Auftreten Jelzins, seine Jovialität und seine russischen Tugenden zu schätzen gewußt. Aber der Alkoholkonsum wirkte sich verheerend aus, und nach einer Herzoperation erschien er »wie ausgewechselt«. Seine Arbeitskraft war von nun an auf immer kürzere Zwischenphasen reduziert. Die reale Regierungsgewalt wurde von der »Familie« ausgeübt. Die Russische Föderation trieb unterdessen dem Staatsbankrott entgegen. Das Land stand im August 1998 am Rande einer Hyperinflation. Die Bankschalter wurden vorübergehend für die Kunden, die auf Auszahlung ihrer Guthaben drängten, geschlossen.

In dieser aussichtslosen Situation wurde der Außenseiter Jewgeni Primakow zum Premierminister berufen. Er nahm die Ernennung äußerst widerstrebend an und wurde auch schon nach acht Monaten, im Mai 1999, durch die Episode des blassen Funktionärs Sergej Stepaschin abgelöst, dessen Amtszeit nur zwei Monate dauerte. Erst dann kam der ehemalige KGB-Major Wladimir Putin zum Zuge, der zur totalen Überraschung des Kreml-Serail und der Duma am 31. Dezember 1999 als zweiter Staatspräsident Rußlands das Erbe des Zaren Boris antrat.

Primakow war schon zu Beginn seines steilen Aufstiegs mit Mißtrauen beobachtet worden. Er stand den Plänen jener neokonservativen Ideologen der USA im Wege, die in Washington größten Einfluß ausübten und den Versuch, in Moskau eine straffe Staatsautorität wiederherzustellen, mit allen Mitteln zu hintertreiben suchten. Dazu schreibt Primakow wörtlich: »Die offiziellen Kreise des Westens unterstützten offenkundig jene ultraliberale Richtung, die in der russischen Wirtschaft in den 1990er Jahren durchgesetzt wurde. Man konnte den Eindruck gewinnen, daß man im Westen die Abkehr von der Planwirtschaft für eine Art Dogma hielt, dessen Gültigkeit nicht an den Realitäten gemessen wurde. Ich kann allerdings nicht ausschließen, daß es auch Kräfte gab, die Rußland bewußt in diesem Übergangsstadium halten wollten, um es als billigen Rohstofflieferanten zu mißbrauchen.«

Und so lautet die Bilanz seiner kurzen Regierungszeit: »Als ich zum Premierminister ernannt wurde, mußte ich zwischen Diktatur und Chaos lavieren. Ich glaube, wir fanden einen angemessenen Weg, nämlich die Verstärkung der Rolle und die Erhöhung der Effizienz des Staates. Für die Marktwirtschaft sowie für die Gesellschaft insgesamt ist nicht ein starker Staat gefährlich, der sich auf das Recht und das Funktionieren demokratischer Verfahren stützt. Gefährlich ist vielmehr ein schwacher Staat, der selbst aus den besten Motiven heraus versucht, sich ins Wirtschaftsleben und die anderen Sphären des gesellschaftlichen Lebens einzumischen, aber in Wirklichkeit nur ein Mittel in den Händen rivalisierender Einflußgruppen darstellt. Wie Franklin Delano Roosevelt sagte: Der starke tätige Staat wird niemals in eine Diktatur ausarten. Die Diktatur löst immer die schwache und hilflose Macht ab.«

Ewiges Rußland! Die Entlassung Primakows im Mai 1999 weckt die Erinnerung an einen ähnlichen Vorgang aus dem Jahr 1906, der Zeit von Zar Nikolaus II. Damals wurde Ministerpräsident Graf Witte vom gleichen Schicksal ereilt und ebenso treulos fallengelassen. »Der Zar ist ein orientalischer Mensch«, so schrieb Witte in seinen Memoiren, »ein typischer Byzantiner. Wir unterhielten uns miteinander fast zwei Stunden lang, und er gab mir einen Händedruck, er umarmte mich, er wünschte mir viel Glück. Ich kam nach Hause, beflügelt, ohne den Boden unter mir zu spüren, und erhielt am gleichen Tage den Erlaß über meine Entlassung.«

Die NATO drängt nach Osten

Man mag Amerika bei der Beurteilung und Behandlung des postkommunistischen Rußlands fehlerhafte Konzepte und hegemoniale Arroganz vorwerfen. Dabei mangelt es jedoch nicht an Kontinuität. Zbigniew Brzezinski mochte als Nationaler Sicherheitsberater des demokratischen Präsidenten Jimmy Carter einem ganz anderen, geradezu konträren Lager angehört haben als die neokonservativen Vertrauten des Republikaners George W. Bush. In der Absicht, Moskau auf den Status einer zweitrangigen Macht zu reduzieren und zu diesem Zweck die NATO als gefügiges Instrument amerikanischer Expansion zu benutzen, besteht eine frappierende Übereinstimmung. Schon im Jahr 1997 erteilte Brzezinski den bereits erwähnten Ratschlag: »Wie weit sollte sich die

Europäische Union nach Osten erstrecken? Und sollten die Ostgrenzen der EU zugleich die östliche Frontlinie der NATO sein?
Ersteres ist mehr eine europäische Entscheidung, wird sich aber
unmittelbar auf eine NATO-Entscheidung auswirken. Diese
allerdings betrifft auch die Vereinigten Staaten, und die Stimme
der USA ist in der NATO noch immer maßgebend. Da zunehmend Konsens darüber besteht, daß die Nationen Mitteleuropas
sowohl in die EU als auch in die NATO aufgenommen werden
sollten, richtet sich die Aufmerksamkeit auf den zukünftigen Status der baltischen Republiken und vielleicht bald auf den der
Ukraine.«

In Jewgeni Primakow, der zu jener Zeit russischer Außenminister war, sah der Amerikaner polnischer Abstammung einen gefährlichen Gegenspieler. In Brzezinskis »The Grand Chessboard«
finden wir einen strategischen Entwurf, der heute überaus aktu-
ell klingt: »Anfang 1996 ersetzte Präsident Jelzin seinen westlich
orientierten Außenminister Kosyrew durch den erfahreneren,
aber zu Sowjetzeiten linientreu kommunistischen Fachmann für
internationale Beziehungen Jewgeni Primakow, dessen Interesse
seit langem schon dem Iran und China galt. Einige russische
Kommentatoren stellten bereits die Vermutung an, daß es unter
Primakow schneller zu einer neuen antihegemonialen Koalition
jener drei Mächte kommen werde, die an einer Schwächung der
amerikanischen Position das größte geopolitische Interesse haben. Bestärkt wurde dieser Eindruck durch die ersten Reisen, die
Primakow als neuer Außenminister unternahm, sowie einige seiner anfänglichen Äußerungen. Zudem schienen die chinesisch-
iranische Verbindung im Waffenhandel wie auch die Neigung
Rußlands, dem Iran größeren Zugang zur Kernenergie zu verschaffen, ideale Voraussetzungen für einen engeren politischen
Dialog und schließlich für ein Bündnis zu bieten. Im Ergebnis
könnten sich so, zumindest theoretisch, die führende slawische
Macht, die militanteste islamische Macht und der bevölkerungs-
reichste und mächtigste asiatische Staat zusammenfinden und
eine starke Koalition auf die Beine stellen.«

Was schließlich die Beziehungen zwischen den beiden »Pfei-
lern« der Atlantischen Allianz betrifft, so sollten sich die bedin-

gungslosen Befürworter der amerikanischen Führungsrolle in Europa folgende Passage Brzezinskis zu Herzen nehmen: »Europa ist Amerikas unverzichtbarer geopolitischer Brückenkopf auf dem eurasischen Kontinent. Die Alte Welt ist für die USA von enormem geostrategischem Interesse. Anders als die Bindungen an Japan verankert das Atlantische Bündnis den politischen Einfluß und die militärische Macht Amerikas unmittelbar auf dem eurasischen Festland. Beim derzeitigen Stand der amerikanisch-europäischen Beziehungen, da die verbündeten europäischen Nationen immer noch stark auf den Sicherheitsschild der USA angewiesen sind, erweitert sich mit jeder Ausdehnung des europäischen Geltungsbereichs automatisch auch die direkte Einflußsphäre der Vereinigten Staaten. Umgekehrt wäre ohne diese engen transatlantischen Bindungen Amerikas Vormachtstellung in Eurasien schnell dahin. Seine Kontrolle über den Atlantischen Ozean und die Fähigkeit, Einfluß und Macht tiefer in den euroasiatischen Raum hinein geltend zu machen, wären dann äußerst begrenzt.«

Noch heute fragen sich die politischen Analysten in Moskau, aus welchem Grunde die USA die gewaltigen Zugeständnisse, die Gorbatschow der westlichen Allianz durch seine Zustimmung, ja seine stillschweigende Förderung der deutschen Wiedervereinigung gewährte, in keiner Weise honoriert haben. Das Gegenteil war der Fall. Die NATO hatte sich auf die zerbrechende Sowjetunion wie auf ein waidwundes Tier gestürzt, als der letzte Generalsekretär der KPdSU seine Bereitschaft zur Kapitulation zu erkennen gab. Die sowjetische, dann die russische Führung wurde systematisch über den Tisch gezogen. Sämtliche Zusagen wurden widerrufen. Wie eine Art »Juggernaut« – der Vergleich stammt von einem britischen Diplomaten, der lange in Indien gedient hatte – bewegte sich der erdrückende militärische Apparat der NATO gen Osten.

Dabei hatte der damalige US-Außenminister James Baker, ein enger Vertrauter der Familie Bush, 1991 Michail Gorbatschow gegenüber versichert: »Wir sind der Meinung, daß die Konsultationen und Diskussionen im Rahmen des Mechanismus Zwei plus Vier die Garantie dafür geben sollen, daß die Vereinigung

Deutschlands nicht zur Erweiterung der militärischen Organisation des Atlantik-Paktes gen Osten führen soll.« Im Frühjahr 1990, so erinnert sich Primakow, habe Gorbatschow sich noch der Illusion hingegeben, man könne die sowjetische Zustimmung zum Abzug einer halben Million Soldaten aus der DDR mit dem Ausscheiden der Bundesrepublik West aus der NATO verknüpfen.

Von Helmut Kohl, der es mit seiner Absicht, Rußland zu schonen, im Gegensatz zu James Baker ernst meinte, ist in Moskau folgende Aussage vom 10. Februar 1990 im Dialog mit Gorbatschow festgehalten: »Wir sind der Meinung, die NATO solle die Sphäre ihrer Aktivität nicht erweitern. Hier muß man eine vernünftige Lösung finden. Ich verstehe die Sicherheitsinteressen der Sowjetunion und ich bin mir dessen bewußt, daß Sie, Herr Generalsekretär, und die sowjetische Führung das Geschehen der Bevölkerung der UdSSR werden verständlich machen müssen.«

François Mitterrand, der vergeblich versucht hatte, den nationalen Zusammenschluß zwischen Rhein und Oder zu verhindern, äußerte sich am 6. Mai 1991 mit folgender Warnung: »Die ehemaligen Mitglieder des Warschauer Paktes werden danach streben, ihre Sicherheit durch separate Vertragsabschlüsse zu gewährleisten. Mit wem? Offenkundig mit der NATO. Aber eine solche Perspektive wird das Gefühl der Isolierung und sogar der Umzingelung bei der UdSSR hervorrufen. Ich bin davon überzeugt, daß ein solcher Weg nicht der richtige für Europa ist.«

Schon Valentin Falin hatte mir gegenüber in anklagendem Ton bedauert, daß Gorbatschow auf westliche Kompensation verzichtet habe – außer einer lächerlichen Summe von 14 Milliarden US-Dollar –, daß er den Verzicht der Atlantischen Allianz, nach Osten zu expandieren, der ihm von amerikanischer Seite expressis verbis zugesagt war, in keine vertragliche Form gekleidet, sondern sich mit verbalen Versprechen begnügt habe, die für die Nachfolgeadministration in Washington keinerlei zwingende Verpflichtung enthielten. Der Vorwurf, leichtfertige Preisgabe, ja unbewußten Landesverrat betrieben zu haben, ist seitdem an der Moskwa nicht verstummt.

Ich will hier nicht die These aufwärmen, die mehrfach an mich herangetragen wurde: daß nämlich das Honecker-Regime durch einen Dolchstoß aus dem Kreml und nicht durch eine »deutsche Revolution« zu Fall gekommen sei. Eines ist sicher: Die von Gorbatschow ohne Gegenleistung akzeptierte Wiedervereinigung Deutschlands löste einen Erdrutsch aus, dessen globale Auswirkungen sich auch heute noch nicht ermessen lassen. Dem Vordringen der NATO nach Osten folgte stets – mit kurzem Abstand – die entsprechende Aufnahme in die Europäische Union. Auch dazu äußert sich Primakow: »Kein Land hätte sich mit der Idee des NATO-Beitrittes getragen, hätte es sich damit nicht im Einklang mit der Politik der USA gewußt. Denn nach dem Ende des Kalten Krieges veränderte sich die Situation schnell. Europa beschritt den Weg der Integration. Die ersten Konturen eines der mächtigsten Zentren der neuen Weltordnung zeichneten sich ab. Innerhalb der NATO gewinnt das europäische Element mit seiner historischen Perspektive mehr und mehr Gewicht. Gerade eine solche Entwicklung dürfte Washington bewogen haben, seine Stellung innerhalb der NATO und folglich in Europa zu festigen. Die NATO-Erweiterung durch neue Mitglieder, die den USA hörig sind, bietet der amerikanischen Politik in Europa beträchtliche Chancen.«

Wer dächte da nicht an die heftigen Kontroversen im Weltsicherheitsrat, als sich vor Beginn des amerikanischen Feldzuges »Iraqi Freedom« eine kontinentale Spaltung vollzog zwischen dem von Donald Rumsfeld geschmähten »alten Europa« – Deutschland und Frankreich – einerseits und der »Koalition der Willigen« andererseits, in der sich sämtliche neuen NATO-Staaten Osteuropas wiederfanden. Im russischen Außenministerium wurden drei Alternativen erwogen, um der systematischen Ausdehnung des Atlantischen Bündnisses zu begegnen: Die erste hätte darin bestanden, Front zu machen und sich auf die Wiederaufnahme des Kalten Krieges einzustellen. Andere plädierten dafür, diesen »Drang nach Osten«, der zunehmend auch auf die kaukasischen und zentralasiatischen Staaten übergriff, resigniert hinzunehmen, was einer Kapitulation nahegekommen wäre. Schließlich entschied sich die russische Diplomatie für eine dritte, hinhaltende Strategie: Die strikte Ablehnung der Ost-Erweiterung wurde energisch betont; gleichzeitig sollten alle Maßnahmen getroffen werden, um sie einzudämmen und zu konterkarieren.

So abstrus es klingen mag, sogar der Beitritt Rußlands zur NATO stand zur Debatte. Es war darüber zu einem heftigen Disput zwischen dem Oligarchen Boris Beresowski, der der »Familie« Jelzins sehr nahe stand, und Jewgeni Primakow in dessen Eigenschaft als Premierminister gekommen. Die Gegnerschaft zwischen den beiden Männern saß tief. »Uns trennt unser Verhältnis zur NATO«, hatte Beresowski zu Primakow gesagt. »Ich bin der Meinung, Rußland solle der NATO beitreten, und Sie sind dagegen.« Die Bindung des Oligarchen an gewisse amerikanische Interessen war wohl so flagrant, daß er sich nach der Machtübernahme Wladimir Putins in der Befürchtung, ein ähnliches Schicksal zu erleiden wie Michail Chodorkowski, rechtzeitig ins israelische Asyl absetzte.

Die radikale Ablehnung einer maßlosen Expansion des Atlantischen Bündnisses bis zum West-Pazifik als Folge eines Beitritts Rußlands hatte ihre guten Gründe. Zunächst war man davon überzeugt, daß es die Amerikaner mit einer solchen Absicht gar nicht ernst meinten und die »partnership for peace« nichts als eine Schimäre war. Zudem hatte Primakow noch die Aussage des damaligen US-Sicherheitsberaters Strobe Talbott im Ohr. Dieser persönliche Freund der Bush-Dynastie hatte 1996 die NATO mit einem Flugzeug verglichen, für dessen Passagiere es keine unterschiedlichen Klassen gäbe. »Es sind aber allein die Amerikaner, die im Cockpit dieser Maschine sitzen«, hatte der damalige Außenminister Rußlands erwidert, was Talbott mit einem wissenden Lächeln bestätigt habe.

Bei manchen deutschen Politikern mag man vorübergehend mit der Idee einer Aufnahme Moskaus in den Atlantik-Pakt geliebäugelt haben. Seit Ende des Ost-West-Konfliktes war ja das gewohnte Feindbild abhanden gekommen, und erst der »Krieg gegen den weltweiten Terrorismus« sollte dem Bündnis eine neue Motivation verschaffen, wobei man sich in Berlin offenbar nicht bewußt war, daß die NATO, die nunmehr wahllos »out of area« zu operieren begann, ihre eigentliche »raison d'être« verloren hatte. Zudem ließen sich die Strategen von Brüssel in den Feldzug gegen einen phantomähnlichen Gegner ein, den revolutionären Islamismus, der weder zeitlich noch geographisch begrenzt werden konnte. Es war klar, daß eine Einladung Rußlands in die Allianz vor allem der Domestizierung, der Kontrolle dieser riesigen, unberechenbaren Ländermasse hätte dienen sollen. Gleichzeitig aber wäre die potentielle Frontlinie weit nach Fernost verlagert worden. Der eigentliche Rivale der USA, die Volksrepublik China, wäre automatisch ins Visier der künftigen NATO-Planung geraten, eine extrem gefährliche Perspektive. Doch wenn deutsche Minister proklamieren, Deutschland werde am Hindukusch verteidigt, warum sollte dann der eine oder andere Abgeordnete nicht auf die Idee kommen, gemeinsam mit der amerikanischen Hegemonialmacht und einem gezähmten Rußland auch in Fernost, an Amur und Ussuri, mit Einheiten der Bundeswehr in Stellung zu gehen.

Diese Hirngespinste sind endgültig begraben, seit Wladimir Putin im Kreml regiert. Wie es zu dessen Berufung kam, ist auch in Moskau längst nicht geklärt. Von dem ehemaligen Direktor des Föderalen Sicherheitsdienstes (FSB), dem Nachfolger des KGB, versprach sich die »Familie« offenbar einen gut informierten, aber auch manipulierbaren Nachfolger für den moribunden Zaren Boris. Tatsächlich haben die Mitglieder dieses Clans wohl die Zusicherung erhalten, von jeder Strafverfolgung wegen Korruption oder Amtsmißbrauch verschont zu bleiben. Aber das war die äußerste Konzession, die Putin sich abringen ließ. Er distanzierte sich von der »Familie« und verließ sich auf seine ehemaligen Mitarbeiter in der Stadtverwaltung von Sankt Petersburg sowie auf den immer noch fest strukturierten Apparat der Sicherheitsdienste.

Vom 1. Januar 2000 an sah sich Wladimir Putin vor die Aufgabe gestellt, einen Augias-Stall auszumisten. Ein drastisches Beispiel dafür, wie tief sich der Sittenverfall eingefressen hatte, läßt sich an einer Episode ermessen, deren Kenntnis wir wieder einmal den Enthüllungen Primakows verdanken. Bei dem verzweifelten Versuch, den Staatsbankrott zu verhindern, hatte er in Moskau auch ein Gespräch mit dem Vorsitzenden des Internationalen Währungsfonds, Michel Camdessus, geführt. Bei dem Bemühen, zusätzliche Steuereinnahmen aufzutreiben, hatte Camdessus moniert, daß die Flasche Wodka in Rußland zu dem geringen Gegenwert von vier Dollar verkauft werde. Bei einer angemessenen Erhöhung der Alkoholsteuer könne der Staat 3,5 Milliarden Rubel zusätzlich einnehmen. Nun hatte in Moskau noch jedermann die drakonischen Maßnahmen vor Augen, die Michail Gorbatschow zur Bekämpfung des Alkoholismus verordnet hatte. Die Bevölkerung hatte darauf mit einer gewaltigen Ausweitung der Schwarzbrennerei reagiert, und jede Art von Fusel war auf den Markt gelangt. Selbst wenn dem so wäre, wandte Camdessus ein, die Leute würden sich ja an diesem Gebräu nicht vergiften. »Und ob«, konterte Primakow. »Wissen Sie eigentlich, daß bei uns in den Jahren 1997 und 1998 als Folge des Konsums von gepanschtem, giftigem Wodka mehr Leute krepierten, als wir während des ganzen Afghanistan-Krieges verloren haben?«

Auf solche peinlichen Wortgefechte mit dem »International Monetary Fund« braucht Putin sich heute nicht mehr einzulassen. Die ungeheuren, kaum erschlossenen Bodenschätze, vor allem der rasante Anstieg der Weltmarktpreise für Petroleum und Erdgas verschaffen der Russischen Föderation eine finanzielle Polsterung, die auch politisch genutzt werden kann. Das brutale Vorgehen von Armee- und Omon-Einheiten gegen den Aufstand der Tschetschenen, das im Westen Empörung und Entsetzen auslöste, hat Wladimir Putin bei der eigenen Bevölkerung, deren Vorurteile gegen die kaukasischen »Schwarzärsche« bekannt sind, zu einer Welle der Popularität und zu breiter Zustimmung verholfen.

Was nun das Kräftemessen mit den Oligarchen, den Wirtschaftsbaronen, den »neuen Bojaren« betrifft, so scheint der Präsident ihnen folgenden Kompromiß angeboten zu haben: In dem Maße, wie sie ihre betrügerisch erworbenen Wirtschaftsimperien zum Wohl der Allgemeinheit erfolgreich blühen lassen und mit marktwirtschaftlichem Know-how deren Erträge steigern, dürften sie relativ ungestört weiterwirken. Eine solche Lizenz werde jedoch nur gewährt, wenn die Milliardäre sich strikt aus der Politik heraushielten, darauf verzichteten, oppositionelle Gruppen sogenannter »Liberaler« zu finanzieren und vor allem ihren exorbitanten Einfluß auf die Medien, zumal das Fernsehen, preisgäben. Absprachen mit ausländischen Kapitalgesellschaften würden ebenfalls der strikten Kontrolle des Präsidenten unterliegen. Hatte Putin zu Beginn seiner Amtszeit eine enge Zusammenarbeit mit Amerika noch recht positiv bewertet – im Afghanistan-Konflikt hatte Rußland dem Pentagon unentbehrliche Schützenhilfe geleistet –, so hat sich inzwischen Ernüchterung, ja Verbitterung eingestellt. Die Interessen und das Prestige Rußlands, so hört man immer wieder, würden von Präsident George W. Bush mit Füßen getreten.

*

Die beiden Männer, die von vielen Sowjet-Nostalgikern und auch von vielen Patrioten als »Totengräber« Rußlands geschmäht werden, sind endgültig aus der Politik ausgeschieden. Michail Gorbatschow hat sich auf mondäne Auftritte bei westlichen Benefiz-Veranstaltungen sowie auf die Verleihung von allen möglichen Preisen spezialisiert. Ich bin ihm zweimal begegnet. Das erste flüchtige Treffen fand in Moskau statt, als er 1993 mit der Verlagsdirektion des Bertelsmann-Konzerns über die Veröffentlichung seiner Memoiren verhandelte. Der Chef und Eigentümer dieses gewaltigen Unternehmens, Reinhard Mohn, hatte wohl die Weisung erteilt, dem letzten Generalsekretär der KPdSU sehr günstige Bedingungen anzubieten, eingedenk der Tatsache, daß er bei der Wiedervereinigung Deutschlands die entscheidende Rolle gespielt hatte und den Dank Germaniens verdiente.

Das zweite Treffen fand in kleinem Kreise im Restaurant Käfer in München statt. Die Teilnehmerliste war von Horst Teltschik, der damals eine leitende Stellung in der Bertelsmann-Stiftung einnahm, aufgestellt worden. Ich hatte also die Chance, »Gorbi« aus unmittelbarer Nähe zu beobachten. Der Mann wirkte durchaus sympathisch und unprätentiös. Aber dann hob er zu einem Vortrag an, der kein Ende nehmen wollte, und statt origineller Gedanken nur Platitüden wiederholte. Seine Gegner behaupten von diesem Idol der Deutschen, er sei geschwätzig, eitel und dumm. Dazu will ich mich nicht äußern. Aber am Ende des rhetorischen Marathonlaufs erhob sich mein Freund Johannes Gross, dessen Intervention gar nicht vorgesehen war, um den einst mächtigsten Mann der Sowjetunion darauf hinzuweisen, daß im Westen so lange und schleppende Ausführungen nicht üblich seien. Seine humorvoll vorgetragene Kritik ließ sich mit der Redensart »In der Kürze liegt die Würze« resümieren. Anschließend kam leise Verstimmung auf.

Einen Auftritt Boris Jelzins wiederum habe ich im Sommer 1996 bei seinem letzten Wahlkampf erlebt, und dabei gefiel er mir ganz gut. Die Propaganda-Veranstaltung auf dem Roten Platz wurde im wesentlichen von einem Rock-Orchester bestritten, das ein zahlreiches jugendliches Publikum angezogen hatte. Der bereits schwerkranke Präsident führte zum Takt des Schlagzeugers tänzerische Verrenkungen auf, die eines Disko-Stammgastes würdig gewesen wären. Ich weiß nicht, ob es zwischen Jelzin und Helmut Kohl zu einer echten »Männerfreundschaft« gekommen ist, wie manche behaupten. Die beiden besuchten bei ihren gelegentlichen Zusammenkünften die Sauna. Als der Alt-Bundeskanzler von einem Journalisten gefragt wurde, worüber sie sich dabei unterhielten, ließ ihn Helmut Kohl mit der humorvollen Bemerkung abfahren: »Bestimmt nicht über unsere gegenseitige Schönheit.«

Der Verfall Jelzins wurde durch Krankheit und Alkohol beschleunigt. In jüngeren Jahren muß er ein kraftvoller russischer Bär gewesen sein. Zuletzt trat er auf wie ein »Ubu Roi«. Doch gewisse Historiker vergleichen ihn gelegentlich mit einer der tragischsten Figuren der russischen Geschichte, mit Boris Godunow. Letzterer stand im Verdacht, nach dem Tod Iwans des Schrecklichen durch die Ermordung des kindlichen Zarewitsch Dmitri die Monomach-Krone usurpiert zu haben. Nun kann man ein ähnliches Verbrechen dem Zaren Boris Jelzin in keiner Weise anlasten. Aber als ich im Winter 1995 in die Industriestadt Swerdlowsk im Ural reiste, die heute wieder Jekaterinburg heißt, wurde ich daran erinnert, daß Jelzin lange Jahre als verantwortlicher Parteisekretär die Geschicke dieses Gebietes geleitet hatte. In Jekaterinburg war im Januar 1918 bekanntlich der letzte Romanow-Zar Nikolaus II. im Keller des Ipatjew-Hauses mitsamt seiner Familie durch die Bolschewiki ermordet worden. »Sie werden vergeblich nach dem Ipatjew-Haus suchen«, hatte mir damals mein russischer Begleiter in Swerdlowsk gesagt. »Es wurde auf Befehl Boris Jelzins dem Erdboden gleichgemacht, damit an dieser Stelle nicht ein Wallfahrtsort monarchistischer oder national-russischer Trauer entstehe.«

Stattdessen wurde ich in den Keller einer benachbarten Villa geführt, wo das Massaker an der Zaren-Familie realistisch und grauenhaft durch Fotomontagen nachgestellt war. Wie mag die Nachricht von der Heiligsprechung Nikolaus' II. durch den russischen Patriarchen in den Ohren des Mannes geklungen haben, der einst in ideologischem Eifer die letzten Spuren dieser Dynastie und dieses kollektiven Märtyrertodes auszulöschen suchte?

*

Was wird im Jahr 2008 geschehen, wenn die zweite Amtszeit Wladimir Putins zu Ende geht und er laut Verfassung nicht zum dritten Mal für die Präsidentschaft kandidieren darf? Schon heute wird heftig darüber diskutiert. Über einen eventuellen Nachfolger zu rätseln – der Name des Verteidigungsministers Sergej Iwanow wird häufig zitiert – macht wenig Sinn, denn wer durchschaut schon die Machtspiele? Sollte der derzeitige Staatschef darauf spekulieren, einem Mann seiner Präferenz die Nachfolge zuzuspielen, um weiterhin aus dem Hintergrund an der Zukunft Rußlands mitzuwirken, so sollte er aus eigener Erfahrung wissen, daß solche Erwartungen trügerisch sind. In den westlichen Botschaften, wo man in konstitutionellen Normen denkt, hält man es für ausgeschlossen, daß Putin – ähnlich wie sein Kollege Lukaschenko in Weißrußland – die restriktive Verfassungsvorschrift durch ein Plebiszit außer Kraft setzen läßt, um sich erneut als Staatschef bestätigen zu lassen. Winston Churchill beschrieb einmal die inneren Vorgänge der moskowitischen Staatsführung trefflich als ein Rätsel, umgeben von Geheimnis und Mysterium. »A riddle wrapped in a mystery inside an enigma«. Napoleon Bonaparte, dessen Zustandsbeschreibungen sich durch Präzision und Prägnanz auszeichneten, hat während seiner Verbannung auf Sankt Helena die Formel gefunden: »La Russie, cet immense pays, sera toujours gouvernée par son poids et par le hasard. – Rußland, dieses riesige Land, wird stets durch sein gewaltiges Eigengewicht und durch den Zufall regiert werden.«

TATARSTAN
Mohammed an der Wolga

Die blaue Kuppel der Kul-Scharif

Das Eis ist noch kompakt an den Ufern der Wolga. In der Mitte des Stroms ist eine breite Fahrrinne schmutzig-grauen Wassers aufgebrochen. Von Frühling ist wenig zu spüren in der mit Schneefetzen übersäten Ebene. Der schweflig-gelbe Nebel will nicht weichen. Im Westen speien die veralteten Stahlgerüste der petrochemischen Industrie rostbraunen Qualm aus. Hier und dort fauchen die Flammen der Abfackelungsanlagen wie lodernde Notsignale vor der monotonen Kulisse zehnstöckiger Wohnblocks, die wie eine Festungsanlage den Horizont versperren. Die Menschen, die dazu verurteilt sind, in diesen Betonburgen des gescheiterten Sozialismus zu leben, müssen sich wie Termiten vorkommen.

Eine ganz andere Perspektive eröffnet sich im Osten, wo die Kazanka in die Wolga einmündet. Auf einem Hügel thront das alte, das historische Kazan. Seit meinem letzten Aufenthalt im Juli 1991 hat sich hier ein phänomenaler, bedeutungsvoller Wandel vollzogen. Der Kreml von Kazan war einst ein Bollwerk jener islamischen Tataren-Herrschaft gewesen, die fast dreihundert Jahre lang das Heilige Rußland unter das Joch der turko-mongolischen Steppenvölker zwang. Als Iwan der Schreckliche nach mehrfachem, vergeblichem Ansturm die Mauern dieser Zwingburg mit einer für die damalige Zeit ungeheuerlichen Pulvermasse sprengte und die Stadt im Jahre 1552 eroberte, ließ er die Moscheen verwüsten und alle Spuren islamischen Lebens auslöschen. Stattdessen reckten sich über der nunmehr russischen Festung Kazan bald die goldenen Zwiebeltürme der christlichen Orthodoxie. Auf deren Spitze – wie über dem Moskauer Kreml und so vielen russischen Pilgerstätten – durchbohrte das siegreiche Kreuz den islamischen Halbmond, symbolisierte somit den Triumph der Christenheit über die verhaßte »Irrlehre« des Propheten Mohammed. Sogar der Spasskiturm, der Erlöserturm des Moskauer Vorbildes, wurde in Kazan nachgeahmt.

Heute hebt sich dort eine ganz andere Silhouette ab. Gewiß, die Pracht der byzantinischen Gotteshäuser wurde in keiner Weise angetastet, aber hoch darüber reckt sich der massive Neubau der Kul-Scharif-Moschee. Die blaue Kuppel mit den goldenen Sternen schützt diese vorgeschobene Weihestätte des Koran wie ein mächtiger Schutzschild. Die vier Minarette wurden nach osmanischem Vorbild wie schneeweiße Orgelpfeifen entworfen. Als kriegerische Lanzen – so beschrieb sie ein anatolischer Dichter – weisen sie in schwindelnder Höhe den Weg zu den Gärten Allahs, versinnbildlichen an der Schwelle zweier Kulturkreise eine religiöse Wiedergeburt, die im Islam von politischen Ansprüchen nie ganz zu trennen ist.

Ich bin am frühen Morgen, aus Moskau kommend, in Kazan gelandet. Der Flugplatz liegt zwanzig Kilometer östlich von der Hauptstadt der »Autonomen Republik Tatarstan« entfernt. Die Asphaltbahn führt durch das aufgeweichte Terrain eines Truppenübungsplatzes zur Wolga. Vor fünfzehn Jahren hatte mir Freund Jewgeni erklärt, daß zur Zeit der Weimarer Republik die deutsche Reichswehr – durch den Versailler Vertrag am Besitz von Panzerfahrzeugen gehindert – eine geheime Vereinbarung mit der Roten Armee getroffen und an dieser entlegenen Stelle gemeinsam mit sowjetischen Ingenieuren die Modelle moderner Tanks erprobt habe. Die Machtergreifung Hitlers sollte dieser Zusammenarbeit ein Ende setzen.

Diesmal bin ich von einem wortkargen Fahrer des Hotels »Schaljapin« abgeholt worden. Der kalte Nieselregen legt sich deprimierend auf die Stimmung, und ich gebe mich sonnigeren Erinnerungen hin. Damals, im Juli 1991, an einem ungewöhnlich warmen Tag, waren wir auf einem Luftkissenboot von Kazan aus nach Süden die Wolga stromabwärts gefahren. Nach rund

150 Kilometern weitete sich der Strom zu einem Stausee. Das gegenüberliegende Ufer war nicht mehr zu erkennen, und die ärmlichen Siedlungen auf der Westseite lagen spärlich verstreut. Noch fünfzig Kilometer, und wir legten in Bolgar an. Der Rajon Kujbischew ist heute in »Bolgar« umbenannt. Von dem früheren Herrschaftszentrum der Wolga-Bulgaren waren nur Ruinen übriggeblieben. Ein Teil der alten Stadtviertel war im Stausee ertrunken. In Bolgar selbst hatte Peter der Große aus den Grabsteinen der Muselmanen, die mit kunstvollen arabischen Schriftzügen geschmückt waren, ein orthodoxes Kloster errichten lassen, das 1991 als Museum diente.

Die Wolga-Bulgaren, eine turko-mongolische Ethnie aus Zentralasien, mit den Bulgaren des Balkans eng verwandt, hatten sich als erstes Steppenvolk der Region zum Islam bekehrt und eine beachtliche koranische Kultur entwickelt. Vor elfhundert Jahren hatte diese Hinwendung zur Lehre Mohammeds stattgefunden. Sie sollte die Islamisierung all jener Nomaden- und Kriegerstämme vorwegnehmen, die später im Gefolge Dschingis Khans über Rußland hereinbrachen. Die koranische Botschaft kann also für sich beanspruchen, im Herzen des heutigen Rußlands früher Fuß gefaßt zu haben als das Christentum, das erst hundert Jahre später durch den Waräger-Fürsten Wladimir I. in Kiew eingeführt wurde, als er seine slawischen Untertanen kollektiv zur Taufe im Dnjepr antreten ließ. Das Ruinenfeld von Bolgar bleibt mir als eine Stätte der Trauer und Verlassenheit in Erinnerung. Kümmerliche Gebetshäuser mit winzigen Minaretten waren scheußlich restauriert worden. An gewissen Feiertagen versammelten sich dort ein paar Hundertschaften nostalgischer Tataren aus Kazan und gedachten ihrer einstigen Größe und Macht. Dabei ließen alte, verschleierte Frauen ihre Klagerufe über die Wolga schallen.

Ich bin sicher, daß dieser missionarische Vorposten islamischer Frömmigkeit, der zur Touristen-Attraktion verkommen war, inzwischen durch intensive Restaurierungsarbeiten und nationale Zuwendung neu belebt wurde. Das tatarische Imamat, so hatte ich in Moskau erfahren, pocht unter Hinweis auf seine religiöse Erstgeburt auf Gleichberechtigung mit der russisch-orthodoxen Kir-

che. Vor einem Jahr, im Sommer 2005 – anläßlich des tausend-
jährigen Jubiläums der Stadtgründung Kazans, das mit großem
Aufwand gefeiert wurde –, erhielt dieser tatarisch-muslimische
Anspruch durch die Präsenz des russischen Präsidenten Putin und
des Patriarchen Alexej II. eine halbherzige Bestätigung, zumindest die Zusicherung staatlicher Toleranz.

Im »Schaljapin«, das sich als modernes und komfortables Hotel
herausstellt, werde ich vom Kamerateam erwartet. Die Unterkunft, die zwischen einer orthodoxen Kirche und einer bescheidenen Moschee eingeklemmt ist, wurde nach dem Sänger Schaljapin benannt, der aus Kazan gebürtig war und zu Beginn des
20. Jahrhunderts die Opernfreunde ganz Europas vor allem in der
Rolle des Boris Godunow begeisterte. Jedenfalls fühle ich mich
hier unendlich wohler als in dem furchterregenden Zementkasten
des »Hotel Tatarstan«, wo ich 1991 untergekommen war und dessen Fenster, vermutlich auch die Toiletten, seit der Eröffnung sieben Jahre zuvor niemals gründlich gereinigt worden waren. Zur
Zeit der Perestroika galt Kazan als die kriminellste Stadt der Sowjetunion. Die rüde Ordnungs- und Schlägertruppe Omon in ihrer blauen Uniform war überall anzutreffen. Vertrauen flößte sie
nicht ein.

Seitdem hat in der alten zaristischen Universitätsstadt eine partielle Sanierung der offiziellen Gebäude stattgefunden. Im Zentrum befindet sich eine Fußgängerzone, wo die Jugend sich zum
ungezwungenen Stelldichein trifft, wobei man nie weiß, ob man
es mit Russen oder Tataren zu tun hat. Die Bevölkerung ist hier
in fast gleiche Hälften geteilt, und die Jahrhunderte ethnischer
Vermischung haben bewirkt, daß selbst die Einheimischen den
Unterschied zwischen Europäern und Asiaten kaum noch wahrnehmen können. In den Kiosken der Souvenirhändler werden vor
allem tatarische Objekte angeboten: Trinkschalen mit der Abbildung der Kul-Scharif-Moschee oder Teller mit dem Wahrzeichen
dieser Region, einem weißen Schneeleoparden auf rotem Grund.

Es herrscht wieder Ordnung in Kazan, seit die »neue Smuta«
der frühen neunziger Jahre eingedämmt wurde. Die Stimmung
der Bevölkerung, zumal bei den Tataren, erscheint recht selbstbewußt und fremdenfreundlich. Auf einer Tribüne leiert ein Mäd-

chen irgendwelche Melodien, möglicherweise Werbeslogans für ausländische Produkte. Ein bärtiger Mann hat sich eine Tupeteika übergestülpt, auf die er einen islamischen Halbmond, ein orthodoxes und ein katholisches Kreuz sowie einen David-Stern genäht hat. Diese Darstellung konfessioneller Harmonie ist wohl nur die bizarre Laune eines Außenseiters. Aber es ist bekannt, daß jüdische Familien aus Rußland ihre Kinder vorzugsweise auf die Lehranstalten von Kazan schicken, wo früher einmal Tolstoi und Lenin studierten, weil hier angeblich zwischen den diversen Rassen und Religionen eine größere Duldsamkeit herrscht. Im Vorbeigehen fällt mir auf, daß eine Reihe von Gaststätten und Geschäften nach türkischen Ortschaften benannt ist: Istanbul, Antalya, Konya und andere. In den Schaufenstern entdecke ich hier und dort rote türkische Fähnchen mit dem weißen Halbmond.

Alles ist nicht gelungen bei der Renovierung der Wolga-Festung, die aus Anlaß der Tausendjahrfeier mit Hilfe türkischer Bauunternehmer und türkischer Arbeiter auf höchste Weisung zügig vorgenommen worden war. So ist das altmodische »Hotel Kazan«, wo einst Puschkin nächtigte, durch kitschige Disney-Dekoration, durch Mickymaus und Donald Duck, grotesk verunstaltet worden. Dieses stilvolle Gebäude aus der Zarenzeit, wo auch Maxim Gorki zu Gast war, wie eine Erinnerungstafel mitteilt, hatte auf dem Höhepunkt des Bürgerkrieges den Bolschewiki als Hauptquartier gedient, als die Weißgardisten und Kosaken des zarentreuen Generals Koltschak von Osten auf die Wolga vorrückten. Aber vielleicht ist diese amerikanische Verkitschung noch dem Zustand vorzuziehen, in dem sich das Hotel im Juli 1991 befunden hatte. Mit plumpen Mitteln hatte die postkommunistische Administration versucht, den großbürgerlichen Glanz von einst durch Auftragen dicker roter Lackfarbe, durch Vergoldung und Reparatur am Stuck ein wenig aufzupolieren. Wer nicht genau hinschaute, verspürte einen Hauch von »Maxim's« in dieser Tataren-Schänke. Aber das Publikum war nicht angemessen. Hier tobten sich abends kaukasische Schwarzhändler, randalierende Jugendliche, Drogendealer und ein stattliches Heer von Prostituierten, sogenannten Kolibris, aus. Wodka floß in Strömen, die Korken des limonadesüßen »Schampanski« knallten.

Die Zimmer wiesen trotz siebzigjähriger Vernachlässigung noch ein paar Spuren früheren Komforts auf. Wenn es nach einiger Mühe gelang, den Fernsehapparat in Gang zu setzen, lief eine ganze Serie von Hardpornos ab, die dem verstörten Gast kein anatomisches Detail ersparten.

Aber ich bin nicht zur Auffrischung alter Erinnerungen nach Kazan gekommen. Die Autonome Republik Tatarstan an der mittleren Wolga, die etwa der Fläche Bayerns entspricht und mehr als vier Millionen Einwohner zählt, genießt innerhalb der russischen Föderation einen ähnlichen Status wie die überwiegend muslimischen Verwaltungseinheiten des Nordkaukasus, wie Tschetschenien, Dagestan, Inguschetien, Kabardino-Balkarien. Der Horror einer grausamen Repression durch die russischen Streitkräfte, die nach dem bewaffneten Aufstand die Republik Tschetschenien und deren Hauptstadt Grosny in ein Trümmerfeld verwandelt hatten, blieb den Bürgern von Tatarstan erspart. Die Russen machen hier noch vierzig Prozent der Bevölkerung aus, und die tatarischen Nationalisten, die 1990 auf volle Unabhängigkeit ihrer Republik drängten, haben es nicht auf einen blutigen Konflikt ankommen lassen. Sie haben sich geschmeidig mit einem provisorischen Kompromiß abgefunden, als Moskau die Zügel wieder straffer an sich riß und in Tschetschenien unter Putin ein gnadenloser Rückeroberungsfeldzug entfacht wurde. Der Wunsch Kazans, an der Spitze der russischen Föderation neben dem christlichen Staatschef einen muslimischen Vizepräsidenten zu plazieren, wurde rundum ignoriert.

Das brutale Durchgreifen an seiner turbulenten Südgrenze hatte Wladimir Putin mit folgendem Argument zu rechtfertigen gesucht: »Wenn extremistische Kräfte sich im Kaukasus durchsetzen, könnte diese Infizierung sich entlang der Wolga nach Norden ausbreiten und auf andere Autonome Republiken überspringen. Am Ende würden wir die weitgehende Islamisierung Rußlands erleben oder hinnehmen müssen, daß die Einheit Rußlands in mehrere unabhängige Staaten zerfällt.« War das ein übertriebener Alarmruf? Zum Freitagsgebet sind wir zur Kul-Scharif-Moschee gegangen, um an Ort und Stelle die Stichhaltigkeit solcher Warnungen zu überprüfen.

Ein sakraler Prunkbau ist hier entstanden. Er wurde zu einem bescheidenen Teil durch Spenden der örtlichen Korangläubigen finanziert. Aus allen Regionen der islamischen Welt – aus der Türkei, den Golf-Emiraten, aus Saudi-Arabien, auch aus der Islamischen Republik Iran – sind weit höhere Zuwendungen geflossen. Das marmorgetäfelte Untergeschoß ist mit wertvollen persischen Teppichen ausgelegt. Besonders viele Gläubige treffen wir in der Gebetshalle vor dem »Mihrab« nicht an. Die neue Frömmigkeit findet überwiegend bei den jungen Leuten Anklang, die sich zum Ruf »Allahu akbar« in Richtung Mekka verneigen. Auch Ramil Hazrat, der Imam der Kul-Scharif-Gemeinde, ist kaum vierzig Jahre alt. Einen Teil seines theologischen Studiums hatte er in Dubai absolviert. Zum Freitagsgebet trägt er den weißen Turban und einen weiten grünen Mantel. Außer einigen arabischen Koran-Zitaten hält er seine Predigt, die »Khutba«, auf Tatarisch. Das heutige Thema der Erbauung erwähnt den Koran-Vers 83 aus der Sure »el Baqara – die Kuh«. Dort heißt es: »Die aber glauben und gute Werke tun – diese sind die Bewohner des Himmels; darin sollen sie weilen.« Der Imam hat wohl mit Absicht eine Passage ausgewählt, die sich mit der christlichen Heilslehre trefflich vereinbaren läßt. Den Vers 83, der sinngemäß mit dem vorangehenden »Ayat« zusammenhängt, hat er – vielleicht aus Rücksicht auf die fremden Gäste – ausgelassen: »Wahrlich, wer da übel tut und verstrickt sich in seinen Sünden – diese sind die Bewohner des Feuers; darin sollen sie bleiben.«

Ich präge mir die Gesichter der Beter ein. Viele darunter sind blond und blauäugig, ähnlich wie die muslimischen Bosniaken im früheren Jugoslawien, deren ferne Vorfahren ursprünglich der christlichen Häresie der Bogumilen angehangen hatten und erst nach der Eroberung durch die Osmanen zum Islam übertraten. In ihrer ethnischen Zugehörigkeit sind diese Bosniaken jedoch reine Slawen geblieben. In Kazan gibt es zahlreiche russisch-tatarische Mischehen, die bislang keine ernsthaften Probleme aufgeworfen haben. Die Herausbildung der gemischtrassischen Typologie geht jedoch im wesentlichen auf alte Zeiten zurück, auf die Eroberer der »Goldenen Horde«, die so manche russische Christin in ihren Harem entführten.

Ramil Hazrat ist ein gutaussehender, würdiger Mann. Der kurzgeschnittene, schwarze Bart steht ihm. Aus den grünlichen Augen funkelt Intelligenz. Er empfängt uns freundlich und völlig entspannt zu einem längeren Gespräch. In einem Gästezimmer stehen Obst und Süßigkeiten bereit. Drei junge tatarische Frauen haben sich unserer Runde zugesellt. Ihr lockeres Kopftuch ist kokett nach hinten verschoben. Zur Betreuung der Gäste steht dem Imam zudem eine junge, attraktive Türkin zur Seite, die sich ihrerseits nach strenger Vorschrift einen grauen »Hijab« übergeworfen hat. Seit dem Ende der Sowjetunion wurde die geistliche Direktion der Muselmanen für das europäische Rußland und Sibirien, die sich seit dem Toleranz-Edikt Katharinas II. in der Stadt Ufa, im südlichen Ural befand, in eine Serie selbständiger Muftiate für jede Autonome Republik aufgespalten. In Kazan betonen die Gläubigen ihre religiöse Sonderrolle und ihre Vorzugsstellung. Schon im 19. Jahrhundert hatte hier eine theologische Erneuerung eingesetzt, eine intellektuelle Reformbewegung, die man als »Jadidismus« bezeichnet. Der Ausdruck leitet sich von dem arabischen Wort »jadid«, das heißt »neu« ab.

Da an eine formelle Unabhängigkeit nicht zu denken ist, hat sich diese Autonome Republik eine selbstproklamierte »Souveränität« zugelegt, deren Umrisse absichtlich verschwommen bleiben. Man will Präsident Putin nicht unnötig provozieren. Der hat es in seiner riesigen Landmasse, die immer noch über zehntausend Kilometer von Smolensk an der Grenze von Belarus im Westen bis Wladiwostok im Fernen Osten reicht und die weiterhin als Imperium gelten kann, unter seinen 145 Millionen Staatsbürgern mit schätzungsweise zwanzig Millionen Muslimen zu tun. Sie sind über weite Territorien verstreut, teilweise auch zu kompakten Siedlungsblöcken zusammengefügt und stellen ein Siebtel der Gesamtbevölkerung Rußlands dar. Der Kreml blickt mit Sorge auf diese islamische Gemeinschaft, die – mit Ausnahme der stark europäisierten Einwohner Kazans – über eine sehr hohe Geburtenrate verfügt, während die slawische Mehrheit um mindestens 800 000 Menschen pro Jahr schrumpft. Immer mehr russische Familien bleiben kinderlos, und die durchschnittliche Lebenserwartung eines russischen Mannes liegt bei 60 bis 65 Jahren, eine Folge des exzessiven Alkoholkonsums und des zunehmenden Drogenschmuggels aus Afghanistan.

Den Aufstand der Tschetschenen verfolgen die Tataren mit Distanz. Die meisten nordkaukasischen Völker gehören nicht zur großen türkischen Völkerfamilie, und zum Islam haben sich Tschetschenen und Inguschen erst vor zwei- bis dreihundert Jahren bekehrt. Das mystisch-abergläubische Derwisch-Ritual der dortigen »Tariqat« oder Sufi-Bünde hat an der Wolga nur geringen Anklang gefunden. »Ex Tartaro – Aus der Hölle kommend«, das soll der Ursprung des Namens »Tataren« sein, den die entsetzte Christenheit diesen fürchterlichen Reiter- und Kriegervölkern verlieh, die aus Zentralasien nach Westen galoppierten. In Kazan haben wir es heute mit hochzivilisierten Nachkommen dieses Kriegervolkes zu tun, die sich in wachsendem Maße den angestammten islamischen Tugenden zuwenden und oft verläßlicher erscheinen als viele Russen, die durch die kommunistischen Irrungen entwurzelt wurden.

In der Moschee Kul-Scharif hält man nicht viel von jenen religiösen Eiferern, die in den Hochschulen des Orients ausgebildet wurden und jetzt auch auf dem Gebiet der früheren Sowjetunion eine puritanisch unduldsame Auslegung der Offenbarung predigen. »El Qur'an hua el hall – Der Koran ist die Lösung«, heißt es bei ihnen, und zwar für die dogmatischen, politischen oder ökonomischen Probleme der Gegenwart. Diese Parole der Islamisten wird von den »Jadidisten« rundum abgelehnt. Der Mufti spricht sich vehement gegen die Gewalt und den Fanatismus der sogenannten »Wahhabiten« aus. Wenn gewisse Gemeindemitglieder eine rigorose, tradierte Interpretation des Heiligen Buches vornehmen wollen, dann sollten sie eher mit dem Begriff »Salafiya« identifiziert und damit auf eine integristische Schule verwiesen werden, die mit den sektiererischen Exzessen der Wüstenbewohner Saudi-Arabiens nicht verwechselt werden darf.

Zur Türkei hingegen fühlen sich die Tataren Rußlands hingezogen. Insgeheim trauern sie wohl der Zeit nach, als in der osmanischen Metropole Istanbul die weltliche Macht des Sultans mit der geistlichen Autorität des Kalifen gekoppelt war. Die schleichende Re-Islamisierung des öffentlichen Lebens, die sich heute unter Ministerpräsident Tayyip Erdoğan in Ankara vollzieht, wird an der Wolga mit brennendem Interesse verfolgt, zumal die Besucher, Kaufleute und Bauunternehmer, die vom Bosporus und von Anatolien den Weg nach Tatarstan finden, zahlreich sind und über beachtlichen Einfluß verfügen. Es ist üblich, daß tatarische Politiker – auch der Regierungschef der Republik von Kazan – ihren ersten Auslandsbesuch den Städten Istanbul und Ankara abstatten. Trotz einer partiellen Russifizierung der tatarischen Sprache verläuft die Verständigung der »Osmanen« fast reibungslos.

Von Kazan gehen auch die stärksten Impulse zum Bau neuer Moscheen in allen Provinzen Rußlands aus. Woher das Geld dafür kommt, läßt sich schwer ermitteln. Die wenigsten Ausländer wissen überdies, daß allein in der Megapolis Moskau – neben zahllosen Muslimen anderer Herkunft – etwa eine Million Tataren leben. Ursprünglich wurden sie zu den niedrigsten Arbeiten angehalten, waren als Straßenfeger und Müllkutscher beschäftigt. Doch der soziale Aufstieg ist unaufhaltsam. Die Muslime verfügen in der russischen Hauptstadt über eine ansehnliche Freitagsmoschee von historischer Bedeutung. Die Erlaubnis zum Bau dieser Sakralstätte wurde schon im 19. Jahrhundert von Zar Alexander I. gewährt, nachdem sich die tatarischen Regimenter unter dem Befehl Kutusows in der Schlacht von Borodino gegen Napoleon mit großer Bravour geschlagen hatten.

Beim Abschied erklärt Ramil Hazrat zu meinem Erstaunen, daß die Tataren von Kazan um eine originelle Form des »Euro-Islam« bemüht seien: »Wenn wir uns aus unserer Erstarrung, aus unseren religiösen Archaismen lösen, dann werden wir ein attraktives Modell der Harmonie schaffen, dann wäre sogar eine friedliche Islamisierung Europas nicht ausgeschlossen.«

»Kratzt den Russen an ...«

»Grattez le Russe et vous trouvez le Tatare – Kratzt den Russen an und ihr findet den Tataren«, schrieb im 19. Jahrhundert der Marquis de Custine in seiner bissigen Reise-Chronik über das Zarenreich. Ohne den historischen Rückblick auf die enge, tragische Verzahnung der beiden Völker ist auch der aktuelle Zustand Rußlands kaum zu ergründen. Es war im Jahr 1223, da tauchte aus den Tiefen Asiens ein apokalyptisches Grauen, ein unbeschreibliches Entsetzen auf. An der Kalka wurden die russischen Streithaufen durch die weit überlegenen Reiterheere der Mongolen vernichtend geschlagen. Der tatarische Khan Batu, ein Enkel des großen Dschingis Khan, unterwarf ein russisches Fürstentum nach dem anderen. Im Winter 1240 wurde auch die »Kiewer Rus« das Opfer der Verwüstung durch die Mongolen. Die Stadt wurde niedergebrannt, ihre Einwohner wurden niedergemetzelt oder in die Sklaverei verschleppt. »Gott weiß, woher er diese Moabiter« – so nannte ein altrussischer Chronist die Tataren – »gegen uns herangeführt hat, aber zweifellos sind unsere Sünden daran schuld.«

In der ersten Hälfte des 13. Jahrhunderts war ganz Rußland von den Asiaten erobert worden. Das Khanat der Goldenen Horde hatte in Saraj an der unteren Wolga unweit des späteren Stalingrad seine Residenz und seinen militärischen Schwerpunkt etabliert. Die russischen Fürsten – an ihrer Spitze der Nationalheld und Nationalheilige Alexander Newski, der die gepanzerten Ritter des Deutschen Ordens auf dem zugefrorenen Peipus-See vernichtend geschlagen hatte – unterwarfen sich zähneknirschend den asiatischen Eroberern und zahlten pünktlich ihre hohen Tribute. Mit dem Übertritt des Groß-Khans Berke zum Islam gewannen die Einfälle der Tataren nach Litauen und Polen eine religiöse Dimension. Die nomadischen Raubzüge und die permanente Demütigung der russisch-orthodoxen Fürstentümer gerieten mehr und mehr in den Schatten einer schicksalhaften Auseinandersetzung zwischen Halbmond und Kreuz.

Zu dieser grimmigen Zeit verlagerte sich das Schwergewicht russischen Lebens von Kiew und dem ukrainischen Dnjepr-Ufer weg in Richtung auf die unwirtlichen Waldzonen im fernen Nordosten. Die goldenen Kuppeln der Klöster von Susdal und Wladimir geben heute noch Kunde von jener christlichen Frömmigkeit, die es der russischen Nation erlaubte, inmitten dieser Wildnis die Mongolenherrschaft zu überdauern. Von einer zielstrebigen Bekehrung der Slawen zum Koran sahen die Eroberer ab. Der Status der orthodoxen Christen als »Dhimmi«, als »Schutzbefohlene«, wie man es verharmlosend übersetzt hat, erlaubte die Eintreibung einer Kopfsteuer bei den Ungläubigen, »Jiziat« genannt, auf die der Groß-Khan nicht verzichten wollte. Die orthodoxe Kirche und ihr Klerus wurden weitgehend geschont. Ihre Metropoliten und Popen suchten auch keine Unterstützung bei den katholischen Polen und Litauern. Wie in Konstantinopel vor der Eroberung durch Mehmet II. galt wohl bei vielen Byzantinern die Losung: Lieber den Turban des Sultans als die Tiara des Papstes.

Wenn die russischen Tributzahlungen ausblieben oder der Verdacht der Aufsässigkeit aufkam, sprangen die Tataren der Goldenen Horde auf ihre Pferde und suchten die slawische Bauernbevölkerung wie ein Gottesgericht heim. Das christliche Volk flüchtete dann in die Kirchen und suchte Schutz unter dem Kreuz. Jeder Widerstand wurde unerbittlich gebrochen. Jede Stadt, die sich den Tataren widersetzte, wurde dem Erdboden gleichgemacht.

Im Laufe der Zeit hatte der Groß-Khan von Saraj selbst zum Niedergang seiner Herrschaft über das europäische Rußland beigetragen. Die Nachfolger Alexander Newskis hatten nach und nach die Stadt Moskau zum Bollwerk russisch-orthodoxer Staatlichkeit ausbauen können. Von den fremden Eroberern war ihnen die Vollmacht als oberste Steuereintreiber übertragen worden. Sie gewannen damit eine Vorrangstellung gegenüber allen adligen Rivalen und betrieben eine planmäßige Zentralisierungspolitik. So konnte der Moskauer Großfürst Dmitri Donskoi im Jahr 1380 dem muslimisch-mongolischen Emir Mamaj am oberen Don eine schwere Niederlage zufügen. Doch schon der Nachfolger Mamajs, Groß-Khan Tochtamysch, in dessen Heeren allenfalls noch 6000 reine Mongolen, hingegen eine Vielzahl türkischer Stämme dienten, stellte die tatarische Vorherrschaft wieder voll her.

Ausgerechnet ein asiatischer und muslimischer Feldherr, Timur Lenk, im Westen als Tamerlan bekannt, hat entscheidend – weit mehr als die latente Aufsässigkeit der unterworfenen slawischen Christenheit – zum Verlust des Machtmonopols beigetragen, das die Goldene Horde von Saraj aus bis zur Schwelle Europas ausübte. Timur Lenk hatte in 35 Feldzügen – aus dem heutigen Usbekistan aufbrechend – den ganzen Orient verwüstet und überall seine Schädelpyramiden hinterlassen. Das gewaltige Reich dieses »Amir-el-Kabir«, wie er sich nannte, reichte von Anatolien bis Chinesisch-Turkestan, vom Indus bis zur Wolga. Seine grandiose Hauptstadt hatte er in Samarkand errichtet. Im Jahr 1390 gelang es ihm, den letzten Groß-Khan Tochtamysch nach einer endlosen Verfolgungs-Kampagne vernichtend zu schlagen. Das lockere Imperium der Goldenen Horde löste sich danach in diverse, sich befehdende Khanate auf. Der Weg war nunmehr frei für eine slawisch-orthodoxe Wiedergeburt, die 1552 in der Eroberung der Tataren-Festung Kazan durch Iwan den Schrecklichen gipfeln sollte.

Am Rande sei vermerkt, daß dieser frühe russische Zar, der sich in Moskau als Imperator des »Dritten Rom« feiern ließ, den besiegten tatarischen Adel, so er sich zum Christentum bekehren ließ, in seine gefürchtete Leibgarde und Terrorgruppe, die »Opritschnina«, integrierte und daß seitdem ein Großteil der russischen Aristokratie – berühmte Heerführer und Künstler – seinen Ursprung auf diese Verschmelzung Europas mit Asien zurückführt. Der tragische Zar Boris Godunow, der sich als willfähriger Gefolgsmann Iwans des Schrecklichen bewährte, war rein tatarischer Abstammung. Die Mutter Peters des Großen, eine Naryschkina, führte ebenfalls ihren Stammbaum auf ein Mongolengeschlecht der Goldenen Horde zurück.

Der Amir-el-Kabir Tamerlan hatte – ohne es im geringsten zu ahnen – den Weg freigekämpft für die Auferstehung des Heiligen Rußland. Von nun an würde von Moskau aus und auf den Trümmern der asiatischen Fremdherrschaft die slawische Expansion in Richtung Osten voranschreiten, die Wolga und den Ural überwinden, sich ganz Sibirien im Kosaken-Handstreich unterwerfen und das Kreuz der Heiligen Orthodoxie bis in die zentralasiati-

schen Emirate von Chiva, Buchara und Kokand tragen. Über dem
Grab Timur Lenks wehte schließlich der Zarenadler, später die
rote Flagge mit Hammer und Sichel. Im Jahr 1868 hatte der russische General Kaufmann die einstige islamische Hochburg
Samarkand zum Verwaltungszentrum seines Generalgouvernements Turkestan gemacht. Es sollten dann wiederum 120 Jahre
verstreichen, ehe die sowjetische Niederlage in Afghanistan wie
ein Urknall das rote Moskauer Imperium erschütterte und das erste Signal zu dessen Auflösung setzte.

*

Zurück in die Gegenwart. Mögen die »wahhabitischen Fundamentalisten«, die gelegentlich in den Dörfern Tatarstans von sich
reden machen, das Imamat von Kazan des Abweichens von der
reinen Lehre, ja des »Kufr«, des Glaubensabfalls, bezichtigen, der
bedächtige Kurs einer gemäßigten Wiederbelebung hat sich bewährt. Der Vergleich mit der erbärmlichen Situation, in der sich
der Islam noch bei meinem ersten Besuch vor fünfzehn Jahren
befand, ist aufschlußreich. Damals gab es nur zwei heruntergek-
kommene Moscheen in Kazan: auf beide traf die Klage des anda-
lusischen Dichters Er Ranadi zu, die er nach der Reconquista Spa-
niens durch die Katholischen Könige angestimmt hatte: »Hier
weinen die Kanzeln, obwohl sie aus Stein sind.«
    Im Sommer 1991 bot die damalige Freitags-Moschee von Ka-
zan ein melancholisches Schauspiel. Der Imam, dem ich vorgestellt wurde, war 84 Jahre alt, und seine Umgebung nicht viel
jünger. Er beherrschte das Arabische nicht, war bis zu seiner Pensionierung Eisenbahnarbeiter gewesen und hatte dann – wohl auf
Wunsch der Partei – ein geistliches Amt angetreten, dem er in
keiner Weise gewachsen war. Mit den Kommunisten habe er nie
Schwierigkeiten gehabt, beteuerte er. Er habe für den Frieden
gekämpft, und der Islam sei eine brüderliche Lehre. Der religiöse
Wandel kam in jenen Tagen langsam voran, es sei denn, er vollzog sich heimlich, außerhalb jenes Amts-Islam, den der KGB bislang beschattete und mißbrauchte. Das Freitagsgebet wurde überwiegend von alten Männern besucht, die einer belanglosen Predigt

lauschten. Draußen hatten Jugendliche einen Tisch aufgestellt, wo für viel Geld islamische Devotionalien verkauft wurden. Der Erlös sollte der Errichtung neuer Gebetshäuser zufließen. Da wurden Abbildungen der Kaaba von Mekka und muslimische »Rosenkränze« angeboten, vor allem aber kunstvolle Ausgaben des Koran. Der Preis dieser heiligen Bücher, die meist aus Saudi Arabien gespendet wurden, belief sich auf 50 bis 120 Rubel, eine beachtliche Summe bei einem offiziellen Durchschnittseinkommen von 200 Rubeln im Monat. Irgendwie schien den Tataren damals die Vitalität abhanden gekommen zu sein. »Das Volk hungert«, raunte mir ein alter Mann zu, als die Gläubigen die Moschee verließen und vor drei aufgebahrten Leichen das kurze islamische Totengebet gesprochen wurde. Der Greis murmelte Flüche gegen Gorbatschow.

Und dennoch haben die Tataren überlebt. Ein halbes Jahrtausend der Unterdrückung und der Entfremdung durch die Bekehrungsversuche der russisch-orthodoxen Kirche, dann durch die Gottlosen-Kampagnen der Kommunisten haben ihre kulturelle Identität nicht ausgelöscht. Im Juli 1991 war das nationale Erwachen in vollem Gang. Durch heimliche Hinweise wurde ich auf die bescheidenen Büroräume eines »Gesellschaftlichen Zentrums Tatarstan« aufmerksam gemacht. Vom Balkon des altmodischen Hauses hing eine grün-rote Fahne mit Halbmond und Stern. Innen debattierte eine Runde hitzig engagierter Männer. Gewiß waren ein paar asiatisch-mongolische Gesichter darunter, und die Wangenknochen saßen oft hoch. Aber da war auch ein tatarischer Musikprofessor zugegen, der als russischer Aristokrat alten Schlages eine gute Figur abgegeben hätte. Die Augen der Anwesenden waren häufig blau.

Der Vorsitzende des politischen »Zentrums«, Professor Muljukow, der an der Juristischen Fakultät der Universität Kazan unterrichtete, machte einen zurückhaltenden, fast schüchternen Eindruck. Mit der Pedanterie des Akademikers erklärte er, daß alle bisherigen Forderungen, aus Tatarstan eine souveräne Republik zu machen, am Einspruch der mächtigen Russischen Föderation gescheitert seien, in die das Staatswesen von Kazan wie die fünfzehn anderen Autonomen Republiken relativ straff eingegliedert blieb. Man habe den Tataren in der Vergangenheit allenfalls Folklore-Trachten und Volkslieder zubilligen wollen. Jetzt war immerhin erreicht worden, daß das Tatarische neben dem Russischen als offizielle Amtssprache anerkannt wurde. Sogar das tatarische National-Epos »Idegej« durfte wieder gedruckt und rezitiert werden, obwohl es den letzten großen Versuch verherrlicht, die Herrschaft der Goldenen Horde wiederherzustellen und sogar die Verwüstung Moskaus im Jahr 1408 durch die islamischen Steppenkrieger besingt.

In dieser Runde waren unterschiedliche Strömungen vertreten, die mehrheitlich an die patriotische Bewegung der tatarischen »Jadiden«, der Erneuerer des 19. Jahrhunderts, anknüpfen wollten. An der Spitze dieser Renaissance, die mit der Bewegung der Jungtürken im Osmanischen Reich einherging, stand der Krimtatare Ismail Gasprinski, Gaspirali Bey Ismail, wie sein muslimischer Name lautete. Er war eine zerrissene Persönlichkeit, durch die Widersprüchlichkeit seiner koranischen und westeuropäischen Erziehung geprägt. Er lebte in Istanbul und Paris. Gasprinski strebte neben der Hinwendung zur überlegenen Wissenschaft des Westens eine fast aufklärerische Erneuerung des Islam an.

Die desperate Führungsgruppe dieses politischen Clubs in Kazan, der sich im wesentlichen aus Intellektuellen und Künstlern zusammensetzte, versuchte andererseits, die umstrittene Figur des islamisch-bolschewistischen Revolutionärs Sultan Galiew zu rehabilitieren. Dieser Gefährte Lenins wollte in den zwanziger Jahren das Moskauer Politbüro davon überzeugen, daß das europäische, das »deutsche« Modell der Weltrevolution sich nicht auf die »Dritte Welt«, wie wir heute sagen, übertragen lasse. Er ging davon aus, daß der Islam in dynamischer, modernisierter Form zur Befreiung der Kolonialvölker weit besser tauge und entsprechend genutzt werden müsse. Erst Stalin hat mit dem »Sultangaliewismus« brutal aufgeräumt und Galiew liquidiert. Doch in Kazan bekennt man sich jetzt zu diesem großen, eigenwilligen Vorläufer, der im Bürgerkrieg sogar tatarische Einheiten auf seiten der Rotarmisten aufgeboten hatte.

Es wurde viel durcheinandergeredet am langen, rechteckigen Tisch dieser Versammlung. Jedes Mal, wenn ich die Frage nach

einer eventuellen islamischen Ausrichtung der tatarischen Natio-
nalbewegung aufwarf, wurde mir lebhaft erwidert, ihr Ziel sei ein
säkularer Staat. Der koranische Glaube sei zwar unentbehrliche
Grundvoraussetzung des tatarischen Überlebens gewesen und
bleibe das auch. Aber die Trennung von Staat und Religion sei ein
unverzichtbares Prinzip der Reformer. Ob denn das kleine Volk
in den Kolchosen, in den Erdölzentren ähnlich denke wie diese
Notabeln von Kazan, fragte ich und verwies auf eine grüne islamische Fahne, die sehr spektakulär die Rückwand unseres De-
battier-Raums schmückte. Da wurde ein blonder, bebrillter Professor nachdenklich und erwähnte jene heimlichen Formen des
Parallel-Islam, der von volkstümlichen Predigern mit der Über-
zeugungskraft von Ayatollahs vorgetragen wurde, auch wenn es
diesen Autodidakten an jeglicher koranischen und arabischen Bildung mangele.

Die Kernidee, von der die panturanischen Gründungsväter
einst schwärmten, der Zusammenschluß aller türkischsprechen-
den Völker des damaligen Zarenreiches, von den Krimtataren am
Schwarzen Meer bis zu den Jakuten der Tundra – letztere sind
mehrheitlich Christen geworden oder Schamanisten beziehungsweise Buddhisten geblieben –, erschien jedoch wie eine verlorene
Illusion. Es waren überwiegend romantisch und schwärmerisch
veranlagte Männer, die in diesem Zirkel zusammengekommen
waren. Wieder einmal –, wie bei den Intellektuellen und Klein-
bürgern der »Volksfront« von Baku in Aserbeidschan – weckten
sie das Gefühl, den Kontakt zur Masse, zum schwer ergründbaren
tatarischen Volkswillen verloren zu haben. Ganz bestimmt gehörten sie nicht zu den Agitatoren, die bei Nacht Plakate mit dem
Aufruf »Russen raus!« an die Mauern klebten.

Auf dem großen Zentralplatz, dessen Architektur vom imperialen Stil der zaristischen Autokratie geprägt ist, spielte sich in diesem Juli 1991 eine merkwürdige Szene ab. Unmittelbar vor dem
monumentalen Parteigebäude, dem ein Bronze-Lenin den Rücken
kehrte, entfaltete sich auf den ersten Blick ein orientalischer Jahr-
markt. Wie in einer Schaubude hatte sich dort ein muslimischer
Aufrührer mit Turban und buntem Kaftan als Mullah verkleidet.
Fast wie ein Fakir hatte er sich zum Hungerstreik niedergelassen.

Er war von einer Gruppe weiß verschleierter Frauen umgeben und plädierte für die volle Unabhängigkeit Tatarstans, ja er hätte diese Republik wohl am liebsten in einen islamischen Gottesstaat verwandelt. Ein breitschultriger Leibwächter, stark mongolisch geprägt, eine grüne Binde am Arm, hielt die Neugierigen auf Distanz. Angeblich gehörte dieser fromme Mann, der den Namen Fazil Ahmadi trug, einer »Islamisch-Demokratischen Partei« an. Wie ein Bilderbuch-Tatar sah er jedenfalls nicht aus, der Hodscha mit seinem rötlichen Bart und den hellblauen Augen. Die Milizionäre schienen von seiner Protestaktion kaum Notiz zu nehmen.

Der damalige Ministerpräsident von Tatarstan, Mohamed Sabirow, trug zwar einen sehr frommen islamischen Namen, aber seinem Aussehen nach konnte er ebensogut ein Deutscher oder Pole sein. Blond, blauäugig und etwas vierschrötig saß er hinter dem breiten Schreibtisch. Er hatte immer noch ein Abzeichen mit roter Fahne am Jackenrevers. Sabirow identifizierte sich mit dem Anspruch der muslimischen Tataren, eine von Rußland unabhängige Republik zu proklamieren, und tat so, als hätte er diese Entscheidung bei seinen jüngsten Gesprächen in Moskau bereits erfolgreich durchgesetzt. Wollte er mich bewußt irreführen, oder machte er sich Illusionen? Die Tatsache, daß der Oberste Sowjet von Kazan am 30. August 1990 mit nur einer Gegenstimme die Sezession Tatarstans von Rußland proklamiert hatte, konnte die konstitutionellen Unionsrechte der Föderation nicht aufheben, wie sich bald herausstellte.

Als ich den Ministerpräsidenten auf die islamische Frage ansprach, zeigte er sich ironisch und überlegen. Man solle diese Agitatoren nicht überbewerten. Da sei zwar während des Golfkrieges eine islamische »Pasionaria«, Fawzia Bairamowa, vor einem halbgefüllten Saal aufgetreten, habe Solidaritätsgesten für Saddam Hussein gefordert, eventuell sogar eine militärische Beteiligung tatarischer Freiwilliger am Irak-Konflikt, aber das wäre doch nicht ernst zu nehmen, auch wenn sie sich einem vierzehntägigen Hungerstreik unterzog. Schlimmer sei hingegen eine unterschwellige Agitation, die darauf abzielte, die zahlreichen in Tatarstan eingegangenen Mischehen zwischen Muselmanen und Christen im islamischen Sinne zu disziplinieren. In streng religiös

1 Das sowjetische Kriegerdenkmal von Brest-Litowsk.

2 Putin und
Lukaschenko:
Partner, aber
keine Freunde.

Friedensvertrag von Brest-Litowsk (März 1918)

FINNLAND

Ostsee

• St. Petersburg

ESTLAND

RUSSLAND

LETT-
LAND

• Moskau

Smolensk

LITAUEN

• Kaliningrad
(Königsberg)

Minsk •

Die neue russische Grenze nach
Abtretung der Ostgebiete an die
Autorität des Deutschen Reiches

WEISS-
RUSSLAND

Warschau •

Brest-
Litowsk

Kiew •

POLEN

UKRAINE

MOLDA-
WIEN

Donezk •

RUMÄNIEN

Rostow •

Odessa •

Bukarest •

Schwarzes Meer

GEORGIEN

BULGARIEN

Istanbul •

TÜRKEI

GRIECHEN-
LAND

3   Die Wiedergeburt Rußlands auf den Trümmern der Sowjetunion.

4 Der einzige Überlebende. Die Toten-Gedenkstätte von Khatyn (nicht zu verwechseln mit Katyn), dessen Bewohner im März 1943 auf deutschen Befehl erschossen worden waren.

5 Der Mann, der alles weiß: Jewgeni Primakow.

6 Die Minarette von Kul-Scharif beherrschen die Tatarenfestung von Kazan.

Größte Ausdehnung der mongolischen Eroberungen im 12. und 13. Jahrhundert

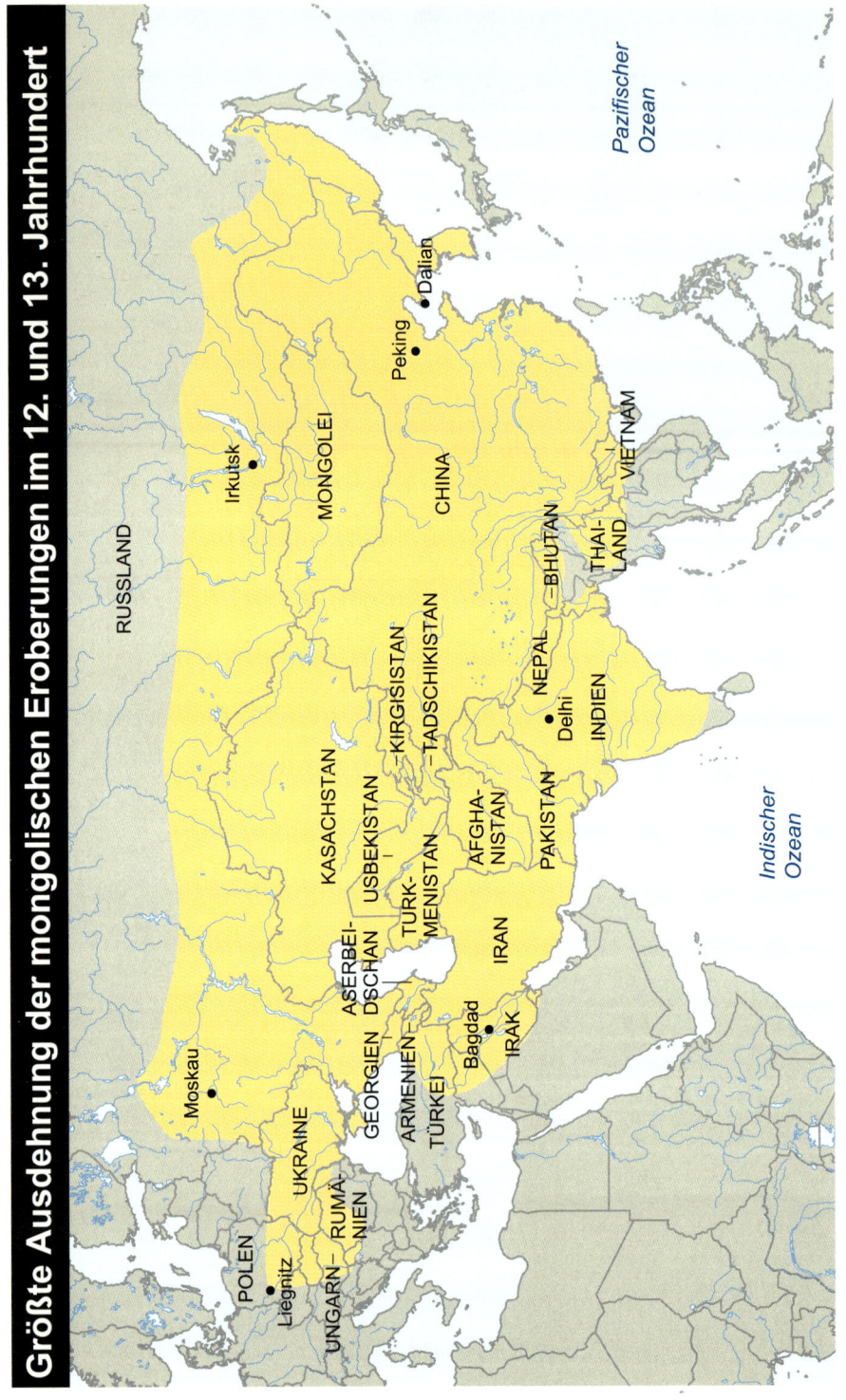

7 Chinesenmarkt in Magadan.

8 Die Bucht von Magadan: das »Tor zur Hölle«.

9 Das »Goldene Horn« von Wladiwostok.

10 Russisches Elend in Pogranitschnij an der chinesischen Grenze.

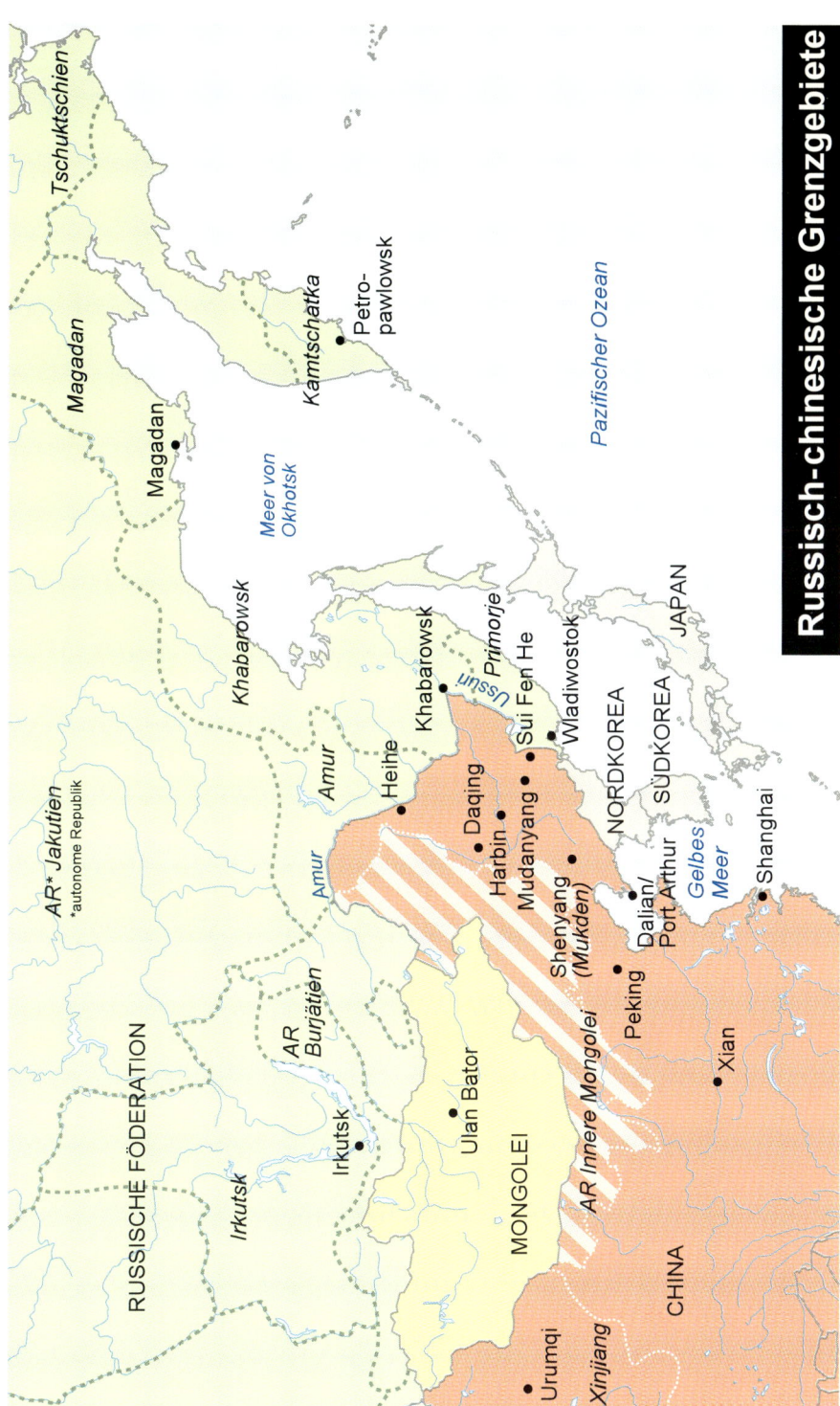

Russisch-chinesische Grenzgebiete

Tschuktschien

Magadan

Kamtschatka

Petro-pawlowsk

Magadan

Meer von Okhotsk

Pazifischer Ozean

Khabarowsk

Amur

Khabarowsk

Primorje

Ussuri

Sui Fen He

Wladiwostok

JAPAN

Heihe

Daqing

Harbin

Mudanyang

NORDKOREA

SÜDKOREA

AR* Jakutien
*autonome Republik

Amur

Shenyang (Mukden)

Dalian/ Port Arthur

Gelbes Meer

Shanghai

RUSSISCHE FÖDERATION

AR Burjätien

Peking

Irkutsk

Ulan Bator

AR Innere Mongolei

Xian

Irkutsk

MONGOLEI

CHINA

Urumqi

Xinjiang

11   Shenyang: Neue Wolkenkratzer erdrücken die Verbotene Stadt.

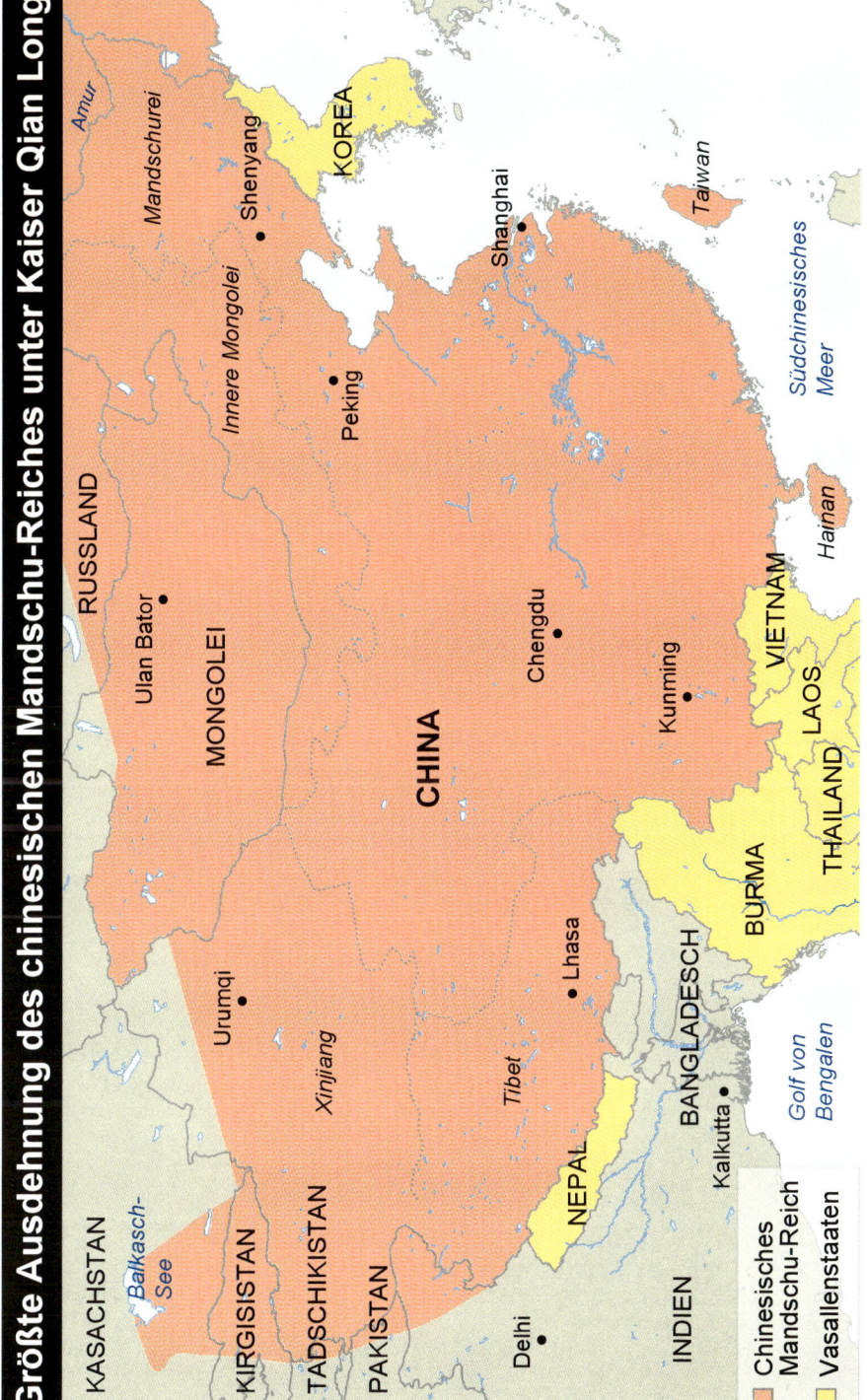

Größte Ausdehnung des chinesischen Mandschu-Reiches unter Kaiser Qian Long

KASACHSTAN

Balkasch-See

RUSSLAND

Amur

Mandschurei

KOREA

Taiwan

Innere Mongolei

Shenyang

Shanghai

MONGOLEI

Ulan Bator

Peking

Südchinesisches Meer

KIRGISISTAN

Urumqi

Xinjiang

CHINA

Chengdu

Kunming

Hainan

VIETNAM

LAOS

TADSCHIKISTAN

PAKISTAN

Tibet

Lhasa

BANGLADESCH

BURMA

THAILAND

NEPAL

Delhi

Kalkutta

INDIEN

Golf von Bengalen

Chinesisches Mandschu-Reich

Vasallenstaaten

12   Mao's Nachlaß:
die Macht am Ende des
Gewehrlaufs.

13   Die erstaunliche
Verbrüderung von
Russen und Chinesen.

14   »Du glückliches China, heirate.« Brautpaar in Port Arthur.

Unternehmen Barbarossa

Weisses Meer

Arkhangelsk

Sowjetische Darstellung der geplanten deutschen Eroberungen im Jahr 1941

FINNLAND

KARELIEN

SOWJETUNION

Leningrad

Wolga

Kazan

Ostsee

ESTLAND

LETTLAND

Moskau

Oka

Samara

LITAUEN

Tula

Smolensk

Minsk

WEISS-RUTHENIEN

Woronesch

Brest-Litowsk

Warschau

Charkow

Stalingrad

POLEN

UKRAINE

Kiew

Lemberg

Rostow

Astrakhan

Weitestes deutsches Vordringen im Dezember 1941 im Herbst 1942

UNGARN

Majkop

Deutsch-sowjetische Demarkationslinie bis Juni 1941

Sewastopol

KAUKASUS

Schwarzes Meer

250 km

15 Oligarch und Fußballpräsident: Rinat Achmetow, der mächtigste Mann der Ukraine.

16 Der Präsident und die Gasprinzessin: Viktor Juschtschenko und Julia Timoschenko.

17   Erinnerung des Ruhms in Zeiten der Schmach. Denkmal für den
»Großen Vaterländischen Krieg« in Lugansk (Ost-Ukraine).

ausgerichteten Kindergärten und Schulen solle die heranwachsende muslimische Jugend gemäß den koranischen Prinzipien unterrichtet und erzogen werden. Diese Form von sektiererischer Agitation erschien ihm unseriös.

Der Ministerpräsident erging sich in einer langen Aufzählung der materiellen Nachteile, die der Republik von Kazan aus ihrer Subordination unter die russische Oberhoheit erwuchsen. 98 Prozent der industriellen Anlagen Tatarstans seien Eigentum der Union. Von den Rubeleinnahmen aus der Erdöl- und Erdgasförderung in Milliardenhöhe komme den Tataren nur ein verschwindender Bruchteil zugute. Alles fließe nach Moskau ab. Auch in der Lebensmittelversorgung würde man schwer benachteiligt. 17 Produkte des täglichen Bedarfs seien nur auf Coupons zu haben. Seine Regierung bilde sich einiges darauf ein, daß diese Bezugsscheine hier, im Gegensatz zu manchen anderen Territorien und Republiken, auch tatsächlich voll einlösbar seien. Mohamed Sabirow legte größten Wert auf internationale Wirtschaftskooperation und auf die schnelle Einführung großzügiger Rahmenbedingungen für Investoren. Das Zauberwort »Joint-venture« fiel immer wieder. Er hoffte, daß sich Ölkonzerne aus den USA für die hiesigen Petroleumreserven interessieren würden. Man hielt nach allen Richtungen Ausschau. Tatarstan verfügte zwar an der Karma über eine gewaltige Lastwagenfabrik, aber diese Produkte vom Typ »Kamas«, deren Erlös wiederum an die Zentrale floß, seien, wie er resigniert festgestellt habe, im Ausland unverkäuflich, seit auch die früheren osteuropäischen »Bruderländer« sich der Marktwirtschaft und dem Westen verschrieben hätten.

Sabirow hatte die Türkei besucht und war offenbar hochgestimmt von diesem Ausflug zur Schwesternation zurückgekehrt. Es sei bereits in Istanbul eine gemeinsame Handelsgesellschaft gegründet worden, »Taturus« genannt (Tatarstan-Türkei-Rußland). Man setze große Erwartungen in eine panturanische Solidarität, die sich aus alten Wurzeln nähre. Aus der Sicht der Tataren erscheint Anatolien offenbar als ein Land der Verheißung. Während meiner Anwesenheit hatte ich ganze Busladungen türkischer Kaufleute und Touristen beobachtet, die vor dem Hotel »Tatarstan« das Gespräch mit den Einheimischen suchten.

Die Metropole Istanbul, weit mehr als die offizielle Hauptstadt Ankara, übte auf die Wolga-Tataren eine magische Faszination aus. Kazan hatte dort sogar ein eigenes Verbindungsbüro eröffnet. Die Erinnerung an den Padischah, den Sultan, den Kalifen, den Befehlshaber der Gläubigen war nicht verblaßt, erstrahlte sogar in neuem Glanz. Nicht nur die exaltierte Frau Bairamowa war ans Goldene Horn aufgebrochen. Auch der damals für Kazan zuständige Mufti bereitete eine Reise dorthin vor. Die Situation kam mir vor wie ein bizarrer Treppenwitz der Geschichte. Während das russisch-sowjetische Imperium auseinanderfiel, erhob sich das Prestige des alten Osmanischen Reiches wie ein Phönix aus der Asche. Die moderne Türkei hatte sich gewiß im Sinne des Kemalismus radikal gewandelt und reduziert, aber es kann keine Rede mehr sein vom »kranken Mann am Bosporus«.

*

Im Gegensatz zum kaukasischen Hexenkessel ist es Wladimir Putin gelungen, die überwiegend muslimischen Teilrepubliken an Wolga und Ural – Tatarstan und Baschkortostan – durch Konzilianz und begrenzte Konzessionen an ihre »Souveränität« zu stabilisieren und die dortigen Lebensbedingungen anzuheben. Der Islam kann sich frei entfalten, sofern er von seiner Grundregel »din-wa-daula« – gemeint ist die unlösbare Verflechtung von Religion und Staat – Abstand hält. Dem Nationalgefühl wird Raum gegeben, aber die Bildung ethnisch programmierter Parteien, die vor fünfzehn Jahren wild ins Kraut schossen, wird nach Kräften verhindert. Die Behörden der Autonomen Republik von Kazan fügen sich ohne großen Widerspruch in die vom russischen Präsidenten patronierte Bewegung »Einiges Rußland«. Der Verdacht kommt dennoch auf, daß die Masse der Tataren, die gegenüber ihren russischen Mitbürgern plötzlich ein gewisses Überlegenheitsgefühl an den Tag legen, der Gewißheit oder der Illusion anhängen, die Zeit arbeite für sie.

Im Juli 1991 herrschte noch eine ganz andere, eine kämpferische, fast explosive Stimmung bei der einheimischen Jugendbewegung, die sich in dem Sammelbund »Asatlik«, das heißt »Freiheit«, zusammengeschlossen hatte. Damals fand im Stadion von Kazan ein Musik- und Gesangsfestival mit deutlich nationalistischen Untertönen statt. Bei Einbruch der Dunkelheit wurde es bitterkalt, obwohl die sommerliche Sonne eben noch warm geschienen hatte. Jenseits des Zirkus, der in keiner russischen Stadt fehlen darf, spiegelten sich matte Abendstrahlen auf den goldenen Kuppeln und schlugen letzte Funken. Die Steinbänke der riesigen Sportanlage waren bis zum letzten Rang gefüllt. Jugendliche beider Geschlechter waren neben älteren Schaulustigen gekommen. Die Mädchen trugen fast ausnahmslos das Haar frei, aber viele Burschen hatten die tatarisch-turkestanische Tupeteika aufgesetzt. Es ging fröhlich, beinahe ausgelassen zu bei der Veranstaltung, eine Stimmung, die man der zu jener Zeit düsteren Stadt gar nicht zugetraut hätte.

Das Festival stand eindeutig im Zeichen des tatarischen Nationalismus. Auch uns wurden kleine Abzeichen – grün-rotes Wappen mit Halbmond – überreicht, sogar grüne Anstecker, die in winzigen Lettern mit dem islamischen Glaubensbekenntnis beschriftet waren: »Es gibt keinen Gott außer Allah und Mohammed ist sein Prophet.« Die meisten Anwesenden trugen ein weißes Schildchen mit dem Wort »Asatlik«.

Der Beginn der Veranstaltung war enttäuschend. Eine hochgewachsene tatarische Schauspielerin in engem langem Rock betätigte sich als Ansagerin. Es traten meist drittklassige Sänger und Sängerinnen auf. Die männlichen Darsteller hatten sich in abenteuerliche Smokings geworfen und ahmten mit unzureichendem Talent amerikanische Vorbilder nach. Es waren recht schmalzige Auftritte, die in eine Vorstadtaufführung am Bosporus gepaßt hätten. Jedenfalls entdeckten wir, daß wir am Zusammenfluß von Wolga und Kazanka mittendrin waren im türkischen Kulturleben. Ein paar Artistinnen, deren durchsichtige Röcke die stämmigen Schenkel recht freizügig darboten, ließen ihre orientalisch-breiten Hüften kreisen. Sie stimmten ähnlich schmachtende Weisen an, wie sie in den trüben Vergnügungsstätten Anatoliens die männlichen Zuschauer entzücken. Zwei Clowns betätigten sich als müde Spaßvögel. Dann tanzten diverse Trachtengruppen, die die Verschmelzung russischer und tatarischer

Kostüme und Lebensformen verdeutlichten. Der Folklorereigen mit den trippelnden, dann wieder galoppierenden Schritten, die Steppenreitergestik der Männer, die Fellmützen und die reichbestickten Röcke der durchweg hübschen, rassigen Mädchen würden ebenso gut in ein Kosaken-Ballett passen. Die türkischen Schlager lösten nachhaltigen Applaus, teilweise Begeisterung aus. Niemand schien die Kälte des Abends wahrzunehmen.

Mich faszinierten zwei historische Anspielungen. Da schwenkte ein junger blonder Mann mit Tupeteika eine riesige grüne Fahne. Er machte das unermüdlich und mit großer Kraft. Er war sich wohl bewußt, daß er mit dem Feldzeichen des Propheten Mohammed dieser durchaus säkularen Feier einen sakralen Anspruch verlieh. Im Laufe des Abends tat sich der Jüngling als Bandleader hervor. Auf der anderen Seite des Stadions wurde ein quadratisches Tuch von einem schönen, schwarzhaarigen Mädchen hochgehalten. Auf blauem Hintergrund zeichnete sich ein goldener Dreizack ab, und längst nicht alle Zuschauer wußten, daß es sich hier um die Standarte der Goldenen Horde handelte. Später entdeckte ich sogar auf dem höchsten Podest, respektlos neben einem Lenin-Kopf plaziert, das gleiche Dreizacksymbol der verflossenen mongolisch-tatarischen Herrschaft.

Endlich bot sich mir am Rande des Festivals eine Chance, mit politisch engagierten Jugendlichen zu diskutieren. Bei ihnen mußte ich feststellen, daß sie zwar von brennendem Nationalismus beseelt waren, daß sie sich dem Islam jedoch entfremdet hatten. Das kemalistische Ideal eines straffen turksprachigen Nationalstaates beherrschte die Vorstellungen. Ich stieß bei den Verantwortlichen der Organisation »Asatlik« auf viele Widersprüche, die weder ethnisch noch ideologisch auf einen Nenner zu bringen waren.

Schließlich verwies man mich an zwei junge Leute, die sich durch größere Zurückhaltung und Besonnenheit auszeichneten. Sie gaben sich als Vertreter eines islamischen Zweiges zu erkennen und gehörten der gläubigen Fraktion »Iman« an. Sie sprachen von religiöser Verwüstung, von der Zerstörung der Moscheen, von der Ermordung der Mullahs, von der Propagierung totaler Ignoranz, ja, der Pervertierung der Sitten. Überall in der

Sowjetunion sei Wodka Mangelware, aber in den tatarischen Siedlungen stünden in den Kolchos-Läden die Schnapsregale voll. Der Alkoholismus sei bei der muselmanischen Bevölkerung, die früher einmal die Enthaltsamkeitsgebote des Propheten strikt befolgt hatte, so verbreitet, daß fünfzig Prozent der Todesfälle nunmehr auf ungehemmten und verzweifelten Wodka-Genuß zurückzuführen seien, sogar bei den Frauen.

Es sei an der Zeit, daß die religiöse Wiedergeburt menschliche Würde und Sittlichkeit wiederherstelle. Indessen würden sie von den russischen Sicherheitsbehörden angeklagt, aus dem fernen kaukasischen Aserbeidschan Waffen einzuschmuggeln. Ein ernster junger Mann beteuerte feierlich, daß die vom Westen übernommene nationale Idee eine nützliche, aber keineswegs befriedigende Übergangslösung sei, daß das Postulat der gesamtislamischen »Umma« hingegen die einzig tragfähige Lösung für den Zusammenschluß sämtlicher Muslime in der zerbröckelnden Sowjetunion biete.

Die Islamisten waren noch Außenseiter. Dessen waren sie sich bewußt. Aber sie verließen sich auf ihre Durchsetzungskraft als dynamische Minderheit. Die übrigen, die »Laizisten«, mischten sich wieder in das Gespräch ein, das diskret in unserem Minibus stattfand. Sie schilderten die unerträglichen Existenzbedingungen Tatarstans. Da würden in ihrer Republik Erdöl und Gas gefördert. Bitumen werde aufbereitet, doch die Weiterverarbeitung fände in anderen Regionen statt. Da sei das Land zur Hälfte von Wäldern bedeckt, aber Streichhölzer seien nicht einmal auf Coupons zu haben. Ich hätte mich ja von der Rückständigkeit und vom Elend der tatarischen Bevölkerung überzeugen können; doch in den unionseigenen Fabriken auf tatarischem Boden würde Spitzentechnologie für die Weltraumforschung hergestellt, ohne jeden Profit natürlich für das Budget der Republik.

So distanziert sich die Mehrzahl der Jungen auch gegenüber dem politischen Islam verhielt, eine unentbehrliche Rolle bei der notwendigen moralischen Erneuerung gestanden auch sie der Religion zu. Beim einfachen, bescheidenen Volk könne der Islam eine aufrüttelnde, heilsame Wirkung haben – gemäß dem Weckruf des Muezzin: »Das Gebet ist besser als der Schlaf.« Ob sie denn tatsächlich auf ein unabhängiges Tatarstan inmitten des mächtigen russischen Umfeldes hoffen könnten, fragte ich. Die Antwort war kategorisch: »Wenn wir nicht fest daran glaubten, dann würden wir uns doch nicht dieser Anstrengung und Mühe unterziehen.«

Aus dem Stadion drang plötzlich tumultartiger Lärm. Ich eilte zurück, und es bot sich ein verblüffendes Bild. Die Masse der Jugendlichen, es mochten ein paar Tausend sein, war über die Barriere geklettert und in das innere Oval des Stadions vorgedrungen. Eine Beat-Gruppe veranstaltete ohrenbetäubenden Lärm. Die Menge tanzte dazu, bewegte sich wie in Trance. Dann sang man im Chor tatarische Lieder. Über den Köpfen der bunt zusammengewürfelten Rock-Gemeinde wehte die riesige grüne Fahne des Propheten Mohammed und in einigem Abstand dazu das Feldzeichen der Goldenen Horde, der Erben Dschingis Khans.

Im Hintergrund war der Kreml kunstvoll erleuchtet. Es schien, als wären die jungen Tataren noch einmal zur Entscheidungsschlacht, zur Revanche gegen Iwan den Schrecklichen und seine Moskowiter angetreten. Am Ende bildeten sie quer über den Rasen eine temperamentvolle Sarabande, faßten sich an den Händen, sangen aus vollen Kehlen und drehten sich im wilden Reigen wie zu einer Carmagnole. Das Licht des Scheinwerfers richtete sich auf die flatternde grüne Flagge der islamischen Nostalgie.

Illusionen des Euro-Islam

Kazan, im März 2006

Heute schmückt kein Halbmond mehr die rot-grüne Fahne der Autonomen Republik Tatarstan. Das Totemtier dieses Mini-Staates an der Wolga ist der Schneeleopard, und er hält – wie man mir erklärt hat – die Tatze nicht bedrohlich hoch, sondern hat sie zum versöhnlichen Gruß oder als Zeichen der Unterwerfung nach unten gesenkt. Nicht Ministerpräsident Sabirow ist mehr der politische Mentor; er ist pensioniert, abgesetzt, vielleicht auch tot. Von einer Erschließung tatarischer Erdölvorkommen durch amerikanische Energiekonzerne kann nicht mehr die Rede sein, und die Propaganda für ungehemmten wirtschaftlichen Liberalismus findet bei der Bevölkerung keinen Widerhall.

Hinter den Kremlmauern von Kazan werden die Regierungsgeschäfte heute von Präsident Mintimer Schamijew wahrgenommen, der aus der kommunistischen Nomenklatura hervorgegangen ist, aber sich in der Stunde der nationalen und religiösen Emanzipation ebenso mühelos auf die tatarische Eigenart umstellte wie all jene postsowjetischen Potentaten, die heute als Staatschefs in den GUS-Staaten Zentralasiens ihre Macht ausüben. In langwierigen Verhandlungen haben die Behörden von Kazan immerhin vor vier Jahren erreicht, daß sie Regionalsteuern erheben, einen Teil ihrer Rohstoffe selbst vermarkten dürfen und weitgehende Selbstverwaltung genießen. Weiter kann und will Wladimir Putin mit Rücksicht auf die angespannte Lage im Kaukasus offenbar nicht gehen.

Der 61jährige Präsident Schamijew hat erkannt, daß er besser fährt, wenn er sich auf die dominierende Partei »Einiges Rußland«, die Partei Putins ausrichtet. Die chaotischen Reformexperimente Gorbatschows und Jelzins haben auch in Kazan einen schalen Nachgeschmack hinterlassen. Die Fortsetzung »ultrakapitalistischer Schocktherapien« wird resolut verworfen. »Wir hatten geglaubt, daß das Wirken des freien Marktes alle Probleme lösen könne«, so klingt es in offiziellen Erklärungen; »aber Tatarstan hat schnell begriffen, daß jede Wirtschaft der staatlichen Aufsicht bedarf, wenn sie im Dienste der Menschen stehen will.«

Die interessante Persönlichkeit dieser von Unwägbarkeiten belauerten Wolga-Republik ist zweifellos Dr. Rafael Chakimow, der als »Staatlicher Berater« des Präsidenten für politische Angelegenheiten und als Direktor des Historischen Instituts eine Schlüsselstellung einnimmt. In seinem komfortablen Amtssitz im Präsidialgebäude führen wir ein langes Gespräch, das mit politischen Status-Fragen beginnt und sehr bald auf eine theologische Exegese der islamischen »Jadidiya« sowie der Begriffe »Taqlid« und »Ijtihad« überleitet. Chakimow dürfte etwa vierzig Jahre alt sein.

Er gilt als der brillanteste Intellektuelle von Kazan. Dem Aussehen nach könnte er Südeuropäer sein, und sein Auftreten wirkt – trotz des kurzgeschnittenen Bartes – absolut westlich.

Gleich zu Beginn schildert Chakimow den delikaten Balance-Akt, zu dem seine Republik und deren Präsident gezwungen seien, da Tatarstan nicht am Rande, sondern in der Mitte Rußlands gelegen sei und neben fünfzig Prozent Tataren auch 45 Prozent Russen auf seinem Territorium leben. »Die Frage, ob Rußland auseinanderbricht oder gar in eine Diktatur zurückfällt, wird in Moskau entschieden und nicht bei uns«, betont er. Der »Berater« ist unermüdlich bestrebt, sein Land international aufzuwerten. So erwähnt er eine Tagung der GUS-Staaten, die in Kazan stattfand, sowie die zahlreichen Auslandsreisen, die führende Politiker in die Hauptstädte Europas und Asiens unternehmen. Besonderen Wert legt er auf eine maßgebliche Rolle Tatarstans innerhalb der russischen Delegation bei den Tagungen des Europarats. Seit Juni 2005 nimmt Kazan auch an den Aktivitäten der »Konferenz islamischer Staaten« teil. Präsident Schamijew verstieg sich vor Repräsentanten der »Gemeinschaft unabhängiger Staaten« zu der Behauptung, Kazan habe das Zeug, die Funktion einer »eurasischen« Kapitale auszuüben.

Doch das wahre Thema ist die Religion, und daran erkennt man, daß diese Autonome Republik – nolens volens – Bestandteil des »Dar-ul-Islam« geblieben ist. Chakimow ist ein dezidierter Befürworter des »Euro-Islam«, und er hat für dieses innerhalb der »Umma« heftig umstrittene Konzept einen schlüssigen Entwurf erarbeitet. Seine Broschüre »Wo ist unser Mekka? – Ein Manifest des Euro-Islam« beginnt mit den Worten: »Meine Großmutter war sehr religiös. Sie betete jeden Tag, hielt den Fastenmonat ein und aß kein Schweinefleisch. In meiner Kindheit las sie mir anstelle von Märchen die Lebensgeschichte des Propheten vor. Als ich Student an der Philosophischen Fakultät der Universität Kazan wurde, war ich ihr häufig bei der Deutung komplizierter Suren des Korans behilflich.« Aber Rafael Chakimow, der den Ruf eines angesehenen Wissenschaftlers genießt, wuchs als junger Akademiker in einer ganz anderen geistigen Atmosphäre auf: »Die Sowjetunion war atheistisch. Der Sozialismus präsentierte sich als Gegenpol des westlichen Demokratie-Modells und der Marktwirtschaft. Gut oder schlecht, so haben wir die Zeit erlebt. Lenin trat an die Stelle Jesu Christi. Wir studierten 55 Bände seiner gesammelten Werke, als sei es das Evangelium. Unsere scholastische Unterweisung wurde zur ideologischen Waffe. Jeder, der vom Buchstaben der Leninschen Thesen abwich, galt als Betrüger, als Häretiker, als ›murtat‹, wie man einen Abfall vom Glauben im Islam bezeichnet.«

Der hochgestellte Beamte stellt sich heute folgende Frage: »Warum verbreitete sich der Islam mit solcher Geschwindigkeit rund um den Erdball? Warum fiel der Orient gegenüber dem Okzident dann so hoffnungslos zurück? In welchem Ausmaß wirkt sich die Scharia, die koranische Gesetzgebung auf meine persönliche Existenz aus? Wohin steuert die Welt nach den Terroranschlägen des 11. September 2001?«

Er versucht keineswegs, die Rolle des Islam für das Überleben des tatarischen Volkes herunterzuspielen. Die Religion bewähre sich als Einheitsband der Gemeinden, als Grundlage solidarischen Zusammenhaltens. Zu Beginn des 19. Jahrhunderts entstand – unter Anleitung des tatarischen Theologen Kursavi eine Art Erweckungsbewegung, ein Versuch koranischer »Modernisierung«, die zeitlich mit den Tansimat-Reformen des Osmanischen Reiches zusammenfiel. Tatarische Händler und Reisende waren es sogar, die sich im 19. Jahrhundert bei den bislang im Schamanismus verharrenden Kasachen als Missionare des Koran betätigten und bewährten.

Aus den Vorstellungen Kursavis, so fährt Chakimow fort, sei jenes islamische Umdenken hervorgegangen, das man in Kazan als »Jadidismus« bezeichnet. Demzufolge befindet sich der Islam heute zwischen zwei Polen, zwischen »Taqlid« und »Ijtihad«, zwischen der blinden, buchstabentreuen Befolgung und einer der Gegenwart angepaßten, von menschlicher Vernunft geprägten Auslegung des Heiligen Buches. Den »Jadidismus« bezeichnet Chakimow als den »tatarischen Weg« des Islam. Bewußt legt er sich mit all jenen fundamentalistischen Tendenzen an – ob sie sich »Salafiya«, »Usuliya« oder »Wahhabismus« nennen –, die die militante islamische Revolution in weiten Teilen der Welt inspirieren und ihr gebieterisch ihre unversöhnliche Richtung vorschreiben. Er relativiert den unverzichtbaren, zentralen Glaubenssatz der meisten Muslime, wonach der Koran von Ewigkeit her das ungeschaffene Wort Allahs sei, das dem Propheten durch den Erzengel Gabriel oder Jibril übermittelt wurde. Kein Wort, kein Buchstabe dieser göttlichen Offenbarung darf demnach einem Zweifel, einer Anpassung oder gar einer Abänderung unterzogen werden.

Als Vordenker dieser rigoristischen Schule gilt heute nicht mehr der Gründer der Moslem-Bruderschaft, der Ägypter Hassan el-Banna, der unter König Faruk ermordet wurde, sondern der polemische Prediger Sayyid Qutb, auch ein Sohn des Niltals, der – in voller Kenntnis der westlichen Zivilisation – all jenen die Argumente lieferte, die den »Takfir«, die Verfluchung der Gottlosen und Ungläubigen, dekretieren und die kompromißlose Rückbesinnung auf die tradierten Werte suchen. Sayyid Qutb übersetzte auch den Begriff »fundamentalism«, der bislang im protestantischen »Bible Belt« der USA eine alttestamentarische Bigotterie definierte, mit der arabischen Vokabel »usuliya«. Unter Gamal Abdel Nasser wurde er als gefährlicher Aufrührer hingerichtet.

Für Rafael Chakimow ist dieser ägyptische Fanatiker der deklarierte Gegner. Er verweist mich auf eine Aussage Sayyid Qutbs: »Man versucht hier und dort, islamische Staaten zu gründen, die die gesellschaftliche und ökonomische Organisation Amerikas oder Rußlands nachahmen. Solche Regime ignorieren den Vorrang der islamischen Macht. All jene, die versuchen, die koranische Rechtslehre einem System anzupassen, das sich nicht der Macht des Islam unterordnet, säen Spreu in den Wind.« Die religiösen Reformer von Kazan widersetzen sich auch ausdrücklich der von den Islamisten bevorzugten hanbalitischen Rechtsschule oder »Madhab«, der zufolge der Koran der Auslegung durch den menschlichen Verstand unzugänglich ist und allein der bedingungslose Glaube den rechten Weg weist.

Der tatarische Professor zählt eine Reihe von Bräuchen und Vorschriften des Koran auf, die, in der arabischen Beduinengesellschaft des 7. Jahrhunderts entstanden, auf die Realität seiner

Wolga-Republik jedoch nicht zu übertragen seien. So wurde das Paradies als ein Garten geschildert, wo Flüsse und Bäume Schatten und Kühle spenden. Das möge den Wunschvorstellungen eines Nomaden in der Wüste entsprechen, doch im nördlichen Rußland bestehe kein Mangel an Wasser, und die Menschen dort sehnten sich vor allem nach Sonne und Wärme. Der Prophet habe zwar die Befreiung der Sklaven empfohlen, aber er lehnte die Sklaverei als Institution nicht ab und entsprach damit dem Zeitgeist. Die hanefitische Rechtsschule schreibe sogar vor, einen ungläubigen Kriegsgefangenen entweder zu töten oder zu versklaven, was mit den heutigen Menschenrechtsvorstellungen überhaupt nicht zu vereinbaren sei. Wenn ein Araber, der auf das »Wüstenschiff« angewiesen war, das Kamel als Symbol von Leben, Schönheit, Wohlstand preist und im Koran schöne Frauen geschmeichelt werden, indem man sie mit Kamelen vergleicht – »sehen sie (die Frauen) nicht aus wie Kamele, so wie sie geschaffen sind« –, so läßt sich diese Schwärmerei schwerlich auf andere Breitengrade übertragen.

Kaum vereinbar mit den strengen Fastenvorschriften seien zudem die extremen klimatischen Bedingungen, unter denen eine Anzahl von Muslimen am Rande der Tundra lebe. Ich verweise darauf, daß diese Inkompatibilität schon dem berühmten maghrebinischen Weltreisenden Ibn Battuta aufgefallen war, der im 14. Jahrhundert von der Wolgamündung bei Astrakhan aufbrach, bis zu dem Tataren-Khanat von Bolgar vordrang und seine Erkundung noch eine beachtliche Strecke weiter nach Norden fortsetzte. Da er als Richter, als »Qadi« ausgebildet war, hielt er sich mit großer Beflissenheit an die Vorschriften der Scharia. Es lohnt sich, die kurze Beschreibung Ibn Battutas nachzulesen:

»Ich hatte von der Stadt Bolgar gehört und wollte an Ort und Stelle nachprüfen, was mir berichtet worden war. In dieser Gegend ist nämlich die Nacht im Sommer extrem kurz und im Winter ist sie extrem lang. Ich gelangte nach Bolgar während des Fastenmonats Ramadan. Nachdem wir das Abendgebet verrichtet hatten, beeilten wir uns, das Fasten abzubrechen und die knapp bemessene Dunkelheit für unsere Mahlzeit zu nutzen. Sehr bald kam der neue Tag auf und wir rezitierten das frühe Morgengebet. Im Winter hingegen ist das Tageslicht extrem kurz bemessen, und die Einhaltung der Fastenvorschrift erweist sich ebenfalls als schwierig. – Ich hätte zusätzlich gern das ›Land der Finsternis‹ aufgesucht. Von Bolgar ist diese Region zirka vierzig Reisetage entfernt. Aber ich verzichtete auf das Vorhaben wegen der ungewöhnlichen Schwierigkeiten einer solchen Expedition.« So weit Ibn Battuta.

Während des Ramadan, so lautet die koranische Anleitung, »möget ihr nächtens essen und trinken, bis in der Morgenröte ein weißer Faden von einem schwarzen Faden zu unterscheiden ist. Dann haltet euch wieder an das Fastengebot bis zum Einbruch der Dunkelheit.« – »Wie verhält sich ein frommer Moslem, wenn er sich in der Arktis aufhält und die Sonne überhaupt nicht aufgeht oder den ganzen Tag über scheint?« fragt Chakimow.

Was nun die Forderung der Jadiden nach einer individuellen Auslegung oder »Ijtihad« des Heiligen Buches betrifft, so wie ihre Weigerung, sich einer starren, anachronistischen Anwendung von religiösen Vorschriften – genannt »Taqlid« – zu unterwerfen, die vor 1400 Jahren in der Wüste von Hedschas entstanden, so sind die »Ulama« von Kazan offenbar nicht mit der schiitischen Religionspraxis vertraut, in der diese beiden Begriffe eine ganz andere Wertung beanspruchen. Die »Partei Alis«, die in der gesamten Umma nur fünfzehn Prozent Anhänger zählt, verfügt zwischen Afghanistan und dem Mittelmeer über eine deutliche numerische Präponderanz über die Sunniten.

Bei den Schiiten steht der »Ijtihad« hoch im Kurs, setzt jedoch voraus, daß der einzelne, oft unwissende Gläubige seine koranische Inspiration bei einem gelehrten Ayatollah seiner Wahl sucht. Dieser trägt dann den angesehenen Titel eines »Mujtahid«. Der Begriff »Taqlid« wiederum, den die sunnitischen Tataren von Kazan als blinde theologische Unterwürfigkeit darstellen, genießt im schiitischen Glaubenszweig den Stempel der Heiligkeit. Nur eine kleine Zahl berufener Groß-Ayatollahs verfügt über die alles überragende Autorität eines »marja el-taqlid«, einer »Quelle der Nachahmung«. Ruhollah Khomeini wurde als ein solcher geistlicher Führer verehrt, stieß dabei jedoch auf den Widerspruch einer Reihe anderer hoher Ayatollahs. Die höchste spirituelle Autorität der Islamischen Republik Iran, Ali Khamenei, der mit unzureichenden Gaben in die Fußstapfen Khomeinis getreten ist, beansprucht heute diese geistliche und auch politische Würde.

Die innenpolitische Entwicklung im chaotischen Irak, das schwer durchschaubare Taktieren der dortigen schiitischen Bevölkerungsmehrheit gegenüber den amerikanischen Eindringlingen, ihr Abwehrkampf gegen ihre sunnitischen Erbfeinde können nur unter Berücksichtigung der geheimnisvollen Ratschlüsse des greisen Groß-Ayatollah Ali el-Sistani gedeutet werden, der sich in seiner Abgeschiedenheit von Nejef fast wie ein »verborgener Imam« verhält. Der unumstrittene Rang dieses Ayatollah El-Uzma, seine Rolle als »Marja-el-taqlid« ist so dominant, daß sich sogar der junge Hitzkopf Muqtada es-Sadr seiner Weisung, seiner »Fatwa« nicht entgegenzustellen wagt. Doch in Kazan ist man weit entfernt von den mystischen Geheimnissen der »Schiat Ali«.

Ob das Abweichen der Jadidisten vom arabischen Ursprungsmodell des Islam Bestand haben wird, ob diese religiösen Reformer nicht ebenso tragisch scheitern werden wie die Gefolgsleute des Revolutionärs Sultan Galiew, der von Lenin ermutigt wurde, nach einer unmöglichen Synthese zwischen Islam und Marxismus zu suchen, ist ungewiß. Bevor wir uns trennen, versichert mir Rafael Chakimow noch einmal, daß die Tataren, die in geographischer und kultureller Hinsicht an einer Schnittstelle zwischen Ost und West leben, ihre eigene »Sub-Kultur« hochhalten werden. »Wir wollen uns nicht Saudi-Arabien zuwenden, und wir gehören auch nicht zum christlichen Europa.«

Seiner Veröffentlichung »Wo ist unser Mekka?« entnehme ich folgende Statistik: Mehr als achtzig Prozent der Tataren betrachten sich als Muslime, aber nur vier Prozent suchen regelmäßig die Moschee auf. Deren gibt es heute in der Autonomen Republik etwa tausend, und ihre Zahl nimmt ständig zu. Zur Sowjetzeit waren nur 18 Gebetsstätten zugelassen. Die meisten Hochschulanwärter bemühen sich um Aufnahme in westlich orientierte Universitäten, und die Präferenz für die unterrichteten Fremdsprachen ist aufschlußreich, zumal die Zahlen zwischen Stadt- und Landbewohnern erheblich variieren. So haben sich in den urbanen Zentren 74 Prozent für europäische Sprachen, weit an der Spitze natürlich für Englisch entschieden. In den Agrargebieten hingegen sind es nur 33 Prozent. Was das Arabische betrifft, so liegt das Verhältnis bei 13 zu 25 Prozent. Für Türkisch wiederum optieren zehn Prozent der Kandidaten aus dem städtischen und 25 Prozent aus dem ländlichen Milieu. Daraus läßt sich schließen, daß die Verwurzelung in der islamisch-tatarischen Frömmigkeit in den Dörfern stärker ausgeprägt ist.

*

Meine Betreuer von Novosti haben uns für die weitere Reise durch Rußland eine blutjunge Russin als »Guide« zur Seite gestellt. Die blonde Jewgenija ist die Tochter eines Offiziers aus Petropawlowsk, wurde am äußersten Ostrand auf der Halbinsel Kamtschatka am Nord-Pazifik geboren. Sie wirkt zunächst schüchtern und zögerlich. Aber mit großer Effizienz erspart sie uns jegliche administrative Belästigung. In Kazan schlägt sie uns den Besuch einer im Jahr 1998 gegründeten »Islamischen Universität« vor. Um mich mit den Tataren unmittelbar verständigen zu können, habe ich eine ortsansässige Englisch-Lehrerin als Übersetzerin engagiert. Die muntere, junge Frau trägt den schönen Namen Leila. Sie sieht kein bißchen mongolisch aus, aber um ihre religiöse Zugehörigkeit zu betonen, trägt sie ein lockeres Kopftuch. »Doktor Chakimow sieht es nicht gern, wenn wir unser Haar bedecken«, erklärt sie lachend. »Er ärgert sich sogar ein wenig darüber, daß gerade die jungen Tatarinnen den ›Hijab‹ als Ausdruck ihrer kulturellen Zugehörigkeit anlegen. Aber das ist – so seltsam das für einen Europäer klingen mag – unsere Form der Emanzipation aus der Bevormundung durch westliche Sitten.« Vielleicht nehmen die intellektuellen Eliten von Kazan gar nicht den psychologischen Wandel wahr, der sich unauffällig und ohne jede Provokation vollzieht.

Die Universität ist in einem stattlichen Gebäude untergebracht und dürfte etwa zweihundert Koranstudenten zählen. Die »Tullab«, die mehrheitlich aus ländlichen Gegenden Tatarstans, aber auch aus anderen türkisch-islamischen Siedlungsgebieten der Russischen Föderation stammen, leben in gepflegten Schlafräumen. Während wir das Konferenzzimmer betreten, tönt die dröhnende Stimme des Muezzin über den Lautsprecher. In den Unterrichtssälen entdecken wir zu unserer Überraschung ganze Batterien von Computern und andere elektronische Geräte. So bedient sich die Offenbarung des Propheten der modernen Technologie des amerikanischen »New Age«.

Der Leiter dieser religiösen Lehranstalt trägt einen weiten Kaftan und einen weißen Turban über dem roten Fez, wie das bei den Korangelehrten üblich ist. Gusman Ischanow wird von einer kleinen Gruppe seiner Mitarbeiter umgeben. Er wurde von Präsident Schamijew berufen, der wie so manche Potentaten, so manche »Emire« und »Sultane« an der Spitze der jeweiligen GUS-Republiken Zentralasiens die Wiederbelebung der islamischen Lehre nur in dem Maße fördert, wie sie sich von aktiver oder gar aufsässiger Politik fernhält. Es wird dabei ein halbsäkularer Staats-Islam gefördert, der keine revolutionären Fermente enthält. So ganz anders ist die Situation in den alt-etablierten Staaten des Orients, des »Broader Middle-East«, wie man in Washington sagt, ja auch nicht. Selbst der Rektor der angesehensten Lehrstätte islamischer Wissenschaft Scheikh Tantawi von der El Azhar in Kairo bedarf der Bestätigung des ägyptischen Staatschefs Hosni-el-Mubarak und wurde nicht – wie das früher üblich war – durch die Ulama dieser traditionsreichen Institution kooptiert.

Was Rektor Gusman Ischanow in Kazan vorträgt, hätte Wladimir Putin zweifellos gefallen. Der »Mudir« ergeht sich in Huldigungen an die russischen Behörden, mit denen Schamijew so reibungslos zusammenarbeitet. Die Tataren hätten seit langem ein weltoffenes, extrem tolerantes Islam-Verständnis entwickelt. Es folgen pflichtgemäß die Verurteilung jeder Form des Terrorismus und die euphorische Zukunftsvision eines reibungslosen Zusammenlebens der unterschiedlichen Kulturen, was der traurigen Realität leider nicht ganz entspricht. Im Grunde habe ich es mit einem Regierungsfunktionär zu tun, der mit religiösen Aufgaben betraut ist. Irgendwie erinnert mich Gusman Ischanov an den Groß-Mufti Babachanow, den ich 1958 in seiner Eigenschaft als Direktor der Islamischen Direktion für Zentralasien im usbekischen Taschkent aufgesucht hatte. Natürlich war Babachanow in jener post-stalinistischen Phase ein Instrument der sowjetischen

Politik und des KGB. Aber er verfügte über profundes koranisches Wissen, und in seiner bescheidenen Madrassa durften sich zwei Dutzend »Tullab« in die Lehre des Propheten und die Überlieferung des »Hadith« vertiefen. Ähnlich wie die christlichorthodoxe Geistlichkeit, die ich in den sechziger Jahren in ihrem damaligen Refugium von Zagorsk aufsuchte, hatte der Groß-Mufti von Taschkent immerhin eine Vorstellung religiösen Lebens in diesem atheistischen Umfeld aufrechterhalten. In Usbekistan kam damals die schlichte Frömmigkeit vieler Baumwoll-Pflücker der Sowchosen hinzu, die sich in ihren »Tariqat«, ihren Sufi-Gemeinden, insbesondere in der »Naqschbandiya« wie in Geheimbünden zusammenschlossen und sich dem Zugriff der Gottlosen entzogen.

Das Gespräch in dem angepaßten Milieu der Islam-Universität von Kazan ist nur von kurzer Dauer. Es erweist sich als unergiebig. Auf dem Korridor begegnen wir hingegen einer Anzahl von Studenten, die von heiligem Eifer beseelt scheinen, solide Burschen vom Land, die – gestützt auf ihre Ausbildung in arabischer Sprache, in islamischem Recht und im »Tawhid« – vermutlich einen ganz anderen Islam predigen werden, als der kollaborationswillige Rektor, der von der Regierung bestallt wurde.

Leila hat mir vorgeschlagen, mich in ihrem Auto ins Hotel »Schaljapin« zurückzufahren, während das Kamerateam noch mit Dreharbeiten beschäftigt ist. Die junge Tatarin beeindruckt mich durch ihr Selbstbewußtsein, ihre Heiterkeit und ihre vorzüglichen Englischkenntnisse. Offenbar will sie mich unter vier Augen sprechen. Auf der Fahrt kommt sie gleich zur Sache. Ich solle mich durch die Anpassungswilligkeit des offiziellen Islam von Tatarstan nicht irreführen lassen. Doktor Rafael Chakimow, der ein aufrichtiger Anhänger der »Jadidiya« sei, könne keinesfalls als Opportunist bezeichnet werden, sondern sei von dem Projekt eines »Euro-Islam« überzeugt. Aber die russische Verwaltung und auch der orthodoxe Klerus versuchten mit vielerlei Tricks die koranische Rückbesinnung der Tataren zu gängeln und zu behindern. Sie bedauert, daß es mir nicht vergönnt ist, ein anderes religiöses Zentrum, die »Yoldiz Madrassa« aufzusuchen, die etwa 300 Kilometer östlich von Kazan an der Kama gelegen ist. Dort würde eine ganz andere Richtung vertreten, was den Sicherheitsorganen ein Dorn im Auge war. Die »Yoldiz Madrassa«, die in der Industriestadt Nabereshnye Chelny, die früher Breschnew hieß, unter ständiger Beobachtung des KGB stand, sei geschlossen worden, nachdem ein paar Studenten sich den Mudschahidin Tschetscheniens anschlossen. Die aus dem arabischen Raum stammenden Professoren, die dort unterrichteten, wurden ausgewiesen.

»Wir sind zu lange durch die Zarenherrschaft, dann durch die Gottlosen-Kampagnen der Kommunisten unterdrückt worden«, beklagt sich Leila. »Eine wirkliche Harmonie zwischen Russen und Tataren ist auf Dauer nicht vorstellbar.« Aber viel schlimmer als der jetzige Zustand wäre natürlich ein Abgleiten in eine aussichtslose Revolte. Die Greuel von Bosnien und Tschetschenien würden selbst die todesmutigen Fanatiker ernüchtern. Es habe sich immerhin eine kleine politische Gruppe gebildet, »Eurazes-Partei« genannt, die mit ein paar Abgeordneten im Parlament von Kazan vertreten sei und jeden Tag mit ihrem Verbot rechnen müsse. Diese Gruppierung betone die Überzeugung, daß der Islam nicht nur kultische Folklore sein dürfe, sondern ein in sich selbst geschlossenes System der Gerechtigkeit, der Freiheit und der Tugend.

Die Ablehnung der russischen Vorherrschaft ist im Volk tief verankert. Aber eine pro-amerikanische Stimmung, so fährt Leila fort, sei dadurch bei den Tataren keineswegs aufgekommen. Die wahllose Bombardierung Afghanistans, der weit mehr Zivilisten als sogenannte Taleban zum Opfer fallen, ganz zu schweigen von den Horrorbildern aus den Kerkern von Abu Ghraib im Irak, hätten die Feindseligkeit, ja den Haß gegen die USA geschürt. Auf einem ganz anderen Gebiet sei die Hinwendung zur Frömmigkeit daran zu erkennen, daß der Wodka-Konsum bei den Muslimen, der früher von den kommunistischen Funktionären als Mittel der Religionsentfremdung und der biologischen Schwächung systematisch gefördert wurde, drastisch zurückgegangen sei. Mit dem Ende des Sowjet-Systems sei die schlimmste Form der Unterdrückung von ihnen genommen worden, so empfinden es die Muslime Rußlands. Aber der »Go-go-Kapitalismus«, dem so viele Russen neuerdings huldigen, wirke sich fast ebenso verhängnisvoll aus. In der »Yoldiz Madrassa« hing einst eine primitive Protestmalerei an der Wand. Sie stellte ein blutendes Herz dar, das den Versuchungen der westlichen Permissivität erlegen war. Die kapitalistische Versuchung wurde symbolisiert durch ein Luxusauto, ein Mobiltelefon und einen Sack voller Dollar-Scheine.

Bei all ihren Vorwürfen hat Leila sich nicht im geringsten echauffiert. Gerade deshalb wirkt sie überzeugend. »Wer in die Moschee geht, fühlt seine Stärke«, heißt es angeblich bei der aufwachsenden Generation. Vor dem Portal des »Schaljapin« angelangt, lade ich die Tatarin zu einem abendlichen Umtrunk ein, aber sie lehnt lachend ab. Eine zusammenfassende Formulierung hält sie noch bereit, bevor ich mich – wohlweislich ohne Händedruck – von ihr verabschiede: »Was immer behauptet werde – a distinctive form of Euro-Islam or Russian Islam is rubbish«.

*

Zum Abschluß dieser Betrachtung über Tatarstan wende ich mich wieder meinem ersten Aufenthalt an der Wolga im Sommer 1991 zu. Bei der Stadtbesichtigung war mir damals ein Friedhof gezeigt worden, unter dessen Birken ein Sohn Josef Stalins begraben lag. Er hatte als Ingenieur in Kazan gearbeitet und war als Alkoholiker an Leberzirrhose gestorben. Aber niemand nahm Notiz von dieser Kuriosität. Die Menge strömte stattdessen einer kleinen, orthodoxen Kirche zu, die ein paar Monate zuvor noch als Museum diente. Es war Nachmittag. Die Gläubigen, überwiegend Frauen, kamen zum Gottesdienst, der von Popen in goldenen Gewändern mit eindrucksvollen Bärten und mächtigen Stimmen zelebriert wurde. Aus der »Kirche des Schweigens« war im Nu eine »Ecclesia triumphans« geworden. Ein junger Geistlicher mit wallendem, blondem Haar und strahlend blauen Augen trat wie ein Erzengel auf.

Diese kleine Friedhofskirche von Kazan übte eine mystische Anziehungskraft aus. Hier wurde eine »Schwarze Madonna« verehrt. Die Ikone war klein und rundum mit Gold verkleidet. Das Antlitz der Mutter Gottes mit dem Jesuskind, hieratisch erstarrt, hatte sich in Jahrhunderten unter dem Qualm unzähliger Kerzen so dunkel verfärbt, daß ihre Züge kaum zu erkennen waren. Im ganzen Heiligen Rußland war dieses Gnadenbild unzählige Male reproduziert worden, wie das den Normen der byzantinisch geprägten Kunst entspricht.

Die Mutter Gottes von Kazan besitzt eine mächtige symbolische Bedeutung. Zu ihr betete, nach der Unterwerfung durch Mongolensturm und Islam, das leidende Rußland in tiefer Inbrunst um die Befreiung vom Tatarenjoch. Die Ikone wurde stets den Heerscharen vorangetragen, wenn die ostslawischen Fürsten sich gegen die muslimische Fremdherrschaft erhoben. Nachdem sich die Macht der Moskowiter unter den ersten Zaren stabilisiert hatte, erwählte auch Iwan der Schreckliche dieses Madonnenbild als wundertätiges Feldzeichen.

Eine merkwürdige Assoziation drängte sich mir auf. Im Frühjahr 1974, zur Zeit der portugiesischen »Nelken-Revolution«, war ich zum Marienheiligtum von Fatima gereist und hatte dort die volkstümliche Wallfahrt gefilmt. Dabei hatte ich auch jene kleine Nebenkapelle im byzantinischen Stil aufgesucht, in der eine Replik der Ikone der Gottesmutter von Kazan von den Gläubigen mit besonderer Inbrunst verehrt wurde. Angeblich handelte es sich hier um einen Hinweis auf jene Voraussage, die den Kindern von Fatima anläßlich ihrer Marienerscheinung zuteil wurde. Dieser Prophetie zufolge sei die christliche Wiedergeburt, die Rückbesinnung Rußlands auf den wahren Glauben, in Gottes Ratschluß enthalten. Der polnische Papst Johannes Paul II., der so gern nach Fatima pilgerte, hatte sich ja schon zu Beginn seines Pontifikats dieser mystischen Hoffnung, dieser mirakulösen Erwartung hingegeben.

Das Oberhaupt der katholischen Kirche hatte bis zu seinem Tod zu Gott gebetet, eine Reise nach Rußland antreten zu dürfen. Aber dem widersetzte sich Alexej II., dessen Patriarchat von Moskau schon im frühen 16. Jahrhundert von dem Mönch Filofei aus Pskow als »Drittes Rom« gefeiert wurde. Johannes Paul II. hatte nach einem Besuch in der Mongolei auf dem Rückflug geplant, in Kazan wenigstens eine Zwischenlandung einzulegen, um die wundertätige Gottesmutter, die auch von den Katholiken verehrt wird und deren Original auf seltsamen Umwegen in die Privatgemächer des Papstes gelangt war, den slawischen Brüdern in Christo zurückzugeben. Selbst diese Versöhnungsgeste wurde ihm nicht gewährt, so daß er auf die Vermittlung der muslimischen Behörden von Tatarstan angewiesen war, die dafür sorgten, daß dieses Wahrzeichen des russischen Marienkults seinen rechtmäßigen Platz in der Verkündigungs-Kathedrale von Kazan wiederfand. Wie pflegte noch mein Lehrmeister Jacques Berque zu sagen, der als Professeur du Collège de France seinerzeit als der angesehenste Orientalist Frankreichs galt: »En Orient rien ne se perd – Im Orient geht nichts verloren.«

Brückenschlag am Ural

Ufa (Baschkortostan), im Sommer 1991

Mit einer kleinen Charter-Maschine waren wir im Juli 1991 von Kazan nach Osten gestartet. Es gab sogar eine russische Stewardeß an Bord, die sich als platinblonde Sexbombe stilisierte. Vor uns lag eine Flugstrecke von 500 Kilometern. Wir überflogen eine eintönige, flache Landschaft. Waldfetzen lösten sich mit braunen Äckern ab, eine schlechte Topographie für den Partisanenkrieg, falls die Tataren jemals an bewaffnete Auflehnung denken sollten. Wir steuerten auf Ufa zu, die Hauptstadt der Autonomen Sowjetrepublik Baschkirien, wie man bislang sagte. Neuerdings nennt sich dieses Teilgebiet der Russischen Föderation »Autonome Republik Baschkortostan«.

Unser erster Besuch in Ufa galt der dortigen »Geistlichen Direktion« der Muselmanen für das europäische Rußland und Sibirien sowie dem damals amtierenden Mufti Tallaghat Tadschuddin. Ufa war uns als beispiellos häßliche Industriesiedlung mit anderthalb Millionen Menschen angekündigt worden, die durch ihre petrochemischen Anlagen auf unerträgliche Weise verpestet sei. Wir waren von diesem »baschkirischen Bitterfeld« angenehm überrascht. Die Stadt liegt auf einem Plateau zwischen den Flüssen Ufa und Belaja, auf baschkirisch »Agidel«, und die fünfzehn Kilometer lange Zentralallee »Oktober« war so dicht mit Bäumen, meist Birken und Pappeln, bepflanzt, daß die unansehnlichen Bauten gnädig verdeckt waren.

Meine riesige Suite im Intourist-Hotel war mit scheußlichem Nippes und einem gewaltigen Flügel ausgestattet. Am Souvenirladen wurde unter anderem eine kleine Moschee-Kuppel zum Kauf angeboten. Sie trug ringsum die arabische Inschrift: »Bismillah rahman rahim – Im Namen Gottes, des Gnädigen, des Erbarmers«.

Mufti Tallaghat gehörte jener Generation sowjetischer Korangelehrter an, die noch unter Breschnew ins orientalische Ausland geschickt wurden. Er hatte nach Absolvierung der usbekischen Medressen und Institute von Buchara und Taschkent zwei Jahre an der berühmtesten theologischen Hochschule El Azhar von Kairo verbracht, zur Zeit Anwar es-Sadats, wie er bemerkte. Der Imam, ein relativ junger Mann mit blauen Augen und rötlichem Barthaar, beklagte die religiöse Unwissenheit der Gläubigen nach siebzig Jahren Atheismus.

Im Gegensatz zu den benachbarten und engverwandten Tataren lebten die Baschkiren vor der Oktoberrevolution überwiegend als Hirten, verfügten also nicht über den intellektuellen und nationalen Hintergrund der einheimischen »Bourgeoisie« und der »Jadiden« von Kazan. Der Mufti selbst war Tatare. Doch die Überführung der »Geistlichen Direktion« an die Wolga, wie sie von den Muslimen in Kazan gefordert wurde, lehnte er ab. Inzwischen haben sich zwar in den diversen Autonomen Republiken selbständige Muftiate herausgebildet, aber damals verwies der Leiter dieser Institution in Ufa darauf, daß deren Gründung auf das Jahr 1789 und einen Erlaß Katharinas der Großen zurückgehe. Die Zarin, so hieß es, habe gegenüber den Muslimen ihres Imperiums im Gegensatz zu ihren Vorgängern eine recht tolerante Politik verfolgt. Sie wurden besser behandelt als die Juden des westlichen »Pale« ihres Imperiums.

Tallaghat Tadschuddin ließ diese Bevorzugung nicht gelten. Die Herrscherin sei wohl nach dem großen Pugatschow-Aufstand, der ihr Imperium an den Rand des Abgrundes gedrängt hatte, nichts anderes übriggeblieben. Der Thronprätendent Pugatschow war ein einfacher russischer Bauer, der von sich behauptete, er sei in Wahrheit der ermordete Zar Peter III. Er hatte ein gewaltiges Aufgebot von Leibeigenen und Unzufriedenen hinter sich gesammelt und verwüstete das östliche Zarenreich. Vierzig Prozent seiner Gefolgsleute waren Tataren und Baschkiren, die damals hofften, das zaristische und christliche Joch abzuschütteln. Hier liege der Schlüssel zur erleuchteten Duldsamkeit gegenüber dem Islam, die die große Zarin angeblich praktiziert habe, bemerkte der Mufti.

Ein islamischer Revolutionär war der Mufti von Ufa gewiß nicht. Er repräsentierte angeblich acht bis neun Millionen sunnitische Muselmanen der hanefitischen Rechtsschule und genoß bei den Gläubigen den Ruf eines rechtschaffenen Mannes. Von radikaler politischer Aktivität hielt er sich fern, erwähnte nur beiläufig, daß zur Zeit unseres Gesprächs im Juli 1991 neben der in Baschkirien noch allmächtigen Kommunistischen Partei auch nationale Zirkel unter dem Namen »Ural« oder »Aktirme – Weißes Zelt« im Entstehen seien. Er war stolz auf die riesige Moschee, die im Norden der Stadt auf mächtigen Betonfundamenten entstand und ausschließlich durch Spenden finanziert sei. Immerhin seien im vergangenen Jahr 4000 Gläubige aus der Sowjetunion nach Mekka gepilgert.

Tallaghat Tadschuddin stand, wie all jene muslimischen Imame, die – vom kommunistischen Regime begünstigt, vom KGB gesiebt, mit präzisem politischen Auftrag versehen – die offiziellen geistlichen Führungspositionen in der Sowjetunion bekleideten, in einem gewissen Zwielicht. Vielen haftete der üble Geruch des Zusammenspiels mit den Gottlosen an. Doch bei dem einen oder anderen mag sich ein vergleichbarer Prozeß ereignet haben, wie er in dem Theaterstück von Jean Anouilh »Becket oder die Ehre Gottes« geschildert wird. Darin vollzieht sich im mittelalterlichen England die Wandlung eines königlichen Günstlings, der vom Thron als unterwürfiger Kirchenfürst investiert worden ist, zur Heiligkeit. Becket wird sich plötzlich seiner religiösen Pflichten und seiner Verantwortung vor Gott bis zur Hinnahme des Martyriums bewußt. Das Thema »Der Mufti oder die Ehre Allahs« wurde in der Sowjetunion bisher noch nicht erforscht.

Die Stadt Ufa wurde durch monströse Bronze-Denkmäler verschandelt. Neben dem monumentalen Lenin verherrlichten zwei vorwärts stürmende Giganten den heldenhaften Kampf der Bolschewiki und baschkirischen Freiwilligen gegen die Weißgardisten, obwohl gerade in Ufa die Kommunisten eine schwere Niederlage erlitten. Hoch über dem »Weißen Fluß«, dem Agidel, ritt der mythische baschkirische Held Salawat Julajew, der an der Seite Pugatschows gegen Katharina focht und von den Sowjets zu einer Art tatarischem Spartakus stilisiert wurde. Diese offiziellen Verbrüderungsgesten konnten nicht über die brisanten ethnischen Spannungen hinwegtäuschen. Etwa 3,8 Millionen Einwohner zählte diese Autonome Republik, darunter jedoch nur 800 000 Baschkiren und eine Million Tataren gegen einen russischen Bevölkerungsanteil von 47 Prozent. Der Rest setzte sich aus Kasachen, Mordwinen und Deutschen zusammen.

Auch in Ufa hatten die Spezialisten der sowjetischen Methode des »Teile und Herrsche« die gesellschaftlichen Unterschiedlichkeiten und die sprachlichen Abweichungen zwischen tatarischen und baschkirischen Muslimen zu einem künstlichen Nationalitätenkonflikt hochgezüchtet. Die Tataren von Kazan, die sich ihren baschkirischen Brüdern intellektuell überlegen fühlten und mit ihren Kulturvereinen durchaus präsent, ja rührig waren, forderten die Wiedervereinigung der beiden Teilrepubliken und somit die Schaffung eines größeren Tatarstans, wie es vor 1902 administrativ existiert hatte. Obwohl die mundartlichen Unterschiede zwischen den beiden »Sprachen« geringer sind als die Abweichungen der Schweizer Dialekte, klagten die Tataren Baschkiriens über ihre systematische Benachteiligung.

Wie lange würde es Boris Jelzin gelingen, so fragten wir uns damals, die sechzehn Autonomen Republiken seiner Russischen Föderation zusammenzuhalten, die Stalin einst so willkürlich zurechtgeschustert hatte? In Baschkortostan grenzt der russische Kernstaat unmittelbar an Asien; hier geht Rußland in Asien auf, droht in Asien unterzugehen. Aus Moskau gesehen, erscheinen Tatarstan und Baschkortostan vielleicht als verlorene Außenposten der turanischen Nationalisten und der Islamisten. Doch von Ufa aus richtet sich heute die Aufmerksamkeit auf die nahe, riesige Steppenrepublik Kasachstan, die auf Dauer für Moskau zu einem schmerzlichen, explosiven Problem werden dürfte. Dort lebten damals mindestens sechs Millionen Slawen, das waren knapp vierzig Prozent der Gesamtbevölkerung. Diese Kolonisten stellten im Norden Kasachstans achtzig bis neunzig Prozent der Einwohner und hatten zur Zeit der »Neuland-Kampagne« Chruschtschows die Urbevölkerung aus den fruchtbaren Gebieten in die südliche Öde abgedrängt. Doch von Grenzkorrekturen wollte Nursultan Nasarbajew, der starke Mann von Alma-Ata, wie man damals noch schrieb, nichts wissen. Als Jelzin eine solche Möglichkeit erwähnte, schreckte der kasachische Präsident vor der Androhung bewaffneten Widerstandes nicht zurück.

Wird diese riesige Steppenrepublik, deren Ausdehnung der Fläche Westeuropas entspricht und die weniger als zwanzig Millionen Menschen zählt, zum unwiderstehlichen Ausgangspunkt für die verwandten Turk-Völker an Wolga und Ural? Seit 1991 haben sich die Gewichte gründlich verschoben in Zentralasien. Der ehemalige kommunistische Parteisekretär Nasarbajew gebärdet sich heute wie ein allmächtiger Groß-Khan, seit in der kasachischen Küstenregion des Kaspischen Meeres die enorme Ölblase von Kashagan entdeckt wurde. Mit einem Schlag gerieten die bisherigen Hungerleider Zentralasiens in den Genuß von Milliarden von Petro-Dollars. Wie sein turkmenischer Nachbar, Präsident Nijasow, der sich »Turkmenbaschi« nennen läßt, ist auch Nasarbajew dem Größenwahn erlegen. Die recht idyllische Hauptstadt Alma-Ata, die heute Almaty heißt und am Rande des schneebedeckten Tian-Shan-Gebirges nahe der chinesischen Provinz Xinjiang gelegen ist, paßte dem kasachischen Staatschef, dessen arabischer Vorname »Nursultan« mit »erleuchteter Macht« übersetzt werden kann, nicht mehr ins politische Konzept. Die neue Kapitale Astana – früher hieß diese kümmerliche Ortschaft Akmolinsk und auch Selinograd – wurde durch einen Erlaß des Herrschers, der sich noch unlängst mit 91 Prozent der Stimmen im Amt bestätigen ließ, in trostloser Steppenlandschaft im Rekordtempo aus dem Boden gestampft. Sie ist 1300 Kilometer nördlich von Almaty gelegen. Den dort bislang mehrheitlich siedelnden Russen und Ukrainern, die sich vorübergehend zur Abwehr eines neuen Tatarenjochs in wehrhaften Kosakenverbänden zusammenschlossen, wird damit zu verstehen gegeben, wer Herr im Hause ist und daß allen Abspaltungsabsichten ein Riegel vorgeschoben wird.

Nasarbajew sieht sich in der Nachfolge Dschingis Khans, so wie der usbekische Präsident Karimow den »Amir-el-Kabir«, Tamerlan, der halb Asien in Schutt und Asche legte, als Nationalhelden feiert. Aber der Kasache ist klug genug, den offenen Konflikt zu meiden und läßt als Symbol einer friedlichen, vielleicht illusorischen Koexistenz mit der Vielzahl seiner christlichen Untertanen eine 62 Meter hohe »Friedens-Pyramide« erbauen. Wird das ungeheuerliche Projekt von Astana, diese Retortenschöpfung aus Stahl und Glas, die in Kürze eine Million Einwohner zählen soll, eine magnetische Sogwirkung, eine Faszination auf die Tataren und Baschkiren ausüben, oder wird sich diese exzessive, verschwenderische Tyrannis abschreckend auswirken?

Am letzten Abend vor unserem Rückflug sind wir im Juli 1991 auf die Höhe gepilgert, wo der baschkirische Recke Sulawat Julajew auf seinem mächtigen Bronze-Roß in die asiatische Weite reitet. Viele Einheimische genossen den Ausblick über die unendlichen Wälder, die sich jenseits des Agidel-Flusses erstrecken. Der rassische Typus der Baschkiren ist hier schon deutlich asiatischer als bei den Tataren von Kazan. Mir fielen hübsche, blonde Mädchen mit rein asiatischen Gesichtszügen auf. Während ich das fantastische Farbenspiel des Sonnenuntergangs genoß, war ein junger Mann mit mongolischen Gesichtszügen, vermutlich ein Student, an mich herangetreten. »Sie blicken nach Süden«, begann er auf Englisch. »Wissen Sie, daß dort jenseits der Grenze der Autonomen Republik Baschkortostan nur ein ganz schmaler Schlauch von fünfzig Kilometer Tiefe unser Territorium von dem Staatsgebiet unserer turkstämmigen und muslimischen Brüder der Unabhängigen Republik Kasachstan trennt? Wir sind in Ufa und in Kazan – rein geographisch betrachtet – gar nicht so isoliert, wie in Moskau immer wieder behauptet wird.« Ein paar mutige Tataren hätten den russischen Behörden vorgeschlagen, diesen Korridor, der östlich von Orenburg bei der Ortschaft Gaj seine engste Stelle erreicht, entweder den Baschkiren oder den

Kasachen zuzuschlagen, was natürlich kategorisch abgelehnt wurde. Doch man solle sich diese Schwachstelle der Russischen Föderation aufmerksam einprägen. Irgendwann strebe auch Asien auf organisches Zusammenwachsen hin.

Es rumort an dieser Schwelle der Kontinente, und eine kleine Gruppe russischer Intellektueller und Wissenschaftler wartet mit Thesen auf, die in Brüssel und Straßburg, aber auch in Washington und Berlin auf Staunen und Beklemmung stoßen dürften. So behauptet der Historiker und Ethnograh Lew Gumiljow, daß »Eurasien« der natürliche geographische Schauplatz für den besonderen Ethos der russischen Bevölkerung sei, »das Ergebnis einer historischen Symbiose zwischen Russen und den nichtrussischen Steppenbewohnern, die eine kulturell und geistig einzigartige eurasische Identität geschaffen habe«.

In der Gestalt des Fürsten Trubetzkoi, der recht stolz auf den tatarischen Ursprung seiner zum orthodoxen Christentum bekehrten Familie pocht, kann sich Lew Gumiljow auf einen radikalen Vorläufer seiner Ideen berufen. Es lohnt sich, diesen russischen Aristokraten im Wortlaut zu zitieren: »Mit seiner Zerstörung der geistigen Grundlagen und der nationalen Einzigartigkeit des russischen Lebens, der Verbreitung der materialistischen Weltanschauung, die ja Europa wie auch Amerika tatsächlich schon beherrscht, war der Kommunismus in Wirklichkeit eine verschleierte Version des Europäismus. Unsere Aufgabe ist es, eine völlig neue Kultur zu schaffen, unsere eigene Kultur, die der europäischen Zivilisation nicht gleichen wird. Wenn Rußland kein Abklatsch europäischer Kultur mehr ist, dann wird es endlich wieder zu sich selbst finden: Rußland-Eurasien, das sich als Erbe Dschingis Khans verehrt und sich seines großen Vermächtnisses bewußt ist.«

Wenn der Groß-Khan Nasarbajew von Kasachstan, der im Präsidentenpalast seiner surrealen Hauptstadt Astana solche Töne vernimmt, kommt er unter seinem blauen Mongolen-Banner gar nicht umhin, an die Goldene Horde und an deren gewaltiges Heerlager von Saraj zu denken. So weit ist es ja gar nicht vom baschkirischen Ural und schon gar nicht von der kasachischen Oblast Zapadno bis Stalingrad an der Wolga. Dort hatte ich 1966 im Gefolge General de Gaulles zu meinem Erstaunen entdeckt, daß die kolossale Siegesgöttin, die Josef Stalin zur Verewigung seines Schlachtenruhms auf dem Tataren-Hügel Mamaj errichten ließ, ihr gewaltiges Schwert nach Osten richtet, während der weit aufgerissene Mund ihren Siegesschrei der asiatischen Steppe entgegenzubrüllen scheint.

Die Kaukasische Wunde

KAZAN, IM APRIL 2006

Ich habe mich um einen Kontakt mit Klerikern der orthodoxen Peter-und-Paul-Kirche von Kazan bemüht. Im Sommer 1991 hatte ich dort ein Gespräch mit dem relativ jungen, asketisch wirkenden Bischof Anastasi geführt. Der Prälat hatte beteuert, daß seine Beziehungen zu den islamischen Predigern und Imamen gut und reibungslos verliefen. Hingegen schleuderte er damals – wenn er im goldenen Ornat und unter der kuppelförmigen, gleißenden Krone der orthodoxen Geistlichkeit zu seiner Gemeinde predigte – Bannflüche gegen die amerikanischen Sekten – insbesondere die Baptisten –, die in seinem Diözesan-Bereich mit viel Geld und Versprechungen den Abfall der Gläubigen von der wahren Lehre betrieben.

Dieses Mal treffe ich nur einen Geistlichen niederen Ranges an, den »Hieromonk« Athanasios, einen bäuerlich wirkenden Koloß, der sich zudem in kämpferischer Stimmung befindet. Ich habe den Eindruck, daß er meiner Begleiterin Jewgenija ein wenig Furcht einflößt. »Glauben Sie denn, daß die Greueltaten, die die mohammedanischen Banden des Kaukasus an unseren Frauen und Kindern verüben, in Kazan ungehört verhallen?« poltert er los. »Dazu kommen die Kriegsverbrechen der Amerikaner gegen die arabische Zivilbevölkerung, und die wirken sich bei unseren Muslimen von Tatarstan extrem negativ aus.«

Ich spreche ihn auf jenen »Kongreß der Führer der Weltreligionen und traditionellen Glaubenslehren« an, den Nursultan Nasarbajew am fünften Jahrestag von »Nine Eleven« in seiner neuen Hauptstadt Astana abhalten will. Der stämmige Pope reagiert mit Zorn. »Wir werden bei dieser Schaumschlägerei durch unseren Metropoliten von Minsk Filaret vertreten sein, und der Vatikan entsendet den Kardinal Etchegaray. Sie sind beide repräsentativ für ihre jeweilige Konfession. Aber auf der muslimischen Seite übt der nach Astana delegierte Scheikh Tantawi der El-Azhar-Universität in Kairo auf jene Kräfte des Islam, auf die es wirklich ankommt, doch gar keinen nennenswerten Einfluß mehr aus. So versicherte es mir jedenfalls unser Mufti von Kazan. Ähnlich ergeht es dem bedauernswerten Patriarchen von Konstantinopel, Bartholomaios, der ein Gefangener der Türken ist und dessen ökumenische Würde nicht darüber hinwegtäuscht, daß das Dritte Rom längst in Moskau gegründet wurde.«

In Tatarstan seien die Beziehungen zwischen orthodoxen Christen und Mohammedanern ja noch erträglich, fährt Athanasios fort. Aber im übrigen Rußland gäre es. Das Hochkommen eines terroristischen Islamismus beschränke sich nicht auf die »Autonomen Republiken« des Nordkaukasus. Man habe gelegentlich den Eindruck, Rußland sei an einem bösartigen Krebs erkrankt und die Metastasen würden sich über das ganze Gebiet der Föderation ausbreiten.

Tatsächlich häufen sich die Zwischenfälle. Wer hatte je den Namen der karelischen Ortschaft Kondopoga am Onega-See gehört, wo aufgebrachte slawische Einwohner mit dem wütenden Kampfschrei »Rußland den Russen« gegen zugewanderte Kaukasier vorgingen und deren Marktstände verwüsteten? Die xenophoben Ausschreitungen richten sich in erster Linie gegen Tschetschenen. Aber auch Aserbeidschaner und Dagestaner kommen zuschaden. Der Hieromonk verweist auf die Sendungen von »Echo Moskwy« und die dort zitierten Hörerzuschriften, die schlicht und einfach die Deportation dieser fremdländischen und andersgläubigen Eindringlinge fordern. Vor allem durch ihre umtriebige Geschäftstüchtigkeit – gestützt auf undurchsichtige Clan-Strukturen – hatten sie sich den russischen Kaufleuten überlegen gezeigt. Nun kam Pogromstimmung auf.

Die Autonome Republik Karelien, die bis zu den arktischen Küsten des Weißen Meeres ausgreift, ist für die slawophilen Ultranationalisten der Liberal-Demokratischen Partei des Demagogen Wladimir Schirinowski zum Kristallisationspunkt einer rassistisch gefärbten Kampagne gegen die »Schwarzärsche« geworden. Auf der Landbrücke zwischen Don und Wolga haben bereits wehrhafte Kosakenverbände gegen die dort einsickernden Dagestaner Front gemacht und eine ethnische Säuberung gefordert, die der russischen Leitkultur und ihrer orthodoxen Christenheit einen exklusiven Entfaltungsraum zusichern soll. Die Reaktion der überwiegend muslimischen Kaukasier ließ nicht auf sich warten. Das russische Staatswappen, das neben dem Kreuz der Orthodoxie den Heiligen Georg führt, eignet sich natürlich schlecht als nationale Symbolik für eine muslimische Teilbevölkerung von immerhin zwanzig Millionen Menschen. Aus Tschetschenien dringen beängstigende Töne. Notfalls, so vernimmt man in Grosny, würden speziell geschulte Kommandos den gefährdeten Landsleuten und Glaubensbrüdern in fernen Provinzen zu Hilfe kommen.

Immer wieder die Tschetschenen! Ich greife auf meine Erlebnisse aus dem Juni 1996 zurück. Die Hauptstadt dieser »Autonomen Republik« am Nordrand des Kaukasus war zum Schlachtfeld geworden. Ab sechs Uhr abends, wenn die russischen Posten betrunken waren, wurde auf alles geschossen, was sich bewegte. Der Tag gehörte im Flachland der erdrückenden moskowitischen Übermacht. Bei Nacht – wenn die zahllosen russischen Panzerfahrzeuge ihre Patrouillen einstellten – kamen die Mudschahidin aus ihren Verstecken und wiesen die tschetschenischen Dorfbewohner an, wie sie sich zu verhalten hatten, um der heiligen Sache Allahs zu dienen. In sämtlichen Ortschaften, die wir passierten – auch in Argun, das knappe zehn Kilometer von Grosny entfernt ist –, fanden bei Tage in aller Öffentlichkeit anti-russische Kundgebungen statt. Neben der grünen tschetschenischen Fahne tauchten Plakate mit dem Porträt Dschochar Dudajews auf, des ersten Präsidenten der unabhängigen Republik Tschetschenien, der im April 1996 durch eine feindliche Granate getötet wurde.

Rund um Grosny hatte das russische Oberkommando einen gewaltigen Sicherheitskordon gespannt. Vor den Stellungen waren Sandsäcke und Betonblöcke geschichtet. Überall standen Tanks. Die Soldaten traten sehr unterschiedlich auf. Einige waren durch Stahlhelm und kugelsichere Weste geschützt, andere ließen sich tagsüber mit bloßem Oberkörper von der Sonne bräunen. Immer wieder begegnete man Rambo-Gestalten, Muskelprotzen mit dem blau-weiß gestreiften T-Shirt der Elitetruppen. Mit gespreizten Beinen hielten sie die Kalaschnikow im Anschlag. Einer trug ein Unterhemd mit der Aufschrift »Chicago Bulls«. Am Koppel dieser Sylvester-Stallone-Kopien baumelten Magazine und Granaten. Um den Kopf knüpften sie rote Stirnbänder.

Über den Stützpunkten wehte meist die russische Fahne, aber ein paar Unentwegte ließen auf ihren Panzern auch noch die rote Flagge der Sowjetunion mit Hammer und Sichel flattern. Dreimal wurden wir von russischen Bewaffneten angehalten und oberflächlich kontrolliert. Die blonden jungen Leute in erdbrauner oder grüner Tarnuniform flößten keinen Schrecken ein. Sie überraschten vielmehr durch ihre naive Sorglosigkeit und ihr jungenhaftes Lachen, wenn man ein paar freundliche Worte an sie richtete. Im Grunde waren sie den amerikanischen GI's in Vietnam, die in den umstrittenen Zonen am Mekong auch ziemlich verwahrlost und keineswegs als Muster von Disziplin auftraten, gar nicht so unähnlich.

Wir hatten darauf verzichtet, bei Einheimischen Quartier zu suchen. Am Rande des von Panzern und Bunkern abgeriegelten Regierungsviertels war eine Notunterkunft überwiegend für russische Journalisten recht und schlecht in einem halbzerstörten Backsteinhaus installiert. Die Kammern waren dürftig, die gemeinsamen Waschräume primitiv. Das Kamerateam mußte mehrere Nächte in einer trostlosen Kate mit sechs schnarchenden Kollegen verbringen. Immerhin gab es eine Kantine. Dort boten derbe russische Köchinnen – in übelriechenden Dunst gehüllt – mit freundlicher Geste Kascha und undefinierbares Hackfleisch an.

Unter den Gästen befand sich eine Gruppe schweigsamer, athletischer Europäer, die die Makarow-Pistole selbst beim Essen im Halfter führten. Es waren wohl Beamte des FSB. Der russische

Geheimdienst hatte sich neben dem Portal in einem mit Panzer-platten und Sandsäcken abgeschotteten Gebäude etabliert. Ob es nur eine Transmissionsstation war oder ob dort auch Verhöre stattfanden, konnten wir nicht eruieren. Daß einem gefangenen Aufständischen in Tschetschenien ein hartes Schicksal drohte, daß gefoltert und gemordet wurde, stand außer Zweifel. Aber welcher Partisanenkrieg ist von solchen Greueln verschont geblieben?

Die Russen hatten pro Tag zwei bis vier gefallene Soldaten allein im Stadtkern von Grosny zu beklagen. Die Verluste der Gegenseite – dort waren meist Zivilisten die Leidtragenden – lagen wesentlich höher. Da kein Keller, geschweige denn ein betonierter Unterstand vorhanden war, blieb man am besten auf dem harten Lager liegen, wenn die Einschläge näher rückten. Ohne Prahlerei kann ich sagen, daß ich in Grosny recht gut geschlafen habe. Nur wenn eine Autobombe hochging oder eine Panzerfaust ganz in der Nähe abgefeuert wurde, schreckte man auf und zählte nach alter Vietnam-Manier die »incoming«- und »outgoing«-Geschosse. Es war zwei Uhr nachts, da rüttelte Alek mich aus dem Schlummer. Wir sollten uns voll angezogen aufs Bett legen und alle Sachen packen. Eine größere Kampfhandlung sei angesagt, und wir müßten vielleicht fluchtartig das Weite suchen. Besagter Angriff fand in dieser Nacht nicht statt. Er sollte erst einen Monat später erfolgen.

Meine beiden Kameramänner, Alek und Tagi, waren Aserbeidschaner. Gerade weil sie Kaukasier und Muslime waren, und gerade weil sie in den sowjetischen Streitkräften gedient hatten, waren sie für mich ideale Interpreten dieser verworrenen Situation, die sich von den mir vertrauten Kriegsschauplätzen so grundlegend unterschied. Bevor wir uns in unsere modrigen Buden zurückzogen, unterhielten wir uns immer wieder über das zentrale Thema: Wie schaffte es ein winziges Volk von weniger als einer Million Menschen auf einem lächerlich kleinen Territorium, der gewaltigen Kriegsmaschine Rußlands standzuhalten? Wie kam es, daß die Tschetschenen nicht längst zermalmt waren? Wo nahmen sie ihre Waffen und ihren Nachschub her?

Mir war sowohl in Grosny als auch auf dem Lande aufgefallen, daß die Beziehungen zwischen Russen und Tschetschenen nicht durch persönliche Feindschaft oder hysterische Pogrom-Stimmung belastet waren. Trotz allen Mordens und aller Vernichtung gab es da eine seltsame Form gleichgültiger Koexistenz, die auf lange Gewöhnung zurückgehen mochte, die bei den Russen schreckliche Gewaltakte keineswegs verhinderte und bei den Kaukasiern die ehernen Gesetze der Blutrache unberührt ließ. »Ich kann es auch nicht erklären«, meinte Tagi. »Ich weiß nicht, ob dieser Krieg tatsächlich noch zwanzig oder dreißig Jahre andauern wird wie zu Zeiten des Imam Schamil im neunzehnten Jahrhundert. Aber Sie können es hier erleben, daß ein alter Mann ganz plötzlich seine Jagdflinte herausholt und in aller Ruhe ein paar russische Soldaten wie Hasen abknallt, bis er selbst von der Gegenwehr tödlich getroffen wird. Er stirbt dann in der Regel sehr friedlich.«

Mit Hilfe diverser Zeugenaussagen und »recoupements« ließ sich ein ungefährer Ablauf der stümperhaften russischen Kampagne nachvollziehen, die man heute der Kategorie »asymmetric war« zurechnen würde. Im Dezember 1994 hatte Verteidigungsminister Pawel Gratschow noch schwadroniert, er werde Grosny mit einem Regiment Luftlandetruppen binnen zwei Stunden okkupieren. Er hat stattdessen ein mächtiges Aufgebot ausgeschickt, aber es waren meist blutjunge, kaum ausgebildete Rekruten. In sträflicher Unterschätzung des Gegners wurden Panzerkolonnen ohne Infanterie-Schutz in den Straßenkampf gehetzt. Die russischen Offiziere verfügten über keinerlei Ortskenntnis. Karten waren nicht vorhanden. Das Ergebnis war entsprechend.

Präsident Dschochar Dudajew, ehemaliger General der Strategischen Bomberflotte der sowjetischen Luftwaffe, also ein Verantwortlicher für den nuklearen Extremfall, hatte – in seine kaukasische Heimat zurückgekehrt – 1991 die Unabhängigkeit Tschetscheniens von Rußland proklamiert und seinen Amtseid feierlich auf den Koran geleistet. Sein Staat war alles andere als eine demokratische Idylle. Alek, der Dudajew mehrfach persönlich begegnet war, hatte von dem General keine hohe Meinung. Mut bis zur Tollkühnheit habe er zwar besessen, aber charismatische Ausstrahlung habe ihm gefehlt. Zudem habe dieser sehr typische Tschetschenen-Führer eine besondere Begabung für

Schwarzhandel und finanzielle Manipulation an den Tag gelegt. Während seiner Regentschaft, die von ergebenen Clan-Milizen durch bewaffnete Einschüchterung abgesichert wurde, sei Grosny zum Umschlagplatz für dubiose Petroleumgeschäfte, für Waffenhandel und sogar Drogenschmuggel geworden. Erst seit Dudajew durch ein russisches Geschoß getötet wurde, so meinte Alek, sei sein Ruhm ins Unermeßliche gestiegen, sei er zum Nationalhelden und zum »Schahid« erhoben worden.

Am 16. Juni 1996, dem Tag der russischen Präsidentenwahl, die Boris Jelzin in seinem Amt bestätigen würde, waren wir nach Kurtschaloj unterwegs. Vor den schmucken Ziegelhäusern des Dorfes hielten wir an. Zur Sowjetzeit hatte es zu Ehren der bolschewistischen Revolution »Oktjabr« geheißen. Ein weites Wiesengelände wurde von dem silbern schimmernden Minarett der funkelnagelneuen Moschee überragt. Im Freien hatte sich eine stattliche Menge versammelt. Die Kundgebung gegen die von Moskau auferlegte Volksbefragung ging ihrem Höhepunkt zu. Ein Lastwagen war als Rednertribüne hergerichtet und von einem Meer tschetschenischer Fahnen eingerahmt. An langen Stangen wurden Dutzende von Abbildungen des »Märtyrer-Präsidenten« Dschochar Dudajew hochgehalten. Trotz der frühen Stunde hatten die grün-weiß verhüllten Frauen bereits mit dem »Dhikr« begonnen. »La illaha illa Allah!« tönte es. Problemlos kam ich mit den Ältesten ins Gespräch. Ein besonders hitziger Greis erging sich in Verfluchungen der Russen und der Gottlosen.

Auf dem Fußballplatz von Kurtschaloj waren die Festlichkeiten bei unserer Ankunft schon im Gange. Der Reigen der Frauen bewegte sich im Uhrzeigersinn. In einem zweiten, äußeren Kreis liefen die Männer in entgegengesetzter Richtung. Dabei schwenkten sie grüne Fahnen. Während die Frauen – manche waren blond wie Schwedinnen – in mäßigem Tempo ihre geistliche Übung vollzogen, wirbelten die Männer in rasendem Takt. Die Litanei war stets die gleiche: »Es gibt keinen Gott außer Gott!« Das hämmerte sich ins Bewußtsein. Jetzt verlangsamte sich der merkwürdige Rhythmus. Dumpf dröhnende Trommeln gaben den Takt an. Die Muriden hielten sich an den Händen, setzten den linken Fuß vor und zogen den rechten Fuß nach. Es sah aus, als wollten sie die stampfende Bewegung von galoppierenden Pferden nachahmen. Das Ganze wirkte ein wenig wie ein indianischer Kriegstanz. Das arabische Wort »Dhikr« ist wohl am besten mit »Anrufung« zu übersetzen. Angesichts der zunehmenden Verzückung der »Qadiri« von Kurtschaloj fiel mir ein Koranvers ein: »Diejenigen, die den rechten Glauben besitzen, deren Herzen ruhen in der Anrufung Gottes; wahrlich in der Anrufung Gottes ruhen die Herzen« – »a la bi dhikr Allah tatma'innu el kulub«.

Einer der Dorfältesten, Mawladi Khan, ein bärtiger Riese, der die hohe Fellkappe wie eine Krone trug, hatte sich mir zugesellt. Von ihm erfuhr ich, daß Koranlehrer aus dem Ausland eingetroffen seien, um die verschütteten Religionskenntnisse aufzufrischen. Im Dorf war ein Jordanier, vermutlich ein Palästinenser, als »Ustaz« tätig. Es war auch schon eine neue Generation kaukasischer »Ulama« vorhanden, junge Männer, die in den geistlichen Hochschulen des Nahen Ostens, in Kairo oder in Istanbul, ihre Kenntnisse der Scharia vertieft hatten und sich flüssig auf Hoch-Arabisch ausdrückten. Diese Gruppe nahm an der Dhikr-Übung nicht teil. Im Geiste einer revolutionären islamischen Erneuerung erzogen, standen sie dem mystischen Treiben der Derwisch-Orden, auch der »Qadiriya«, mit Distanz gegenüber.

Sie waren Verfechter der strengen, reinen Lehre, die keinen Aberglauben oder Heiligenkult zuläßt. Im ursprünglichen und unpolemischen Sinne des Wortes waren sie »Fundamentalisten«. Diese neue Kategorie von »Tullab«, von Koranstudenten und künftigen Korangelehrten, die ich am Rande des Fußballfeldes von Kurtschaloj entdeckte, stand ohne Zweifel den radikalen Elementen der »Umma« nahe. Diese konnten sich eine Wiedergeburt des Islam nur unter Rückbesinnung auf jene egalitäre, brüderliche Gesellschaft vorstellen, die der Prophet Mohammed in Medina, damals Yathrib genannt, begründet hatte. Erste Anwendungen des koranischen Strafrechtes hätten bereits stattgefunden, berichtete Mawladi Khan. So seien die Ältesten bei der Auslegung der Scharia übereingekommen, daß man den Genuß von Alkohol oder dessen Verkauf unter den gegebenen Umständen nicht allzu streng ahnden solle. Aber ein Drogenhändler sei exemplarisch gezüchtigt worden. Er wurde zu vierzig Stockschlägen verurteilt, und die Strafe öffentlich vollstreckt.

Über mir wehte die grüne Flagge, auf der der tschetschenische Wolf deutlich zu erkennen war. Er saß kraftvoll auf den Hinterbeinen, als wolle er den Halbmond anbellen. Wie immer sich die Dinge im Nord-Kaukasus weiterentwickeln – so notierte ich –, selbst für den Fall, daß der tschetschenische Widerstand schließlich unter der Masse der russischen Feinde begraben würde – das Wolfsgeheul von Grosny würde noch lange nachhallen. Der damalige Verteidigungsminister Rußlands Igor Rodjonow hatte Tschetschenien als »blutende Wunde an Rußlands Flanke« bezeichnet. Die gleichen Worte hatte einst Michail Gorbatschow für den aussichtslosen Krieg in Afghanistan und dessen Auswirkungen auf den Zustand der damaligen Sowjetunion gefunden.

*

Wladimir Putin, der seit dem Jahr 2000 die Macht im Kreml ausübt, hielt als geschulter KGB-Offizier nichts, aber auch gar nichts von der soldatischen, fast ritterlichen Eintracht, die General Alexander Lebed – von Boris Jelzin kurzfristig als Verantwortlicher für den Tschetschenien-Konflikt berufen – gegenüber dem kaukasischen Erbfeind anstrebte. Lebed kam zugute, daß der neue »Präsident« Ischkerias, wie Tschetschenien nunmehr genannt wurde, Aslan Maschadow, als Oberst der Artillerie unter ihm gedient und sich als zuverlässiger Offizier bewährt hatte, wie Lebed mir bei einem Gespräch in München anvertraute. Nach dem mörderischen Bombenanschlag auf ein Moskauer Wohnhaus, dessen Hintergründe nie geklärt wurden, erteilte Putin den wenig eleganten Befehl, man müsse die Terroristen bis in ihre »Scheißhäuser« vernichten. Und so handelte er auch.

Die Islamische Republik Ischkeria war ohnehin seit ihrer selbstproklamierten Unabhängigkeit zum Tummelplatz unkontrollierbarer Banden von Fanatikern und Kriminellen geworden. Über eine Killer-Natur vom Format Schamil Basajews, der auf russischem Gebiet, zuletzt bei dem grauenhaften Schul-Massaker von Beslan, die eigene Sache in Verruf brachte, besaß der redliche

Muslim Maschadow ohnehin keine wirkliche Autorität. Es war nur eine Frage der Zeit, bis der Tschetschenien-Aufstand auf die übrigen islamischen Zwerg-Republiken des Nordkaukasus, vor allem aber auf das großflächige Gebirgsland Dagestan übergreifen würde. Über die Oblast von Stawropol, die Heimat Gorbatschows, und die Hafenstadt Astrakhan drohe sich – nach Ansicht des neuen russischen Staatschefs – der islamistische Flächenbrand längs der Wolga auf die alten Tataren-Khanate von Kazan und Ufa auszubreiten. Bei den Inguschen des Kaukasus, die den Tschetschenen eng verwandt sind, brodelte es bereits, und in Kabardino-Balkarien waren die ersten Bomben hochgegangen.

Karatekämpfer in Dagestan

MAHATSCHKALA, IM SOMMER 1996

Die Autonome Republik Dagestan, deren häßliche Hauptstadt Mahatschkala das Kaspische Meer säumt und die im Süden an Aserbeidschan grenzt, verdient besondere Aufmerksamkeit. Ich war mit Alek und Tagi über Gudermes in Richtung Mahatschkala aufgebrochen. Um den kritischen Verkehrsknotenpunkt Gudermes zu meiden, wo die russischen Militärs uns eventuell zur Umkehr gezwungen hätten, schlugen wir einen weiten Bogen nach Süden. Wir entdeckten bei dieser Gelegenheit, wie leicht man die Stellungen der Besatzungsarmee umgehen konnte. Vor der dagestanischen Ortschaft Chasawjurt überquerten wir das wasserarme Flußbett des Jaryksu auf einem Notgerüst. Die reguläre Brücke war gesprengt worden. Die Dörfer Tschetscheniens, die sich – soweit sie nicht von Bomben verwüstet waren – durch ihre sauberen Häuschen und gepflegten Gärten auszeichneten, lagen hinter uns. Das Wetter war trübe und regnerisch. Nach einer oberflächlichen Kontrolle durch dagestanische Milizionäre und der Entrichtung eines willkürlichen Wegzolls passierten wir eine Ansammlung russischer Panzer. Wir umfuhren das Zentrum von

Chasawjurt, das von zwei Moschee-Kuppeln aus Blech und einer orthodoxen Kirche überragt wurde. Dann rollten wir durch ödes Grasland gen Osten. Die wenigen Siedlungen wirkten verwahrlost. Außer Schafherden hatte diese Gegend wenig zu bieten. Für Moskau stellt Dagestan allerdings die entscheidende strategische Drehscheibe, die Sprungschanze nach Transkaukasien dar.

Warum hatte der Tschetschenienkonflikt nicht auf Dagestan übergegriffen? Vor 150 Jahren hatte dieses Bergland doch als unbezwingbares Bollwerk des islamischen Widerstandes gegolten. Hier hatte der Awaren-Führer Imam Schamil die massivste Zustimmung für die Gründung seines koranischen Gottesstaates gefunden. Die dagestanischen Politiker von heute hielten dafür eine Ausrede parat: Die diversen Ältestenräte, die »Aksakal«, hätten befunden, daß die Stunde des Heiligen Krieges noch nicht geschlagen habe. In Wirklichkeit traten zwischen Grosny und Mahatschkala alte Feindschaften zutage. »Tschetschenen und Awaren hassen einander«, stellte Alek fest, und als Aserbeidschaner mußte er sich in diesen Stammesfehden ja auskennen. Es war wohl ein schwerwiegender Fehler des tschetschenischen Insurgentenführers Basajew gewesen, mit seinem Handstreich gegen das Dorf Perwomaiskoje die bewaffneten Feindseligkeiten eigenmächtig auf dagestanisches Gebiet auszuweiten.

In Mahatschkala hatte man guten Grund, das Hotel »Leningrad« – die Rückbenennung in Sankt Petersburg hatte sich offenbar hier noch nicht herumgesprochen – nach Einbruch der Dunkelheit nicht zu verlassen. Immer wieder kam es zu Schußwechseln zwischen verbrecherischen Banden und jenen Trupps von Leibwächtern, die das extravagante Luxusviertel der Trafikanten und Lokal-Oligarchen schützten. Diese palastähnlichen Wohnsitze zeichneten sich durch extrem teuren, aber abscheulichen Zierat, durch Raubtier- und Drachen-Ornamente aus, die bedrohlich und grotesk von den hohen Betonwällen auf die Passanten herunterblickten.

Bei Tage habe ich den Ober-Mufti von Dagestan, Ali Hadschi Kamilowitsch, in seiner bescheidenen Amtsstube aufgesucht. Er gehörte dem Volk der Awaren an wie der legendäre Imam Schamil. Über seinem Schreibtisch hing eine Darstellung der Omar-

Moschee, des Felsendoms von Jerusalem. Der Mufti trug die hohe kaukasische Lammfellmütze und wirkte ländlich. Seine blauen Augen musterten mich immer wieder prüfend, und zunächst verhielt er sich wortkarg. Sein Stellvertreter, der »Naib«, war viel umgänglicher. Er gehörte dem Volk der Darginer an und war ganz in Weiß gekleidet. Der »Naib-el-Mufti«, er hieß Gubderan Abu Muslim, umriß die ethnische Zusammensetzung Dagestans. Waren es dreißig oder vierzig Völker, die hier auf engstem Raum zusammenlebten? Das spiele keine Rolle, denn oft seien es nur winzige Splittergruppen. Die Darginer stellten 16 Prozent der zwei Millionen Dagestaner. Am zahlreichsten waren die Awaren mit 27 Prozent. Dann kamen mit 15 Prozent die Kumüken, die in der Küstenebene lebten und türkischer Abstammung waren. Zu erwähnen war auch das Volk der Lesghier oder Lesghinen mit etwa zehn Prozent, die auch in Nord-Aserbeidschan siedelten. »Für die religiöse Wiedergeburt, die sich in Dagestan vollzieht«, meinte Abu Muslim, »sind nur diese vier Rassen relevant«.

Bereitwillig gab jetzt auch Kamilowitsch Auskunft über die Zunahme religiöser Aktivitäten. In Dagestan existierten damals 2003 Moscheen. Unter den Sowjets seien es nur 27 gewesen. In Mahatschkala war die Zahl der Gebetshäuser von zwei auf 34 gestiegen. Auch mit dem Kontingent seiner Mekka-Pilger könne Dagestan sich sehen lassen. 12 500 Gläubige hätten sich in den letzten vier Jahren bereits zu den heiligen Stätten des Hedschas begeben. »Wir Dagestaner sind von Anfang an die Speerspitze des Islam im Kaukasus gewesen«, fuhr der Mufti fort. »Unsere Bekehrung zum wahren Glauben fand vor mehr als tausend Jahren statt, während die Tschetschenen erst gegen 1700 die Botschaft des Propheten annahmen.« Auch in anderer Hinsicht betonte Hadschi Kamilowitsch seine Distanz zu den Glaubensbrüdern von Grosny. »In Tschetschenien ist die Sufi-Bewegung der Qadiriya vorherrschend, während in Dagestan die Bruderschaft der Naqschbandiya und der Schazaliya am stärksten vertreten ist.« Über das innere Wesen dieser Derwisch-Orden hüllte sich Kamilowitsch jedoch in Schweigen.

Seit sich neben den traditionellen Tariqat auch junge »Wahhabiten« und Integristen der »Salafiya« in Dagestan eingefunden hatten, die das mystische Treiben der Sufi als Verfälschung der wahren Lehre ablehnten, hatte sich das Kernübel der islamischen Umma, das Gift der Spaltung, der »Fitna«, auch bei diesen Gläubigen des Kaukasus eingeschlichen. Welch unermeßliche Energie, welch grausame Härte hatte Imam Schamil aufbringen müssen, um in seinem Abwehrkampf gegen Rußland die widerstreitenden Muriden-Zweige, die verfeindeten Stämme zusammenzuschweißen? »Wie beurteilen Sie Schamil heute?« fragte ich. »Wird er als Nationalheld Dagestans oder als religiöser Führer verehrt?« – »Wir sehen in ihm den ›Amir‹, den Befehlshaber der Gläubigen im Heiligen Krieg«, beendete der Darginer Abu Muslim das Gespräch. »Seine geistlichen und seine weltlichen Funktionen waren gar nicht zu trennen.«

*

Meine aserbeidschanischen Kollegen, die sich trotz furchterregenden Aussehens als zuverlässige und sympathische Gefährten erwiesen, hatten mir ein Gespräch mit der »Union der Muslime Rußlands« in Mahatschkala vermittelt. »Ittihad Islami Russi«, stand in arabischer Sprache auf dem Messingschild des hochmodernen Bürogebäudes am Lenin-Prospekt. Der Vorsitzende dieser politisch-religiösen Bewegung, Nadir Hadschwalijew, ein aus Dagestan gebürtiger Aware, der es sich zum Ziel gesetzt hatte, für alle zwanzig Millionen Muslime der Russischen Föderation einen kulturellen Sonderstatus und volle Gleichberechtigung zu erkämpfen, residierte in Moskau. Bei der Muslim-Union ging es wie in einem gut geführten Bankhaus zu. Ich wurde an der Tür abgeholt und an geschäftigen Büros vorbei, wo Männer und Frauen vor Computern saßen, in einen luxuriösen Sitzungssaal geführt. Dort erwartete mich der Vorsitzende der »Ittihad« für Dagestan. Der Mann beeindruckte durch seine mächtige Statur. Er sah wie ein Catcher aus. Er mochte etwa vierzig Jahre alt sein, war aber schon kahlköpfig. Den Bart trug er kurz geschnitten. Mit seinem Namen Mogamed Magomedow wies er sich, wie Alek mir zuflüsterte, als Mitglied einer wichtigen darginischen Familie aus. Die übrigen Unions-Funktionäre, die an dem Gespräch teilnahmen, waren ebenso athletisch gewachsen und hatten Muskelpakete wie Bodybuilder.

Von örtlichen Journalisten und Akademikern war ich bereits vorgewarnt worden. Unter dem Tarnmantel der islamischen Sammlung habe sich in der Ittihad eine brutale Mafia zusammengefunden. Im Volksmund nannte man sie die »Karatekämpfer« oder die »Sportler«, weil ihre Anhänger in Clubs für Leibes- und Wehrertüchtigung trainierten, um ihren Interessen notfalls mit Brachialgewalt Nachdruck zu verleihen. In der »Sojus Musliman«, so sagten die Insider, paarte sich extreme Geschäftstüchtigkeit mit skrupellosem Racketeering. Aber hier bildete sich eine ernstzunehmende politische Kraft heran, die bereits über ein Drittel der Parlamentssitze von Dagestan verfügte und mit der Hinwendung zum Islam das adäquate Programm gefunden hatte, um die bislang allmächtige Nomenklatura der Post-Kommunisten im Namen Allahs und des Propheten an die Wand zu drängen.

Magomedow Mogamed bestätigte meine Vermutung, daß eine Teilnahme am Heiligen Krieg der Tschetschenen von diversen Ratsversammlungen der Ältesten abgelehnt worden sei. Aber die Russen würden nicht umhinkommen, einer frei gewählten Regierung in Grosny weitgehende Selbstbestimmung zu gewähren, die über den relativ liberalen Status von Tatarstan weit hinausginge. »Eine militärische Lösung für Tschetschenien gibt es ohnehin nicht«, sagte er kategorisch. Wie es denn um die Unabhängigkeitsbestrebungen Dagestans gegenüber der Moskauer Zentralmacht stehe, fragte ich. »So weit sind wir noch nicht«, antwortete der Vorsitzende unbekümmert, »aber die Perspektive wollen wir nicht von der Hand weisen. Zunächst streben wir ein Maximum an Souveränität innerhalb Rußlands an.« Es ging sehr freimütig und munter zu in dieser Runde, und ich hatte Mühe mir vorzustellen, daß ich mit Halsabschneidern und gefürchteten Gaunern brüderlich zusammensaß.

Die Entrüstung meiner aserbeidschanischen Gefährten über die Geschäftshaie im religiösen Gewand konnte ich nur mit Vorbehalt teilen. Um der Skrupellosigkeit der Kreml-Führung in Moskau und den mörderischen Intrigen der diversen russischen Geheimdienste entgegenzuwirken, waren »Patrioten« mit krimineller Energie und Mafia-Erfahrung wohl unentbehrlich. Für harmlose Idealisten war in diesem tödlichen Umfeld kein Platz. Bei türkischem Efes-Bier im Hotel »Leningrad« erzählte ich den beiden kaukasischen Freunden von meinen Erfahrungen mit der algerischen Revolution. Der Widerstand in der Kasbah von Algier, die Bombenanschläge gegen Treffpunkte französischer Siedler wurden in einer ersten Phase hochprofessionell von ehemaligen Zuhältern und Ganoven organisiert, die in der Ausübung des Heiligen Krieges gegen Frankreich zweifellos einen Läuterungsprozeß durchliefen. Der Berühmteste unter ihnen, »Ali-la-Pointe«, »Ali, das Messer«, wie er im Volksmund hieß, hatte sich – von französischem Militär umstellt – in einer Gasse mit dem prädestinierten Namen »Rue de la Bombe« selbst in die Luft gesprengt und den »Märtyrertod« gefunden.

Wer einen Putsch oder Staatsstreich nach bürgerlichem oder aristokratischem Ehrenkodex inszenieren will und dessen Vorbereitung noch dazu in die Hände von elitären Gentlemen legt, ist zum Scheitern verurteilt, wie die Beispiele der russischen Dekabristen von 1825 oder die Offiziersverschwörung des 20. Juli in Hitler-Deutschland belegen. Alek und Tagi sollten es besser wissen. In ihrer aserbeidschanischen Heimat ging es kaum tugendhafter zu als bei den »Sportlern« von Mahatschkala. Auch in Baku wurde scharf geschossen, und für den dortigen Präsidenten Alijew und dessen Kronprinzen Ilham war es unentbehrlich, durch dubiose Geschäfte riesige Vermögen anzuhäufen, die unter anderem dazu dienten, die eigene Klientel, den eigenen Clan bei der Stange zu halten.

Es würde wohl noch einige Zeit verstreichen, ehe ein Ehrenmal für Imam Schamil im Stadtkern von Mahatschkala die Götzen-Statue Lenins verdrängt. So waren wir ins Gebirge aufgebrochen, zu jenem abgelegenen »Aoul« Gunib, wo der Held des kaukasischen Widerstandes gegen den Zarenthron der russischen Übermacht sein letztes Gefecht geliefert hatte. Bis Gunib waren es ungefähr 200 Kilometer. Die Hinfahrt dauerte vier Stunden. Das Land war karg und kahl. Die triste Ortschaft Bujnaksk war das ursprüngliche Verwaltungszentrum von Dagestan, erklärte unser Fahrer Murad, den die Hotelrezeption aufgetrieben hatte.

Kein einziges Mal wurden wir von Miliz- oder Armeekontrollen angehalten. Die Sicherheitsposten und Murad tauschten freundliche Grüße aus. Alek und Tagi hatten längst Lunte gerochen und gewittert, daß wir einen KGB-Mann als Chauffeur zugeteilt bekommen hatten. Das rundete das Bild ab, störte mich jedoch in keiner Weise.

Die Strecke wurde steil und gewunden. In der Ebene hatten wir ein paar türkische Kumüken-Dörfer durchquert. Während wir uns nach Levasi hochschraubten, bewegten wir uns im Siedlungsgebiet der Darginer. Die kümmerliche Bauweise war einheitlich. Die vorherrschende Farbe war ein tristes Grau. Die Moscheen, deren quadratischer Grundriß nach Anatolien verweist, wurden von Minaretten aus Blech und von Kuppeln gekrönt, die wie zerbeulte Kochtöpfe aussahen. Die Menschen waren durchweg häßlich, wirkten mißmutig. Schwere Wolken waren aufgezogen. Wir hielten an einem dürftigen Markt an, um Schirme japanischer Fabrikation zu kaufen. Die Felslandschaft wurde von ein paar Fetzen Weidegrund unterbrochen. Kurz vor Levasi, wo das Awaren-Gebiet beginnt, entdeckten wir kleine Kartoffeläcker, schüttere Getreidefelder sowie Rapspflanzungen, die gelb durch den Nebel schimmerten. Gen Westen erhob sich der höchste Berg dieser Region, der Zuberha, mit 2338 Metern.

Bis hierhin war das für Partisanen noch kein ideales Terrain. Die nackten Höhenzüge boten wenig Schutz vor Hubschraubern und Jagdkommandos. Doch jetzt quälten wir uns durch steil abfallende Klüfte. Die Felsspalten verengten sich. In der Tiefe schäumte der Karakojsu-Fluß mit schwarz-grünem, reißendem Wasser. Die schmale Asphaltstraße hatte ins abweisende Gestein gesprengt werden müssen. Der gefährlichste Durchlaß wird »Wolfstor« genannt. Vieles erinnerte mich hier an das ost-algerische Aurès-Gebirge. Von den Schneehängen des Kaukasus-Kammes, dessen Gipfel in diesem Abschnitt 3800 Meter erreichten, trennte uns ein unbeschreibliches Gewirr abgekapselter Täler und tückischer Klippen, das schier unüberwindlich erschien. Dennoch war die Grenze zu Aserbeidschan nur 80 Kilometer Luftlinie entfernt, aber die dort lebenden Muslime gehören dem schiitischen Zweig des Islam an.

Das Dorf Gunib liegt wie am Ende der Welt auf einem unbezwingbaren Felssporn. Das war also das Bollwerk, wo Imam Schamil kapitulieren mußte, nachdem er dreißig Jahre lang dem Herrschaftswillen der Zaren Nikolaus I. und Alexander II. getrotzt hatte. Die russischen Streitkräfte, die gegen die Gebirgsrebellen aufgeboten wurden, sollen zahlreicher gewesen sein als die Armeen, die gegen Napoleon zu Felde zogen. Wir betraten diese historische Stätte dennoch ohne jede Ergriffenheit. Zu desolat war die leere Fläche im Zentrum des Adlernestes. Der Platz war von zwei unansehnlichen Gebäuden flankiert: Ein schmuddeliges Hotel, das der Reisende besser mied, und ein Verwaltungsgebäude, auf dessen Dach ich zum ersten Mal die Flagge der Autonomen Republik Dagestan gehißt sah: Rot wie das heldisch vergossene Blut, blau wie die Fluten des Kaspischen Meeres, grün wie der Islam.

Ich wandte mich der zerklüfteten Landschaft zu. Daß das gewaltige Imperium der Romanows endlose Zeit gebraucht hatte, um die spärlich bewaffneten Banden fanatisierter Gotteskrieger zu bezwingen, war gewiß kein Ruhmesblatt. Eine drittklassige Armee war hier angetreten, sonst hätten die Muriden sich nicht mit solcher Ausdauer behaupten können. Die kaukasischen Scharfschützen versuchten stets, die russischen Offiziere zu töten. Dann brach unter den einfachen Soldaten, zwangsrekrutierten Leibeigenen, Panik und heillose Verwirrung aus. So sehr hatte sich der schmähliche Feldzug des Zarenreiches von der Kriegführung Boris Jelzins in Tschetschenien also gar nicht unterschieden.

Hatte sich denn nichts geändert in den 150 Jahren, seit Leo Tolstoi als junger Offizier seine Erfahrungen im kaukasischen Krieg des Zaren Nikolaus I. sammelte und sie später in der Novelle »Hadschi Murad« verewigte? Auch Puschkin und vor allem Lermontow hatten sich für diesen exotischen Feldzug und sogar für ihre wackeren Gegner, die Muriden, begeistert. Aber jetzt kam eine Annäherung zwischen Russen und Tschetschenen wohl nicht mehr in Frage. Dafür waren unter Stalin zu viele fromme Muslime, zu viele Imame hingerichtet worden. Dafür brannte auch noch die Erinnerung an die fürchterliche Deportation in den Gemütern, die von den kommunistischen Henkern durchgeführt wurde, als die Wehrmacht im Sommer 1942 bis in die Nachbarschaft Grosnys vorstieß. Im Hotel »Leningrad« hatte ich eine Passage bei Tolstoi nachgelesen, die mir bislang recht merkwürdig vorgekommen war. Der Autor von »Krieg und Frieden« schilderte die totale Verwüstung eines tschetschenischen »Aoul«, eines Dorfes, durch die russische Soldateska. Der Brunnen war vergiftet, die Moschee geschändet, die überlebende Bevölkerung in die Wälder geflüchtet. Wie reagierten die »Rebellen« darauf?

»Niemand sprach von Haß gegen die Russen«, so schreibt Tolstoi. »Das Gefühl, das die Tschetschenen – vom Jüngsten bis zum Ältesten – empfanden, war stärker als Haß. Es war kein Haß, denn sie betrachteten die russischen Hunde nicht als menschliche Wesen, sondern es entstand ein solcher Abscheu, ein solcher Ekel, solche Ratlosigkeit angesichts der sinnlosen Grausamkeit dieser Kreaturen, daß der Wunsch, sie auszurotten – ähnlich der Notwendigkeit, Ratten, giftige Spinnen oder Wölfe zu vernichten – sie wie ein angeborener Instinkt, wie ein Selbsterhaltungstrieb überkam.«

Hat Präsident Putin dieser Unversöhnlichkeit der Kulturen Rechnung getragen, als er die tschetschenischen Mudschahidin mit Stumpf und Stiel auszurotten versuchte? Als altgedienter Geheimdienstoffizier wußte er, daß er den Rebellen nur mit Abtrünnigen aus den eigenen Reihen beikommen konnte. Es gelang ihm, den berüchtigten Bandenführer Ramzan Kadyrow, einen noch jugendlichen Kommandeur der sogenannten »Präsidentengarde«, einen ehemaligen Widerstandskämpfer, Folterer und Killer anzuheuern, der – ähnlich wie Hadschi Murad bei Tolstoi – mit einem Teil seiner brutalen Gefolgschaft zu den Russen überlief. Der Kreml glaubte, seinen Mann gefunden zu haben. Kadyrows Vater, ein ehemaliger Imam, war bereits als prorussischer Präsident der Autonomen Republik Tschetschenien mit unerbittlicher Härte gegen die »Bojewiki« vorgegangen. Bei einer Parade war er in Grosny durch eine Bombe zerfetzt worden. Hinter diesem Attentat erkannten die Sicherheitsexperten die mörderische Hand des gefürchteten Schamil Basajew, und für Ramzan Kadyrow muß es eine tiefe Genugtuung gewesen sein, diesen gefährlichen Psychopathen zur Strecke zu bringen.

Ramzan Kadyrow hat als Premierminister – entgegen allen Erwartungen – eine gewisse Entspannung in Tschetschenien bewirkt. Eine beachtliche Zahl von Aufständischen hat sein Amnestie-Angebot angenommen. Vor allem hat er eine bemerkenswerte Sanierungsleistung vollbracht und in den total zerstörten Städten Grosny, Argun und Gudermes mit dem Wiederaufbau begonnen. Sobald er das vorgeschriebene Alter von dreißig Jahren erreicht hat, will der junge Regierungschef für das Amt des Präsidenten kandidieren. Aber Tschetschene ist Ramzan Kadyrow trotzdem geblieben. Manche Beobachter schließen nicht aus, daß seine Loyalitätsbekundungen gegenüber Putin eines Tages in offene Feindschaft umschlagen. Falls auch er eines Tages die Forderung nach staatlicher Unabhängigkeit von Ischkeria erhebt, könnten die Agenten des russischen FSB seiner allzu steilen Karriere vorzeitig ein blutiges Ende bereiten. Der Gefahren, die auf ihn lauern, ist er sich offenbar – auf sehr kaukasische Weise – voll bewußt. »Wovor soll ich mich schon fürchten?« brüstete sich dieser Draufgänger. »Ich glaube an Allah. Ich werde so lange leben, wie es mir bestimmt ist. Wenn Allah mir mit einem Lidschlag zu verstehen gibt: ›Du hast Deine Mission auf Erden erfüllt und sollst jetzt heimkehren‹, dann bin ich dazu bereit.«

RUSSISCH-FERNOST
»Mahagonny am Meer von Okhotsk «

Das Tor zur Hölle

»Maske der Trauer«, so heißt das klotzige Mahnmal aus Beton, das auf die vereiste Bucht von Okhotsk drohend und verzweifelt herabblickt. Der Künstler, der dieses Zeichen der Erinnerung entworfen hat, war nicht sonderlich begabt. Wäre die graue Masse bunt angemalt, dann würde sie ein wenig jenen skurrilen Totem-Pfählen gleichen, die die Indianer Kanadas jenseits des Pazifik aufrichteten. Der Stille Ozean verengt sich bereits in dieser subarktischen Zone, ehe er ganz im Norden an der Behring-Straße fast zur Landbrücke zwischen Asien und Amerika zusammenschrumpft.

Den Besuch der Oblast Magadan sollte man an dieser sinistren Stelle beginnen, zu Füßen der »Maske des Grauens« – wie das Mahnmal ebenso benannt sein könnte. Bei näherem Hinsehen gibt sich dieser bizarre Entwurf als schmerzverzerrtes menschliches Antlitz zu erkennen, dessen Augenbrauen den Querbalken und dessen Nase den Trägerpfosten eines Kreuzes andeuten, an das zu Zeiten Stalins und des Gulags die Völker der Sowjetunion genagelt wurden. Das kümmerliche Fischerdorf Magadan war 1932 zum Zentrum eines der monströsesten Straflager der bolschewistischen Schreckenswillkür ausgeweitet worden. In den Beton hat der Bildhauer eine ganze Reihe von religiösen Symbolen eingelassen: das Kreuz der orthodoxen und das der katholischen Christen, den Halbmond der Muselmanen, den David-Stern der Juden und sogar den verschlungenen Kreis von Yin und Yang für die buddhistischen Opfer. Im Schatten des Todes wird eine Brüderlichkeit der Bekenntnisse dargestellt, die wir in der Wirklichkeit des Lebens so schmerzlich vermissen.

Wieviel Zehntausende Menschen in diesem unendlichen Lager-Areal geschunden und erschlagen wurden, wie viele verhungert sind oder erfroren, ist nirgendwo registriert. Stellvertretend für die Namenlosen ragen ein Dutzend schwärzliche Steinblöcke aus dem Schnee, auf denen die Namen der berüchtigten, über Tausende von Kilometern verstreuten Lager eingemeißelt sind. »Das Tor zur Hölle«, so wurde der Hafen Magadan zur Zeit der großen Moskauer Schauprozesse genannt. Hier folterte Satan die Verdammten nicht mit lodernder Feuersbrunst, sondern mit arktischem Frost und eisigen Polarstürmen.

Warum habe ich ausgerechnet die Stadt Magadan und ihre Umgebung als Besichtigungs- und Studienobjekt ausgesucht? Das mögen sich die russischen Sicherheitsbehörden gefragt haben, die meine Reiseroute gewiß aufmerksam observierten. Vermutlich hat es mich gereizt, eine jener für Ausländer zu Sowjetzeiten streng abgesperrten Zonen zu inspizieren, die bei den amerikanischen Diensten vor kurzem noch als »blank spots« bezeichnet wurden. Um in diese subarktische Gegend zu gelangen, die von Moskau durch mehr als zehntausend Kilometer Luftlinie getrennt ist, haben wir von Kazan noch einmal den Rückflug in die russische Hauptstadt antreten müssen. Den Flugplatz Domodedowo hatte ich als finstere, geradezu kriminelle Karawanserei in Erinnerung. Nordvietnamesische Kontraktarbeiter, die bei den Russen aller Laster und Verbrechen bezichtigt wurden, kauerten dort in feindseliger Wachsamkeit auf ihren Warenballen, bevor sie die Maschine nach Hanoi bestiegen. Selbst die sogenannte VIP-Lounge starrte vor Dreck.

Auf Weisung Putins hat sich Domodedowo in einen stattlichen, halbwegs gastlichen Airport verwandelt. Wie anders hatte es hier ausgesehen, als ich gemeinsam mit Jewgeni Strachow im Juli 1993 in Richtung Wladiwostok gestartet war. Mein russischer Freund beklagte sich lebhaft über die Verwahrlosung und persönliche Gefährdung, die damals vorherrschten. Seine Entrüstung steigerte sich noch, als eine Gruppe afrikanischer Diplomaten und Studenten sich über den in der Lounge zu satten Preisen angebotenen Kaviar hermachten. »Hier fressen sie Kaviar«, empörte er sich, »und zu Hause sterben ihre Kinder vor Hunger.« Jewgeni reagierte – zumal im Hinblick auf »Schwarze« – mit russischer Xenophobie.

Die Fernost-Provinz ist mir nicht unbekannt. Schon im Sommer 1973 war ich nach meiner Gefangenschaft beim Vietcong über Japan nach Khabarowsk am Amur geflogen, um mit der Eisenbahn nach Irkutsk weiterzufahren und dann den nördlichen Industriekomplex von Bratsk zu besichtigen. 1989 hatte ich die endlose transsibirische Schienenstrecke von Moskau bis Irkutsk, dann über Ulan-Ude, die Hauptstadt der Autonomen Sowjetrepublik der Burjäten, bis nach Ulan Bator in der Mongolischen Volksrepublik zurückgelegt. Mit Magadan hatte es eine andere Bewandtnis. Die Stadt liegt an der nördlichen Nagajewo-Bucht des Meeres von Okhotsk, weit näher am Polarkreis als die wichtige sowjetische Militärbasis Petropawlowsk auf der Halbinsel Kamtschatka, wo die russischen Raketen-Silos mit nuklearen Sprengköpfen auf das nahe Alaska und die Westküste der USA gerichtet sind.

Der Flug Moskau-Magadan dauert acht Stunden. Er findet zu nächtlicher Zeit statt, aber im April kehrt das Tageslicht an diesem Breitengrad schon sehr früh zurück. Das Bergwerksrevier von Workuta, wo mancher deutsche Kriegsgefangene sich zu Tode schuftete oder dem Klima erlag, verharrte noch im Dunkel. Aber dann gleitet eine endlose weiße Landschaft unter uns dahin. Die Region – inklusive der Autonomen Republik Jakutien – ist gebirgiger als erwartet. Die mächtigen sibirischen Ströme, zumal Lena und Jenissei, quälen sich unter einer Eisdecke wie bleierne, graue Riesenschlangen auf den Arktischen Ozean zu.

Die Umgebung von Magadan präsentiert sich wellig unter schütterem Schnee. Immerhin wächst hier an windgeschützten Hängen ein dünner Tundra-Wald. In der Ferne zeichnen sich rauhe Felswände ab. Die Stadt selbst überrascht durch ihren Umfang und durch ihre trügerische Modernität. Erst allmählich entdecken wir die erbärmlichen Holzverschalungen, die aus der Zeit des Gulag übrigblieben. Daß Magadan, in dessen Zentrum eine neu errichtete orthodoxe Kirche mit strahlend goldener Kuppel steht, auf den ersten Blick so harmlos erscheint, verdankt es wohl dem sonnigen Wetter. Bei einer Temperatur von minus fünfzehn Grad wölbt sich ein prächtig blauer Himmel über dem ehemaligen »Tor zur Hölle«.

Obwohl sie sich – aus Petropawlowsk gebürtig – in dieser Klimazone zu Hause fühlen müßte, schlottert unsere Novosti-Begleiterin Jewgenija vor Kälte in ihrem dünnen Wollmantel. Ein neuer Betreuer steht bereits mit seinem Toyota-Geländewagen zur Verfügung. Boris wirkt nicht sonderlich vertrauenerweckend. Er ist athletisch wie ein Ringkämpfer gebaut. Ins Ohr hat er sich einen dicken Ring piercen lassen. Gegen Kälte scheint er unempfindlich zu sein. Unter der Lederjacke trägt er lediglich das blau-weiß gestreifte Unterhemd der Speznas-Truppe. Die Haare sind wie bei den US-Marines extrem kurz geschoren. Auf dem Hinterkopf zeugt eine tiefe Narbe von tätlichen Auseinandersetzungen im Gangster-Milieu. Aber Boris hat eine fröhliche, zupackende Art, und wenn er wirklich zur Unterwelt gehört, so kann ich im Rückblick auf ein langes Leben bestätigen, daß Ganoven oft verläßlicher und vergnüglicher sind als prinzipienreitende, prätentiöse »Ehrenmänner«.

Das Hotel »Zentralnaja«, in dem wir uns einquartieren, ist komfortabler als erwartet. Meine Suite bietet eine besondere Attraktion. Das weiße Himmelbett mit künstlichen Blumen und Schleifen ist wie für eine Hochzeitsnacht vorbereitet. Als ich die Rüschendecke aufschlage, erkenne ich auf dem Plumeau und dem Laken eine fantastische Tierwelt – Tiger, Panther, Löwen –, von der wohl eine erotisch stimulierende Wirkung ausgehen soll. Tatsächlich melden sich zu später Stunde lockende weibliche Stimmen über das Telefon und bieten in schlechtem Englisch ihre Liebesdienste an. Das Hotelpersonal hingegen ist so muffig, unfreundlich und gelangweilt wie zu schlimmsten Sowjetzeiten. Im Souvenirladen wird nur Schund angeboten, vor allem Objekte aus Mammut-Stoßzähnen, die sich sehr schnell als Schnitzereien aus Rentierknochen herausstellen.

Die Stadt Magadan steckt voller Widersprüche und bizarrer Ungereimtheiten. In den offiziellen Veröffentlichungen wird ihre Bevölkerung mit 138 000 Seelen angegeben, aber diese nimmt rapide ab. Es wird auch auf die ansehnliche Zahl wissenschaftlicher Institute verwiesen, die sich an diesem nördlichen Pazifik-Hafen niedergelassen haben, doch die fähigsten Lehrkräfte dürften längst in das europäische Rußland abgewandert sein.

Liegt es am sonnigen Wetter? Wenn man einmal die Bretterbuden des Elends und die verrosteten Schiffwracks hinter sich gelassen hat, täuscht Magadan Normalität und Ordnung vor. Eine Art Supermarkt amerikanischen Stils hat sich in der Nachbarschaft unseres Hotels etabliert, wo alle möglichen Gebrauchsartikel, auch elektronische Geräte, in reicher Auswahl zu finden sind. Ich erwerbe dort zu vernünftigem Preis ein »Schweizer Offiziersmesser« von vorzüglicher Qualität. Trotz des helvetischen Wappens, mit dem es geschmückt ist, besteht kein Zweifel, daß diese Utensilie wie fast das gesamte Warenangebot aus chinesischer Produktion stammt.

Der Kontakt mit den Behörden, den Jewgenija organisiert hat, erweist sich als unergiebig. Die Sitzordnung im Städtischen Komitee, das uns empfängt, verrät alte sowjetische Usancen. Zwischen Bürgermeister und Gouverneur sei ein erbitterter Streit ausgebrochen, wie ich von Boris erfahre, und solche Feindschaften werden in Magadan oft durch Meuchelmord entschieden. An der großen Häuserwand prangt eine bunte Malerei im unveränderten Stil des sozialistischen Realismus. Ein Arbeiter und ein Soldat feiern mit strahlenden, hoffnungsfrohen Gesichtern irgendein Jubiläum – 1945 bis 2005 –, und darüber steht die althergebrachte Ruhmesformel: »Slawa!«

Die Bürokraten der Oblast-Verwaltung haben uns mit ihren getürkten Statistiken nicht lange aufgehalten. Wir setzen unsere Tour fort, und Boris meidet bei der Besichtigung auch nicht die trüberen Aspekte. Aus der Ferne erscheinen die Plattenbauten und ein paar verschnörkelte Fassaden im Stalin-Stil, die oft hinter einem gnädigen Schleier dürrer Birken versteckt sind, noch halbwegs wohnlich. Aus der Nähe entdeckt man den gnadenlosen Verfall. Die meisten dieser Gemeinschaftswohnungen wurden von ihren Bewohnern verlassen. Zwischen der langen Reihe stumpfer, zerbrochener Fenster blickt ein überdimensionierter Lenin-Kopf auf den Nachlaß seines »Arbeiter-Paradieses«. Das Porträt ist durch das rauhe Klima zu einem gespenstischen Schattenbild gebleicht, zu einer »Maske der Trauer«, die der wahren Natur dieser Oblast gerecht wird.

Meine Kollegen des Kamerateams sind fasziniert von den jungen Russinnen, die das Straßenbild weit mehr beherrschen als die grobschlächtigen, auf Schlägertyp gestylten männlichen Sibirjaken. Es handelt sich bei diesen hochgewachsenen, teil bildschönen Frauen keineswegs um Prostituierte, obwohl sie sich deren Attribute in grotesker Weise zu eigen gemacht haben. Die Gesichter sind aufreizend geschminkt. Piercing ist große Mode. Verblüffend bei diesen eisigen Temperaturen wirken die provozierende Entblößung der Beine und die Winzigkeit der Miniröcke, die sich auf einen breiten Gürtel zu reduzieren scheinen. Dazu werden Stöckelschuhe mit Absätzen von zwölf Zentimeter Höhe getragen. Wie man überhaupt auf den gefrorenen Bürgersteigen sein Gleichgewicht behaupten kann und mit dieser erotisierten Form des Kothurn nicht zu Fall kommt, bleibt zunächst ein Rätsel, bis wir feststellen, daß sich die Pfennigabsätze wie Spikes, wie Gletscherkrampen in den vereisten Boden bohren und dort ihre Spuren hinterlassen. Auf die Frage, warum sie sich denn so extravagant ausstatte, antwortet eine blonde Schöne: »Beauty first.«

Die schamlose Darbietung ihrer Reize dauert bei den jungen Russinnen – das Phänomen ist keineswegs auf Magadan beschränkt – bis zur Erreichung des Ziels: der festen Bindung an einen männlichen Partner, wie Boris versichert. Einmal unter der Haube, würden die schmalen Hüften schnell in die Breite gehen. Die Absätze schrumpfen dann auf ein normales Maß. Die grelle Kriegsbemalung verschwindet aus dem Gesicht, und der übliche Schlendrian eines langweiligen, arktischen Ehelebens wird mit viel Wodka und Zank beginnen.

Eine lokale Zeitung, die immer noch den Namen der Jugendorganisation »Komsomol« im Titel trägt, hat mir einen jungen, sympathischen Reporter – wir wollen ihn Valeri nennen – zum Interview ins Hotel geschickt. Ich gebe ein paar freundliche Banalitäten von mir, und nach Abschaltung des Tongeräts beginnt das wirkliche Gespräch. Ich rede ganz offen über die Gründe meiner Reise nach Russisch-Fernost. Von amerikanischen Politikern und Publizisten wurden die leicht zu beeindruckenden Europäer oft mit dem Argument eingeschüchtert, in Paris und Berlin überschätze man die Bedeutung des eigenen Kontinents. Das Schwergewicht der Welt habe sich längst vom Atlantik zum Pazifik verlagert. Gestützt auf das zunehmende militärische Potential Japans und ermutigt durch die Schwächung Rußlands in seinen unterbevölkerten asiatischen Weiten würden die Vereinigten Staaten die Hauptanstrengung ihrer Diplomatie und Strategie diesem zukunftsträchtigen Raum zuwenden und die störrischen Europäer links liegenlassen.

Da ich mich stets der Mühe unterzogen habe, in strittigen Situationen dem Hörensagen zu mißtrauen, habe ich mich auf den Weg nach Magadan gemacht. Die Gegend wurde von westlicher Berichterstattung weitgehend ausgespart. Wichtiger noch als die Beziehungen zwischen den Pazifik-Anrainern USA und Rußland scheint mir das aktuelle Verhältnis zwischen der ehemaligen Sowjetunion und der aufstrebenden Volksrepublik China. Peking hat seinen Gleichberechtigungsanspruch eindeutig angemeldet und sich ganz offen in einen Machtpoker mit Washington eingelassen. Seit den Jahren der Großen Proletarischen Kulturrevolution hatte sich eine sensationelle Umkehr vollzogen. In der spätmaoistischen Phase wurde jeder westliche Ausländer in Peking vor den aggressiven Instinkten des »russischen Polarbären« gewarnt. Mao Zedong nahm mit der ihm eigenen Menschenverachtung eine katastrophale nukleare Auseinandersetzung mit Moskau stoisch in Kauf.

Wenn man heute gewissen russischen Korrespondenten aus Peking Glauben schenkt – sie sind überwiegend durch Vorurteile geprägt, und ihre Prognosen wurden durch die reale Entwicklung meist widerlegt –, so ist nach dem Zusammenbruch des Sowjetimperiums die stillschweigende Besitznahme seiner fernöstlichen Territorien durch chinesische Einwanderer bereits in vollem Gange. Der Andrang dieser gelben Massen habe die Form einer Sturzflut angenommen. Man könne die Zahl der in Sibirien siedelnden und agierenden Chinesen auf 3,5 Millionen beziffern. Solche Behauptungen erfordern eine nüchterne Überprüfung und Analyse an Ort und Stelle.

Der Journalist Valeri macht aus seinem Herzen seinerseits

keine Mördergrube. Ich solle mich durch die vorgetäuschte Geschäftigkeit der Hauptstraße von Magadan und durch die goldene Kuppel der neuen Kathedrale nicht täuschen lassen. Dieses sei eine sterbende Stadt, eine marode Oblast, eine von Gespenstern heimgesuchte Strafkolonie geblieben. Nicht die unterbezahlten und bestechlichen Natschalniks der offiziellen Administration gäben den Ton an, sondern die rivalisierenden Mafia-Banden. Die Kriminalität habe sich der gesamten Pazifikprovinz bemächtigt. In Moskau sei eine Neuaufteilung Sibiriens bis zum Pazifik vorgenommen worden, und die östlichste große Verwaltungseinheit reiche nunmehr vom Stillen Ozean bis zum Baikal-See. Wie viele Menschen dort leben, sei nur unzulänglich ermittelt. Es handele sich um sieben oder neun Millionen, und diese spärliche Präsenz habe sich allein in den vergangenen fünfzehn Jahren um 1,3 Millionen Abwanderer dramatisch reduziert. Die Gründe lägen auf der Hand.

Nach der Auflösung des Archipel Gulag und der Entlassung von Millionen Arbeitssklaven aus ihren Todeslagern hatte das Moskauer Politbüro versucht, die slawische Bevölkerung in den unwirtlichen Zonen Sibiriens, der Arktis und Primorjes durch substantielle, finanzielle Zuwendungen und Vorteilsgewährung zu stabilisieren. Es wurde damals gut verdient, und man sprach vom »langen Rubel«. Für Versorgung war gesorgt. Zu Spottpreisen wurden zweimal im Jahr Aeroflot-Flüge in die europäischen Landesteile angeboten. Diese staatlichen Subventionen wurden später – im Zuge der marktwirtschaftlichen Prinzipien der Gorbatschow-Jelzin-Ära – als dirigistisches Relikt des Kommunismus abgeschafft. Von dem »Pioniergeist«, mit dem noch unter Breschnew die Arbeitskollektive der »Komsomolzen« beim Bau der nördlichen Eisenbahntrasse, BAM genannt, propagandistisch angefeuert wurden und der tatsächlich einen gewissen Zuspruch fand, bleibt heute nicht die geringste Spur.

Ich wundere mich darüber, daß die Region Magadan, die am Kolyma-Fluß über einige der reichsten Gold- und Silbervorkommen der Welt verfügt, keine Attraktivität mehr besitzen soll, wo doch eine Vielzahl seltener Mineralien auf ihren Abbau warten, und die Öl- beziehungsweise Gas-Reserven auf 3,5 Milliarden

Tonnen beziehungsweise 1,5 Milliarden Kubikmeter geschätzt werden. Josef Stalin hatte ja die »Hölle von Magadan« aus dem Permafrost gestampft, um die Edelmetalle dieser Gegend zu fördern. Er hatte unter grauenhaften Bedingungen eine 1400 Kilometer lange Asphaltstraße zu den hydroelektrischen Staudämmen an Kolyma und Arkagala durch Fels und Tundra bauen lassen. Eine noch längere Landverbindung bis zu den gigantischen Diamant-Trichtern rund um Jakutsk war auf den Knochen der Sträflinge entstanden. »Mag sein, daß Putin diese Projekte wieder aufgreift«, meint Valeri. »In den neunziger Jahren ist fast alles zum Stillstand gekommen.« Amerikanische Firmen hätten die Chancen dieses Vakuums jedoch frühzeitig erkannt. Heute seien kanadische Bergbau-Konzerne, die oft – wie in Libyen oder im Sudan – als Tarnunternehmen für US-Kapitalien einspringen, in Kolyma tätig. Die Förderungstechnik der Amerikaner sei der der Chinesen eben noch weit voraus, wie die endlose Serie von Gruben-Unfällen in der Volksrepublik beweise.

Auf meine Frage, in welchem Umfang denn der Staatsbesitz an Bodenschätzen und die Privatisierung anderer Wirtschaftszweige koexistierten, antwortet Valeri mit einem wütenden Lachanfall. »Hier ist alles privatisiert worden, als das Freibeutertum des entfesselten Kapitalismus zur Regierungsmaxime wurde. Es haben Auktionen stattgefunden für jedes wie auch immer geartete Unternehmen.« Das Volkseigentum sei durch die gewieften Spekulanten – wie fast überall im ehemaligen Sowjetreich – zu Spottpreisen verschleudert worden, was ihnen exorbitante Summen einbrachte. Durchgesetzt hätten sich jedoch nur jene »Bisnismen« und Defraudanten, die mit Hilfe krimineller Handlanger operierten. Gegen angemessene Beteiligung hätten die Hooligans unliebsame Rivalen aus dem Weg geräumt. »So wurde die westliche Idealvorstellung der freien Marktwirtschaft in Magadan verwirklicht«, beendet der Journalist in tiefer Verbitterung seine Suada. Der ferne Präsident im Kreml stehe vor der Herkules-Aufgabe, einen Augiasstall zu säubern.

Der stellvertretende Direktor eines »Far Eastern Interdisciplinary Scientific Research Institute« – so steht es auf seiner Visitenkarte –, dem ich kurz darauf begegne, bestätigt im wesentlichen die kritischen Angaben des Journalisten. Er fügt hinzu, daß die Renten der hier weitgehend vergreisten Bevölkerung zwar ausgezahlt würden, daß sie jedoch um keinen Rubel aufgestockt wurden, während eine Inflation von 500 Prozent jede Ersparnis längst vernichtet hätte. Auch die Erwartung, daß der Zustrom von Russen und Ukrainern aus den Ex-Sowjetrepubliken in Zentralasien und dem Kaukasus, die zu Hunderttausenden, ja Millionen, ihre Wohnstätten in den allogenen Gebieten fluchtartig, oft unter Zwang, verlassen mußten, planmäßig nach Fernost umgelenkt würde, hätte sich nicht erfüllt. Die meisten hätten sich vermutlich dieser Verpflanzung verweigert, denn schon gehe bei seinen slawischen Landsleuten die instinktive Furcht vor einem neuen Tataren-Joch um. Die russischen Kolonisten aus Usbekistan hätten es vorgezogen, im europäischen Rußland erbärmlich zu stranden, ehe sie sich einer neuen Überfremdung durch andere asiatische Völker aussetzten.

Der Direktor fragt mich, ob ich bereits den Chinesenmarkt von Magadan aufgesucht habe. »Sie werden sehen«, sagt er, »die Zahl der ›Söhne des Himmels‹ hält sich dort durchaus in Grenzen.« Dramatisch sei diese Präsenz bislang nicht, aber in der Bevölkerung europäischen Ursprungs gehe der Spruch um: »Heute ist es ein gelber Tropfen; morgen ist es das Gelbe Meer.«

Chinesenmarkt

Die Chinesen haben sich unentbehrlich gemacht in Magadan. Doch treten sie in ihrem Handelszentrum, einer weitgedehnten Ansammlung von Buden und Hütten, nicht massiv auf. Kinder inklusive dürften es bestenfalls 300 sein. Im Stadtzentrum lassen sie sich gar nicht blicken. Doch der Chinesenmarkt floriert, und die russischen Käufer drängen sich vor dem Warenangebot, das fast sämtliche Ansprüche des täglichen Lebens erfüllt und zu niedrigen Preisen feilgeboten wird. Unter den Textilien entdecke ich die mit Raubtieren dekorierten Bettücher meines Hotels. In dieser verlorenen Subarktis-Gegend haben die »Söhne des Himmels« drittklassige Produkte, viel scheußlichen Kitsch und Ramsch auf ihren Tischen oder improvisierten Regalen ausgebreitet. Für gehobene Ansprüche kann der durchschnittliche Russe von Magadan ohnehin nicht das nötige Geld aufbringen.

Offenbar verträgt die chinesische Bevölkerung die Kälte gut, der sie hier ziemlich ungeschützt ausgesetzt ist. In der nördlichen Mandschurei, die die Han-Chinesen erst seit Beginn des 20. Jahrhunderts mit Menschenmassen überschwemmten, sind sie im Winter ja auch Temperaturen ausgesetzt, die auf minus vierzig Grad fallen. Die Händler aus dem Reich der Mitte lassen sich nicht gern filmen, aber sie geben sich freundlich. In unförmige Kleidung gehüllt, bilden sie am Meer von Okhotsk keinen wirklichen Fremdkörper. Die Ureinwohner, die durch die Russen kolonisiert wurden bis hinauf zur Autonomen Region Tschukotien am nackten Ufer des Arktischen Ozeans, gehören mehrheitlich jener weitverzweigten mongolischen Völkerfamilie an, der nach Überquerung der Bering-Straße durch ihre Ahnen die Indianerstämme des gesamten amerikanischen Kontinents zugerechnet werden. Die Tschuktschen, die im Volkswitz der Russen die Rolle der Ostfriesen bei den Deutschen einnehmen, sind lange Jahre unmittelbar von Magadan aus verwaltet worden.

Mit den chinesischen Kaufleuten läßt sich bestenfalls ein kurzes Gespräch über den Preis ihrer Waren führen. In der Spielzeugabteilung darf der gefleckte Pandabär natürlich nicht fehlen. Die Beziehungen zu den russischen Kunden verlaufen reibungslos und ohne sichtbare Spur von Animosität. Es handelt sich überwiegend um junge Leute, die in diese abweisende Fremde gereist sind. Sie beobachten ihre Umwelt, wie mir scheint, mit wacher Neugier und heimlicher Belustigung. So wie bei den Russen kriminelle Gangs in Magadan den Ton angeben, so dürften sich auch bei den Chinesen ähnliche Schattenorganisationen, Triaden genannt, herausgebildet haben, die ihren Landsleuten die Preise vorschreiben, ihre »claims« abstecken und ihren finanziellen Anteil fordern. Mir fällt ein kleingewachsener, aber extrem agiler Chinese auf, der seine langen Haare zum Pferdeschwanz gebunden hat und überall gebieterisch nach dem Rechten sieht.

Boris erklärt uns, daß die chinesischen Migranten nur über zeitlich begrenzte Handels- und Aufenthaltslizenzen von drei oder vier Monaten verfügen. Durch Bestechung der zuständigen Beamten läßt sich diese Frist verlängern, bestätigt er, eine dauerhafte Niederlassung sei aber nicht vorgesehen. Es bestehe sogar die Absicht, die asiatische Präsenz nach und nach durch russische Händler zu ersetzen, so weit es deren Trägheit zulasse. Nicht nur auf kommerziellem Gebiet, so ist mir längst aufgefallen, verfügen die Enkel Mao Zedongs über eine wieselhafte Dynamik, einen allen Widernissen trotzenden Bereicherungstrieb, einen beispielhaften Fleiß. Wie hatte mir noch ein chinesischer Diplomat vor meiner Abreise im Hinblick auf das ökonomische Abgleiten Rußlands gegenüber der Pekinger Volksrepublik mit spitzbübischem Lächeln anvertraut: »Die Russen sind eben ein bißchen faul.«

Auf vereisten Pisten, die zu den Bergwerken führen, deren Förderung von Gold, Silber, Zinn, Tungsten, Quecksilber, Kupfer, Antimon und Kohle fast zum Stillstand gekommen ist und die auf dynamische Investoren warten, sind wir entlang des vereisten Meeres gefahren und dann ins Landesinnere abgebogen an den Ortschaften Ola und Gadlja vorbei. Das Hinterland steigt in weißen Wellen zu unvermutet schroffen Gebirgszügen auf. In den Mulden wachsen verkrüppelte Birken und Eschen. Die Gegend wirkt ausgestorben und ein wenig unheimlich. Selbst der Fischfang, der einst zu den wichtigsten Einnahmequellen dieser Küste zählte, ist weitgehend zum Erliegen gekommen. Die weitverstreuten Ortschaften – ausnahmslos triste Plattenbauten der Chruschtschow- oder Breschnew-Zeit – bieten einen Anblick des Verfalls und der Verzweiflung. Immerhin spielen ein paar Halbwüchsige Fußball vor dieser Kulisse des Untergangs. Am Rande von Gadlja soll noch eine Lachszucht funktionieren – »rabotajet«, wie Boris mit einem Anflug von Genugtuung versichert. Die ehemalige Provinz Primorje am Nordpazifik dehnt sich schutzlos, als stünde sie zum Ausverkauf frei.

Zu unserer Überraschung entdecken wir in Magadan eine katholische Kirche. Sie ist längst nicht so stattlich wie die russisch-orthodoxe Kathedrale, aber ihre schlichte Holzarchitektur ist dieser Gegend gut angepaßt. Die Verwunderung steigert sich noch, als ich dem Pfarrer begegne, einem bärtigen, stämmigen Amerikaner aus Alaska. Father Michael, etwa 50 Jahre alt, trägt eine schlichte schwarze Soutane und gehört der Ordensgemeinschaft des Heiligen Charles de Foucauld an. Dieser ehemalige französische Offizier hatte sich nach seiner Berufung zum frommen Einsiedlertum in der Oase Tamanrasset im Herzen der Sahara niedergelassen. Während des Ersten Weltkrieges, während des Senussi-Aufstandes, hatte er dort unter den Schwertern der Tuareg-Krieger den Märtyrertod erlitten.

Father Michael ist ein sympathischer, jovialer Geistlicher. Seine Gemeinde besteht im wesentlichen aus Polen, Nachfahren verschleppter Sträflinge des Gulag. Zur Abendmesse sind überwiegend junge Leute gekommen. Ohne Ausnahme gehen sie zur heiligen Kommunion. Der Pater hat mich auf zwei alte Frauen aufmerksam gemacht, die noch das Grauen der Verbannung am eigenen Leibe erlitten haben und nun mit frohem, gläubigem Blick an seinen Lippen hängen, während er ihnen die Botschaft Christi verkündet. Michael ist sich durchaus bewußt, daß die russischen Behörden ihn verdächtigen, für die CIA zu arbeiten, aber das scheint sein Gottvertrauen nicht zu belasten. Nach dem »Ite, missa est« berichtet er über seine seelsorgerische Tätigkeit an diesem Ende der Welt. Es gilt vor allem, Sozialarbeit zu leisten, sich um die Elenden und Verlassenen zu kümmern an dieser ehemaligen Stätte satanischer Heimsuchung.

Mir sind in den Straßen von Magadan die krassen Gegensätze aufgefallen zwischen den protzigen Luxus-Karossen der Mafia-Bosse und jenen bettelarmen Babuschkas, die auf vereistem Steinpflaster hocken und versuchen, mit dem Verkauf von Blaubeeren ein paar Rubel zu verdienen. Die römisch-katholische Kirche, so erfahre ich zu meiner Überraschung, übe eine starke Anziehungskraft auf viele russische Orthodoxe aus.

Über die gottlose Realität dieses Außenpostens menschlicher Existenz macht sich der Jünger des Charles de Foucauld keine Illusionen. Magadan betet zum Goldenen Kalb. Puritanische Eiferer würden diesen Sündenpfuhl als »Hure Babylon« verdammen. Die stalinistische Vergangenheit lastet weiterhin wie ein Fluch über dem massiven Kontinentalblock Nordost-Asiens. Die Einwohner von Magadan brauchen nicht Solschenizyn zu lesen, um über das Grauen der bolschewistischen Willkür informiert zu sein. Das Leben in den Sträflingslagern kam vor allem seit 1936 einer systematischen Ausrottung gleich, als die Moskauer Schauprozesse die gesamte Sowjetunion – von der höchsten Parteispitze bis zum letzten Kulaken – der Paranoia, dem Verfolgungswahn des roten Zaren aus Georgien auslieferten. Im Gulag genossen die Kriminellen als »Kapos« und Denunzianten ein paar Vorteile gegenüber den politischen Zwangsdeportierten, die sie beliebig zu Tode schinden durften. Die Wachmannschaften der GPU, deren Existenzbedingungen sich im Polarfrost des Winters und in der mückenverseuchten Schwüle des Sommers von denen ihrer Arbeitsknechte gar nicht so sehr unterschieden, übten sich in sadistischen Quälereien, indem sie die Häftlinge um ihre Essensrationen kämpfen ließen. Nur die Tschetschenen, so liest man bei Solschenizyn, bildeten allen Schikanen zum Trotz einen stählernen Block ethnischen Zusammenhalts.

Zu Füßen des Kruzifixes der katholischen Kirche von Magadan meditiere ich über das Gottesgericht, das über den atheistischen Frevel des kommunistischen Gesellschaftsmodells hereingebrochen ist. In ruchloser Pervertierung des Sozialismus sollte ein »Paradies der Werktätigen« auf Erden entstehen. Stattdessen wurden in Magadan die Opfer dieser gottlosen Utopie durch das »Tor der Hölle« getrieben. Nach dem Zusammenbruch des marxistisch-leninistischen Experiments wurde das heilige, gepeinigte Rußland im Namen der Perestroika einer westlich inspirierten Form der Demokratie, der freien Marktwirtschaft, ausgeliefert, die sich als abscheuliches Zerrbild des Kapitalismus, als Karikatur pseudoliberaler Raffgier und krimineller Bereicherungssucht entlarvte. Um die Mitte des 19. Jahrhunderts hatte der französische Historiker Jules Michelet die böse, aber prophetische Feststellung getroffen: »Rußland nimmt von uns lediglich das Schlechte auf. Es zieht alle Gifte Europas an sich und gibt sie dann gesteigert und noch gefährlicher an uns zurück. Gestern erhob Rußland den Anspruch: ›Ich bin das Christentum‹. Morgen wird Rußland behaupten: ›Ich bin der Sozialismus‹.«

Die Müllkippe

Ich verlasse mich auf Boris, der mehr und mehr in die Rolle eines Leibwächters hineinwächst, um die luxuriöse Freizeit-Domäne zu besichtigen, in der sich die neue Nomenklatura der Betrüger, Mini-Oligarchen, Erpresser und Auftragskiller ein Stelldichein gibt. Neben zahllosen Casinos, die für die untere Kategorie von Taugenichtsen bereitstehen, bleiben mir zwei exklusive Restaurants in Erinnerung. Das eine trägt den programmatischen Namen »Gelbes Meer«. Dort wird schlechte chinesische Küche serviert. Das Bedienungspersonal ist ausschließlich russisch, während der chinesische »Patron« und dessen Frau diskret aus dem Hintergrund das Treiben ihrer Gäste in dieser pseudoasiatischen Plüschkulisse betrachten. Das andere renommierte Speiselokal heißt »Grünes Krokodil«. Das Menü beansprucht, italienisch zu sein. Die Ausstattung ist hier noch extravaganter als im »Gelben Meer«. In einem riesigen Aquarium, das hell angestrahlt ist, bewegt sich neben einer Vielzahl schmetterlingsschöner japanischer Fische tatsächlich ein lebendiges Krokodil von etwa achtzig Zentimeter Länge. Der Besucher verfolgt die trägen Bewegungen des einsamen Reptils mit mehr Mitleid als Furcht.

Wo denn wirklich das wilde Leben sich austobe, habe ich unseren Fahrer gefragt, und da fackelt er nicht lange. Wir suchen zu später Stunde eine Super-Disko auf, die sich mit düsterem Humor den Namen »Müllkippe« zugelegt hat. Die Schläger, die den Eingang bewachen, tragen den Namen der berüchtigten zaristischen Geheimpolizei »Ochrana« auf dem Brustschild. In Magadan hat sich in der postkommunistischen Verwirrung offenbar ein seltsames Gemisch von Abschaum und Groteske eingestellt. Während die Muskelprotze der »Ochrana« uns wohlwollend grinsend einlassen, fällt mir plötzlich eine Analogie ein. So ähnlich muß sich Bertolt Brecht die »Stadt Mahagonny« vorgestellt haben, deren Aufstieg und Fall er in das gar nicht so ferne Alaska verlegte. Während wir an den Ganoven mit den tätowierten Oberarmen vorbei dem Inneren dieses Vergnügungstempels zustreben und am Billardtisch vorbeigehen – dort vergnügen sich

Männer mit glattrasierten Schädeln, eindrucksvollen Messernarben, furchterregenden Fäusten –, kommt mir ein Vers aus der Oper »Mahagonny« in den Sinn:

»Denn wie man sich bettet, so liegt man
Es deckt einen keiner da zu
Und wenn einer tritt, dann bin ich es
Und wird einer getreten, bist's du!«

Die Müllkippe kann sich wirklich sehen lassen. Es wurde an nichts gespart. Beide Seiten des Schlauchs, durch den wir vordringen, sind mit absurden metallischen Konstruktionen verkleidet. Es ist die Welt von »Mad Max«. Als Prunkstück führt uns ein finsterer Zerberus die bis ins letzte Detail nachkonstruierte Karosse des Cadillac-Sondermodells vor, das Elvis Presley bevorzugte. Nebenan lädt ein hochmoderner Fitness-Raum zum Body-Building ein, und ein summendes Computer-Zentrum glänzt mit den letzten Erfindungen der Technologie. Diese Dracula-Burg des elektronischen Zeitalters hält noch ganz andere Attraktionen bereit. Da droht ein überlebensgroßer »Terminator« aus Titan-Metall wie ein zuckender Roboter. Silberne Skelette vollführen einen Totentanz. Ein riesiger Drache aus Stahl füllt einen ganzen Salon. Er ist schauerlich rot angestrahlt, und in regelmäßigen Abständen reißt er den mit Haifischzähnen bewehrten Rachen auf, um schwarze Rauchwolken auszustoßen. Jeden Moment erwartet man, daß ein Frankenstein-Monster auftaucht.

Das wirkliche Lusttreiben würde sich erst zu später Stunde der »Müllkippe« bemächtigen. Aber schon jetzt dröhnt aus zahllosen Boxen eine ohrenbetäubende Kakophonie, eine mißlungene russische Rock-Imitation mit stampfenden Rhythmen und einem unverständlichen Gegröle, aus dem seelische Verwüstung schreit. Eine beachtliche Anzahl blutjunger Russinnen ist bereits eingetroffen. Sie fühlen sich in der Müllkippe heimisch, sind spärlich bekleidet und wiegen sich mit stumpfen Gesichtern im Takt. Wie heißt es noch bei Brecht von der »Jenny und ihren sechs Mädchen«: »Wir sind die Mädchen von Mahagonny – wenn ihr bezahlt, dann kriegt ihr, was euch gefällt.« – Wir verweilen einige

Zeit in der Super-Disko von Magadan, hinter deren Neon-Fassade die saftigsten Geschäfte abgewickelt werden und die ohne Zweifel einen Knotenpunkt wirtschaftlicher, ja politischer Macht darstellt. Wir haben mehr Wodka der Marke »Magadan« getrunken, als uns guttut. Aber die schweren Jungs, vielleicht haben wir das unserem Begleiter zu verdanken, behandeln uns mit wohlwollender Kumpanei.

Draußen nimmt uns eine Kälte von minus zwanzig Grad in Empfang. Über uns spannt sich ein glasklarer Sternenhimmel, zu dem die Gläubigen des Father Michael zu dieser Stunde in frommer Erwartung der Ewigkeit aufblicken mögen. Mir kommt eine andere Passage aus Brechts »Mahagonny« in den Sinn:

> »Erstens, vergiß nicht, kommt das Fressen
> Zweitens kommt der Liebesakt
> Drittens das Boxen nicht vergessen
> Viertens Saufen, laut Kontrakt.
> Vor allem aber achtet scharf,
> daß man hier alles dürfen darf.
> (Wenn man Geld hat.)

*

Die Maschine nach Wladiwostok ist ausgebucht. Die Mehrzahl der Passagiere sind Chinesen. Ich erkenne sogar ein paar Gesichter vom Magadaner Markt wieder. Mit diesen Asiaten ist eine bemerkenswerte Wandlung vorgegangen. Standen sie in der Kälte noch mit frostig erstarrten Gliedern und verschlossenen Mienen vor ihren Verkaufsbuden, so bewegen sie sich jetzt laut und munter schnatternd im Wartesaal. Im Vergleich zu den Russen sind sie elegant gekleidet. Mit den Zollbeamten – bärenstarken Sibirjaken, denen sie nicht bis zur Schulter reichen – gehen die »Söhne des Himmels« locker, fast herzlich um. Da wurde wohl manches diskrete Geschäft abgeschlossen. Auch jetzt untersuchen die Sicherheitsbeamten das voluminöse Gepäck der Reisenden, die in ihre chinesischen Heimatprovinzen zurückkehren, mit betonter Lässigkeit. Der kleine Chinese mit dem Pferdeschwanz – besonders vornehm ausstaffiert – spielt wieder eine führende Rolle, plaudert mit den russischen Ordnungshütern und steckt ihnen – wenn ich recht sehe – ein ansehnliches Bündel Rubelscheine zu.

Am Abend vor der Abreise hatte ich mich zur Nagajewo-Bucht fahren lassen. Nicht der Osten, wie Mao Zedong einst verkündete, sondern der westliche Himmel färbte sich jetzt rot. Das Eis unter meinen Füßen gab knirschende Laute von sich. Ein paar Ortsansässige gingen dennoch ohne Bedenken wie Pinguine über die weite gefrorene Fläche. In Richtung Kolyma-Tal war der Horizont durch einen mächtigen weißen Gebirgssattel begrenzt, der sich im späten Licht lila verfärbte. Die Bucht selbst, deren Verschiffungskapazität auch im Sommer begrenzt ist, bot mit den geborstenen, bis zum Oberdeck vom Eis zerquetschten Schiffsrümpfen ein pathetisches Bild.

Die Vorstellung, Amerika könne an diesen unwirtlichen, menschenleeren Gestaden am Rande dieser kolossalen Kontinentalmasse Nordost-Asiens eine Kompensation für seine problematischen transatlantischen Bindungen finden, ist illusorisch. Ein auf Mineralreichtum gegründeter Ersatz für die familiäre Partnerschaft mit Europa offenbart sich an dieser Stelle als Hirngespinst.

Auf der höchsten Kuppe zeichnete sich eine alte sowjetische Radarstation ab. Seit Ende des Kalten Krieges haben die russischen Militärs diese Horch- und Abwehrpositionen sich selbst überlassen und verkommen lassen. Wird Wladimir Putin sie wieder aktivieren, seit die USA in Alaska einen Raketen-Abwehrschirm ausbauen? Als ich mich im Sommer 2005 in Grönland aufhielt und an der Westküste in Kangerlussvaq Station machte, war mir aufgefallen, daß dieser ehemalige amerikanische Stützpunkt, der nur noch als Touristenziel galt, durch die Ankunft von US-Marines plötzlich neu belebt wurde. Gleichzeitig fanden auf dem 3000 Meter dicken Festland-Eis im Herzen Grönlands Manöver der »Special Forces« statt, um diese Elite-Truppe mit den extremen Anforderungen eines Polar-Einsatzes vertraut zu machen. Gegen wen sich diese strategischen Planspiele richten, gegen China oder schon wieder gegen Rußland, bleibt das Geheimnis des Pentagon.

USSURI
Auf verlorenem Posten

»Beherrsche den Osten!«

WLADIWOSTOK, IM APRIL 2006

»Eine graue Stadt am grauen Meer.« Auf den ersten Blick hat sich nichts verändert seit meinem letzten Aufenthalt im Juli 1993. Durch Nebel und Nieselregen sind dem südlichsten Hafen Rußlands am Pazifischen Ozean alle Konturen abhanden gekommen. Noch trägt dieser äußerste Vorposten Moskaus das herausfordernde Attribut »Wladiwostok – Beherrsche den Osten!«. Doch dieser Anspruch ist längst erloschen, und zwar schon im Jahr 1906, als die Armada des Zaren Nikolaus II. in der Seeschlacht von Tsushima von der jungen japanischen Großmacht auf den Meeresgrund geschickt wurde.

Vier Stunden lang hat der steil südliche Flug der alten Iljuschin gedauert, um uns von Magadan nach Wladiwostok zu transportieren. An unserem Ankunftsort ist es gar nicht sonderlich kalt – etwa null Grad Celsius –, aber die Feuchtigkeit ist schwerer erträglich als der trockene Frost am Meer von Okhotsk. Das von Südkoreanern gebaute Luxushotel »Hyundai«, das sich in kanadischem Besitz befinden soll, wurde uns zwar anempfohlen. Aber wir haben uns für eine andere Unterkunft entschieden. Nach langer Taxi-Fahrt durch schlecht erleuchtete Straßen gelangen wir zum »Hotel Versailles«, einem vorrevolutionären Bau, mit dem es seine besondere Bewandtnis hat. 1993 war diese ehemalige Perle zaristischer Gastlichkeit fast zur Ruine verkommen und trug den Namen »Tscheluskim«. Damals waren emsige Trupps chinesischer Arbeiter damit beschäftigt, den verflossenen Glanz wiederherzustellen. Es ist ihnen tatsächlich gelungen, das »Versail-

272

les« im Rokoko-Stil und in französischer Eleganz zu restaurieren. Wären nur nicht die russischen Frauen der Rezeption so abweisend. Sie sind von demselben mürrischen, blaß-blonden Typus, der schon zu sowjetischen Zeiten die ausländischen Gäste zur Verzweiflung brachte. Zu dieser späten Stunde wird die düstere, feuchte Nacht nur durch ein paar Neonreklamen und das knallrote Lichterspiel eines »Casinos« aufgehellt.

Am nächsten Morgen brechen wir zur Stadtbesichtigung auf. Es sind ein paar moderne Wohnblocks hinzugekommen, die die umliegenden Hügel erklettern. Aber weiterhin umringt die scheußliche Plattenarchitektur der Chruschtschow- und Breschnew-Ära jene spitz zulaufende Bucht, der man aus unerfindlichem Grund den Namen »Goldenes Horn« verliehen hat. Noch liegen die gleichen ausgemusterten Zerstörer – grau wie das Wetter – reglos am Pier. Der wirkliche Kriegshafen der russischen Fernost-Flotte, die wieder das Andreas-Kreuz am Heck führt, befindet sich im nahen Nachodka. Der Ort gilt weiterhin als Sperrgebiet.

Ob sich das erbärmliche Leben der russischen Matrosen, das bei meinem Besuch 1993 an Szenen aus dem berühmten Spielfilm »Panzerkreuzer Potemkin« erinnerte, gründlich gebessert hat, seit Putin seine ostasiatische Flotte wieder kampftauglich machen will, wird von den Ortsansässigen bezweifelt. Damals war es auf der Festungsinsel Ruski zu einer Meuterei gekommen, als eine Reihe von Dienstpflichtigen an verfaulter Nahrung und verseuchtem Wasser starb. Seit 1917 waren die dortigen Kasernen weder gestrichen noch gründlich gereinigt worden. Als aus Moskau der Operationschef, Admiral Felix Gromow, zur Inspektion der Mißstände einflog, wurden zumindest die Untergeschosse der Festung durch chinesische Kontraktarbeiter fieberhaft renoviert. Die Latrinen, deren Zustand jeder Beschreibung spottete, wurden von denselben Zuwanderern halbwegs geschrubbt.

Fand sich wirklich kein Russe mehr in dieser Stadt von 700 000 Einwohnern, um die Sanierung eines Festungsgeländes vorzunehmen, das bislang gegen fremde Neugier strengstens abgeschirmt war? Die Chinesen fielen im Straßenbild des Jahres 1993 nicht sonderlich auf. Doch wir entdeckten immer wieder Gruppen schlitzäugiger Arbeiter, die mit der Müllabfuhr und der Reparatur aufgerissener Chausseen beschäftigt waren. So manches war faul an diesem »Beherrsche den Osten!«. Sogar das gigantische Säulendenkmal mit dem siegreichen Bolschewiken, der vor dem weißen Hochhaus der Regionalverwaltung den Einmarsch der »Roten Armee« im Jahr 1922 verherrlicht – bis dahin hatte ein zaristischer Separatstaat unter dem Schutz der japanischen Okkupationsarmee überlebt –, war so gefährlich morsch und einsturzreif, daß es durch einen hohen Bretterzaun abgeschirmt wurde.

Wie alle russischen Städte jener Zeit verfügte Wladiwostok im Wirtschaftschaos der Jelzin-Zeit über eine lange Allee mit containerähnlichen Kiosken, wo alle nur denkbare ausländische Importware angeboten wurde. Im Gegensatz zu Moskau und Petersburg handelte es sich hier jedoch ausschließlich um Einfuhrprodukte ostasiatischer Länder – Japan, Südkorea, Taiwan und China. Das Reich der Mitte schien mit seinen Extrem-Billigprodukten den Markt zu beherrschen, auch wenn es oft nur Ramsch und Ausschuß waren, die die russische Fernost-Provinz erreichten.

Von einer »Gelben Invasion« konnte dennoch nicht die Rede sein. Der Vizegouverneur, der den guten deutschen Namen Hartmann trug und von der Wolga stammte, gab die Zahl der Chinesen – meist Kontraktarbeiter, aber auch viele Illegale – mit 70 000 an. Dazu kämen etwa 30 000 Koreaner, und diese Bevölkerungsgruppe stelle ein akutes Problem dar. Die ursprünglich in der Gegend siedelnden Koreaner – es mochten einige Hunderttausend gewesen sein – hatte Stalin schon in den dreißiger Jahren aus Gründen strategischer Vorbeugung gegenüber dem potentiellen japanischen Feind nach Zentralasien, vor allem nach Usbekistan und Kasachstan, deportieren lassen. Neuerdings sei eine Rückwanderungsbewegung im Gange, der man schwerlich Einhalt gebieten könne.

Mit Jewgeni Strachow war ich zu jener Zeit durch den alten Stadtkern geschlendert, wo noch ein paar Jugendstil-Fassaden von verflossenem zaristischen Wohlstand zeugten. Das Wirtschaftsleben in dieser Stadt war von der östlichen Mafia in Regie genommen worden. Es war erstaunlich, über welche finanziellen Mittel gerade die jungen Schlägertypen der Unterwelt verfügten, die sich gern mit allzu grell, aber im westlichen Stil aufgeputzten Mädchen zeigten. Freund Jewgeni fand die Zustände »unglaublich«. Das war sein Lieblingswort, und es kennzeichnete die Verhältnisse trefflich. So kamen sich in Fernost Gangs verschiedener ethnischer Zusammensetzung ins Gehege. Neben den Kaukasiern – Aserbeidschaner und Georgier vor allem, die jedermann haßte – spannen angeblich die ominösen chinesischen Geheimgesellschaften, die »Triaden«, ein undurchsichtiges Netz, das angeblich bereits die ganze Sowjetunion überzog.

Außer einem japanischen Restaurant, das mit roten Lampions warb, bot sich wenig Abwechslung. In der Cafeteria eines Betonkastens, der den Namen »Hotel Wladiwostok« trug, servierten die Kellnerinnen – nachdem wir sie aus dem Mittagsschlaf gerissen hatten – eine Zitronenlimonade, die so penetrant nach Chemie schmeckte, daß sogar der geduldige Jewgeni sich beschwerte. »Es ist doch euer eigenes Gesöff, das wir hier servieren«, entrüsteten sich die Bediensteten ihrerseits. Ich versuchte erst gar nicht, ihnen zu erklären, daß die grüne Giftbrühe aus der Volksrepublik China mit den Produkten der Europäischen Wirtschaftsgemeinschaft nichts zu tun hatte. Als wir stattdessen eine Coca-Cola bestellten, brach ein leicht angetrunkener russischer Tischnachbar in schallendes Gelächter aus. »Nehmen Sie sich vor der Coca-Cola in acht«, warnte er. »Die stammt aus Seoul. Im Jahr 1988 hatten die Südkoreaner für ihre ausländischen Gäste bei den Olympischen Spielen ungeheure Vorräte dieses amerikanischen Getränks angelegt, die nicht aufgebraucht wurden. Jetzt werden sie an uns Russen verscherbelt.« Der Unbekannte war offenbar ein Mann von Witz und Bildung. »Ich proste Ihnen zu mit einer Coca-Cola Jahrgang 1988 – ›un grand cru‹«, fügte er feixend hinzu.

Heute werden die Zentralisierungsmaßnahmen Präsident Putins, der die Provinzgouverneure unmittelbar aus dem Moskauer Kreml nominiert, statt sie durch Regionalparlamente wählen zu lassen, im Westen oft als undemokratisch kritisiert. Es war jedoch an der Zeit, daß die Zügel angezogen wurden. In der Umgebung des damaligen Gouverneurs Nasdratenko wurde zu jener Zeit die Ausrufung einer »Republik Primorje«, einer sogenannten »Meeres-Republik«, ernsthaft erwogen. Sie hätte die weitere Umgebung des Kriegshafens zwischen Ussuri und Japanischem Meer etwa bis zur Gegenküste der Insel Sachalin, und somit knapp zwei Millionen Menschen, umfaßt. Der Grund dieser Separationsbewegung gegen die Willkür der Rußländischen Föderationsregierung, so war uns im Stadtsowjet erklärt worden, sei rein wirtschaftlicher Natur. Die Seeprovinz sei es leid, ihre relativ wertvollen Produkte – Fisch vor allem, aber auch Kohle und Buntmetalle – fast ohne Entgelt an die Moskauer Zentralbürokratie zu liefern und überdies von Steuern erdrückt zu werden.

In Wladiwostok hatten die Separatisten das Vorbild von Jekaterinburg, früher Swerdlowsk, vor Augen, wo kurz zuvor eine kurzlebige »Republik Ural« proklamiert worden war. Immer wieder beteuerten die Funktionäre, ehemalige Mitglieder der kommunistischen Nomenklatura, daß keine Absicht vorläge, dem gemeinsamen russischen Vaterland den Rücken zu kehren. Aber Wladiwostok, Primorje und – warum nicht? – die ganze riesige Fernost-Provinz inklusive Kamtschatka verlangten nach einer Form der Wirtschaftsautonomie, der Beteiligung an den eigenen Erträgen, die sich mit dem Status der »Autonomen Republiken« innerhalb der Russischen Föderation – wie Jakutien oder Burjätien – hätte vergleichen lassen.

Hatte sich 1993 tatsächlich eine allmähliche Aufsplitterung Rußlands angebahnt, zumindest die Umwandlung in einen lokkeren Staatenbund? Primorje und Ural standen mit ihren Ansprüchen ja nicht allein. 54 russische Regierungsbezirke strebten nach ähnlichen Privilegien. Ich solle das tief verankerte russische Nationalgefühl nicht unterschätzen, hatte der Vize-Gouverneur Hartmann mir damals ans Herz gelegt. Es gehe mehr um Wirtschaft als um Politik; die Patrioten strebten sogar die Wiedergeburt eines Reichsbegriffes an, den man allzu schnell ad acta gelegt habe. Tatsächlich war mir bei der Rundfahrt durch Wladiwostok im Juli 1993 eine Gruppe von Ussuri-Kosaken in zaristischen Uniformen aufgefallen, die sich in Fernost als Wächter des Imperiums gebärdeten und ihrer prawoslawischen sowie ihrer monarchistischen Nostalgie Ausdruck verliehen.

Auf den Besuch der Ussuri-Bucht am Pazifik verzichte ich dieses Mal. Im Hochsommer war diese felsige Uferlandschaft von üppiger Vegetation umrahmt, aber im April würde die Gegend noch bedrückender wirken, als sie schon damals war. Ein paar Dutzend einheimische Urlauber hatten sich eingefunden, genossen die Sonnenstrahlen, die nur spärlich den Dunst durchbrachen und bereiteten sich ein bescheidenes Picknick. Trotz des steinigen Ufers hätte es eine recht idyllische Erholungsstätte sein können, wenn sie nicht so unvorstellbar verwahrlost gewesen wäre. Die Badenden kampierten zwischen zerbrochenen Flaschen, rostigen Eisentrümmern und Exkrementen. Gleich nebenan, an der schönsten Stelle der Bucht, wo sich der Blick über malerische Baumkuppen im Japanischen Meer verlor, qualmte und stank eine riesige Deponie.

»Es ist schlecht bestellt um unser Land«, sagte Jewgeni melancholisch. Er war ein aufrechter russischer Patriot, und der Zerfall der Sitten, das Überhandnehmen jeder Form von Kriminalität deprimierte ihn zutiefst. »Nehmen Sie doch die wenigen Zahlen, die uns zur Verfügung stehen: 1,5 Millionen Geburten im Jahr stehen in Rußland 3,5 Millionen Abtreibungen gegenüber. Jedes Jahr verringert sich unsere Bevölkerung dramatisch.«

*

Die Demographie der Russischen Föderation, vor allem im chinesischen Grenzgebiet, ist das Thema, das mich im Frühjahr 2006 vorrangig beschäftigt. Entgegen meinen Erwartungen hat die Zahl der Asiaten gegenüber 1993 abgenommen. Mir fallen hier weniger mongolische Gesichter auf als im Quartier Latin von Paris, ganz zu schweigen vom XIII. Arrondissement der französischen Hauptstadt, das sich zu einer gallischen »Chinatown« entwickelt hat. Zwar versichert mir der deutsche Pastor der winzigen evangelischen Gemeinde, der sich gegen die seelsorgerischen Bemühungen von ein paar katholischen Jesuiten-Patres zu behaupten sucht, die Chinesen seien tagsüber in Wladiwostok nicht anzutreffen, weil sie – im Gegensatz zu den gemächlichen Russen – in irgendwelchen Ateliers mit rastloser Arbeit beschäftigt seien, doch diese Aussage erweist sich als unzutreffend.

Dieser ostasiatische Hafen verfügt natürlich über einen ausgedehnten Chinesenmarkt, aber auf solche Ballungen asiatischer Händler stößt man heute in einer Vielzahl russischer Städte bis nach Sankt Petersburg. Der Nebel ist noch dichter geworden, während wir durch die Gassen von Buden und Zelten mit minderwertiger Ware aus dem Reich der Mitte streifen. Hier werden ähnlicher Kitsch und billiges Konsumgut ausgestellt wie in Magadan. Die Geschäftigkeit der Chinesen steht im krassen Gegensatz zur Trägheit der jungen Russen, die uns in den Randvierteln von Wladiwostok in Rudeln begegnen. Die Arbeitslosen oder Arbeitsscheuen wirkten nicht einmal aggressiv, sondern stellen Mißmut und Verbitterung zur Schau, wenn sie schon am frühen Vormittag die Wodkaflasche kreisen lassen. An dieser »lost generation« gemessen, entfalten die Zuwanderer aus China mit ihrem Billigangebot und ihrem zupackenden Profitsinn einen insektenähnlichen, fast unheimlichen Fleiß. Es kommt Wehmut auf, wenn ein alter, ärmlich gekleideter Russe sich in der Hoffnung auf eine milde Spende am Eingang des Chinesenmarktes postiert und sein Akkordeon betätigt. Mit unendlich traurigen Augen spielt er jene schönen slawischen Volksweisen, die aus dem Repertoire der dröhnenden Rockbands der neuen Generation verbannt sind.

In Wladiwostok machen die russischen Intellektuellen aus ihrem Herzen keine Mördergrube. Es lohnt sich, ein Gespräch mit den verantwortlichen Forschern der Pazifik-Abteilung der Akademie der Wissenschaften zu führen. Im Institut für Archäologie und Ethnologie der Völker Ostasiens findet keine Schönfärberei statt. Untergebracht sind diese Völkerkundler – wie schon ihre Kollegen vom Amerika-Institut in Moskau – in verstaubten, tristen Etagen der Innenstadt. Direktor Viktor Larin, der vermutlich ein skandalös niedriges Gehalt bezieht, würde sich mit dem schmalen Schnurrbart, der altmodischen Eleganz und vor allem mit seiner melancholischen Höflichkeit als typisch russische Romanfigur aus dem neunzehnten Jahrhundert eignen. Natürlich ist er sich des Kernproblems dieses vernachlässigten Randgebiets am Stillen Ozean voll bewußt. »Achtzehn Millionen Russen, die bislang in den GUS-Staaten Zentralasiens lebten und dort jetzt systematisch vertrieben werden, sollten in unsere Region transplantiert werden, um der Ausdünnung der europäischen Bevölkerung entgegenzuwirken«, beginnt er seinen Vortrag. »Aber wer will schon nach Primorje?«

Ich habe zusätzliche Informationen bei seinen Kollegen und auch bei den Behörden gesammelt. Daraus ergibt sich folgendes Bild: Von einer Überflutung durch die Chinesen kann nicht die Rede sein. In dieser Oblast wurden 50 000 Niederlassungsgenehmigungen an Zuwanderer aus der Volksrepublik erteilt, und die sind zeitlich begrenzt. Es ist wahrscheinlich, daß sich dazu eine beachtliche Zahl von Schwarzarbeitern gesellt, aber für einen Asiaten sei es auf Grund seiner Physiognomie schwierig, unbemerkt unterzutauchen. Zusätzlich sind 3000 Nordkoreaner auf der Basis von Arbeitskontrakten mit der Regierung von Pjöngjang in der Forstwirtschaft tätig. Hier gibt es wohl eine erhebliche Dunkelziffer.

Die Pekinger Behörden seien klug genug, die unterschwellig vorhandene Angst der Russen vor der »gelben Gefahr« zu entkräften, meinen die Ethnologen. Es ginge den Chinesen darum, wirtschaftlich und kommerziell in der Fernost-Provinz, ja in ganz Sibirien Fuß zu fassen und die anderen Konkurrenten aus dem Feld zu schlagen. Zuversicht herrscht dennoch nicht in dem Institut von Wladiwostok. Als einer der Dozenten resigniert feststellt, daß die europäischen Slawen an diesen fernen Gestaden auf verlorenem Posten stünden, daß sie hier stets Fremde geblieben seien und im Grunde auch nichts zu suchen hätten, bricht bei unserer Novosti-Begleiterin Jewgenija der russische Patriotismus durch. »Wie kann dieser Mann nur solche Behauptungen aufstellen«, entrüstet sie sich nach dem Gespräch mit einem Grimm, den ich diesem stillen Mädchen gar nicht zugetraut hätte. »Auch die Fernost-Regionen sind ein Teil Rußlands. Ich bin in Petropawlowsk, also am äußersten Ende von Kamtschatka geboren, und ich bin dort zu Hause.«

Nicht der demographische Druck von außen, sondern das zunehmende Vakuum im Innern dürfte der Russischen Föderation jenseits des Baikal-Sees eines Tages zum Verhängnis werden. Gewissen Statistiken zufolge sind bereits vierzig Prozent der europäischen Bevölkerung von Russisch-Fernost und der arktischen Nordregion verschwunden. Als Mahner hat insbesondere der ehemalige Ministerpräsident und Geheimdienstchef Jewgeni Primakow seine Stimme erhoben und seine Landsleute beschworen, diesem Trend nicht nachzugeben, sonst sei es möglich, daß Rußland im Jahr 2050 nicht mehr existiere.

Am Fluß des »Schwarzen Drachen«

Wie schnell sich die historischen Perspektiven verschieben, wie jäh doch die vermeintlich festgefügten Positionen der Großmächte ins Wanken geraten. Ich versetze mich in den Sommer 1973 zurück, als der Status der Sowjetunion als Supermacht noch unumstritten war. Von Japan aus war ich nach Khabarowsk geflogen, das als wichtigstes Verwaltungszentrum an der mandschurischen Grenze galt. Über die düstere Flut des Amur spannte sich die unverwüstliche Eisenbahnbrücke aus der Zarenzeit. Der gewaltige Strom, den die Chinesen »Heilungkiang – Fluß des schwarzen Drachen« nennen, wendet sich hier nach Norden und ergießt sich am Ende in das Meer von Okhotsk. Der Autoverkehr wurde in Khabarowsk mit Hilfe einer altertümlichen Fähre auf das Südufer übergesetzt, wo man sehr bald auf chinesisches Territorium stößt.

Am Murawjow-Amurski-Prospekt, einer baumbestandenen Hauptstraße im Jugendstil, befand sich das örtliche Museum, das meine besondere Aufmerksamkeit erregte. Hier war nämlich ein riesiges Ölgemälde ausgestellt, das den Gründer dieses russischen Bollwerkes, Graf Murawjow, in ordensübersäter Admiralsuniform zeigte. Als hochaufgerichteter Hüne wurde der russische Eroberer dargestellt, der Mitte des 19. Jahrhunderts die Besitzungen des Zarenreiches um einen gewaltigen Streifen Landes an der Amur-Mündung erweiterte und das chinesische Reich nach Süden abdrängte. Mit herrischer Geste zeichnete Murawjow einen dicken roten Strich auf der Landkarte ein und erzwang damit die einseitige russische Annexion auf Kosten der Qing-Dynastie. Ihm gegenüber am Kartentisch kauerte – klein und verschüchtert – ein Hofbeamter aus Peking in der buntseidenen Tracht eines hohen

Mandarin. Die Demütigung des Drachenthrons, seine quasi koloniale Unterwerfung unter die Willkür russischer Imperialisten, konnte nicht deutlicher veranschaulicht werden.

Heute dürfte dieses Dokument chinesischer Schmach von der Wand genommen sein. Aber als ich zwanzig Jahre später, im Juli 1993, in Begleitung des bewährten Gefährten Strachow wieder in Khabarowsk eintraf, hatte man diese Verherrlichung Murawjows noch nicht entfernt. Dennoch hatte sich vieles gründlich verändert. Von arrogantem Übermut war bei den hier lebenden Russen keine Spur mehr vorhanden. Die Auflösungserscheinungen des Postkommunismus – hemmungsloser Schwarzmarkt, Bandenunwesen, Pauperisierung – waren überall wahrzunehmen. In Khabarowsk hatten die Japaner eine Drehscheibe ihres Einflusses eingerichtet. Das Hotel »Sapporo« war ein ziemlich unansehnlicher roter Backsteinbau. Im Innern hingegen ging es so japanisch zu, daß auf jede russische oder englische Beschriftung verzichtet wurde. Die winzigen Zimmer waren peinlich sauber, die Waschanlagen auf Bonsai-Format reduziert. Hier wurde der Yen von den russischen Angestellten ebenso selbstverständlich kassiert wie in Moskau der Dollar. Am Murawjow-Prospekt befand sich ein japanisches Restaurant, das den verwöhntesten Ansprüchen genügte. Dennoch drängten sich die Geschäftsleute aus dem nahen Land der aufgehenden Sonne nicht in den Vordergrund.

Inmitten riesiger Last- und Tankwagen waren wir am folgenden frühen Morgen über den Amur getuckert. Unser Ziel hieß Birobidjan. Wir rollten auf einer vorzüglichen, leeren Asphaltstraße – sie diente wohl strategischen Zwecken – nördlich der mandschurischen Grenze. Die Fahrt ging nach Westen, und immer wieder überquerten wir die Gleise der Transsibirien-Bahn. Die Landschaft war grün und fast menschenleer. Der unendliche Birkenwald der Taiga begleitete uns. Der Himmel drückte grau und regnerisch. Nach und nach vermehrten sich die schiefen Holzhäuschen. Erste Betonklötze tauchten auf. Rechts der Chaussee begrüßte uns eine breite, weißgetünchte Tafel aus Zement. »Birobidjan« stand dort zu lesen, in kyrillischer und – in hebräischer Schrift.

*

Vier Jahre zuvor, im August 1989, hatte ich mich auf dem südlichen, dem chinesischen Ufer des Amur aufgehalten und auf die dunkelbraune, träge Flut geblickt. Es schien durchaus sinnvoll, daß die Asiaten unter dieser düsteren Wassermasse die Präsenz eines »Schwarzen Drachen« vermuteten. Mit einer Iljuschin-Maschine waren wir von Peking nach Heihe, dem chinesischen Hafen am Amur, geflogen. Die Fahrt vom bescheidenen Airport zum Hotel dauerte eine halbe Stunde. Die bucklige Asphaltstraße führte durch Taiga-Gehölz. Die Stadt Heihe erlebte einen Bau-Boom und machte einen chaotischen Eindruck. Überall wurde gemauert und zementiert. Die Straßen waren für Kanalisationsarbeiten aufgerissen. Die Wohnblocks waren nach den trüben Schablonen einförmiger Kastenarchitektur ausgerichtet. Mir fielen vor allem die riesigen, vollverglasten Veranden auf, die an jeder Häuserfront wie Wintergärten klebten. Bei näherem Hinsehen waren sie mit einer wahllosen Anhäufung von Hausgerät, auch mit gehorteten Lebensmitteln vollgestopft. Diese gläsernen Vorratskammern eigneten sich, unseren chinesischen Begleitern zufolge, vorzüglich für das Überleben im nordmandschurischen Winter. Die Temperaturen schwankten dann zwischen minus 25 und minus 45 Grad.

Wir strebten gleich dem sibirisch-mandschurischen Schicksalsstrom zu. Es traf sich gut, daß unser Hotel direkt am Ufer lag. Auch an dieser Stelle waren Erdarbeiten im Gange. Es war später Nachmittag. Über dem Fluß des Schwarzen Drachen spann sich ein blaßblauer, unendlicher Himmel. Nach Nordwesten, auf der sowjetischen Seite, stiegen sanfte Hügel an. Das chinesische Ufer war zu einer Art Promenade ausgebaut. Der Baumwuchs war spärlich. Die Menschen, die uns begegneten, waren bunt und sommerlich gekleidet. Diese chinesischen Siedler des äußersten Nordens genossen sichtlich die milde Luft des Sommerabends. Die Männer hatten oft die Hemden ausgezogen. Die Mädchen trugen Miniröcke und leichte Blusen. Es lag jene Ausgelassenheit in der Luft, die ich vor vielen Jahren bei einem kurzen August-Aufenthalt auch in Nowosibirsk erlebt hatte. Der Winter würde mindestens acht Monate dauern, und der klirrende Frost setzte den Einwohnern so schrecklich zu, daß sie die kurze Schönwetterpause wie eine Gnadenfrist auskosteten.

Ursprünglich hatte ich mir gelobt, ein symbolisches Bad im Amur zu nehmen. Aber angesichts der trüben Farbe der Fluten und der Fabriken, die auf beiden Ufern ihre giftigen Abwässer in den Fluß leiteten, ganz zu schweigen von den menschlichen Exkrementen, habe ich davon Abstand genommen. Die ortsansässigen Chinesen hatten solche Bedenken nicht. Sie stürzten sich in Scharen in die trübe Soße und ließen sich kilometerweit treiben. Auf der Nordseite verhielten sich die Russen ähnlich. Dort erkannten wir in der sinkenden Dunkelheit die Umrisse und die aufflackernden Lichter der Stadt Blagowjeschtschensk, die mittels einer Gleisabzweigung an die große Transsibirische Eisenbahn angeschlossen ist. Die chinesischen Spaziergänger hielten uns offenbar für Russen. Wir waren nicht wenig erstaunt, als wir in dieser Grenzzone, die zehn Jahre zuvor noch am Rande eines bewaffneten Konflikts zwischen den beiden kommunistischen Giganten gestanden hatte, mit großer Freundlichkeit begrüßt wurden. Immer wieder hörten wir den Willkommensruf »Sdrawstwuitje«. Ein kleiner, putzig gekleideter Junge bot uns Sputnik- oder Kosmos-Abzeichen an, wie die russischen Jungpioniere sie gern am Hemd tragen, wohl in der Hoffnung, mit einem Kugelschreiber oder Süßigkeiten belohnt zu werden.

Das Hotel von Heihe war eine fürchterliche Herberge. Der Bau war neu, aber schon auf betrübliche Weise heruntergekommen. In der düsteren Eingangshalle waren chinesische Putzfrauen unermüdlich damit beschäftigt, mit trockenen, ausgefransten Besen Staub und Dreck hochzuwirbeln. Nur die jungen Etagen-Beschließerinnen, die lächelnd hinter ihrem Schreibtisch saßen, fielen mit ihren blitzsauberen rot-weißen Kleidern aus dem Rahmen. Die Zimmer rochen faulig, und die Toiletten waren ein Ort des Grauens. Aus den röhrenden Wasserhähnen purzelten – wie in den meisten Provinzherbergen Chinas zu jener Zeit – Kakerlaken ins Waschbecken.

Am nächsten Morgen hatten uns die Lokalbehörden zu einer Besichtigung des Flußhafens eingeladen. An dieser Stelle, so war uns schon in Peking mitgeteilt worden, fand ein reger Grenzverkehr mit der gegenüberliegenden sibirischen Stadt Blagowjeschtschensk statt. Uns fielen am Ufer sofort die Frachtkähne und

Dampfer mit der Fahne der Sowjetunion auf. Das Hauptinteresse richtete sich auf zwei kleine, betagte Ausflugsdampfer, die sich in der Mitte des Stromes trafen und auf das jeweils andere Ufer zutuckerten. Jeden Morgen setzten vierzig Chinesen nach Blagowjeschtschensk über, und vierzig Sowjetbürger statteten Heihe einen Besuch ab. Sie blieben bis zum Abend und waren mit einem bescheidenen Devisenkontingent, das im realen Gegenwert bei knapp 50 Dollar liegen mochte, ausgestattet. Das russische Boot legte gerade an. Vierzig Sowjetbürger gingen ohne nennenswerte Kontrolle an Land. Es waren überwiegend Frauen mittleren Alters, die für diesen Ausflug ihre besten Kleider angezogen hatten und vorher beim Friseur waren. Auf hohen Absätzen erkletterten die Touristinnen den Pfad zur Straße, wo ein Bus auf sie wartete. Überall wurde der Gruß »Sdrawstwuitje« ausgetauscht. Was mich besonders frappierte, war der rein europäische, slawische Typus der Einreisenden.

Später haben wir die Touristengruppe in den beiden großen Kaufhäusern und in der Markthalle von Heihe eingeholt, uns mit ihnen radebrechend bekannt gemacht und sie auch ausgiebig gefilmt, ohne daß die geringste Mißstimmung aufkam. Ein stämmiger Mann, der etwas Deutsch sprach – seine Mutter war Wolgadeutsche –, erklärte, daß er von Ussurisk in der russischen Fernostprovinz bei Wladiwostok angereist und am Ussuri beheimatet sei. Die Frauen waren natürlich die treibende Kraft des Einkaufs. Die Fülle des Lebensmittelangebotes zog sie zwar magisch an, aber sie ließen sich – bei ihrer knappen Geld-Kontingentierung – allenfalls zum Kauf von ein paar Süßigkeiten hinreißen. Die Textilien hingegen, zumal wenn sie rosarot gefärbt waren, wurden eingehender Inspektion und langen Preisdiskussionen unterzogen. Bevorzugter Attraktionspunkt war der Verkaufsstand für Kosmetika. Stark geschminkte chinesische Verkäuferinnen hielten jene vielfarbigen Maquillage-Kästchen mit eingebautem Spiegel parat. Die Lotions und Parfums – für westliche Ansprüche viel zu aufdringlich – waren das Ziel begehrlicher Blicke.

Wir verstanden jetzt, warum das chinesische Außenministerium uns so bereitwillig an diese einst sorgfältig abgeschirmte Grenze hatte reisen lassen. Wir sollten als Augenzeugen feststellen, wie überlegen sich die chinesische Versorgungslage und das chinesische Konsumangebot im Vergleich zu der Mangelsituation darboten, die die Sowjetunion plagte. Andererseits wollte man uns aber auch vorführen, daß die Beziehungen zwischen Peking und Moskau sich tatsächlich entspannt hatten, ja, daß entlang der einst heißumstrittenen Grenze zwischen der Mandschurei und Sibirien neuerdings eitel Frieden und Harmonie herrschen.

Natürlich wußten unsere einheimischen Begleiter wie auch die Beamten des chinesischen Außenhandelsministeriums, daß der sowjetische Partner keinen annähernden Ersatz für das gewaltige Produktions- und Handelspotential bieten konnte, das sich im Westen und insbesondere auch in Japan zusammenballte. Die Ziffern des kleinen Grenzverkehrs von Heihe-Blagowjeschtschensk waren aussagekräftig. Im stillosen Betonbau der Außenhandelsbehörde dieser Übergangsstation wurde uns von einem betagten chinesischen Funktionär mit müder Geste eine Statistik präsentiert. Seit dem 1. September 1987 sei der kleine Grenzverkehr wieder in Gang gekommen. Im Jahr 1988 habe sich der Austausch zwischen dem Nord- und dem Südufer auf einen Gegenwert von 32 Millionen Schweizer Franken belaufen. Es wurde weder in Rubel noch in Yuan abgerechnet. In den ersten Monaten des Jahres 1989 sei dieser »Troc« immerhin auf 37 Millionen Schweizer Franken geklettert. Die jeweiligen Planungsbehörden achteten strikt darauf, daß das Gleichgewicht zwischen Einfuhr und Ausfuhr gewahrt blieb. Die Russen lieferten Holz, Zement, Glas, Düngemittel und Stahl. Die Chinesen verschifften neben landwirtschaftlichen Produkten – Bohnen, Kartoffeln, Äpfeln, Erdnüssen – überwiegend Konsumgüter – Textilien, Schuhe, elektrische Haushaltsgeräte, Wohnungseinrichtungen und vieles mehr – nach Blagowjeschtschensk. Die Natur dieses Austausches belegte eindeutig, daß die höhere ökonomische Entwicklungsstufe paradoxerweise auf dem Südufer des Amur erreicht worden war.

Am Hafen waren die Importwaren gestapelt. Baumstämme aus Sibirien, Plastiksäcke mit chemischem Düngegut und vor allem Zement. Chinesische Docker entluden einen russischen Frachter.

Die Zementsäcke waren teilweise geplatzt, so daß die Arbeiter, von schäbigen Lappen schlecht geschützt, über und über mit Staub verkrustet waren. Die Gesichter unter den grauen Kapuzen – mit Ausnahme der lebhaften Schlitzaugen – wirkten seltsam erstarrt. Die Docker von Heihe erschienen mir, als seien sie eben als Tonfiguren des Kaisers Qin Shi Huangdi aus der Grabhöhle ihres Herrschers bei Xian aufgetaucht.

Auf einem Motorboot haben wir uns dem sibirischen Ufer des Amur bis zur Mitte des Stromes genähert und ein paar Kilometer lang die sowjetische Seite inspiziert. Filmen durften wir nicht. Aus der Distanz machte Blagowjeschtschensk einen recht stattlichen Eindruck. Wir sichteten eine Zementfabrik und ein Elektrizitätswerk, moderne Wohnblocks im Einheitsstil und einen monumentalen Rundbau, der als Theater oder Oper dienen mochte. Ein riesiger Fernsehmast mit zahlreichen Antennen und Radarschüsseln erlaubte es den Russen, bis weit in die mandschurische Ebene hineinzuspähen. Eine dichte Kette von Wachtürmen erstreckte sich bis zum Horizont. Ob sie mit sowjetischen Grenztruppen bemannt waren, konnten wir nicht erkennen. Auf chinesischer Seite war weit und breit kein einziges Eisengerüst zu erkennen, das sich als Beobachtungsturm geeignet hätte. Ganz deutlich hingegen gerieten die russischen Befestigungsanlagen und Bunker in unser Blickfeld. Daneben sonnten sich Zivilisten am schwärzlichen Strand. Andere badeten im Fluß. Am Vorabend war uns ein sowjetisches Patrouillenboot aufgefallen, das mit abgedeckter Kanone seine Strecke abfuhr. Zusätzlich entdeckten wir ein Kriegsschiff größerer Tonnage, das mit Raketenwerfern bestückt war.

Sehr aufregend war das alles nicht, und es gehörte schon einige Phantasie zu der Vorstellung, daß wir uns an einer der schicksalsträchtigsten Nahtstellen der Welt befanden, am Schnittpunkt zweier – trotz gemeinsamer Ideologie – total konträrer Kulturkreise. Wieder kam mir der Orakelspruch General de Gaulles in den Sinn, den er anläßlich einer Pressekonferenz im November 1959 geäußert hatte. Er hatte die Unvereinbarkeit der Ambitionen skizziert zwischen Rußland einerseits – »weiße Nation in einem Teil Asiens, mit Bodenschätzen wohl ausgestattet« – und

China andererseits: »eine immense Zusammenballung gelber Menschen – unzählbar und bedürftig, unzerstörbar und ehrgeizig«. Die Chinesen zielten laut de Gaulle »unter unsäglichen Prüfungen darauf ab, eine Macht zu bauen, die unermeßlich sein wird, und sie lassen bereits begehrliche Blicke über jene Weiten schweifen, in die sie sich eines Tages ergießen werden«.

In Heihe hatte ich keine chinesische Militärpräsenz bemerkt. Die Kampfkraft der Volksbefreiungsarmee, so behaupteten die Militärattachés in Peking, sei in sträflicher Weise heruntergekommen. Das Material sei veraltet, und für die Anschaffung moderner Technologie fehle es an Krediten. Allerdings hätten sich die chinesischen Militärs auf die Produktion billigen und robusten Kriegsgeräts für Länder der Dritten Welt spezialisiert, insbesondere auf die Fabrikation von Boden-Boden-Raketen. Während des Golfkrieges, den Saddam Hussein 1980 gegen die Islamische Republik des Ayatollah Khomeini ausgelöst hatte, wurden sowohl Bagdad als auch Teheran von Peking mit sogenannten »Silkworms« beliefert.

Die chinesische Armee, so hörte man in den westlichen Botschaften von Peking, sei in keiner Weise befähigt, einem sowjetischen Ansturm standzuhalten. Doch an Ort und Stelle, an den Ufern des Amur und des Ussuri, sah die Wirklichkeit ganz anders aus. Der russische Polarbär hatte seine Aggressivität verloren, und seine Pranken taugten nicht einmal mehr für Drohgebärden, seit die Rote Armee in Afghanistan zum Rückzug gezwungen worden war und die Fremdvölker der Union sich in bürgerkriegsähnlichen Zuckungen entzweiten. Die chinesische Führung – in den uralten strategischen Lehren des Meisters Sunzi geschult – blickte ohne Furcht nach Norden.

Ich greife absichtlich auf diese fernen Erinnerungen aus dem Sommer 1989 zurück. Seitdem hat sich nämlich in Heihe, wie ich diversen Fernsehberichten entnahm, ein phänomenaler Fortschritt vollzogen. Die Plattenbauten sind abgerissen und durch stattliche Wohnblocks ersetzt worden. An den Fluß-Kais reihen sich Hochhäuser und anspruchsvolle Kaufhallen, die westlichen Ansprüchen voll genügen. Der Reisende hat die Auswahl zwischen einem Fünfsterne-Hotel und einer Serie anderer blitzsauberer Unterkünfte. Heihe übt heute – im Frühjahr 2006, während ich mich darauf vorbereite, auf dem Landweg in die chinesische Mandschurei überzuwechseln – eine magnetische Ausstrahlung auf die ostsibirische »Amurskaja Oblast« und deren träge Distriktstadt Blagowjeschtschensk am anderen Ufer des Amur aus.

Der »Starez« und die Dinosaurier

Wenden wir uns wieder der Erkundungsreise in Russisch-Fernost zu, die mich im Sommer 1993 – also vier Jahre nach den Filmarbeiten bei Heihe – in Begleitung Jewgeni Strachows nach Wladiwostok geführt hatte. Wir waren damals in Ermangelung eines zumutbaren Hotels zwanzig Kilometer außerhalb der Stadt auf ein idyllisch in der Taiga verstecktes Sanatorium ausgewichen. Neben diversen Pavillons für psychiatrische Fälle verbrachten zahlreiche russische Familien ihren Sommerurlaub an diesem Ort. Die weitläufige Anlage des »Dalwostok-Kurorts« stand unter der strengen Leitung des Heilpraktikers Valerin Schorin, der in ganz Rußland angeblich den Ruf eines Magiers genoß. Der dunkelhaarige, bärtige Mann – er trug stets ein offenes rotes Hemd mit dem orthodoxen Kreuz im Ausschnitt – wurde von seinen Kollegen und Rivalen gelegentlich als »neuer Rasputin«, als sibirischer Starez, geschmäht. Seine Behandlungserfolge waren jedoch bemerkenswert.

Ich befand mich als einziger Ausländer in diesem Sanatorium, wenn wir von einer Hundertschaft chinesischer Studenten absahen, die in einem abgesonderten Bereich ein intensives russisches Sprachpraktikum betrieben. Immer wieder betonte Schorin, daß er weder Kaukasier noch Muslime aus Zentralasien bei sich dulden würde. Bei unseren abendlichen Zusammenkünften erging sich der »Magier« in düsteren Meditationen. Er hatte unlängst den Spielberg-Film »Jurassic Park« gesehen und war tief beeindruckt. »Das überdimensionale Territorium der ehemaligen

Sowjetunion lege den Gedanken an jene Riesenechsen der Urzeit nahe. Auf Grund eines deregulierten Wachstums ins Gigantische würden nunmehr in den Weiten Rußlands – wie das bei der plötzlich ausgestorbenen Gattung der Saurier wohl der Fall gewesen sei – die Steuerungsimpulse des Hirns nur noch unzureichend in die entferntesten Gliedmaßen übertragen. Das zentrale Nervensystem versage, es träten partielle Lähmungen auf. Kurzum, das Überleben dieser fehlentwickelten Riesenkreatur sei aufs äußerste gefährdet.

In seiner psychiatrischen Bewertung holte Valerin Schorin noch weiter aus. »Jeder fünfte Russe ist Alkoholiker und jeder vierte leidet unter Bewußtseinsspaltung«, dozierte er. Die Gesamtbevölkerung der Sowjetunion lebe unter schweren traumatischen Nachwirkungen. In den siebzig Jahren bolschewistischer Herrschaft habe eine systematische Persönlichkeitsberaubung stattgefunden. Jetzt verharre die post-sowjetische Gesellschaft in einer Phase der Apathie, in einem lähmenden Kollektivzustand von Streß und Trance; am Ende werde jedoch ein brutales Erwachen, ein gewaltiges Aufbäumen der Massen stehen, und davor sei ihm bange.

Jewgeni Strachow vertrat später die Meinung, daß es sich bei diesem Starez um einen charismatischen, begabten und äußerst geschäftstüchtigen »Spinner« handele. Mit freudiger Überraschung nahm ich seinen Vorschlag an, eine Autofahrt zur chinesischen Grenze bei Pogranitschni zu unternehmen. Die Strecke von rund 250 Kilometern war in vier Stunden zu bewältigen. Wir starteten am folgenden Morgen in Richtung Ussurisk. Kurz vor der Stadt hielten wir an. Unser Fahrer kletterte zum Flußbett hinunter und brachte ein paar Muscheln mit, die auf Grund der Wasserverschmutzung ungenießbar waren. Die Japaner hätten den Ussuri »Fluß des Todes« genannt, erzählte der Chauffeur.

Ich war überrascht über die üppige Vegetation dieser Fernost-Region. Ein Urwald hatte sich erhalten, der zwar nicht hoch, doch äußerst dicht wucherte. Unter den Bäumen wuchs feuchter Farn. Die Behauptung der Einheimischen, in dem Dickicht hätten ein paar mächtige Ussuri-Tiger überlebt, erschien durchaus glaubwürdig. Die Landwirtschaft – Kartoffeln, Soja, Gerste und auch Cannabis – beschränkte sich auf relativ bescheidene Flächen auf Lichtungen im Wald.

Über die Stadt Pogranitschni ließ sich nur Betrübliches berichten. Jewgeni allerdings war von dem Namen des Grenzübergangs »Grodekowo« fasziniert. Der Flecken war in den späten dreißiger Jahren, als er zur Schule ging, fiktiver Schauplatz propagandistischer Kriminalromane gewesen. Dem stalinistischen Regime ging es damals darum, die Wachsamkeit der Bevölkerung gegenüber den »japanischen Imperialisten« in Fernost zu schärfen, und Grodekowo erschien in jenen Thrillern stets als Infiltrations- oder Verschwörungspunkt unheimlicher asiatischer Spione und Saboteure.

Von solch abenteuerlicher Stimmung war in Grodekowo keine Spur mehr vorhanden. Hingegen herrschte eine hektische und konfuse Aktivität rund um den Grenzbahnhof, der – wie die gesamte Transsibirien-Bahn – noch zur Zarenzeit gebaut worden war. Einer jener Trödelmärkte, die inzwischen ganz Rußland überziehen, hatte sich längs der Gleise konzentriert, die aus dem nahen China herüberführten. Die Händler unterteilten sich in streng getrennte Gruppen, Russen und Asiaten. Die Ware, die an armseligen Ständen feilgeboten wurde, kam zu hundert Prozent aus der Volksrepublik. Sogar Fleisch und Wurst wurden feilgeboten und lagerten stundenlang völlig ungeschützt in der prallen Sonne. Es waren meist bescheidene, arme Leute, die hier um ein weniger karges Leben kämpften. Die großen Auftraggeber und Schieber hielten sich im Hintergrund und waren auf dem Markt von Grodekowo nicht anzutreffen.

Wir kletterten auf das morsche Eisengerüst der Bahnüberführung, um einen besseren Überblick zu gewinnen. Der Zug aus China war pünktlich. Die grünbemützten Grenzsoldaten bezogen Stellung mit ihren Spürhunden. Von einer lila bemalten Lokomotive gezogen, rollten die Waggons langsam ein. Von der Höhe unseres Beobachtungspostens bot sich ein denkwürdiges Spektakel, als ganze Trauben von Chinesen – mit riesigen Ballen beladen – aus dem Zug strömten und zur Kontrolle auf den hübschen alten Bahnhof zueilten. Aus der Entfernung wirkten sie wie eine geschäftige Ameisenkolonie. Doch das waren nicht mehr die disziplinierten »blauen Ameisen« Mao Zedongs; ein buntes, fröhliches Völkchen purzelte und schob sich aus dem Zug und über die Gleise. Beim Näherkommen entdeckte ich durchaus unterschiedliche Typen: Da waren relativ hellhäutige Stadtbewohner aus Harbin oder Shenyang, die sich recht modisch – meist in schrill imitierter US-Mode – gekleidet hatten, und daneben die dunklen, vom Wetter gegerbten Bauern- oder Hirtengesichter mandschurischer Abstammung, denen man das harte Leben der Steppe anmerkte.

Wir wanderten zum schattigen Bahnhofsvorplatz, wo sich eine Vielzahl stämmiger Russinnen in Erwartung eines bescheidenen Gewinns positioniert hatte. Gleich daneben kauerten chinesische Schwarzhändler und stocherten mit ihren Eßstäbchen in der Reisschale. Die Slawinnen blickten mit Mißbilligung auf die asiatische Invasion. Diese einfachen Frauen aus dem Volk äußerten sich höchst negativ über die exotische und etwas unheimliche Zuwanderung. Eine besonders üppige Matrone sprach Jewgeni direkt an: »Ist es nicht schade um unsere Sowjetunion, daß sie kaputtgemacht wurde?« klagte sie. Dann fügte sie hinzu: »Und heute sind wir diesem dreckigen ›Säufer‹ ausgeliefert.« Mit dem Säufer war Boris Jelzin gemeint.

Ein kleiner, elegant gekleideter Chinese hatte sich zu uns gesellt, und die Haltung der Russin veränderte sich schlagartig. Die bisher zur Schau getragene Verachtung gegenüber den »Gelben« verwandelte sich fast in Unterwürfigkeit. Die Jelzin-Kritikerin stellte uns den Neuankömmling vor: »Das ist ›Drug‹, Freund Anton, der ist hier der Boss.« Der Chinese gab sich sehr selbstbewußt. Seine ölige Vertraulichkeit erinnerte mich an jene Zuhälter, die mir in ganz Ostasien begegnet waren. Auch viele Chinesen kamen auf »Drug« zu, flüsterten mit ihm und nahmen Weisungen entgegen. Die »Triaden«, so meinte Jewgeni, hätten Grodekowo fest in ihrer Hand. Sie seien vermutlich sehr viel gefährlicher und aktiver als die imaginären Spione, von denen er als kleiner Jungpionier in den Parteibroschüren gelesen hatte.

Auf der Rückfahrt nach Wladiwostok fielen mir zahlreiche verlassene Betonbunker auf. Die Ussuri-Grenze hatte sich im Winter 1969 – auf dem Höhepunkt der maoistischen Kulturrevolution – in eine eisige Frontlinie zwischen sowjetischen Grenztruppen und chinesischen Rotgardisten verwandelt. Ostasien stand damals – beim Streit um die Damanski-Inseln – an der Schwelle eines ungeheuerlichen Konflikts der beiden roten Giganten. Die Moskauer Stäbe hatten sogar einen präventiven Nuklearschlag gegen die Volksrepublik ins Auge gefaßt, während Mao Zedong unter der Hauptstadt Peking in fieberhafter Eile weitverzweigte Tunnelsysteme zum Schutz gegen atomare Strahlungen ausschachten ließ. Vom Krieg war jetzt am Ussuri nicht mehr die Rede. Das China Deng Xiaopings – so schien es hier – verfügte über andere, merkantile Mittel der unaufhaltsamen Expansion.

»Stärker als Amerika«

Ussurisk, im April 2006

Nach langem Warten hat mir der Etagenkellner des Hotel »Versailles« einen Tee auf das Zimmer gebracht. Er erweist sich als der einzige höfliche Bedienstete und spricht sogar ein wenig Deutsch. Unaufgefordert erzählt er sein trauriges Schicksal. Seit zwei Generationen lebte seine Familie in Usbekistan, und er hatte dort als Imker schöne Jahre verbracht. Das bislang unproblematische Nebeneinander mit den »Mohammedanern« sei seit der Unabhängigkeitserklärung des Präsidenten Islam Karimow jäh zu Ende gegangen. Es sei ihm gar nichts anderes übriggeblieben, als seine Bienenzucht Hals über Kopf aufzugeben. Als Russe und als Christ wäre er bei längerem Verweilen handfesten Drohungen ausgesetzt gewesen.

Natürlich hätte er am liebsten – wie so viele seiner slawischen Leidensgenossen – den Weg in das europäische Rußland angetreten. Aber in Wladiwostok besaß er nahe Verwandte, und so hatte es ihn hierher verschlagen. Seine alte Mutter hatte sich der Verpflanzung an die rauhe Bucht des Japanischen Meeres nicht aussetzen wollen. Sie harrte in einem Vorort von Taschkent aus, mußte dort mit einer erbärmlichen Rente von umgerechnet neun US-Dollar im Monat auskommen. Er versuche, ihr regelmäßig Geld zu überweisen, um sie vor dem Hungertod zu bewahren. An irgendeine Fürsorge, an finanzielle Kompensation für die zahllosen Vertriebenen russischer und ukrainischer Nationalität aus den neuen GUS-Staaten habe man in Moskau bislang überhaupt nicht gedacht.

Am goldverschnörkelten Schreibtisch im Louis-quinze-Stil, der meine Suite im Versailles schmückt, habe ich ein paar Berichte studiert, die mir im »Institut für Archäologie und Ethnologie der Fernost-Völker« überlassen wurden. Die Prognosen klingen düster, fast verzweifelt. Eine wissenschaftliche Analyse hat ergeben, daß unter Berücksichtigung des demographischen Niedergangs die russische Bevölkerung von heute 145 Millionen – darunter etwa 20 Millionen meist turkstämmiger Muslime – in den kommenden hundert Jahren auf 80 Millionen schrumpfen wird. Positivere Berechnungen legen sich auf einen Restbestand von 110 Millionen fest. Pessimistische Analysen reden von der erschreckend niedrigen Zahl von nur noch 55 Millionen Russen. Zum gleichen Zeitpunkt dürfte sich der Anteil der Muselmanen auf ein Viertel der Gesamtbevölkerung der Russischen Föderation erhöht haben. Die explosive Vermehrung der ostslawischen »minderwertigen« Rassen, die Hitler und Rosenberg als Bedrohung der nordischen »Edelmenschen« an die Wand malten, war schon lange vor Ausbruch des Zweiten Weltkriegs nur noch in der Phantasie der nationalsozialistischen Ideologen vorhanden. Nach Auflösung der Sowjetunion hat dieser Schwund dramatisch zugenommen, was viele Kommentatoren als Konsequenz der Urbanisierung und als Nebeneffekt eines demoralisierenden Kapitalismus werten.

Ein zusätzliches Problem entsteht durch die Weigerung des Durchschnittsrussen, allzu beschwerliche oder schmutzige Tätigkeiten auszuüben. Das erhöht natürlich die ohnehin grassierende Arbeitslosigkeit. Inzwischen machen sich die allogenen »Wanderarbeiter« aus den verlorenen Randrepubliken, die asiatischen und kaukasischen »Illegalen« im Baugewerbe und in den Reinigungsbetrieben unentbehrlich. Für entwurzelte junge Russinnen bietet sich die Prostitution als Einnahmequelle an. Die Beschäftigung von »Fremdarbeitern« ist ja ein globales Alltagsphänomen geworden. Nur darf man deren schändliche Ausbeutung durch die meisten Gastländer in keiner Weise mit der sozialen Fürsorge vergleichen, die die westeuropäischen Staaten ihren Migranten aus der Dritten Welt gewähren. Schon in der Türkei – von den arabischen Petroleum-Staaten ganz zu schweigen – genießt der verachtete ausländische Arbeiter nicht den geringsten Schutz, wird auf grausame Weise mißbraucht und nach Ablauf seines Kontrakts erbarmungslos abgeschoben. Ähnliche Mißstände – um nur dieses Beispiel zu erwähnen – hatte ich ausgerechnet in der nordjordanischen Stadt Irbil wahrgenommen, wo die auf achtzig Prozent der Einwohner angeschwollene Flüchtlingsmasse der Palästinenser, die unter massiver Arbeitslosigkeit litt, sich für die Müllabfuhr zu schade war und dafür pakistanische »Heloten« zu Hungerlöhnen anheuerte.

Die von diversen Instituten angedeutete Gleichsetzung Rußlands mit unterentwickelten Staaten der Dritten Welt löst bei den Patrioten Grimm und trotzigen Widerspruch aus. So entrüstet sich unsere Novosti-Begleiterin Jewgenija über eine Veröffentlichung des Kulturkritikers Sergej Leskow in der »Iswestija«, zumal dessen blasphemische Kritik von westlichen Presseorganen hämisch aufgegriffen wurde. Leskow zufolge sei der russische Mann »unfruchtbar im buchstäblichen wie im übertragenen Sinne«. Er sei unfähig, eine funktionsfähige Ordnung zu schaffen. Er lebe vom Verkauf dessen, was in seinem Erdboden ohnehin enthalten ist. Er unterrichte seine Kinder nicht, hinterlasse ihnen nichts, und es sei ein Wunder, daß er überhaupt noch Nachwuchs zeuge. Nicht weniger polemisch äußerte sich der Kolumnist Klimontowisch in der »Nesawisimaja Gaseta« über die »Implosion« der russischen Volksseele. Die Gesellschaft vergleicht er mit einer Kommunalwohnung, deren Insassen jeglicher Gemeinsinn abhanden gekommen sei. Die Russen seien ausschließlich auf ihre Privatinteressen ausgerichtet, ob sie sich nun Paläste aneigneten oder minderwertiges Diebesgut in ihren Datschen zusammentrugen.

Diese exzessiven Selbstbezichtigungen von heute werden lediglich durch den französischen Historiker Jules Michelet übertroffen, der 1863 – angesichts der brutalen Niederwerfung des polnischen Aufstands durch die Kosaken Alexanders II. – zu einem antirussischen Pamphlet ausholte, das gewisse rassistische Thesen des »Mythus des 20. Jahrhunderts« vorwegzunehmen schien. »Rußland gehorcht einem instinktiven Kommunismus«, so schrieb Michelet ein halbes Jahrhundert vor der Oktoberrevolution. »Dieser natürliche, träge Kommunismus entspricht dem unveränderlichen Zustand zahlreicher Tiergattungen, bevor das individuelle Leben und der gesonderte Organismus sich durchsetzen. Wie die Mollusken auf dem Meeresgrund, wie die Wilden auf den Inseln des Südens, so verhält sich – auf höherer Stufe – der sorglose russische Bauer. Er schläft innerhalb seines Gemeinwesens wie das Kind im Schoß seiner Mutter. Er findet dort eine Linderung seiner Leibeigenschaft, eine traurige Linderung, die seine Passivität begünstigt, sie bestätigt und verewigt. Der russische Kommunismus ist keine Einrichtung; er ist eine natürliche Gegebenheit, die der Rasse, dem Klima, den Menschen, der Natur entspricht.«

Es ist also beileibe keine »gelbe Überflutung«, die die russische Föderation heute vor unlösbare soziale und demographische Probleme stellt. Die Zahl der zwischen Petersburg und Wladiwostok niedergelassenen Chinesen mag umstritten sein, aber in der Regel leben sie auf einem achtbaren sozialen Niveau. Die Asiatenmärkte sind über das ganze Land verstreut. Im ehemaligen Leningrad drängen sich 4000 chinesische Studenten in den Hörsälen. Ein besonderer Schwerpunkt des fernöstlichen Einflusses hat sich in der zentralsibirischen Stadt Nowosibirsk gebildet. Dort sind die Chinesen nicht nur in ihren traditionellen Berufszweigen – Gastwirtschaft, Wäscherei, Baugewerbe – führend. Bei Waren aller Art aus der Volksrepublik, sogar bei Lebensmitteln, besteht auf Grund mangelnden russischen Angebots und unschlagbarer Preise ein Quasi-Monopol, wie die Stadtverwaltung verzweifelt eingesteht. Ein hoher Beamter von Nowosibirsk sprach seine Befürchtung ganz offen aus: »Sibirien wird chinesisch.«

Aber das liegt keineswegs an der überquellenden Zahl chinesischer Migranten. Mehr noch als der Kommerz übt die Wissenschaft eine starke Anziehungskraft auf die Söhne des Konfuzius aus. Als ich Charles de Gaulle im Juni 1966 auf seiner Rußland-Reise begleitete, standen nicht nur die veralteten Industrieanlagen dieser Stadt am Ob im Besichtigungsprogramm, sondern vor allem – etwa zwanzig Kilometer westlich in der Taiga versteckt – das sowjetische Wissenschaftszentrum Akademgorodok. Hier lebte und lebt heute noch die wissenschaftliche Elite Rußlands. 18 000 Experten der verschiedensten Forschungsdisziplinen sind hier versammelt. Akademgorodok kann sich rühmen, ein halbes Dutzend Nobelpreisträger hervorgebracht zu haben. Im allgemeinen Niedergang, der die »Rodina« seit den neunziger Jahren heimsucht, waren auch dieser Stätte des Wissens und modernster Technologie die unentbehrlichen staatlichen Subventionen entzogen worden.

In diese finanzielle Bresche ist Peking gesprungen und bestreitet inzwischen achtzig Prozent des dortigen Budgets. Aus dem Reich der Mitte ist eine Vielzahl hochqualifizierter Akademiker in die Taiga-Siedlung gekommen. Sie erkunden so manches Geheimnis der russischen Forschung. Gleichzeitig werden zahlreiche Lieferverträge für Windtunnel, Bodenanalysen, Laser-Experimente, DNA-Laboratorien, elektronische Beschleuniger und manches mehr abgeschlossen. Die chinesischen Gäste besorgen sich in Nowosibirsk jene High-Tech-Kenntnisse, die ihnen der Westen systematisch vorenthält. Die Wiedergeburt der russischen Wissenschaft wird heute teilweise durch chinesisches Geld ermöglicht. Im vergangenen Jahr haben sich 400 hochqualifizierte Professoren aus Peking auf den Weg nach Akademgorodok gemacht. Mit Bienenfleiß haben sie die jüngsten Errungenschaften studiert und aufgelistet. Im westsibirischen Krasnojarsk entstand gleichzeitig ein Joint-venture zwischen dem dortigen Institut für Solar-Physik und dem chinesischen Zentrum für Raumfahrt. In Nowosibirsk wiederum wurden in Zusammenarbeit mit der mandschurischen Universität Shenyang hochqualifizierte Laser-Experimente durchgeführt.

Diese Einflußnahme bleibt nicht ohne Widerspruch. Der Führer der nationalistischen »Rodina-Partei«, Dmitri Rogosin, warnt unablässig vor der »gelben Gefahr« und wirft der Moskauer Regierung vor, Sibirien dem Reich der Mitte auszuliefern. Selbst Wladimir Putin, der sich für eine enge Zusammenarbeit mit Peking einsetzt, hat bislang verhindert, daß sich die chinesischen Petroleum-Gesellschaften bedeutender Anteile der russischen Förderkonzerne bemächtigten.

Beträchtliches Aufsehen und offenen Ärger löste eine Mitteilung der Gebietsverwaltung Swerdlowsk im Ural aus, deren Sitz wieder Jekaterinburg heißt. Dort war der Vorschlag gemacht worden, chinesischen Bauern Hunderttausende Hektar brachliegenden Landes für 59 Jahre zur Pacht zu überlassen. Viktor Tschemesow, der Chef des provinziellen Agrar-Ressorts, hatte sich mit dem chinesischen Generalkonsul von Jekaterinburg bereits auf dieses Projekt verständigt. Für die chinesische Landwirtschaft, die noch achthundert Millionen Menschen beschäftigt, aber im Zuge der Modernisierung für mindestens dreihundert Millionen von ihnen keine Beschäftigung mehr bieten kann, wäre das eine verlockende Perspektive. Zur gleichen Zeit wurde in der westsibirischen Region Tjumen, der es ebenfalls an Menschen fehlt, der Zuschlag zur Verarbeitung von einer Million Hektar Wald an chinesische Unternehmer unterzeichnet. Gegen diese Form des Verzichts hat die breite russische Volksmeinung bereits Stellung bezogen, wie der Radiosender »Echo Moskwy« bei einer Publikumsbefragung herausfand. Siebzig Prozent der Russen lehnen jede Vergabe nationalen Bodens ab. Die relativ liberale Rundfunkstation »Echo Moskwy« stellte jedoch bei einer anderen Befragung fest, daß 74 Prozent ihrer Zuhörer sich eindeutig für eine Allianz mit China gegen die USA aussprachen. »Zusammen – Rußland und China – werden wir stärker sein als Amerika«, hieß es in zahlreichen Zuschriften.

Russisches Elend

Ich habe dieses Mal eine andere Route nach Norden gewählt und steuere auf den Chanka-See zu, dessen Gegenufer bereits chinesisch ist. Kurz hinter Ussurisk stoßen wir auf eine weite Fläche, wo Hunderte von japanischen Gebrauchtwagen zum Weiterverkauf geparkt sind. Da der Durchschnittsjapaner angeblich seinen Honda oder Toyota bereits nach zwei Jahren auswechselt und ein neues Fahrgerät ordert, ist die angebotene Ware durchweg in gutem Zustand. Die Preise variieren zwischen 2000 und 5000 US-Dollar. An russischen Interessenten fehlt es nicht. Ob die finsteren Gestalten aus Japan der Unterwelt Nippons, der berüchtigten »Yakuza« angehören, läßt sich nicht feststellen, aber sie sind bestimmt ebenso mafiös organisiert wie ihre russischen Geschäftspartner.

Zumindest auf dem Automobilsektor sind die Japaner den Chinesen noch weit voraus. Allenfalls die Südkoreaner kommen als Konkurrenten in Frage. Bei unseren Kontakten stellt sich heraus, daß das Mißtrauen und die Abneigung der ehemaligen Sowjetbürger gegenüber dem Inselreich des Tenno durchaus vergleichbar sind mit dem Haß, den die Chinesen – in Erinnerung an die Massaker von Nanking und die Ausschreitungen der Kwantung-Armee – gegen Nippon kultivieren. Unterschwellig dauert bei den Russen in Fernost ein nationales Ressentiment fort, das Gefühl der Demütigung, nachdem die mandschurische Ambition des Zarenreiches nach Unterzeichnung des Friedens von Portsmouth im Jahr 1905 endgültig begraben wurde.

Vielleicht wirkt diese Gegnerschaft in dem fortdauernden Streit um die Süd-Kurilen fort, die von sowjetischen Landungstruppen am Ende des Zweiten Weltkrieges besetzt wurden und von deren Rückgabe Tokio den Abschluß eines Friedensvertrages mit Moskau abhängig macht. Es handelt sich um drei winzige Inseln, und es ist bezeichnend, wie bereitwillig sich Wladimir Putin zu einer Grenzbesichtigung am Amur zu Gunsten der chinesischen Volksrepublik bereit fand, während er – gestützt auf die breite öffentliche Meinung seines Landes – den Japanern jede Konzession verweigert. Da spielt wohl auch die extrem enge Anlehnung Tokios an Washington eine Rolle. Der Sicherheitsberater Präsident Carters, Zbigniew Brzezinski hatte sowohl Großbritannien als auch Japan wegen ihrer bedingungslosen Amerika-Hörigkeit jede nennenswerte politische Rolle im globalen Machtspiel von morgen abgesprochen, wobei man im Falle Nippons noch auf manche Überraschung gefaßt bleiben sollte.

Auf unserer Fahrt nach Norden huschen freudlose Ortschaften an uns vorbei. Aufdringliche Reklameschilder bringen die einzige Farbe in die triste Umgebung. Die Verkehrspolizisten, die ihren Landsleuten imaginäre Verkehrsdelikte anhängen, um das Bußgeld in die eigene Tasche zu stecken, sind selten geworden. Das Wetter ist immer noch unfreundlich. Der Himmel hat die Farbe von Spülwasser. Das Gestrüpp – mit Eis und Schneeresten vermischt – ist in schmutzigem Braun erstarrt. Es ist empfindlich kalt geworden. Der Chanka-See, dessen Weite sich im Nebel verliert, ist noch dick zugefroren.

Mit unserem Chauffeur haben wir dieses Mal kein Glück. Er hat uns nicht einmal begrüßt, obwohl ihn eine gute Entlohnung erwartet. Auf der Fahrt führt er pausenlos Gespräche über sein Mobiltelefon. Aus dem Autoradio dröhnt grauenhafte Rock-Musik, dazwischen brüllen männliche Popstars im rhythmischen Erzählerduktus oder röcheln irgendwelche zotigen Improvisationen ins Mikrofon, wobei es um brutalen Sex, um Saufen und um Scheiße geht, wie Jewgenija widerwillig übersetzt. Diese Kloaken-Sänger versuchen erfolglos den Barden Wladimir Wyssozki nachzuahmen, der in der Breschnew-Ära mit großem Mut und beachtlicher Begabung seine Protestsongs mit rauher Stimme vortrug. Wyssozki, der durch seine Heirat mit der aus Rußland stammenden französischen Filmschauspielerin Marina Vlady im Westen bekannt wurde, war im Sommer 1980 das Opfer seines verzweifelten Alkoholismus geworden. Ich erinnere mich sehr wohl an den warmen Sommerabend in Moskau, als sein Leichnam im offenen Sarg auf der Bühne im Taganka-Theater ausgestellt war. Vor dem Eingang drängte sich eine gewaltige Menge weinender und schluchzender Fans. Gerd Ruge versuchte, uns mit Brachialgewalt den Weg zur Bahre freizumachen.

Wir folgen in geringem Abstand dem Lauf des Ussuri. Die Dörfer liegen verlassen. Die Felder sind nicht bestellt. Während wir zum Filmen anhalten, kommt ein melancholischer junger Mann auf uns zu und lädt uns zu einer Tasse Tee in sein Haus aus dicken Holzbalken ein. Mitteilungsfreudig ist dieser gastliche Sibirjake nicht. Als ich ihn frage, ob chinesische Bauern sich in der Gegend niedergelassen hätten, winkt er ab. »Schauen Sie sich doch selbst um. An ihren Schlitzaugen sind sie leicht zu erkennen. Sie werden hier keine Chinesen finden.« Vergeblich halte ich in dieser kritischen Grenzzone nach Soldaten oder militärischen Anlagen Ausschau. Jegliche kriegerische Spannung ist entschwunden. Man hat Mühe sich vorzustellen, daß unweit unseres Ausflugsziels im Winter 1969 sich die bewaffneten Rotgardisten der chinesischen Kulturrevolution mit den Grenztruppen der Sowjetunion blutige Gefechte lieferten. Dabei hatten die vermummten Jünger Mao Zedongs das »Rote Buch« hochgehalten und pausenlos Losungen aus dieser »Bibel« der Volksrepublik gebrüllt. Auf beiden Seiten kam es zu erheblichen Verlusten, und im Fernsehen blieben die Bilder haften, auf denen gefallene sowjetische Soldaten im offenen Sarg zu den Klängen des Trauermarsches von Chopin zum Friedhof eskortiert wurden. Der Konflikt hat sich damals nicht ausgeweitet, und es hat den jungen Fanatikern der Kulturrevolution wenig eingebracht, daß sie die Vorschrift des »Großen Steuermanns« beherzigten, den ich in holpriger Übersetzung wiedergebe: »Eine Überlegenheit an Kräften ist keine echte Überlegenheit, wenn keine Vorbereitungen getroffen worden sind, und man hat dann auch keine Initiative. Wenn man das begriffen hat, kann oft eine unterlegene Streitmacht, die sich vorbereitet hat, durch einen Überraschungsangriff einen überlegenen Gegner besiegen.«

*

Auch die Sonne, die endlich den Nebel durchbrochen hat, kann diesen öden Landstrich nicht reizvoller machen. Im »Versailles« haben wir die Zelte abgebrochen. Das Reiseziel heißt Mandschurei, ein Ausdruck, den die Chinesen heute meiden und durch »Nordost-Provinzen« ersetzen. Vor einigen Jahren hätte ein solcher Grenzübergang erhebliche Probleme aufgeworfen. Aber vor meiner Abreise aus Europa hatte ich mir die Passage selbst aussuchen dürfen. Die Zwillingsstädte Heihe und Blagowjeschtschensk kamen für mich nicht in Frage, denn das chinesische Ufer dort hatte sich inzwischen zu einem Mini-Shanghai entwickelt und war unzählige Male abgelichtet worden. So kam ich auf Pogranitschni, wo ich vor dreizehn Jahren den pittoresken asiatischen Trödelmarkt von Grodekowo in Begleitung des Kollegen Strachow bestaunt hatte. Ich war dabei von der Vorstellung ausgegangen, daß sich auf der russischen Seite wenig geändert hätte, daß ich aber auch in dieser chinesischen Randzone einen abgelegenen Landstrich entdecken würde, auf den die schwindelerregende Modernisierung, die Bauwut der Volksrepublik noch nicht übergegriffen hätten und die Kollektivwirtschaft im alten sozialistischen Schlendrian weiterhin vor sich hin dämmerte.

Die Felder rechts und links der Straße sind von den russischen Sowchosen-Bauern seit der Privatisierung sich selbst überlassen worden. Für eine profitable Landwirtschaft eignet sich der karge Boden ohnehin nicht. Das unendliche Rußland hat fruchtbare »schwarze Erde« in ganz anderen Gegenden aufzuweisen. Auch hier läßt sich in den weitverstreuten Dörfern kaum ein Mensch erblicken. Der blaue Anstrich an den nach traditioneller Art geschnitzten Fensterrahmen ist längst abgeblättert, das Holz verfault. Korpulente Milizionäre mit den üblichen Tellermützen winken uns lässig durch. Vergeblich suche ich nach Befestigungen. Ich entdecke nur zwei alte Bunker, die vom Steppengras überwuchert sind. Über weite Flächen ist jede Vegetation vernichtet, als habe man Brandrodung betrieben. Am Ende sichte ich doch noch eine bewachte Radarstation, aber eine solche Einrichtung, die der Überwachung und auch der Telekommunikation dient, ist wirklich nichts Ungewöhnliches an einem solchen Transitpunkt.

Das Städtchen Pogranitschni hat keine Sehenswürdigkeiten aufzuweisen. Seltsam, daß ich den Bahnhof nicht wiedererkenne. Ich suche vergeblich nach der Metallbrücke über den Gleisen von Grodekowo und dem schattigen Umschlagplatz vor dem gefälligen Gebäude aus der Zarenzeit. Eben ist ein Passagierzug aus China eingetroffen. Es entfaltet sich hektische Aktivität. Dieses Mal sind es jedoch keine dichtgedrängten Scharen von Chinesen, die – unter schweren Lasten geduckt – aus den Abteilen quellen. Es sind ausschließlich Russen, die aus der Volksrepublik zurückreisen. Sie ziehen riesige Ballen hinter sich her – zum Tragen sind sie viel zu schwer. Dieses primitive Gepäck ist stets nach dem gleichen Muster geschnürt, in blau-weiß gestreiftes Tuch eingewickelt, das unangenehm an die Kleidung der KZ-Häftlinge erinnert. Die Menge, die sich an der achtlosen russischen Zollkontrolle vorbeischiebt, gehört den unterschiedlichsten Schichten an. Da sind auch zwölfjährige Kinder und verhärmte Babuschkas, die die gewaltigen Pakete mühsam hinter sich herzerren und auf dem Platz vor dem Bahnhof keuchend haltmachen. Nach und nach sammelt sich ein ganzes Heerlager von Gestrandeten. Wie Flüchtlinge kauern sie auf ihrer chinesischen »Beute« und warten auf den Weitertransport nach Ussurisk oder Wladiwostok. Kräftige Männer im arbeitsfähigen Alter sind ebenso vorhanden wie junge Frauen mit den unvermeidlichen Miniröcken.

Insgesamt entsteht ein Bild von Elend und Nomadentum. Die Zollbeamten prüfen nicht einmal, was in den blau-weißen Säcken enthalten ist. Der individuelle Import aus China dürfte jegliche Art von Gütern umfassen, für den Eigenbedarf und mehr noch für den Weiterverkauf. Die Szene ist beklemmend. Im fernsten Winkel Nordostasiens ist hier eine Horde Europäer aus bitterer Not zu schwerer körperlicher Arbeit verurteilt, die früher von asiatischen »Kulis« verrichtet wurde. Auch ein paar Chinesen bewegen sich in dem Gedränge. Aber keiner von ihnen plagt sich mit den gestreiften Lasten. Von Animosität zwischen »Weißen« und »Gelben« ist keine Spur zu entdecken. Die ungeschlacht gewachsenen Russen, die als Ordnungshüter auftreten, zeigen sich umgänglich und sogar höflich. Speziell für unsere reibungslose Abfertigung ist ein junger Hauptmann des Grenzschutzes zugegen, der dem Sicherheitsdienst FSB zugeordnet ist. Im Vergleich zum schlampigen Auftreten der Milizionäre und Zöllner ist dieser Offizier mit den scharfgebügelten Hosenfalten und der grünen Schirmmütze modisch, fast elegant uniformiert. Mit dem flachsblonden Haar und den blaßblauen Augen ähnelt er dem ehemaligen KGB-Major Wladimir Putin. Der Hauptmann verabschiedet uns freundlich lächelnd aus Rußland und beschimpft einen Gepäckträger, den wir überreichlich bezahlt haben und der dafür keine Silbe des Dankes findet.

Der Zug, der uns erwartet, ist glücklicherweise halbleer. In einem sehr bescheidenen Waggon der Holzklasse – vorne pustet sogar eine Dampflokomotive – rollen wir auf die Grenze zu. Vom Transrapid oder den »trains à grande vitesse«, mit denen Peking das gesamte Reich der Mitte ausstatten will, sind wir in dieser Bummelbahn unendlich weit entfernt. Auf dem Nebengleis stauen sich endlose Waggonreihen, beladen mit mächtigen Baumstämmen, die aus Sibirien nach Süden transportiert werden. Das platte Land geht allmählich in eine Hügellandschaft mit wuchtigen Felsbrocken und halbvereisten Bächen über. An den Birken und Eschen ist rostbraunes Laub haften geblieben. Die Grenzlinie zwischen der Volksrepublik China und der Russischen Föderation hätten wir fast übersehen. Sie wird lediglich durch einen weitmaschigen Zaun markiert. Die einst allgegenwärtigen Wachtürme des KGB sind verschwunden.

Den Übergang ins Reich der Mitte erkennen wir an einer Freifläche. An deren Ende – gerade noch auf russischem Territorium – erhebt sich eine kleine, schmucke Holzkirche im Stil der orthodoxen Christenheit. Fast scheint es an dieser Stelle, als würde das Heilige Rußland seinen Schutz und seinen Bestand weniger der Entfaltung militärischer Macht, als dem Segen Gottes und der Fürsprache der Muttergottes von Kazan anvertrauen.

MANDSCHUREI
Ein befriedetes Schlachtfeld

Die Freuden der Tafel

Sᴜɪ Fᴇɴ Hᴇ, ɪᴍ Aᴘʀɪʟ 2006

Unsere Ankunft in China entbehrt nicht der Komik. Auf dem Bahnsteig von Sui Fen He erwarten uns zehn Männer in grasgrüner Polizeiuniform mit zahlreichen Goldlitzen. Sie wirken ein wenig wie Laubfrösche. Die Kontrolle ist lässig und wird durch die Präsenz unseres künftigen Begleiters, Mr. Dong, der vorzüglich Deutsch spricht, zusätzlich erleichtert. Neugier erregt die Nationalität des Kameramanns Alexander, der Holländer ist. Um was für ein Land es sich da handele, fragt ein Beamter. Alexander versucht ihm zu erklären, daß die Niederlande sich durch ihr Festhalten an der Monarchie auszeichnen, was bei den Erben eines riesigen Kaiserreichs jedoch wenig Eindruck macht. Schließlich malt der Kameramann eine Landkarte Europas und markiert die ungefähre Lage Hollands. »Ach, das gehört zu Europa!« nehmen die Chinesen zur Kenntnis, und alles löst sich in Wohlgefallen auf.

Die uniformierten Herren – man sollte es nicht glauben – sind sogar zum Tragen unseres umfangreichen Gepäcks angetreten, wobei mir auffällt, daß ein sumoähnlicher Koloß in Grün sich die kleinste Tasche schnappt, während seinem schmächtigsten Kollegen die schwerste Kiste aufgebürdet wird. Als wir erfahren, daß in Peking Mr. Ding beim »Staatlichen Verband für Radio, Film und Fernseh-Austausch« der Vorgesetzte von Herrn Dong ist – Ding-Dong –, können wir uns das Lachen nicht verkneifen. Nach Beladen des Minibusses, der vor dem Bahnhof wartet, stellen sich die zehn grünen Ordnungshüter in Reih und Glied auf, salutieren und ziehen im Gänsemarsch und Gleichschritt von dannen.

In Sui Fen He kommen wir aus dem Staunen nicht heraus. Ich hatte absichtlich diesen wenig bekannten Grenzort gewählt, weil ich vermutete, daß der große Wirtschaftsboom, das Wunder des gigantischen Aufschwungs der Volksrepublik, auf diese verlorene Ecke der Mandschurei noch nicht übergegriffen habe, daß wir dort noch die ererbte chinesische Rückständigkeit und Misere antreffen würden. Wir trauen unseren Augen nicht, als wir Verwaltungsgebäude im Stil des Washingtoner Kapitols, wenn auch nicht in dessen Ausmaßen natürlich, Kolonnaden, hochmoderne Straßenzüge und sorgfältig gepflegte Parkanlagen entdecken. Unser Hotel genügt allen Ansprüchen einer ähnlichen Vorzeige-Herberge in einer deutschen Großstadt. Das chinesische Hotelpersonal spricht Russisch und überschlägt sich in Freundlichkeit. Zur Entspannung wird Massage angeboten, ohne »special service« versteht sich. Bei soviel »Harmonie unter dem Himmel« war ich beinahe erleichtert, als der rotuniformierte Hotel-Page, der meinen Koffer auf das Zimmer bringt und den ich mit zwei US-Dollar fürstlich entlohne, plötzlich die unverschämte Forderung nach zehn US-Dollar erhebt. Mein Unmut ist nicht zu überhören, und der Jüngling verschwindet blitzschnell. Im Fernsehen sind CNN und BBC zu empfangen, und diese Informationsquelle soll uns in den weiteren mandschurischen Unterkünften erhalten bleiben.

In einem kolossalen Gebäude, das dem Palast des Volkes am Pekinger Platz des Himmlischen Friedens ähnelt, hat die Administration des Distrikts Sui Fen He in der üblichen Sesselanordnung zum Gespräch eingeladen. Auf dem Tisch vor uns sind ein deutsches und ein chinesisches Fähnchen aufgestellt. Der Vorsitzende, der sich auf seiner russischen Visitenkarte als »Natschalnik« zu erkennen gibt, trägt einen eleganten europäischen Anzug mit Schlips. Überhaupt ist mir schon bei der Anfahrt durch die Stadt aufgefallen, daß die meisten der Einwohner großen Wert auf gepflegte Kleidung legen. Was mir in dieser feierlichen Amtsstube am Ende der chinesischen Welt begegnet, ist die große Tradition des Mandarinats, einer elitären Verwaltung, die auf eine

4000 Jahre alte Geschichte zurückblickt. Wie könnte sonst das Reich der Mitte mit seinen 1,3 Milliarden Menschen zusammengehalten und zentral koordiniert werden?

Nach Austausch der üblichen Höflichkeiten erkundige ich mich natürlich nach den Beziehungen zur benachbarten Russischen Föderation. Da gibt es keine Probleme, versichert Herr Li. Aus Sibirien kämen die Rohstoffe, deren China dringend bedarf, und als Gegenleistung würde jede Art von Fertigproduktion aus der Volksrepublik geliefert. Das sei doch eine perfekte Ergänzung, und man habe in Peking Verständnis dafür, daß Präsident Putin – zumal auf dem Gebiet der Holzverarbeitung – große Sägebetriebe auch auf eigenem Territorium errichten wolle. An einen Bevölkerungstransfer über die mandschurische Grenze sei überhaupt nicht gedacht trotz des demographischen Überdrucks, der China vor ernste Probleme stellt. Im übrigen erhebe die Volksrepublik keineswegs den Anspruch, in die Rolle einer hegemonialen Weltmacht hineinzuwachsen. Der hohe Mandarin von Sui Fen He bemüht sich nachdrücklich um »low profile« und verzichtet auf jedes Zeichen von Großmannssucht.

Die wirkliche Überraschung erwartet uns in einer geräumigen Ausstellungshalle. Eine riesige Makette stellt in allen Einzelheiten das Projekt einer Freihandelszone am Rande von Sui Fen He dar. Es geht dabei offenbar nicht nur um kommerzielle Belebung und Schaffung eines »Mini-Shenzhen«. Ein Freizeit-Paradies soll hier entstehen – notfalls auch mit den üblichen Spielcasinos, um die neureichen »Bisnismen« aus der benachbarten russischen Fernost-Provinz anzulocken. Die Erklärung wird von einer jungen, eifrigen Chinesin auf Englisch vorgetragen. Mit dem Zeigestock verweist sie auf die geplanten Golfplätze und künstlichen Seen, die dem Wassersport zugute kämen. Selbstverständlich ist ein luxuriöses Fünfsterne-Hotel vorgesehen, mit dessen Bau längst begonnen wurde.

Ob eine so umfangreiche Anlage in einer Region, die zwischen Oktober und Mai unter Frost leidet, sich wirklich lohnen kann, ist eine andere Frage. Aber die Planer von Sui Fen He sind guten Mutes. Das Terrain der Freihandelszone soll grenzüberschreitend sein, um einmal mehr die enge wirtschaftliche Verzahnung zwischen China und Rußland zu betonen. Damit nicht der Eindruck entsteht, daß uns Potemkinsche Dörfer vorgegaukelt werden, führt man uns auf die geschäftige Baustelle, wo diverse Gebäude bereits in ihren Betonstrukturen aus dem Boden wachsen. Bis 2010 soll das große Vorhaben vollendet sein, und es besteht kein Zweifel, daß dieser Termin bei der landesüblichen Emsigkeit auch eingehalten wird.

Der hochmoderne, auf Repräsentation bedachte Stadtkern von Sui Fen He – die Stadt zählt zur Stunde 170 000 Einwohner – ist wirklich beeindruckend. Gewiß gibt es in der Randzone noch recht ärmliche Wohnkasernen aus der Mao-Zeit, aber deren Abriß ist bereits vorgesehen. Bemerkenswert ist auch die Anhäufung unterschiedlichster Ware in riesigen Kaufhäusern, die speziell für die russische Kundschaft gestapelt ist. Die ehemaligen Sowjetbürger bewegen sich zwischen den Regalen und Lagern, wo vom vergoldeten, dickbäuchigen Buddha bis zur modernen Elektronik alles zu finden ist. Die Russen wirken hier wesentlich entspannter als beim Übergang von Pogranitschni. Doch unter der hohen Kuppel des Wartesaales im Bahnhofsgebäude stellt sich wieder das gleiche Mitgefühl mit den entwürdigten Europäern ein, die erschöpft auf den blau-weiß verpackten Monsterpaketen sitzen und auf ihren Zug warten.

In einem Minibus chinesischer Produktion setzen wir die Reise in die Mandschurei fort. Das Ziel heißt Mudanyang. Das Fahrzeug entspricht nicht gehobenen westlichen Ansprüchen. In der Autoindustrie fabriziert die Volksrepublik zwar vorzügliche europäische Modelle und macht sich mit deren technischen Raffinessen vertraut. Aber den chinesischen Konstrukteuren selbst ist der große Wurf noch nicht gelungen. Es sei nur eine Frage der Zeit, wird uns versichert, bis auch auf diesem Sektor der Anschluß an den Westen geschafft sei, ja das Ausland solle auf Überraschungen gefaßt sein. Ich muß an meine erste Entdeckung chinesischer Kraftfahrzeug-Produktion denken, als im Sommer 1972 bei der Aufnahme diplomatischer Beziehungen zwischen Peking und Bonn der deutsche Außenminister Walter Scheel das schwarze Luxus-Ungeheuer – »Rote Fahne« genannt – vor dem Palast des Volkes bestieg. Statt zügig anzufahren, sonderte das Fahrzeug

Qualmwolken aus dem Kühler ab und rührte sich nicht vom Fleck.

Die uns nach Mudanyang begleitende Gruppe von fünf Chinesen ist offenbar bester Laune. Das Lachen will kein Ende nehmen, und die pausenlose Geschwätzigkeit geht schnell auf die Nerven. Noch mehr hatte mich dieser Hang zum endlosen, lärmenden Geplärr genervt, als ich zehn Jahre zuvor in der äußersten Westprovinz Xinjiang von dem südlichen Marktzentrum Kaschgar aus auf den abenteuerlichen Windungen der Karakorum-Straße dem pakistanischen Grenzübergang in mehr als 4000 Meter Höhe zustrebte. Das Gebirgspanorama war von atemberaubender Schönheit. Die Achttausender spiegelten sich in glasklaren grünen Seen. Unsere chinesischen Gefährten hatten offenbar keinen Blick für diese prachtvolle Szenerie, und am Ende meiner Geduld habe ich sie gebeten, ein halbwegs andächtiges Schweigen zu wahren.

MUDANYANG, IM APRIL 2006

Die Strecke, die wir jetzt zurücklegen, ist natürlich weit weniger spektakulär. Immerhin führt sie durch zerklüftete Täler, die nicht reizlos sind. Auf den kleinen bebauten Flächen werden Kartoffeln, Mais, Bohnen und Trockenreis gepflanzt. Zahlreiche Gewächshäuser dienen dem Schutz von Gemüse. Bei Erreichen von Mudanyang, dessen massive Konturen wir im kalten Dunst und in der einbrechenden Dunkelheit kaum erkennen, erwartet uns ein Hotelpalast, der durch seinen Aufwand verblüfft. Ich habe kaum Zeit, mein Gepäck im »Bei Shan«, im »Berg des Nordens« abzustellen, denn die Partei- und Verwaltungsbehörden des Distrikts erwarten uns zum Abendessen.

Selten habe ich eine so heitere, fast ausgelassene Speiserunde erlebt. Der Chef der Planungskommission bewährt sich als jovialer Gastgeber. Der Mann strotzt vor Kraft und guter Laune. Er läßt uns seine Muskeln betasten, die er durch Kung-Fu-Training gestählt hat. Die übrigen einheimischen Tafelgefährten entsprechen unterschiedlichen Typen. Mir fällt ein besonders freundlicher Koloß mit glattrasiertem Schädel auf, dem man jedoch nicht im Bösen begegnen möchte, und ein asketischer Gefährte, den man sich als buddhistischen Mönch vorstellen könnte. Das Hammel-Fondue, ein vielgerühmtes Lokalgericht, schmeckt vorzüglich. Dazu werden die Schnapsgläser mit einem starken Gebräu ständig nachgefüllt. Nie sind Chinesen so heiter, lärmend und glücklich wie bei einer gelungenen Tafelrunde. So lange ist es ja nicht her, daß das Reich der Mitte von schrecklichen Hungersnöten heimgesucht wurde, daß man sich dort mit dem täglichen Gruß begegnete: »Hast du schon gegessen?«

Sehr bald gerät die einzige Chinesin, die sich an dem Schmaus beteiligt, in den Mittelpunkt der Geselligkeit. Sie ist ungewöhnlich kräftig gewachsen, und ihre breiten Gesichtszüge weisen auf mongolische Abstammung hin. Mit Staunen nehme ich zur Kenntnis, daß diese Tischnachbarin nicht nur beim Essen heftig zuschlägt und die »lazy Suzy« unablässig kreisen läßt, sondern auch ein Schälchen Schnaps nach dem anderen kippt, was sie in strahlende Laune versetzt und ihr die hohen Wangen rötet. Mit dem Planungschef kann ich mich nur kurz über die Landflucht unterhalten, die auch in diesem Teil der Provinz Heilungkiang immer neue Zuwanderer in die Städte treibt, oder über die Schwierigkeiten, die bei der Umwandlung ehemaliger Volkskommunen in wirtschaftlich produktive Kooperativen entstehen. Er erkundigt sich nach meiner Kenntnis der Volksrepublik, und ich kann darauf verweisen, daß ich von den 22 Provinzen Chinas – falls ich sie richtig gezählt habe – immerhin 18 bereist habe, und dazu kommen noch die Autonomen Regionen von Xinjiang, der Mongolei und Tibet. Rings um den Tisch herrscht eitel Freude, eine zunehmend alkoholbeflügelte Euphorie, zu der die Mongolin, die wir insgeheim die »Schnapsdrossel« nennen, lautstark beiträgt.

Der folgende Tag verläuft weniger fröhlich. Auch in Mudanyang ist die urbanistische Leistung beeindruckend. Aber diese kolossalen Wohn- und Verwaltungsblocks, die solide und relativ aufwendig errichtet werden, erdrücken durch ihre steinerne Monotonie. Ich bedaure vor allem das Fehlen chinesischer Stilelemente, geschwungene Dächer, bunte Dachziegel, dekorative Schnörkel, auf die die allzu westlich orientierten Architekten verzichtet haben. Diese Anonymität der Bauweise ist inzwischen leider im gesamten Reich der Mitte zu beobachten, und die extrem kühnen Experimente, wie sie sich in Pudong bei Shanghai durch futuristischen Gigantismus auszeichnen, sind selten.

Wer die kuriose Idee hatte, uns in die westlich gelegene Stadt Heilin zum Besuch einer Rinderfarm einzuladen, habe ich nicht in Erfahrung bringen können. Diese Ansammlung von Kühen in neu konstruierten Stallungen hätte auch in ein Besichtigungsprogramm gepaßt, wie es mir im Jahr zuvor von den weltfremden Propagandisten der Juche-Philosophie des großen nordkoreanischen Führers Kim Il Sung oder der Songun-Doktrin seines Sohnes, des »Lieben Führers« Kim Jong Il, vorgeführt worden war. Beachtlich bleibt jedoch die unendliche Weite der frisch gepflügten Ackerfläche. Die dunkelbraunen Furchen verlieren sich in perfekter Gleichmäßigkeit in der blassen Leere des mandschurischen Horizonts. Die Diskrepanz zwischen der intensiven Bodennutzung in der post-maoistischen Volksrepublik und dem weitgehenden Verzicht auf Bearbeitung im kontinentalen Riesenraum des asiatischen Rußlands könnte eindrucksvoller nicht sein.

Auf der Rückfahrt fällt uns das weißgetünchte Gebäude einer mehrstöckigen Mittelschule auf. Schüler und Schülerinnen sind in militärischer Formation zum Appell in blau-weißen Uniformen angetreten. Bei den jungen Leuten herrscht eiserne Disziplin, und man sieht ihren Gesichtern den brennenden Ehrgeiz an, ihre Berufschancen durch Fleiß und Wissen zu mehren. Auf einer Tribüne hält die Direktorin mit schneidender Stimme eine Ansprache. Im Chor wird irgendeine Hymne angestimmt. Wie Wachhunde laufen die Lehrer um die Karrees ihrer Zöglinge, damit auch keiner aus der vorgeschriebenen Ausrichtung ausschert. Die erzieherische Strenge des ererbten Konfuzianismus kombiniert sich hier mit der rigorosen Normen-Anpassung der Mao-Zedong-Ära. Wer glaubt, die Hinwendung Chinas zur Marktwirtschaft und zu westlichen Lebensformen habe das Korsett einer rigorosen Ausbildungsordnung gelockert, wird am Rande von Heilin eines Besseren belehrt. Die chaotischen, wüsten Zustände, die an zahlreichen europäischen, vor allem deutschen

Schulen herrschen, haben – wie man mit Neid feststellen muß – im Reich der Mitte keine Nachahmung gefunden.

*

Eine ganze Nacht dauert die Zugreise von Mudanyang bis Shenyang, der Hauptstadt der Provinz Liaoning. Dabei bringt der Zug nur eine Strecke von rund 700 Kilometern hinter sich. Noch hat die Eisenbahn in weiten Teilen Chinas asiatische Ursprünglichkeit bewahrt. Das Transrapid-Modell von Shanghai oder jene Luxus-Verbindung, die über gigantische Viadukte zwischen Xian und Lhasa einen mehr als 5000 Meter hohen Paß überwindet, entsprechen nicht der Regel. Immerhin hat sich mehr Hygiene eingestellt, seit ich vor siebzehn Jahren von der damaligen Endstation Bei An im äußersten Norden der Mandschurei zur Metropole Harbin gereist war. Die Waggons klebten damals vor Dreck. Der Staub wurde durch weibliches Säuberungspersonal hochgewirbelt, um sich gleich wieder zu setzen. Die Fenster waren seit Wochen nicht geputzt, und die Toiletten befanden sich in einem abscheulichen Zustand. Die Menschen blickten, eng gedrängt, mit resigniertem Ausdruck in die Dunkelheit der endlosen Ebene.

Zwischen Mudanyang und Shenyang reist man inzwischen zivilisierter. Aber auch in diesen altertümlichen Abteilen ist das Gepäck der Passagiere zu Bergen gehäuft. Nicht nur das pausenlose Geplapper der Reisenden ist unerträglich. In jeder Ecke ist ein Lautsprecher angebracht, der fürchterlichen Lärm verursacht, teils musikalische Kakophonie, teils Anweisungen des Zugpersonals. Gott sei Dank gelingt es Alexander in unserem Abteil das Kabel zu entfernen und ein Minimum an Ruhe herzustellen. Die Vernachlässigung der Gleise bringt es mit sich, daß der Zug immer wieder von heftigen Erschütterungen erfaßt wird, als wolle er jeden Moment aus den Schienen springen. Eine erholsame Zufluchtsstätte bietet lediglich der Speisewagen. Hier geht es zwar chaotisch zu, aber das Essen ist schmackhaft, die Stimmung gelöst. Eine stets lächelnde, kindliche Serviererin bringt die Speisen im Rekordtempo auf den Tisch.

Im Gang unseres Waggons stoße ich auf drei junge Russen und komme mit ihnen ins Gespräch. Seltsam, wie sich in dieser asiatischen Menge plötzlich eine Art natürliches Zusammengehörigkeitsgefühl der Europäer, anders gesagt der Weißen, einstellt, obwohl die drei angetrunkenen Slawen keine Vorzeigemodelle sind. Die Ernüchterung ist total, als einer von ihnen – sobald er erfährt, daß ich Deutscher bin – mich mit erhobenem Arm und »Heil Hitler« begrüßt. Diese Geste, so ahne ich, ist nicht beleidigend oder gar feindselig gemeint, sondern drückt die Mentalität eines kleinen, aber rabiaten Teils der russischen Jugend aus, die den deutschen »Führer« als Symbol rassistischen Überlegenheitswahns gegenüber den »mongolischen Horden Asiens« glorifizieren.

In Moskau hatte Jewgeni Strachow mich seinerzeit auf einen Friedhof geführt, wo komödiantisch auftretende Männer in zaristischer Uniform zu den Gräbern von Kollaborateuren der russischen Wlassow-Armee pilgerten, die von der Wehrmacht aufgestellt, von Hitler jedoch als Verbündete verschmäht worden war. Diese Pseudo-Veteranen fabulierten von ihrer Enttäuschung darüber, daß es dem russischen Thronprätendenten der Romanow-Dynastie im Winter 1941 nicht gelungen sei, im Troß der deutschen Armeen in Moskau einzuziehen.

Die Erben des letzten Kaisers

Shenyang, im April 2006

Der Name Mukden, unter dem die heutige Millionenstadt Shenyang früher bekannt war, hat einen schicksalhaften Klang. Das Steppenvolk der Mandschu und – im 20. Jahrhundert – die japanische Besatzungsarmee des Tenno haben von hier aus dem Reich der Mitte mit brutaler Gewalttätigkeit ihren Stempel aufgedrückt. Auch Shenyang ist heute zu einem Koloß forcierter Modernisierung ausgebaut worden, beeindruckt durch seine Wolkenkratzer, seine Stadtautobahnen und die hektische Beweglichkeit seiner

Menschen. Mein Interesse gilt jedoch den Spuren der Vergangenheit. In Mukden gibt es eine »Verbotene Stadt«, die in bescheidenen Ausmaßen den Kaiserpalast von Peking zum Vorbild hat. Die junge, charmante Führerin, die uns selbst die intimen Räume der frühen Mandschu-Dynastie vorführt, macht darauf aufmerksam, daß in Shenyang die gelbe Farbe der Dachziegel, die in Peking dem Kaiser, dem »Sohn des Drachen«, vorbehalten war, durch grüne Glasur ergänzt wurde, um die Verbundenheit der Mandschu mit ihrer Nomadenheimat, dem grün wogenden Grasmeer der Steppe zu betonen. Die »Verbotene Stadt« von Shenyang, aus der vor etwa 400 Jahren die Qing- oder Mandschu-Dynastie erobernd nach Süden ausgriff und sich ohne nennenswerten Widerstand das ganze Reich der Mitte einverleibte, eignet sich vorzüglich für Meditationen über ostasiatischen Machterwerb und Machtzerfall.

»La Chine plus vieille que l'histoire«, so hatte Charles de Gaulle bei einer denkwürdigen Pressekonferenz im Elysée-Palast sein Exposé über die diplomatische Anerkennung Pekings durch Frankreich eingeleitet. »China – älter als die Geschichte.« Aus grauer Vorzeit hatten die Historiographen der »Widerstreitenden Königreiche« zwischen Hoang Ho und Yangtsekiang und später die Chronisten des zentralen Kaiserhofs die permanente Abwehr der berittenen Nomadenhorden Zentralasiens, die Gefahr des Einbruchs dieser Barbaren in die gesitteten Gefilde einer konfuzianisch geprägten Hochkultur als Zwangsvorstellung, als Alptraum all jener Herrscher überliefert, denen das Wohl des Reichs der Mitte sowie die »Ordnung zwischen Himmel und Erde« anvertraut war. Schon der Gründer der imperialen Einheit, Qin Shi Huangdi, der zwischen 259 und 210 sein unerbittliches Zwangsregime errichtete und – mehr als 2000 Jahre später – durch die Entdeckung seiner monumentalen Grabanlage mit der Armee Hunderter von Tonkriegern auch im Westen berühmt wurde, begann mit dem Bau der Großen Mauer zur Abwehr der räuberischen Turkvölker, die immer wieder aus den Weiten zwischen dem Balkasch-See und der Wüste anrückten. Diese Xiongnu – den Hunnen Attilas, der »Geißel Gottes«, die später das Abendland verwüsteten, eng verwandt – waren ferne

Vorläufer jenes einzigartigen Eroberungsfeldzuges, der im zwölf-
ten und dreizehnten Jahrhundert von Dschinghis Khan, dem
Groß-Khan der Mongolen, seinen Söhnen und Enkeln unternommen wurde.

In jener Zeit des Schreckens und der Verwüstung entstand eine
seltsame, wenn auch zutiefst widersprüchliche Parallelität zwischen der Unterwerfung der russischen Fürsten im Westen und
der des chinesischen Kaiserreichs im Osten. Während das Mon-
golen- oder Tataren-Joch zu einer Vasallisierung der russischen
Fürstentümer führte, das nach der Bekehrung des Groß-Khans
der Goldenen Horde zum Islam als religiöse und kulturelle
Frontstellung zwischen Slawen und Asiaten bis auf den heutigen
Tag fortdauert, wirkte sich die Eroberung Chinas durch die Erben Dschinghis Khans vollkommen anders aus. Die Mongolen
etablierten sich zwar auf dem Drachenthron und verlagerten ihre
Kapitale ins nördliche Peking, aber sie paßten sich dabei so rück-
haltlos an die teils konfuzianisch, teils buddhistisch geprägte Kultur ihrer zahllosen Untertanen vom Han-Volk an, daß sie am Ende
als chinesische Yuan-Dynastie in die Geschichte eingingen. Ihr
größter Kaiser Kublai Khan, der sich auf die bewährte Verwal-
tungspraxis des Mandarinats stützte, wurde von dem venezian-
ischen Reisenden und Entdecker Marco Polo durchaus nicht als
fremder Usurpator beschrieben.

Es war nicht die letzte Invasion aus dem stets unheimlichen
Westen und Norden. Die »Söhne des Drachen« hatten sich abgelöst, und die einheimische Ming-Dynastie war ihrer eigenen
Schwäche erlegen, als die wilden Kriegshorden der Mandschu aus
ihren Steppen und Weidegründen im Jahr 1644 auf Peking zu-
stürmten. Die Invasion war von langer Hand vorbereitet. In
Shenyang hatte der oberste Stammesführer der Mandschu chinesische Zivilisation und Kriegskunst studiert und bereitwillig übernommen. Ihm kam zugute, daß die jesuitischen Missionare, deren
Bekehrungsbemühungen am Hof der Ming-Kaiser gescheitert
waren, sich nunmehr den urwüchsigen Mandschu-Kriegern in
ihrem unermüdlichen Konversionseifer »ad majorem Dei« zu-
wandten. Insbesondere der aus Köln stammende Pater Schall
brachte ihnen die Kunst des Kanonengießens bei. Ohne diese

»Feldschlangen« wäre der Triumph der Qing-Dynastie weit beschwerlicher gewesen.

Die Mandschu waren als Barbaren ins Reich der Mitte eingefallen. Sie trugen ihre tägliche Fleischration noch in den Taschen ihrer weiten Fellmäntel. Planmäßig verteilten sie ihre bewaffneten Garnisonen, die »Banner« von je 7500 Mann auf die wichtigsten Verwaltungszentren. Die Han-Chinesen wurden gezwungen, als Zeichen der Unterordnung lange Zöpfe zu tragen. In einer ersten Phase waren sogar Ehen zwischen Mandschu und Chinesen verboten. Aber nach und nach setzte sich das Gesetz der größeren Zahl, die Überlegenheit der glanzvollen chinesischen Kultur, die Gewöhnung an Seßhaftigkeit durch. Auch die Mandschu – ihre Kaiser an der Spitze – paßten sich an, wurden von der Masse der Untertanen aufgesogen. Damit war auch die Hoffnung der »Societas Jesu« auf eine massive Hinwendung zum Christentum erloschen. »Graecia capta ferum cepit victorem – das eroberte Griechenland zähmte den wilden Eroberer«, hieß es schon im hellenistisch geprägten Rom.

Die Berichte der Jesuiten hatten die päpstliche Ritenkongregation nicht umstimmen können, als sie in bewährter kasuistischer Methodik den unverzichtbaren Ahnenkult der Konfuzianer mit der Heiligenverehrung der Katholizität in Einklang bringen wollte. Im Jahr 1742 setzte Papst Benedikt XIV. mit seinem kategorischen Edikt einen Schlußstrich unter diese fernöstlichen Bemühungen und verbaute damit eine epochale Missionschance der Geschichte.

Hingegen fanden die frommen Patres in Europa eifrige, begeisterte Leser unter den kirchenfeindlichen Philosophen und Dichtern der Aufklärung. In ihrem verzweifelten Bemühen, das Interesse des Abendlandes für das Reich der Mitte zu wecken sowie Unterstützung und Anerkennung für ihre entsagungsvolle Tätigkeit in Peking zu gewinnen, hatten die Jünger des Ignatius von Loyola das Reich der Mandschu-Kaiser, das bereits im 18. Jahrhundert Anzeichen des Verfalls und der geistigen Sklerose aufwies, als ideale Gelehrtenrepublik platonischen Zuschnitts beschrieben, über der der Kaiser lediglich als wohlwollendes Symbol erdentrückter Despotie thronte. Der Stand der Krieger, der im spätfeudalen Europa hohes, fast exklusives Ansehen genoß, rangierte bei den Söhnen des Himmels auf der untersten Gesellschaftsstufe und erfreute sich keinerlei Achtung bei jener Meritokratie der Gebildeten, die die höchste Autorität innehatten.

Die Aufklärung des achtzehnten Jahrhunderts entdeckte ein utopisches Spiegelbild ihrer eigenen Wunschvorstellungen in jenem fernen Imperium des Ostens, das Europa bereits mit seinen Porzellanfiguren entzückte, wo man das Pulver erfunden und dennoch nicht zu zerstörerischen militärischen Zwecken mißbraucht hatte. Die konfuzianische Weisheit schien unerschöpflich. Die Mode der »chinoiseries« erfreute die Höfe des Abendlandes. Friedrich der Große ließ sich im Park von Sanssouci einen chinesischen Pavillon errichten, und die Philosophen – Leibniz, Voltaire und Fénelon an der Spitze – waren des Lobes voll für eine asiatische Staatsform, die Friedfertigkeit, Toleranz, geistige Harmonie und vor allem die Priorität der Gebildeten zu garantieren schien. Konfuzius, der alte Lehrmeister, der 500 Jahre vor Christus den Weg des Einklangs zwischen Himmel und Erde gewiesen hatte, wurde an hervorragender Stelle in das Pantheon der »Lumières« eingereiht.

Der überschwenglichen Konfuzius-Begeisterung des Abendlandes wurde spätestens gegen Ausgang des 18. Jahrhunderts ein abruptes Ende gesetzt. Diese Entmystifizierung fiel zeitlich mit den Terror-Ausschreitungen der Französischen Revolution zusammen, bei denen auch die Schöngeister der Aufklärung in den Abgrund taumelten. In den kaiserlichen Annalen des Hofes von Peking war nie die Rede von einer einfühlsamen intellektuellen Begegnung der westlichen und der östlichen Welt gewesen, sondern – lange vor Huntington – vom »choc des deux mondes«, vom Aufeinanderprallen von zwei fundamental unterschiedlichen Kulturen. Die eine war ganz auf Beharrung ausgerichtet. Konfuzius hatte bei der Dekretierung seines Gesellschaftsmodells, das – fern von aller Metaphysik – auf das harmonische Zusammenleben der Menschen unter festgefügten Autoritäten und Regeln hinwirkte, stets zurückgeblickt auf eine legendäre Vergangenheit, auf das »Goldene Zeitalter« der mythischen Dynastien Shang und Zhou, deren Perfektion es wiederherzustellen galt.

Das Abendland hingegen – an erster Stelle das Königreich England, das mit der protestantischen Reformation, mit dem Ausbau einer welterobernden Flotte, mit dem Aufkommen einer dynamischen Ethik von Handel und Bereicherung schon im Zeichen der sich anbahnenden technischen Revolution stand – starrte gebannt auf die Zukunft, huldigte dem Fortschritt und widmete sich der Erfüllung seiner »great expectations«, das heißt den Plänen einer weltweiten imperialen Expansion.

Unter Kaiser Qian Long, der von 1736 bis 1796 regierte, wurde dem Reich der Mitte, das sich nach außen arrogant und selbstherrlich gegen alle fremden Einflüsse rigoros abschottete, noch einmal eine lange Periode geographischer Ausweitung und innerer Blüte beschert. Qian Long gebot über eine theokratisch anmutende Allmacht. Er verleibte seinem Imperium die Außenprovinzen Tibet, Turkestan und Mongolei ein. Er erweiterte sein Einflußgebiet auf Territorien des heutigen Kasachstan bis zum Balkasch-See, und über die Amur-Mündung griff er in der russischen Fernost-Provinz weit nach Norden aus. Die Anrainerländer Südostasiens leisteten ihm Tribut. Auch die koreanische Halbinsel wurde zu seinem Vasallen. Im übrigen befleißigte sich Qian Long einer totalen Selbstgenügsamkeit im Wirtschaftlichen wie im Kulturellen. China war ja das Zentrum des Universums, dem sich alle anderen mehr oder minder barbarischen Potentaten nur mit reichen Geschenken und in der Huldigungsgeste des Kotau nähern konnten.

Als Qian Long nach sechzigjährigem Regnum seine »Himmlische Würde« niederlegte, war es ihm gelungen, seinen Untertanen jene verheerenden Bürgerkriege und Bauernaufstände zu ersparen, die ansonsten die chinesische Geschichte in vier Jahrtausenden immer wieder aufgewühlt hatten. Auf Grund dieser Friedensperiode und einer klugen Agrarpolitik hatte sich die Bevölkerung des Reiches der Mitte unter diesem Mandschu-Dynasten von 150 Millionen Menschen um das Doppelte, auf 300 Millionen vermehrt. Die Zeit der großen Hungersnöte und gewalttätigen Turbulenzen war damit vorgezeichnet. Wer vermochte schon ein solches Riesenimperium zusammenzuhalten, geschweige denn es wirksam zu verwalten? Am Rande sei erwähnt, daß England damals ganze acht Millionen Einwohner zählte.

In diesem Kapitel soll nicht ausführlich beschrieben werden, wie die Hybris des Drachenthrons von Peking dem Reich zum Verhängnis wurde. Vom schändlichen Opium-Krieg, den die britische Krone 1839 vom Zaun brach, bis zur Niederschlagung des Boxeraufstandes im Jahre 1900 durch eine weltweite Koalition, an der sich sogar Japan beteiligte, taumelte der chinesische Gigant von einer Niederlage in die andere. Er war der kolonialistischen Ausbeutung durch die europäischen Mächte – auch das Wilhelminische Reich war eifrig daran beteiligt – hilflos ausgeliefert. Das Zarenreich stand in vorderster Front dieser Angriffsmächte, die sich mit Aufteilungsplänen trugen. Auf der Halbinsel von Dairen, die heute Dalian genannt wird, errichtete Rußland die vorgeschobene Flottenbasis Port Arthur im Gelben Meer und überzog die Mandschurei mit einem Eisenbahnnetz, das – verbunden mit massiver slawischer Einwanderung – die Annexion dieses beträchtlichen Gebietes vorbereitete.

Endlich, im Jahre 1911, setzte ein revolutionärer Aufstand unter Führung des Bauernsohns und christlichen Missionsschülers Sun Yatsen der vermoderten Qing-Dynastie ein Ende. Unter der Kaiserin Cixi war sie vollends an den Intrigen der Hofschranzen und Eunuchen erstickt. Die Republik wurde ausgerufen, und im Nordosten des Reiches vollzog sich eine folgenschwere Völkerwanderung. Bis zum Ausklang des 19. Jahrhunderts hatten die Qing-Kaiser darüber gewacht, daß keine Siedler der chinesischen Han-Rasse in ihr ursprünglich eigenes Weide- und Heimatland zwischen der Großen Mauer im Norden Pekings und dem Fluß des Schwarzen Drachen eindrangen und dort seßhaft wurden. Als jedoch die Schleusen zur Mandschurei nach Zusammenbruch der Dynastie dem Zustrom aus dem Süden geöffnet wurden, ergoß sich vor allem aus der übervölkerten Halbinsel Shandong ein dichter Einwandererstrom in diesen leeren Raum.

Auch unter der japanischen Besatzung, als 1932 der Satellitenstaat Mandschukuo proklamiert wurde, riß diese friedliche Invasion nicht ab. Heute wird die Mandschurei von rund 120 Millionen Han-Chinesen bevölkert. Wenn man auf Bürger der

Volksrepublik stößt, die sich weiterhin zur Mandschu-Nationalität bekennen, so haben sie ihre ursprüngliche Stammessprache meist vergessen und bedienen sich des nord-chinesischen Idioms. Diese ungeheuerliche demokratische Expansion mag heute bei den russischen Kündern des Untergangs als bedrohlicher Präzedenzfall gewertet werden im Hinblick auf die Zukunft ihrer menschenleeren Territorien in Fernost zwischen Pazifischem Ozean und Baikal-See.

Unweigerlich muß ich in diesem Zusammenhang an ein Erlebnis aus dem Jahr 1989 denken, an meinen Aufenthalt in Harbin, der nord-mandschurischen Metropole der Provinz des »Schwarzen Drachen«. Der Stadtkern von Harbin unterschied sich auf den ersten Blick von allen anderen chinesischen Ortschaften. Da begleiteten nicht nur gußeiserne Konstruktionen im Jugendstil den endlosen Kai am Songhang-Hua-Fluß. Auch die große Hauptstraße mit Kopfsteinpflaster, früher hatte sie einmal Petersburger Prospekt geheißen, die im rechten Winkel auf den Strom zustrebt, wurde von stattlichen Gebäuden gesäumt, die eindeutig europäischen Einfluß verrieten. Nach dem Sieg Nippons über das ermattete Zarenreich hatte die Mandschurei fast vierzig Jahre lang zur japanischen Einflußzone in Ostasien gehört. Die Soldaten und Administratoren aus Tokio haben keine nennenswerten Spuren hinterlassen, von ein paar häßlichen Bürobauten abgesehen. Die russische Präsenz hingegen hatte sich eindrucksvoll verewigt. Längs der Petersburger Avenue reihten sich ehemalige Bankpaläste, stattliche Kaufhäuser und herrschaftliche Villen.

Die kunstvoll gemeißelten Balkone waren oft durch titanische Gestalten in Stein abgestützt. Immer wieder wurde diese wuchtige, aber stilbewußte Architektur durch orthodoxe Backsteinkirchen unterbrochen, die vom verflossenen Einfluß des Moskauer Patriarchats kündeten. Die riesige Kathedrale im Zentrum Harbins – das größte russisch-orthodoxe Gotteshaus außerhalb der ehemaligen Sowjetunion – war von den enragierten Rotgardisten der Kulturrevolution gesprengt und dem Erdboden gleichgemacht worden. Später bemühte sich die chinesische Stadtverwaltung um die pflegliche Restaurierung der altrussischen Bauten.

Die Zeit der blinden, fremdenfeindlichen Ausschreitungen schien der Vergangenheit anzugehören.

Die Lokalbehörden konnten sich eine solche restaurative Großzügigkeit leisten. Einst lebten mehr als 70 000 Russen in Harbin. Vor allem zwischen den beiden Weltkriegen hatten ganze Regimenter von Weißgardisten und viele Getreue des Zarenreiches Zuflucht vor den Exekutionskommandos der Bolschewiki gesucht. Harbin war im hohen Norden ein Pendant zu Shanghai geworden, so international und europäisch ging es da zu. Nicht nur politische Flüchtlinge, auch eine kosmopolitische Fauna von Geschäftemachern hatte dort ihre Quartiere aufgeschlagen. In den Hotels und Clubs dieser abgelegenen Metropole soll es sehr frivol zugegangen sein, ehe die japanischen Besatzer nach der Proklamation des Satellitenstaates Mandschukuo, den sie nominell dem letzten chinesischen Mandschu-Kaiser Pu Yi unterstellten, das Heft an sich rissen und diesem bunten, exotischen Treiben ein Ende setzten.

Die Russen der Mandschurei gerieten nach und nach in die Rolle einer bedrängten und mißachteten Minderheit. Die Damen des zaristischen Adels verramschten ihren Schmuck. Die ehemaligen Weißgardisten boten sich als Handlanger an. Der chinesische Einwandererstrom unter dem starrem Militärregime Nippons drängte die Slawen vollends an den Rand. Als Marschall Stalin den Überlebenden und Nachkömmlingen der russischen Kolonie im Jahre 1946 eine Amnestie anbot und ihnen die Rückkehr in die Heimat erlaubte, haben sie fast alle die Reise über den Amur nach Norden angetreten. Nur ein paar Außenseiter harrten aus.

Ich bin ihnen 1989 begegnet, den letzten Russen von Harbin. Insgesamt lebten noch 24 alte Europäer in der Stadt, die drei Millionen Chinesen zählte. An diesem Sonntagmorgen hatte sich eine Gruppe von sechs Greisen und Greisinnen vor einer orthodoxen Kirche versammelt und wartete auf den Beginn des Gottesdienstes. Seltsamerweise war der Pope ein Chinese mit schütterem weißen Bart. Dieser Geistliche in der grauen Soutane mit dem silbernen Andreaskreuz auf der Brust sah recht eindrucksvoll aus. Die Russen waren ein versprengter Haufen. Sie hatten leidlich

Chinesisch gelernt, aber der chinesischen Schrift waren sie nicht mächtig. Sie wirkten sehr verloren mit ihren guten slawischen Gesichtern, ihren blauen Augen und dem dichten weißen Haar. Diese Senioren hatten alle die Achtzig überschritten und litten unter diversen Gebrechen. Sie waren recht und schlecht mit einer kümmerlichen Staatspension in einem Altersheim untergebracht. Immerhin läuteten die Glocken noch am Sonntag von den letzten Türmen der heiligen Orthodoxie, auch wenn die Gläubigen vor der Ikonostase von Jahr zu Jahr weniger wurden.

*

In Shenyang würde man vergeblich nach Spuren russischer Präsenz suchen, obwohl in dieser Ebene im Jahr 1905 eine Entscheidungsschlacht zwischen den Armeen des Zaren und des Tenno stattfand. Auch die Erinnerung an eine andere, für China schmerzliche Demütigung wurde hier ausgelöscht. In Mukden mußte nämlich der »letzte Kaiser« Pu Yi, dem der italienische Regisseur Bertolucci einen meisterhaften Film gewidmet hat, als Kind zwei Jahre lang als imperiale Schattenfigur herhalten. Dann verjagten ihn im Jahr 1911 die republikanischen Umstürzler Sun Yatsens aus der »Verbotenen Stadt«. Von den japanischen Eroberern der chinesischen Nordost-Provinzen wurde er zwanzig Jahre später zum Kaiser von Mandschukuo proklamiert. Er ließ sich als Marionette Tokios mißbrauchen, nachdem er seine jungen Mannesjahre als Playboy in der internationalen Konzession von Tjanjin verbracht hatte. Das unrühmliche Spiel nahm ein jähes Ende, als 1945 die vorrückenden sowjetischen Truppen Pu Yi in Mukden gefangennahmen und ihn fünf Jahre lang in sibirischen Gefängnissen festhielten. An die chinesische Volksrepublik ausgeliefert, wurde er zehn Jahre in Straf- und Umerziehungslager verbannt, ehe dem ehemaligen Qing-Kaiser – nunmehr ein geläutertes Mitglied der sozialistischen Gesellschaft – eine demütigende Beschäftigung als Gärtner zugewiesen wurde. Als solcher ist er 1967 gestorben.

Pu Yi ist heute der offiziellen Ächtung anheimgefallen. Stattdessen krönt die kolossale Statue des »roten Kaisers« Mao Zedong weiterhin den Stadtkern von Shenyang. Zu seinen Füßen sind todesbereite Soldaten der Volksbefreiungsarmee und leidenschaftliche Kämpfer der kommunistischen Revolution in Stein gehauen. Unter dem »großen Steuermann« galt die ererbte Befehlsformel an das gefügige Mandarinat: »Zittere und gehorche!«

*

Heute – nach dem Tod des Gründers der Volksrepublik und nach der Zerschlagung der »Viererbande« – hat sich so manches von Grund auf geändert. Im Luxushotel Sheraton, das den verwöhntesten Ansprüchen genügt, werden wir durch die dröhnenden Klänge des Hochzeitsmarsches von Mendelssohn auf eine familiäre Feier im großen Festsaal aufmerksam gemacht. Wir erfahren, daß an diesem Morgen die Eheschließung zwischen einem Amerikaner ungarischer Abstammung und einer ortsansässigen Chinesin aus angesehener Familie stattfindet. An der Zahl der Gedecke und an der Dekoration des Saals gemessen, würde es ein aufwendiges Fest sein.

Das Ganze spielt sich in extrem lockerer, ja heiterer Stimmung ab. Der US-Bürger, ein rothaariger Hüne, der in eine rotseidene Chinesenjacke gezwängt wurde, tritt neben seine Braut auf das Podium. Sie trägt ein rotes Seidenkleid mit dem üblichen seitlichen Schlitz im Rock und dem hohen Stehkragen. Ein besonders anmutiges Paar ist das nicht, aber sie genießen die Feier, unterwerfen sich mit tiefen Verbeugungen und gegenseitigem Berühren der Stirn der konfuzianischen Vorschrift und bringen dem würdigen, greisen Brautvater ihre ehrfurchtsvolle Huldigung dar. Der Amerikaner bewegt sich dabei so ungeschickt und plump, daß die ausschließlich chinesischen Familienangehörigen in Belustigung, ja schallendes Gelächter ausbrechen. Vor allem die jungen weiblichen Gäste vergnügen sich »wie Bolle«.

Bei einem solchen gesellschaftlichen Anlaß wird deutlich, wie entkrampft viele Chinesen der Oberschicht den westlichen Einflüssen begegnen. Dieses Volk hat selbst zur Zeit seiner tiefsten nationalen Erniedrigung niemals unter Minderwertigkeitskomplexen gelitten. Die Han-Rasse hatte sich sets – bis zum letzten

Rikscha-Fahrer – allen Fremden überlegen gefühlt. So kann ich persönlich auf eine frühere Liaison mit einer reizvollen Chinesin verweisen, die – wenn sie auf mich wütend war – mich als »red faced barbarian« beschimpfte.

Geradezu bizarr wirkt die Leichtigkeit, mit der die früheren tödlichen Spannungen innerhalb der kommunistischen Herrschaftsclique heute ignoriert werden. Ich bin höchst amüsiert, als ich im Souvenir-Laden der »Verbotenen Stadt« von Shenyang eine Teekanne entdecke, auf der Mao Zedong und der Marschall Lin Biao brüderlich vereint dargestellt sind. Hat man wirklich vergessen, daß diese beiden Machthaber und Rivalen, die gemeinsam den verlustreichen Kampf gegen die japanischen Besatzer geführt und vor allem die entscheidenden Siege über die Kuomintang-Armee Tschiang Kaischeks errungen hatten, zu Todfeinden geworden waren, nachdem der designierte Mao-Nachfolger Lin Biao 1971 eines mörderischen Komplotts gegen den »großen Steuermann« beschuldigt wurde? Auf der Flucht kam der Marschall bei einem ungeklärten Flugzeugunfall ums Leben. Mir gellen aus jener Zeit noch die Haßschreie der Rotgardisten in den Ohren. »Pi Lin – Pi Kong«, schrien die jungen Fanatiker der Kulturrevolution: »Nieder mit Lin Biao – nieder mit Konfuzius!« Sie assoziierten in absurder, propagandistischer Irreführung den ehemaligen Gefährten des »Langen Marsches« und tückischen Verräter Lin Biao mit dem weisen Meister Kong aus dem sechsten Jahrhundert vor Christus, gegen dessen altertümlichen Sittenkodex Mao Zedong mit revolutionärem Ingrimm gewütet hatte. Von solchen ideologischen Verwerfungen scheint man heute weit entfernt zu sein.

Während ich den gelb-grünen Ziegeln der Kaiser-Residenz von Shenyang den Rücken kehre, kommt mir eine nostalgische Begegnung in Peking aus dem Jahr 1989 in den Sinn. In einer der wenigen Gassen der Hauptstadt, in denen die alten »Hutong« nicht abgerissen wurden, hatte ich Pu Jie aufgesucht, den Bruder Pu Yis, des letzten Kaisers der Qing-Dynastie. Die beiden hatten den gleichen prinzlichen Vater und die gleiche Mutter, was bei der Vielzahl der Palast-Konkubinen keine Selbstverständlichkeit war. Die niedrigen Häuser in diesem Viertel besaßen noch jene geschwungenen, manchmal spitz auslaufenden Dächer, die in früheren Zeiten den gesellschaftlichen Rang ihres Bewohners anzeigten. Eine graue Mauer schirmte das Anwesen nach außen ab. Hinter dem gerundeten Eingang öffnete sich ein bescheidener, aber lieblicher Garten. Zwei Wohnflügel im überlieferten Stil standen dem Bruder des letzten Kaisers zur Verfügung, eine stattliche mandarinale Behausung, aber ein höchst bescheidener Abglanz verflossener imperialer Pracht. Aus dem Grün des Gartens leuchteten rote Blumen.

Wir verharrten auf einer schmalen Terrasse, als der alte Mann uns mit trippelnden, hurtigen Schritten entgegenkam. Pu Jie war 82 Jahre alt und offenbar bei guter Gesundheit. Im Straßengedränge wäre er nicht aufgefallen, dieser kleingewachsene, schmächtige Greis mit dem kahlen Schädel und den dicken Brillengläsern. Er war sehr bescheiden gekleidet, ein grauer leichter Pullover über dem offenen Hemd, eine zerbeulte Hose, die unvermeidlichen schwarzen Pantoffeln mit Filzsohle. Dennoch ging eine große Würde von ihm aus. Unser offizieller Begleiter verhielt sich ehrerbietig. Beim Nahen des Mandschu-Prinzen verharrte er in leicht gebeugter, devoter Haltung und hielt die Hände verschränkt.

Pu Jie ließ sich nicht lange bitten, seine Lebensgeschichte zu erzählen. Er hatte nach 1945 das gleiche Schicksal erlitten wie sein kaiserlicher Bruder, hatte Kerker und Lagerhaft überlebt. Nach seiner Entlassung war ihm seine künstlerische Begabung zugute gekommen. Pu Jie war ein recht konventioneller Maler, aber ein hochgeschätzter Kalligraph. Auf politische Fragen antwortete er ausweichend. Er betrachtete sich kaum noch als Mandschu. Er sei Chinese geworden, wie die übrigen Angehörigen seiner Familie. Über Pu Yi äußerte er sich zurückhaltend. Bis zum Tode sei der letzte Kaiser sich seiner hohen Würde bewußt geblieben und habe sich mit der prosaischen, bitteren Wirklichkeit nie recht ausgesöhnt.

Während der Bruder des Kaisers redete, hielt er den Kopf etwas geneigt. Eine große Abgeklärtheit, eine Art Heiterkeit ging von ihm aus. Während des Gesprächs spielte er mit seiner schwarzweißen Katze. An den Wänden des vorderen Ateliers hingen kunstvoll gepinselte Sprüche und Verse. Auch Mao Zedong war ja von der Leidenschaft für alte Dichtung und Kalligraphie besessen. Am Ende ließen wir uns im Arbeitsraum nieder. Pu Jie nahm ein großes Blatt Papier zur Hand, das er langsam und sorgfältig in regelmäßige Quadrate faltete. Dann holte er den Tuschpinsel heraus, rückte die Brille zurecht und begann mit großer Konzentration, aber sicherer Hand eine Kalligraphie.

Es dauerte eine Weile, bis er mit dieser künstlerischen Tätigkeit fertig war. Er überreichte mir das Blatt, und unser offizieller Begleiter lieferte stockend die Übersetzung. Das Gedicht war in der hochstilisierten Ausdrucksweise der Tang-Dynastie verfaßt, die zwischen dem siebten und dem zehnten Jahrhundert unserer Zeitrechnung über China geherrscht hatte. Der gleichen altertümlichen Sprache hatte sich angeblich auch Mao Zedong für seine Poeme bedient. Die Schönschrift Pu Jies beschrieb eine simple Szene in simplen Worten. Mag sein, daß sich tiefe Weisheit und hintergründige Anspielung dahinter verbargen. »Die schöne Sonne geht unter«, so schrieb der Bruder des letzten Kaisers, »der Gelbe Fluß ergießt sich ins Meer; um einen grenzenlos weiten Blick zu gewinnen, muß der Mensch ein höheres Geschoß erklimmen.« – Der Garten des Pu Jie inmitten der aufgeregten, brodelnden Hauptstadt Peking erschien mir als eine winzige Parzelle jener großen Harmonie, jenes Himmlischen Friedens, den die Chinesen sich zum höchsten Ziel erkoren, nach dem sie unermüdlich, aber stets vergeblich getrachtet hatten.

Disney World am Gelben Meer?

DALIAN, IM APRIL 2006

Etwa 400 Kilometer trennen Shenyang von der Hafenstadt Dalian an der äußersten Südspitze der Mandschurei, die weit in das Gelbe Meer hineindrängt. Die Strecke ist schnell bewältigt auf einer achtspurigen Autobahn, deren glatte Asphaltdecke ihresgleichen sucht. Die Rasthäuser sind gepflegter und sauberer als in manchem europäischen Land. Welche Leistung von den Behörden in Peking erbracht wurde in diesem riesigen Imperium, das noch zur Zeit der Kulturrevolution praktisch ohne brauchbare Landwege dastand und den internen Verkehr über veraltete Schienenwege oder Kanäle aus der Ming-Epoche abwickelte, ist erstaunlich. Ein komplettes Netz mehrspuriger Autobahnen erstreckt sich heute von der Grenze Kasachstans im Westen bis zum Pazifischen Ozean, von der Grenze Vietnams im Süden bis zum Ufer des Amur. Die Provinz Liaoning ist platt wie ein Tisch. Trotz einiger Aufforstungsbemühungen ziehen sich die kahlen Ackerfurchen ins Unendliche. Immer wieder tauchen qualmende Industrieanlagen und Kraftwerke auf, deren Zustand aus der Ferne schwer zu beurteilen ist.

Die Tankstellen der Nordost-Provinz werden mit Benzin der Firma »Petro-China« beliefert. Das »Schwarze Gold« aus dem mandschurischen Fördergebiet von Daqing erbringt nur noch einen minimalen Anteil des ins Gigantische gesteigerten Brennstoffbedarfs der Volksrepublik. Schon im Jahr 1989 hatte ich mich gefragt, ob die roten Parteifunktionäre einer Illusion anhingen oder uns bewußt in die Irre führten. Am Ende einer miserablen Wegstrecke durch die versalzte Wüste waren wir zu den berühmten Bohrtürmen gelangt. Schon damals klang die Forderung Mao Zedongs »Von Daqing lernen!« wie eine fromme Legende. Angeblich war am 1. Oktober 1959, also zum zehnten Jahrestag der Gründung der Volksrepublik, das Petroleum aus dem Boden geschossen. Darin sah die offizielle Propaganda den Beweis, daß der Himmel dem unermüdlichen Ringen des Volkes um bessere Lebensbedingungen zu Hilfe kam. Auf verblichenen Filmdokumenten war das plötzliche Sprudeln des Erdöls aus dem tiefgefrorenen Boden für die Nachwelt festgehalten worden. Die Arbeiter in ihrer unförmigen Winterkleidung tanzten vor Begeisterung in der eisigen Einöde. Dazu dröhnten die Trommeln und Gongs, als gelte es, einen glückbringenden Drachen zu beschwören.

Die Pipeline, die seitdem von Daqing bis Beidahe am Gelben Meer führt, ist auf Grund der schwindenden Reserven nicht mehr rentabel. Sie würde nur Sinn machen, wenn sie an das große System der immensen sibirischen Förderung angeschlossen würde. Nach langem Widerstreben hat sich Wladimir Putin offenbar bereit gefunden, der Vernetzung der beiden Transportsysteme zuzustimmen, was Peking einen gewaltigen Vorteil verschafft, aber auch verdeutlicht, daß die Abhängigkeit der beiden Giganten voneinander nicht einseitig ist.

Für die Hafenmetropole Dalian, früher schrieb man Dairen, fehlen die Superlative. Diese »Boom Town« mit mehr als zwei Millionen Menschen hat sich erfolgreich in den Wettbewerb der südlicher gelegenen chinesischen Küstenstädte eingereiht. Trotz der Monstergebäude, die alles Leben zu erdrücken scheinen, sprudelt die City vor Lebensfreude. Der Sinn für klassische Kunst und guten Geschmack ist den auf Kommerz und Gewinn ausgerichteten Einwohnern von Dalian abhanden gekommen. So entsteht im Herzen der Stadt eine Art Disney World, ganz zu schweigen von der amerikanisch anmutenden Reklame-Flut. Da werden aufgeblasene Gummipuppen gewaltigen Ausmaßes am Eingang eines palastähnlichen Konsumtempels aufgestellt. Der deutsche Fußballer Michael Ballack wirbt in mehrstöckiger Höhe für irgendwelche Sportartikel.

Auf einer Karaoke-Bühne produzieren sich junge Mädchen mit amerikanischen Mode-Songs und werden von der Menge freundlich beklatscht. Ein Textilunternehmen führt ohne Unterlaß extravagante Kleider in einer Modenschau vor. Die Mannequins stehen ihren westlichen Kolleginnen mit ihrer anerzogenen Blasiertheit in nichts nach. Ringsum wird mit allen nur denkbaren Artikeln gehandelt. Die Mehrzahl der männlichen Flaneure, zumal reifen Alters, widmen sich der bevorzugten nationalen Betätigung, nämlich der Völlerei. Angeblich ist die in den USA so weit verbreitete Fettleibigkeit auch schon bei vielen chinesischen Kindern vorhanden, seit sie sich auf den Verzehr von »junk food« umgestellt haben.

Am folgenden Tag bin ich mit einem hohen Funktionär einer jener Verwaltungseinheiten verabredet, deren Verästelungen für einen Westler kaum zu durchschauen sind. Aber dieser Direktor eines »Municipal Revitalizing Old Industrial Base Office«, wie ich der Visitenkarte entnehme, beeindruckt durch Kompetenz und

Sachlichkeit. Herr Zhao ist in einem hochmodernen Bürohaus untergebracht, das mit allen elektronischen Raffinessen ausgestattet ist. Seine Sekretärin beherrscht das Englische wie eine Konferenz-Dolmetscherin. Mr. Zhao versucht in keiner Weise, mir ein rosiges Bild von den wirtschaftlichen und sozialen Verhältnissen seines Landes zu vermitteln. Als ich ihn darauf aufmerksam mache, daß seine Stadt Dalian bei aller Dynamik doch auf groteske Weise Eigenschaften des »american way of life« übernommen habe, widerspricht er nicht. Ich gewinne den Eindruck, daß es im Reich der Mitte nicht darum geht, amerikanische Vorbilder lediglich nachzuahmen, sondern die Anpassung an westliche Normen lediglich als eine Phase des Übergangs, als ein Sprungbrett zu nutzen, um einen eigenen, dem US-Modell überlegenen Lebensstil zu entwickeln.

Unverblümt kommt der Direktor auf das bedrückendste Problem seines Landes zu sprechen: Zwischen siebzig und achtzig Prozent der Bevölkerung sind immer noch in der Landwirtschaft tätig, und die Abwanderung der verarmten Massen in die Städte sei gar nicht zu bremsen. Die Beschäftigung und Integration der sogenannten »Wanderarbeiter« seien kaum zu bewältigen. Wie explosiv die Situation des darbenden Bauerntums sich auswirken kann, läßt sich aus der Geschichte ablesen. Mit der Hunger-Revolte der »Roten Augenbrauen« hatte es unmittelbar nach Beginn unserer Zeitrechnung begonnen, als landlos gewordene Bauern sich zu bewaffneten Banden zusammenrotteten und der Han-Dynastie den Weg zur Macht freikämpften. Ähnliche Streithaufen – eine Art asiatischer »Bundschuh« – hatten sich um das Jahr 200 unter dem Namen »Gelbe Turbane« gegen den Sittenverfall des Beamtentums erhoben. Sehr viel später leitete die Revolte der »Roten Turbane« den Sturz des mongolischen Yuan-Kaiserhauses ein. Schließlich hatte sich auch Mao Zedong – in bewußtem Gegensatz zur bolschewistischen Doktrin von der revolutionären Avantgarde-Funktion der Arbeiterklasse – auf die ländlichen Massen gestützt, um seine eigene Vision des Kommunismus zu verwirklichen.

Herr Zhao zeigt mir eine Landkarte, auf der die unterentwickelten Provinzen der Volksrepublik – darunter sogar das fruchtbare Yangtse-Becken von Szetschuan – mit roter Farbe gekennzeichnet sind. Es handelt sich um Regionen, die von der pazifischen Küste mehr oder weniger weit entfernt liegen. Deshalb lautet der Slogan, den die Parteiführung unter Hu Jintao ausgegeben hat: »Go West!« Als positives Faktum sei imerhin zu verzeichnen, daß die schlimmsten Engpässe der Stahlproduktion überwunden und die Volksrepublik bereits ihre Importe auf diesem Gebiet drastisch reduziert habe. Als wichtige Importeure und Handelspartner der Provinz Liaoning stünden Japan und Südkorea an der Spitze, gefolgt von der Europäischen Union und den USA. Mit Rußland verspricht sich Liaoning eine Steigerung des Austausches. Rußland stelle für China weder ökonomisch noch politisch ein Problem dar. Ständige Sorgen hingegen bereite Japan.

Auf die plötzliche Hinwendung zum Kapitalismus angesprochen, die China – so vielen Pressekommentatoren zufolge – in jäher Verwerfung jeder Form von sozialistischer Planung vollzogen habe, antwortet der Direktor zunächst mit einem Scherz: Ob seine Landsleute denn zu Karl Marx zurückkehren sollten? Dann nuanciert er seine Aussage. In Peking denke man gar nicht daran, den hemmungslosen Kräften eines kapitalistischen Wildwuchses freie Bahn zu lassen. Bei den Joint-ventures mit ausländischen Firmen werde darauf geachtet, daß man die letzte Entscheidung nicht aus der Hand gebe. Kurzum, es sei ein extrem flexibles Wirtschaftsexperiment in Gang gekommen, das keiner fremden Vorlage entspräche. Man habe nicht die geringste Absicht, die überholten Vorstellungen des Marxismus-Leninismus durch das ebenfalls zum Scheitern verurteilte Laisser-faire des Turbo-Kapitalismus oder der Chicago-Schule Milton Friedmans zu ersetzen. »Aus eigener Kraft« hatte die Maxime Mao Zedongs gelautet. Diese Weisung klingt im Zeitalter der Globalisierung obsolet, aber sie entspricht wohl zutiefst der angestammten Denkweise chinesischen Unternehmertums.

Bei Nacht verwandeln sich die Straßenschluchten und die Parkanlagen Dalians in eine Zauberwelt. Die Chinesen haben das Pulver und das Feuerwerk erfunden. In der magischen Beleuchtung ihrer modernen Städte scheint sich diese Begabung fortzusetzen. So steigen strahlende Lichterketten in den Nachthimmel, die – wie unser Kameramann Alexander feststellt – neben anderen fantasievollen Konturen ein artifizielles Schloß Neuschwanstein vortäuschen. Ein kolossaler Glaskegel rotiert in ständig wechselndem Farbenspiel. Sogar der strenge runde Platz, den die japanische Besatzungsmacht hinterließ, wird durch Beleuchtungseffekte in das magische Umfeld einbezogen. Das Hotel »Yamato« aus dem Jahr 1909, das längst in »Dalian Hotel« umbenannt wurde, aber weiterhin von den Kaufleuten aus Nippon bevorzugt ist, wird in dem Werbeprospekt mit viel Phantasie als eine Kopie europäischen Renaissance-Stils angepriesen.

*

Jenseits der betörenden Glitzerfassade besitzen der Hafen und die Werft von Dalian eine eminent militärische und strategische Bedeutung. Hier befindet sich – von fremden Beobachtern streng abgeschirmt – der wichtigste Flottenstützpunkt der Volksbefreiungsarmee. Wir wollen nicht alle Mutmaßungen und Theorien aufzählen, die sich um die tatsächliche oder imaginäre Schlagkraft der chinesischen Streitkräfte ranken. Aber es besteht kein Zweifel, daß sich an diesem Schnittpunkt zwischen Japan, Rußland, Korea und den amerikanischen Pazifik-Basen ein höchst brisantes Konfliktpotential zusammenballt. Zu Lande ist China unbesiegbar, ja unangreifbar. Das wissen die Japaner, die Russen und – seit ihrem Debakel in Vietnam – auch die Amerikaner. Wer verfiele wohl dem Wahn, eine Nation von 1,3 Milliarden Menschen mit Bodentruppen unterwerfen zu wollen?

Die Luftüberlegenheit der US Air Force ist total, und die russischen Kampfmaschinen, die großzügig an China geliefert werden, sind kein »match« für die Tarnkappenbomber und andere Wunderwaffen der amerikanischen Spitzentechnologie. Doch die jüngsten Feldzüge im Irak und auch im Libanon haben bewiesen, daß sich selbst mit erdrückender Bombenlast kein »asymmetrischer Krieg« gewinnen läßt. Zudem gehört zu einer »smart bomb« auch ein »smart guy«. Die vierte Modernisierung Deng Xiaopings, die Modernisierung der Streitkräfte, hat lange auf sich warten lassen. Sie wurde beschleunigt durch die verlustreiche »Strafaktion« gegen Vietnam im Frühjahr 1979, als die Volksbefreiungsarmee – getreu den Anweisungen Mao Zedongs und einer überalterten Generalität, die durch »human waves« den Gegner ersticken wollte – im Feuer der extrem beweglichen vietnamesischen Verbände nur mühsam vorankam. Das Heer Pekings wurde seitdem von vier Millionen Mann fast auf die Hälfte reduziert.

Um eventuelle Aggressionsabsichten der USA von vornherein abzuwürgen, verfolgt die Volksrepublik, die in der Lage ist, ihre Kosmonauten erfolgreich um den Erdball kreisen zu lassen, über ein Arsenal nuklear bestückter Interkontinentalraketen, deren Zahl sich zwar mit dem immensen »Superkill«-Potential Amerikas nicht vergleichen läßt, aber zumindest die kalifornische Küste der Gefahr einer Totalvernichtung aussetzt. Da bieten auch die raffiniertesten Abfangsysteme keine Gewähr und keine glaubhafte Sicherheit. Die strategischen Planer Chinas haben wohl erkannt, daß die Entscheidung in einem bewaffneten Konflikt mit der Supermacht USA – alle anderen Anrainer und potentiellen Gegner, inklusive Indien, sind der Volksbefreiungsarmee ohnehin hoffnungslos unterlegen – in den Weiten des Pazifischen Ozeans gefällt würde. Hier reichen jedoch die derzeitigen Ambitionen Pekings kaum über den unverzichtbaren Anspruch auf die Insel Taiwan als Bestandteil des Reiches der Mitte hinaus.

Beim Disput um die im Südchinesischen Meer verstreuten Eilande des Paracel- und Spratley-Archipels, die auf den chinesischen Landkarten seit Jahrzehnten als integraler Besitz Pekings ausgewiesen sind und die sich bis in die unmittelbare Nähe Vietnams, der Philippinen, Indonesiens und Malaysias heranschieben, zeigt sich die Volksrepublik neuerdings flexibel und wirbt mit dem Angebot einer gemeinsamen Erschließung der dort vermuteten Erdöl- und Gasvorkommen im Verbund mit den betroffenen Asean-Staaten.

Kann die US Navy, die zum Erhalt der Selbständigkeit Taiwans verpflichtet ist, ein großangelegtes Landungsunternehmen der Volksbefreiungsarmee vereiteln? Noch ist die chinesische Kriegsmarine dem ungeheuerlichen Aufgebot der Amerikaner und der mit ihnen verbündeten Flotte Japans in keiner Weise gewachsen. Aber die Zeit könnte nahe sein, da die schwimmenden Festungen der Flugzeugträger, die noch die Seeschlachten des Zweiten Weltkrieges gegen das »Reich der aufgehenden Sonne« entschieden, wie stählerne Dinosaurier ihre erdrückende Interventionsfähigkeit einbüßen und den Angriffen lautloser U-Boote ziemlich hilflos ausgeliefert wären.

Über den Anteil der Verteidigungsausgaben am chinesischen Haushalt liegen die unterschiedlichsten Angaben vor. Nach eigenen Aussagen beziffert sich das Militärbudget Pekings auf knapp dreißig Milliarden Dollar. Unabhängige Institute gehen von einem Budget von 35 Milliarden Dollar aus, während das Pentagon den Etat dreimal so hoch veranschlagt. Die Chinesen, so hört man von neutralen Experten, wollen nicht den ruinösen Fehler der Sowjetunion wiederholen. Sie denken gar nicht daran, mit dem exorbitanten Rüstungsaufwand der USA in Höhe von 420 Milliarden Dollar Schritt zu halten. Sollen sich dieses Mal doch die Amerikaner zu Tode rüsten gegen die Phantomgegner eines imaginären globalen Terrorismus, dem auch mit den ausgeklügeltsten Erfindungen der High-Technology nicht beizukommen ist. Unter Mißachtung der Analysen der eigenen Nachrichtendienste dürften die Stabschefs Amerikas die Rüstungsausgaben Chinas grob übertreiben, um vom US-Kongreß eine permanente Aufstockung der eigenen Finanzmittel zu erwirken.

Die Landspitze von Dalian symbolisiert einen historischen Wendepunkt. Bis hierhin hatte der russische Bär um 1900 seine Pranken ausgestreckt. In Port Arthur erstand eine mächtige Basis der zaristischen Macht. Es war die Zeit der geplanten Aufteilung durch das »europäische Konzert«. England drang von Shanghai aus längs des Yangtsekiang tief ins Landesinnere. Die Franzosen hatten die Südprovinz Yünan unter ihren Einfluß gebracht und standen im Begriff, ihre Eisenbahnlinie bis Chengdu in Szetschuan voranzutreiben. Das Wilhelminische Reich hatte sich des Hafens Qing Dao bemächtigt und die ganze Halbinsel Shandong zur deutschen Einflußzone gemacht.

Da geschah das Unerwartete. Das japanische Kaiserreich, das im Gegensatz zu China seine erstarrten Strukturen der Vergangenheit in der Meiji-Revolution abgeschüttelt hatte, sich im Rekordtempo industrialisierte und seine Streitkräfte, vor allem seine Flotte, auf den letzten Stand brachte, holte nach verschiedenen kriegerischen Querelen mit dem moribunden Imperium der Qing-Dynastie zum Überraschungsschlag gegen das bedrohliche Vordringen Rußlands in seine unmittelbare Nachbarschaft aus. Vor allem die Festung Port Arthur, die heute Lüshun genannt wird, empfand Nippon als Dorn im eigenen Fleisch. Im Dezember 1904 kam es zum Sturmangriff auf die schier uneinnehmbare Gebirgsposition der Russen. Auf beiden Seiten wurde mit äußerster Bravour gekämpft. 5000 Untertanen des Zaren fanden den Tod. 15 000 japanische Infanteristen wurden im russischen Sperrfeuer der 150-Millimeter-Kanonen zermalmt. Aber am 2. Januar 1905 standen die Krieger des Tenno auf den Trümmern des zaristischen Bollwerks, und ihre »Banzai«-Rufe hallten triumphierend über das Gelbe Meer.

Wir sind auf die Höhe von Port Arthur geklettert, die zu einer Art Freilichtmuseum ausgestaltet wurde. Vor allem die gigantischen 280-Millimeter-Haubitzen, die die Japaner mit unsäglichen Mühen auf den Gipfel gezerrt hatten, machen heute noch Eindruck. Dank dieser schweren Geschütze gelang es der Artillerie des Tenno, die schmale Ausfahrt der Bucht von Port Arthur, wo die russische Fernost-Flotte ankerte, zu blockieren und sämtliche Kriegsschiffe, die das blaue Andreas-Kreuz am Mast führten, zu vernichten. Das Zarenreich hatte nach dieser Niederlage seine baltische Flotte auf die unendliche Route rund um Afrika nach Fernost geschickt. Bevor sie die Gewässer von Tsushima erreichten, wo die Japaner zum Staunen aller Experten auch diese Armada versenken sollten, hatten die Kriegsschiffe des Zaren noch einmal im Hafen Tourane der damals französischen Besitzung Indochina Kohle gebunkert. Tourane sollte viele Jahre später unter dem Namen Danang zur mächtigsten Basis der US Air Force im unseligen Vietnamkrieg ausgebaut werden.

Um auf den steilen Gipfel der japanischen Feuerstellung zu gelangen, bietet mir tatsächlich ein Dutzend beflissener »Kulis« ihre Sänfte als Transportmittel an, was ich aber zu ihrer Enttäuschung ablehne. Vor dem Aufstieg macht mich der chinesische Führer auf eine mit Stroh gedeckte unscheinbare Lehmhütte aufmerksam. An dieser Stelle hatte der russische Kommandant von Port Arthur am 2. Januar 1905 seine Kapitulation unterzeichnet.

Der Russisch-Japanische Krieg mochte sich in den Weiten der Mandschurei noch eine Weile bis zur Unterzeichnung des Friedens von Portsmouth fortsetzen. Das Zarenreich war von der neuen Großmacht Japan eindeutig besiegt worden. Den Fernseh-Kommentar schließe ich mit dem Satz ab: »An dieser Stelle begann das Ende der Weltherrschaft des weißen Mannes.«

Die Folgen dieses fernöstlichen Waffengangs waren damals noch gar nicht abzusehen. Sankt Petersburg mußte auf jede Expansion in Richtung China verzichten. Auch in Zentralasien wurde 1907 durch ein Übereinkommen zwischen der britischen Krone und dem Zarenhof dem »Great Game« und dem russischen Vordringen in Richtung Indien ein Ende gesetzt. Eine klare Trennung der Einflußzonen wurde vereinbart. Die panslawistischen Nationalisten suchten nunmehr nach einer Kompensation, einer Art Ehrenrettung in Europa, auf dem Balkan zumal. Der uralte Wunsch, Konstantinopel, das Zweite Rom, dem Joch der Osmanen und Muselmanen zu entreißen, flammte wieder auf. Die Voraussetzungen waren geschaffen, um die europäischen Staaten, die sich nach einer Serie diplomatischer Pannen zu bellizistischer Hysterie aufgeheizt hatten, in die Katastrophe des Ersten Weltkrieges zu stürzen.

Die Giraffe des Admirals

LÜSHUN (PORT ARTHUR), IM APRIL 2006

Bei der aktuellen Bewertung der Rußländischen Föderation unter Wladimir Putin wird jeder Beobachter, der den Namen verdient, stets auf die Geschichte zurückgreifen und auf die Geographie, die laut Napoleon die politischen Abläufe bestimmt. Die Zeiten ändern sich – tempora mutantur –, aber die anmaßende Hybris, die Selbstüberschätzung der Mächtigen, ist wohl ein permanenter Wesenszug menschlicher Ambition. Vor der Niederlage Rußlands in Port Arthur hatte Wilhelm II. – der um eine

Großmäuligkeit nie verlegen war und den Chinesen während des Boxer-Aufstandes von 1900 angekündigt hatte, das deutsche Expeditionskorps werde wie die »Hunnen« unter ihnen wüten – seinem Vetter, Zar Nikolaus II., folgende Botschaft zukommen lassen: »Der Admiral des Atlantik« – damit meinte er sich selbst – »grüßt den Admiral des Pazifik.« Mit solchen Sprüchen war es nach der Schlacht von Tsushima endgültig vorbei.

Ob dem heutigen Präsidenten der Vereinigten Staaten von Amerika nicht etwas Wilhelminisches anhaftet, wenn er – getreu der Prahlerei »viel Feind, viel Ehr« – die »Umma« von 1,3 Milliarden Muslimen mit dem pauschalen Verweis auf den »islamischen Faschismus«, den es zu vernichten gelte, herausfordert und beleidigt? Gleichzeitig betreibt er seinen bereits beschriebenen »Drang nach Osten« auf Kosten der ehemaligen Sowjetunion, während er gegenüber den Chinesen keinen Zweifel läßt, daß – falls die Gelegenheit sich böte – er notfalls mit Gewalt die Volksrepublik zu den Segnungen einer amerikanisch konzipierten Demokratie und Marktwirtschaft bekehren würde.

Die Reaktion war unvermeidlich, aber sie dürfte das Pentagon dennoch überrascht haben. Wer hätte sich zu Zeiten Mao Zedongs und Nikita Chruschtschows vorstellen können, daß die Streitkräfte Rußlands und Chinas im August 2005 zum gemeinsamen Großmanöver ihrer Boden-, See- und Luftstreitkräfte zusammenfinden würden. Die Übung, an der 10 000 Soldaten teilnahmen, wurde durch Langstreckenbomber, Kampfjets, Zerstörer, Landungsschiffe und U-Boote unterstützt. Die erste Phase fand im maritimen Umfeld von Wladiwostok statt; dann verlagerte sich die simulierte Offensive auf die chinesische Halbinsel Shandong, wo – in der Nähe der ehemaligen deutschen Besitzung Qing Dao – koordinierte Panzerkolonnen ausschwärmten.

Sowohl Moskau als auch Peking haben natürlich betont, daß es sich bei diesem militärischen Unternehmen »Frieden 2005« – in der Orwellschen Diktion hat man wirklich von den Amerikanern gelernt – keineswegs um die Generalprobe für einen Eroberungsversuch der Insel Taiwan handelte, sondern man vollziehe nur einen defensiven Schulterschluß im Kampf gegen den Terrorismus. Drache und Bär hatten gut gebrüllt. Das Aufgebot von

»Peace 2005« war – gemessen an dem kombinierten amerikanisch-japanischen Luft- und Flottenpotential im West-Pazifik – eine relativ bescheidene Veranstaltung und konnte keine wirkliche Furcht einflößen. Doch die beiden Kontinentalkolosse Asiens, die bereits in der sogenannten Shanghai-Gruppe dem hemdsärmeligen Vordringen amerikanischer Hegemonialansprüche entgegenzuwirken suchen, gaben eindeutig zu verstehen, daß sie sich nicht in einen Zweifrontenkrieg verwickeln lassen würden.

Sowohl im Steppengebiet der GUS-Staaten zwischen Kaspischem Meer und Tian-Shan-Gebirge wie in der Meeresweite der Japan-See oder in der Straße von Formosa, wo die imperialen Gelüste Tokios mit dem Segen Washingtons neu aufzuleben scheinen, wollen Peking und Moskau durch spektakuläre militärische Zusammenarbeit – Rüstungsgüter im Wert von 2 Milliarden Dollar wurden von Rußland im vergangenen Jahr an die Volksbefreiungsarmee geliefert – deutlich machen, daß sie sich nicht gegeneinander ausspielen lassen, so problematisch ihre fernöstliche Nachbarschaft auf Dauer auch sein mag. Das zunehmende strategische Engagement Tokios beschleunigt das Zustandekommen dieser Zweckallianz. Es ist bezeichnend, daß die Abschluß-Zeremonie des Manövers »Frieden 2005« vor der Triumphsäule in Wladiwostok stattfand, die die Zerschlagung eines zaristischen Rest-Staates durch die Bolschewiken im Jahr 1922 zelebriert. Das mochte den Erben Mao Zedongs ziemlich gleichgültig sein. Die Chinesen erinnerten sich hingegen mit Genugtuung daran, daß dieses Denkmal auch an den erzwungenen Abzug und die Verschiffung einer japanischen Okkupationsarmee erinnerte, die sich im Vakuum, das der Erste Weltkrieg hinterließ, am Amur entlang bis Khabarowsk vorgeschoben hatte.

Nach martialischer Stimmungsmache oder auch nur nach einem Anflug von Nervosität würde man dennoch in der südmandschurischen Provinz Liaoning heute vergeblich Ausschau halten. Den politischen Sprüchen amerikanischer Neokonservativer und gewisser Kreise des Pentagons begegnen die chinesischen Behörden mit Gelassenheit, es sei denn, die endgültige Abspaltung Taiwans vom kontinentalen Mutterland würde in Washington konkret vorangetrieben. In diesem Fall, aber nur in diesem Fall, wäre der »casus belli« gegeben. Als Wladimir Putin unlängst Peking besuchte, fügte er diesem hochpolitischen Auftritt auch eine spielerische Note bei. Im buddhistischen Kloster von Shaolin bewunderte er die Kunst der dortigen Kung-Fu-Athleten und nahm – als Träger des Schwarzen Gürtels im Karate-Kampfsport qualifiziert – symbolisch an ein paar Demonstrationen teil.

Vielleicht hat der russische Präsident, indem er sich in der flexiblen Praxis der Asiaten übte, durch scheinbares Nachgeben den Gegner zu täuschen und zu Fall zu bringen, in der uralten chinesischen Kriegskunst des Strategen Sunzi Erfahrungen gesammelt, die dem rauhen, brutalen Getümmel des »American football« wesensfremd sind. Wie schreibt doch Sunzi in seiner listigen und klugen Anweisung: »Wenn wir fähig sind anzugreifen, müssen wir unfähig erscheinen; wenn wir unsere Streitkräfte einsetzen, müssen wir inaktiv erscheinen; wenn wir nahe sind, müssen wir den Feind glauben machen, daß wir weit entfernt sind. Lege Köder aus, um den Feind zu verführen! Täusche Unordnung vor und zerschmettere ihn! Wenn der Feind in allen Punkten sicher ist, dann sei auf ihn vorbereitet. Wenn er an Kräften überlegen ist, dann weiche ihm aus. Wenn dein Gegner ein cholerisches Temperament hat, dann versuche ihn zu reizen. Gib vor, schwach zu sein, damit er überheblich wird. Wenn er sich sammeln will, dann gib ihm keine Ruhe. Wenn seine Streitkräfte vereint sind, dann zersplittere sie. Greife ihn an, wo er unvorbereitet ist; tauche auf, wo du nicht erwartet wirst!«

So präsentiert sich das Politbüro unter Führung von Hu Jintao als asiatische Friedensmacht. Die Beratungen über die nukleare Aufrüstung Nordkoreas, an denen neben China und den USA auch Rußland, Japan und Südkorea teilnehmen, finden in Peking statt. Die Diplomaten der Volksrepublik gebärden sich dabei als ehrliche Makler. In Wirklichkeit sorgen sie dafür, daß Washington mit seinen hilflosen Wutanfällen gegen den Zwergstaat Kim Jong Ils das Gesicht verliert. Die roten Mandarine halten sich – im Gegensatz zur permanenten Einschüchterung und Einmischung, die die USA im Umgang mit mißliebigen Staatschefs praktizieren – an die traditionellen Regeln des Völkerrechts. Sie respektieren die Souveränität fremder Länder, auch wenn sie von Despoten regiert werden. In der Entscheidungszentrale des Zhongnanhai erhebt niemand den Anspruch, der ganze Erdball habe sich auf ein chinesisches Gesellschaftsmodell auszurichten.

Dem Kriegshafen von Dalian und den dort befindlichen Werften darf sich der Unbefugte aus verständlichen Gründen nicht nähern. So sind wir auf einen nahen Küstenstreifen verwiesen, der außerhalb dieser strategischen Sperrzone liegt. Dort bildet ein aufwendiger Luna-Park mit Riesenrad, Restaurants und allen möglichen Achter- und Seilbahnen einen harmlosen, ja fröhlichen Kontrapunkt. Ein ausrangierter Zerstörer, der 1940 in der Sowjetunion gebaut und 1955 an China verhökert wurde, ist zur Volksbelustigung freigegeben. Die Freizeitgäste können sich sogar damit vergnügen, aus den Schiffsgeschützen Knallkörper abzufeuern.

Dieser Teil der Bucht von Dalian ist der Treffpunkt, an dem frischvermählte Brautpaare sich fotografieren lassen. Auf einem Hügel wurde die exakte Nachahmung einer christlichen Kirche mit Altar, Kruzifix und einer Wandmalerei »Tu es Petrus« als Attrappe aufgebaut. Dort läßt sich – natürlich gegen Zahlung einer angemessenen Gebühr – die Simulation einer liturgischen Trauung inszenieren. Die Frömmigkeit in diesem konfuzianischen Land, das den Buddhismus mit Schamanismus vermengte, das Christentum synkretistisch veränderte und sogar die marxistische Lehre sinisierte, dann aber wieder einem extravaganten und oft gewalttätigen Sektierertum verfällt, gibt den Soziologen weiterhin manches Rätsel auf.

Der beliebteste Hintergrund für ein Erinnerungsfoto ist offenbar das besagte Kriegsschiff, vor dessen grauer Stahlwand sich gerade ein anmutiges Paar zur Schau stellt. Er trägt einen weißen Anzug. Sie hat sich ein prächtiges weißes Brautkleid aus Seide ausgeliehen, das bis zum Boden reicht. In China hat man wohl vergessen, daß Weiß früher die Farbe der Trauer war. Ein Windstoß wirbelt die kunstvoll gewirkte Brautrobe hoch, und darunter kommen ganz gewöhnliche Blue-Jeans und Jogging-Schuhe zum Vorschein, was die gute Laune der jungen Braut in keiner Weise zu trüben vermag. Die zierliche Dame ist wirklich besonders reizvoll. Von ihrem Gatten wird sie zärtlich hochgehoben. Für unsere

Kamera – mit den Kanonen als Kulisse – blickt sie mit strahlen-
dem Lächeln in die sonnenbeschienene Meeresweite, als könne
niemals ein Mißgeschick ihre harmonische Bindung gefährden.
Ein Spruch aus dem Habsburger Reich kommt mir in den Sinn,
dessen Erwähnung manchen Leser überraschen mag, der an dieser Stelle jedoch die persönliche Glücksverheißung um eine
aktuelle politische Bedeutung erweitert. »Bella gerant alii«, so
hieß es einst in Wien, »tu felix Austria nube« – was ich in meinem
Filmkommentar variiere: »Mögen andere Krieg führen, Du,
glückliches China – heirate!«

Ein weites Parkgelände erstreckt sich in Richtung Port Arthur.
Endlich erblicke ich eine Holz-Pagode am Ufer, die noch im alten chinesischen Stil mit geschwungenen Dächern und eleganter
Leichtigkeit gebaut ist. Obwohl die Meerestemperatur nur sieben
Grad beträgt, wagen sich ein paar Badende in die Flut. Im Hintergrund täuscht eine Flottille von Fischerbooten asiatische Harmonie vor, die wohl stets ein Wunschbild war. Unvermittelt stehen
wir vor einer massiven Steinskulptur, die eine Gruppe wütender
und bedrohlicher Tiger darstellt. Am Ende entdecke ich sogar
eine riesige Giraffe aus Zement, die naturgetreu angemalt ist und
in dieser Umgebung wie ein sinnloser Fremdkörper, wie abscheulicher Kitsch erscheint.

Es dauert einige Zeit, bis mir einfällt, welche Bedeutung die-
sem exotischen Tier der afrikanischen Savanne am Rande des
Gelben Meeres zukommt. Wir müssen uns wieder einmal in die
Vergangenheit versetzen, in jene Epoche der Ming-Dynastie, als
China im frühen 15. Jahrhundert über die weitaus mächtigste
Flotte der Welt verfügte. Ihr Admiral Zheng He, ein Eunuch und
gebürtiger Muslim aus Yünan, befehligte diese sensationelle Armada von annähernd 300 seetüchtigen Dschunken. Die riesigen
»Schatzschiffe«, über denen sich neun rote Segel blähten, waren
mehr als 150 Meter lang und mindestens fünfzig Meter breit. Sie
übertrafen um das Mehrfache die Ausmaße jener »Santa María«,
mit der Kolumbus siebzig Jahre später den Atlantik überquerte,
um in Amerika zu landen.

Siebenmal ist der von der heutigen kommunistischen Führung
als Nationalheld gefeierte Kastrat Zheng He zur Erkundung der

Weltmeere mit 30 000 Mann Besatzung und Soldaten ausgelaufen. Manche vermuten sogar, der Admiral habe damals die amerikanische Westküste und Australien entdeckt. Sicher ist, daß er über den Indischen Ozean mehrfach nach Afrika vordrang. Von dort brachte er seinem Kaiser als Geschenk und Kuriosität eine Giraffe mit, die von den Zoologen Pekings mit dem Einhorn – Qilin auf Chinesisch – gleichgesetzt wurde, jenem Fabelwesen, das seinerzeit auch durch die Märchenwelt des Abendlandes spukte. Für die Zukunft des Reichs der Mitte sollte es sich als verhängnisvoll erweisen, daß der nachfolgende Kaiser der Ming-Dynastie die Ozean-Schiffahrt abschaffte, ja sie unter Androhung der Todesstrafe untersagte, um in selbstverordneter Verblendung sein Imperium von barbarischen, fremden Einflüssen abzuschirmen.

Seit die post-maoistische Volksrepublik ein ehrgeiziges Flottenbauprogramm vorantreibt und sich den Weltmeeren zuwendet, ist die Giraffe des Ober-Eunuchen Zheng He zum Symbol dieser maritimen Ambition Chinas geworden. Dem Admiral werden Denkmäler errichtet. Im Stadtstaat Singapur, wo der Gründerpräsident Lee Kwang Yew mit strenger konfuzianischer Autorität und im Vollbewußtsein seiner chinesischen Identität regierte, wurde Zheng He sogar mit der Komposition einer Oper geehrt. Der Eunuch, so besagt die offizielle Historiographie der Volksrepublik, sei im Gegensatz zu den europäischen und amerikanischen Imperialisten lediglich als friedlicher Entdecker und als Freund an den fremden Gestaden aufgetaucht, habe Handel mit den dortigen Eingeborenen getrieben und ihnen den Fortschritt gebracht. In Wirklichkeit ist es bei diesen Expeditionen nicht ganz so harmlos zugegangen, galt doch damals schon die tiefe Überzeugung der Han-Kultur, die übrigen Länder des Globus seien zu einem Vasallenverhältnis gegenüber ihrem Kaiser verurteilt.

Die Giraffe von Dalian verdient unsere Aufmerksamkeit, und es wäre leichtfertig, über sie zu spotten. So lange ist es ja gar nicht her, daß Großbritannien sich zu Recht als Königin der Meere aufführte und die Matrosen der »Royal Navy« den Finger in die Ozeane steckten, um sich zu vergewissern: »Tastes salty, must be British – Schmeckt salzig, muß also britisch sein.« Der endgültige Abschied dieses weltumspannenden Inselreichs von seiner ostasiatischen »splendour and glory« vollzog sich am 1. Juli 1997. In strömendem Regen holte Chris Patten, der letzte Gouverneur der Kronkolonie Hongkong, mit eindrucksvoller Contenance den »Union Jack« ein, während ein Vorauskommando der Volksbefreiungsarmee die rote Fahne mit den sechs Sternen, das Fanal des neuen China, am Mast hochzog. So vergehen die Imperien, und so wachsen sie heran.

CHINA
Jenseits von Mao

» Wenn China spuckt ...«

Ein starker Nordwestwind hat in der vergangenen Nacht über Peking geweht. Nun ist die Hauptstadt in Dunst getaucht. Der rote Sand der Gobi-Wüste hat nicht nur die Atmosphäre getrübt und das Atmen schwer gemacht. Er hat sich als dicke Schicht auf das Straßenpflaster gelegt und ist am deutlichsten auf den verschmutzten Karosserien der Autos zu erkennen. So nahe also ist die Mongolei. Die Chinesen sind sich dessen voll bewußt.

In früheren Jahrhunderten waren es die barbarischen Nomadenvölker, die aus ihren endlosen Flächen der Steppen und Sanddünen mit ihren pfeilbewährten Kriegerhorden gegen das Reich der Mitte anstürmten. In jüngster Vergangenheit gliederte die Sowjetunion die »Äußere Mongolei«, die der Mandschu-Kaiser Qian Long seinem Imperium einverleibt hatte, als kommunistischen Satellitenstaat ihrer zentralasiatischen Einflußsphäre an. Die Rote Armee stand zu Lebzeiten Mao Zedongs sprungbereit mit ihren Panzerdivisionen in strategischer Reichweite der »Verbotenen Stadt«. Als die zentrale Macht in Moskau ihre Ausstrahlung verlor, proklamierte auch die »Mongolische Volksrepublik« ihre Unabhängigkeit und löste sich aus der bislang totalen Abhängigkeit vom Kreml.

Wie ist es nun tatsächlich um die internationale Position dieser endlosen Gras- und Sandfläche bestellt, die nur 2,7 Millionen Menschen aufzuweisen hat? Die neueste Entwicklung – gekennzeichnet durch die Abspaltung von Rußland und die ängstliche Distanz, die die Erben Dschingis Khans gegenüber China zu wahren suchen – hat der Mongolei eine Alternative geboten, die bizarr anmutet. Ausgerechnet das Amerika George W. Bushs ist in die Bresche gesprungen und spielt sich als Garant der mongolischen »Independence« und natürlich auch der neuen mongolischen »Demokratie« auf, was immer von dieser Regierungsform in Ulan Bator zu halten ist.

Um eine Provokation mehr oder weniger ist man am Potomac offenbar nicht verlegen, und so nutzt Washington die Chance, in der kontinental isolierten Mongolei Moskau und Peking gleichzeitig zu brüskieren. Ich war selbst in der mongolischen Hauptstadt, als dort Anfang der neunziger Jahre eine Parlamentswahl stattfand. Man erspare mir die Meinungsäußerung zu diesem vom Westen hartnäckig verfochtenen »Stimmzettel-Fetischismus«. In der islamischen Welt hat gerade jede ehrliche Auszählung der Stimmen zu Resultaten geführt – zu islamistisch orientierten Mehrheiten –, mit denen Amerika sich im nachhinein nicht abfinden will.

Der Blitzbesuch, den George W. Bush dem neuen mongolischen Verbündeten im November 2005 abstattete, entbehrt nicht einer grimmigen Komik. Mongolen und Amerikaner hätten vieles gemeinsam, erklärte der US-Präsident: Sie hätten beide ihr Land zu Pferde erobert. In Rußland, das von den Tatarenstürmen auf besonders grausame Weise durch Massaker und Verwüstungen heimgesucht wurde, hat man diese Äußerung wohl besonders zu schätzen gewußt. Im Vergleich zu den Mongolen hätten sich die amerikanischen Pioniere bei der Besiedlung des Wilden Westens ja lediglich mit der Ausrottung der weitverstreuten Indianerstämme begnügt, ironisierte ein bekannter Moskauer Publizist.

Wenn Bush behauptet, die USA seien der »dritte Nachbar« der Mongolei, so hat er natürlich in erster Linie die Volksrepublik China im Visier. Gegen Peking richten sich eindeutig die Militärmanöver, die unter amerikanischem Kommando im Gebiet der »fünf Hügel« südlich der Hauptstadt Ulan Bator für den August 2006 anberaumt wurden. Die Mongolei eignet sich vorzüglich als vorgeschobener Horchposten. Ausbilder aus den USA haben sogar die Formierung der mongolischen Grenztruppen übernommen. Wie lange Ministerpräsident Miyegombyn Enkhbold diesen prowestlichen Kurs durchhalten kann, ist eine andere Frage. Immerhin kontrollieren die Chinesen achtzig Prozent der mongolischen Bauwirtschaft. Sie behaupten sich als unschlagbare Lieferanten für jede Art von Konsumware. Als wichtigster Investor beteiligt sich die Volksrepublik China an der Förderung der beachtlichen Mineralvorkommen, vor allem der Kohleflöze.

Aus der Mongolei starteten im Jahr 2001 Transportmaschinen der US Air Force, um ein Kontingent von Special Forces in aller Eile auf den afghanischen Kriegsschauplatz zu werfen. Das geschah seinerzeit mit voller Billigung Moskaus, das alles Interesse daran hatte, dem Spuk der Taleban ein Ende zu setzen. Andererseits hoffte der Kreml wohl insgeheim, Amerika werde sich am Hindukusch in eine ähnlich aussichtslose Lage manövrieren, wie sie die Invasionsarmee der Sowjetunion in den achtziger Jahren gewärtigen mußte. Letztere Rechnung scheint übrigens aufzugehen. Heute sucht das Pentagon zudem nach einem Ersatz für seine strategische Bastion Usbekistan, wo nach der brutalen Niederschlagung eines Volksaufstandes im Fergana-Tal durch den usbekischen Präsidenten Islam Karimow, der unlängst noch als treuer Paladin der USA galt, die amerikanischen Basen geschlossen wurden. Was wirklich zum Bruch zwischen Bush und Karimow führte, bleibt undurchsichtig, und ein Massaker im fernen Andijan kann schwerlich der ausschlaggebende Grund dafür gewesen sein.

In hemmungsloser Glorifizierung Dschingis Khans und in enger Anlehnung an die transpazifische Supermacht sucht die in Ulan Bator regierende »Revolutionäre Volkspartei« ihre nationale Unabhängigkeit und ihre kulturelle Identität zu wahren. »131 furchtlose Krieger«, so George W. Bush, sind ja weiterhin im Irak an der »Koalition der Willigen« beteiligt. Am liebsten würden die Mongolen sich der NATO anschließen, wenn ihnen der Beitritt zur Europäischen Union schon aus elementaren geographischen Gründen versagt bleibt.

Wie reagiert die Volksrepublik China auf diese überflüssigen Provokationen? Wie ich meinen Gesprächen in Peking entnehme, mit amüsierter Gleichgültigkeit. »Zeig zuerst die Schüchternheit eines Mädchens, bis dein Feind den ersten Zug gemacht hat«, so lehrte der weise Sunzi. »Dann entwickle die Geschwindigkeit eines rennenden Hasen, und für den Feind wird es zu spät sein, sich zu widersetzen.« Mao Zedong hielt für seine Nachbarn in Ulan Bator, als sie sich noch den Sowjets als willfährige Helfer zur Verfügung stellten, einen sehr viel deftigeren Ausspruch bereit. Mit grimmigem Hohn drohte er: »Wenn China spuckt, ertrinkt die Mongolei.«

*

Der Besuch des Dalai Lama in der durch und durch buddhistischen Mongolei, die in ihren Klöstern die tibetische Form des Tantrismus praktiziert, erregt in Peking natürlich Unwillen. Ernste Befürchtungen löst das flüchtige Auftreten des »wiedergeborenen Buddhas« im Reich der Mitte nicht aus, obwohl die Urbevölkerung der zu China gehörenden »Autonomen Region Innere Mongolei«, die sich wie ein langer Schlauch vom Norden Heilunkiangs bis Xinjiang hinzieht, ebenfalls im Buddhismus wurzelt. Selbst die Russen hätten ja einen plausiblen Grund, den von Amerika geforderten Aktivitäten des »Lebenden Gottes« aus Tibet mit Mißtrauen zu begegnen, verfügt doch ihre Föderation südlich des Baikal-Sees über eine »Autonome Republik der Burjaten«, deren »Eingeborene« reine Mongolen und zunehmend fromme Buddhisten sind.

Die Lehre Gautamas wird im Westen über die Maßen idealisiert und in ihren politischen Auswirkungen überschätzt. Schon der indische Alleinherrscher Ashoka, der im dritten Jahrhundert v. Chr. fast den ganzen Subkontinent in einen buddhistischen Staat verwandelt hatte, schickte seine kahlgeschorenen Mönche mit den safrangelben Gewändern zu den unruhigen Völkerschaften seiner Nachbarschaft aus. Insbesondere das heutige Afghanistan wurde Ziel einer erfolgreichen Missionierung durch die Lamas, wovon die riesigen Buddha-Statuen von Bamyan, die die Taleban in ihrem ikonoklastischen Wahn sprengten, ein prachtvolles Zeugnis ablegten. Die Bekehrung zum Buddhismus und zu seiner Botschaft friedlicher Passivität bescherte dem Reich

Ashokas die Zähmung der wilden, stets angriffslustigen Gebirgs-stämme, die erst durch ihre später erfolgte Konversion zum Islam ihre kriegerischen Gelüste wiederentdeckten.

Ähnlich hatten die Kaiser Chinas taktiert, die ebenfalls die Pre-diger buddhistischer Entsagung und Weltabgewandtheit zu den turbulenten Horden Zentralasiens aussandten. Mit der Unter-werfung unter die Lehre Gautamas vollzog sich bei diesen von al-ters her auf Mord und Raub ausgerichteten Barbaren – Mongo-len, Turkomanen oder Tibeter – eine Art politischer Kastration. Die ständig wiederholte Gebetsformel: »Om mani padme hom«, die den Erlöser Buddha als strahlende Lotusblüte preist, vertrug sich schlecht mit ihren angestammten kriegerischen Instinkten.

Wie anfällig sich jedoch die Lehre Gautamas, die – frei von al-len gesellschaftlichen Verpflichtungen – das Individuum auf die eigene Heilserwartung, auf die ewige Beglückung des Nirwana ausrichtet, gegen den plötzlichen Ausbruch des Horrors erweist, zeigen Beispiele der jüngsten Vergangenheit. Burma, Kambo-dscha, Sri Lanka sind im Theravada- oder Hinaya-Buddhismus verankert. Das hat Burma, das heutige Myanmar, nicht gehindert, seit seiner Staatswerdung nach dem Zweiten Weltkrieg von einer bornierten Militärdiktatur drangsaliert zu werden. Kambodscha versank im Grauen der »Roten Khmer« und wurde zum Massen-grab, zu den »killing fields«. Die Regierung von Sri Lanka führt einen nicht enden wollenden Bürgerkrieg gegen die sogenannten »Tamilen-Tiger«, gegen die zugewanderte Hindu-Minderheit aus dem nahen Subkontinent.

Irgendwann in den achtziger Jahren bin ich Robert Davenport im »Foreign Correspondents Club« von Hongkong begegnet und wurde inmitten einer Rotte angelsächsischer Kollegen zu un-zähligen Runden von Gin and Tonic verurteilt. Ich kannte den an-gegrauten, hochangesehenen Reporter einer großen britischen Zeitschrift aus dem Koreakrieg und dem französischen In-dochina-Feldzug. Wir kamen auf den törichten, vergeblichen Versuch der CIA in Südvietnam zu sprechen, nach Ausschaltung und Ermordung des katholischen Staatschefs Ngo Dinh Diem im Jahr 1963 mit Hilfe buddhistischer Mönche eine religiöse Ab-wehrkraft gegen die kommunistischen »Can Bo«, die politischen

346

Kommissare des Vietcong, aufzubauen. Das war lange her, und offenbar sucht man in Langley heute nach anderen Mitteln, um die Verweigerer des »American way of life« zu schwächen und zu demoralisieren.

Robert Davenport gehörte zu jener Kategorie englischer Gentlemen, die – wie Graham Greene oder Evelyn Waugh – den amerikanischen »Cousins« mit bissigem Hohn begegneten. »Die Planer von Washington«, so raunte mir mein Kollege in fortgeschrittener Alkohollaune zu, »sind dem fernen Kaiser Ashoka gar nicht so unähnlich. Ashoka benutzte den Buddhismus, heute greifen die amerikanischen Präsidenten auf die sakrosankte Doktrin der repräsentativen Demokratie zurück, um ihre Gegner zu schwächen, um Unterwürfigkeit zu schaffen.«

Was in den USA auf Grund der starken Stellung des Präsidenten, der inzwischen relativierten Regeln von »checks and balances« sowie dank eines calvinistisch geprägten Glaubens an die kapitalistische Plutokratie bislang reibungslos und extrem erfolgreich funktioniert habe, wirke sich bei Übernahme dieses Systems durch die Völker der Dritten Welt, und nicht nur bei ihnen, als Absturz in hemmungslose Demagogie und Korruption aus, argumentierte der englische Kollege. Selbst wenn die Prediger von »freedom and democracy« von ihrer welterlösenden Mission zutiefst überzeugt wären, würde sich deren politische Umsetzung in völlig anders gearteten Zivilisationen als Faktor der Unordnung und der nationalen Entwürdigung auswirken. Ein eindringliches Beispiel für diese heuchlerische Fehlanwendung im Okzident konzipierter demokratischer Regeln stelle die Republik der Philippinen dar, wo die regelmäßigen Urnengänge am Elend des Volkes, an den Privilegien der ausbeuterischen Oligarchie nicht das geringste zu ändern vermochten. Die Pseudo-Demokratie bewähre sich dort als Bollwerk gegen eine längst fällige gesellschaftliche Umstrukturierung, und sie ersticke überdies jeden Widerstand gegen die amerikanische Hegemonie.

Auf der Suche nach dem »Großen Pferd«

Gewiß hat sich die »blaue Stadt« Hohot seit meinem Aufenthalt
vor beinahe zwanzig Jahren sehr verändert. Damals wurde der
zentrale Platz dieses Verwaltungszentrums der »Autonomen Region Innere Mongolei« von einem Denkmal mit galoppierenden
Pferden beherrscht. Sie symbolisierten im Stil der alten Tang-Ke-
ramik die verflossene Eroberungskraft des mongolischen Reiter-
volkes. Seit der resoluten Absage Pekings an die »Kulturrevolution« war Dschingis Khan, vor dessen Horden im 13. Jahrhundert
die Völker in Ost und West gezittert hatten, in das Pantheon chinesischer Größe aufgenommen worden. China hat eben einen
»großen Magen«, wie mir einst ein nordvietnamesischer General
versicherte. Den Russen würde eine solche geschichtliche Integration ihrer tatarischen Eroberer und Peiniger überhaupt nicht
in den Sinn kommen.

Der Mongolischen Republik von Ulan Bator, die sich heute als
Vorhut des Westens aufspielen möchte, steht das Schicksal ihrer
Brüder jenseits der Grenze vor Augen. Mit bösen Ahnungen blik-
ken sie auf Hohot und die »Innere Mongolei«. Zähneknirschend
hatte Mao Zedong beim Abschluß seines Freundschaftsvertrages
mit Stalin die Unabhängigkeit der von der Sowjetunion bevor-
mundeten »Mongolischen Volksrepublik« konzediert, während
das Kuomintang-Regime von Taiwan diese »Äußere Mongolei«
auf ihren Landkarten weiterhin als integralen Bestandteil des
»Zhong Guo«, des Reichs der Mitte, darstellte. In dem ihr ver-
bliebenen Landesteil hat die Kommunistische Partei Chinas unter
Wahrung einer Fassade kultureller Eigenständigkeit eine konsequente Sinisierung betrieben. Von rund zwanzig Millionen Einwohnern des langgestreckten Territoriums der Inneren Mongolei
gehörten damals nur noch 1,7 Millionen dem Volk des Dschingis
Khan an. Die Dynamik der chinesischen Zuwanderungs- und
Siedlungspolitik dürfte auf lange Sicht ähnliche Proportionen zu-

gunsten der Han auch in den anderen Autonomen Regionen – zumal in Xinjiang und Tibet – bewirken.

Das traurige Schicksal ihres Volkes schien die mongolischen Funktionäre, die mich in die Steppe begleiteten, jedoch nicht sonderlich zu kümmern. Mit ihrer Reitkunst auf den kleinen, robusten Pferden, mit ihrer exzessiven Vorliebe für Alkohol erinnerten sie mich ein wenig an die Indianer Nordamerikas. Peking hatte zudem nach dem blinden Vandalismus der »Rotgardisten« viel Mühe auf die Restaurierung der buddhistischen Tempel und Lama-Klöster verwandt. Die Dazhao-Pagode war mit vergoldeten Hölzern, grellbunten Tankas und weißen Stupas in alter Pracht wiederhergestellt. Die tantrischen Darstellungen schreckerregender Dämonen verwiesen darauf, wie sehr diese Form des Mahayana-Buddhismus noch dem Schamanismus verhaftet war.

Mein interessantester Ausflug in der »blauen Stadt« Hohot galt der dortigen Freitagsmoschee, dem ehrwürdigsten muslimischen Gebetshaus der Inneren Mongolei. Das Gebäude ähnelte auf den ersten Blick einem konfuzianischen Tempel. Doch hoch auf dem Minarett, das im ostasiatischen Pagodenstil geschwungen und verschnörkelt war, thronte der Halbmond des Islam. Die Gründung dieses Gebetshauses ging auf die Mandschu-Dynastie zurück, die eine aktive Integration der muselmanischen Völker ihres Reiches betrieb. Wenn diese Unter- und Einordnung nicht gelang, war die Strafe fürchterlich. Durch das ganze 19. Jahrhundert zieht sich eine Serie von Massakern, die durch die sogenannten »Mohammedaner-Revolten« ausgelöst wurden. Es ging dabei weniger um die Niederwerfung der seit vielen Jahrhunderten zum Koran bekehrten Turkvölker – Uiguren und Kasachen im östlichen Turkestan –, sondern um die Domestizierung, manchmal auch um die Ausrottung jener chinesischen Muslime, die der Sprache und dem Typus nach reine Söhne der Han-Rasse waren. Diese »Hui«, wie sie genannt werden, bilden insbesondere in den Provinzen Gansu und Shaanxi starke Bevölkerungsgruppen. Millionen Anhänger des Propheten sind angeblich in Gansu bei der Niederschlagung ihres Aufstandes ermordet worden. In Ost-Turkestan, im heutigen Xinjiang sollen zwischen 1866 und 1874 zehn Millionen Korangläubige dem Vernichtungsfeldzug der Qing zum Opfer gefallen sein. Etwa zur gleichen Zeit wurde eine Million Hui im südlichen Yünnan abgeschlachtet.

Die Erweiterung und Dekoration der Freitagsmoschee von Hohot war vom Mandschu-Kaiser Qian Long im Jahr 1789 angeordnet worden. Ein Jahrhundert später proklamierte in Xinjiang der eifernde muslimische Kasachenführer Jakub Beg den Heiligen Krieg gegen die chinesische Fremdherrschaft. Die Uiguren und Kasachen riefen damals osmanische Offiziere zu Hilfe und unterstellten sich nominell dem Kalifen von Istanbul.

Etwa 40 000 Muselmanen leben in Hohot. Es gehört zu den Eigentümlichkeiten der Volksrepublik, daß sie die religiöse Minderheit der Hui, die ethnisch der Han-Rasse zuzurechnen ist, als getrennte Nationalität anerkennt. Den Hui in China wurde die Autonome Region Ningxia zugewiesen, in der Nachbarschaft der großen Hoang-Ho-Schleife des Ordos-Gebiets. Ningxia grenzt an jene Provinz Gansu, in der die Mandschu-Herrscher so gräßlich gewütet hatten. Insgesamt lebten um 1990 mindestens dreißig Millionen Hui – Sven Hedin nannte sie noch Dunganen – über ganz China verstreut. Neben den Moscheen wird ihre Präsenz durch die koranischen Restaurants signalisiert, als »mat'am« auf Arabisch ausgeschildert. Davon gibt es sogar eine beachtliche Zahl in Peking.

In Hohot traf es sich gut, daß wir die Moschee an einem Freitag aufsuchten. Eine Menge ernster und würdiger Männer versammelte sich hier. Die Älteren trugen einen schütteren Silberbart. Alle, auch die Kinder, unterschieden sich durch runde weiße Kappen von den Ungläubigen. Bevor sie das Innere des Gebetshauses betraten und sich in Richtung Mekka verneigten, setzten sich die Muslime von Hohot zusätzlich weiße Hauben auf, drollige Zipfelmützen, die speziell für den Kult gereinigt worden waren. Der Imam, der Vorbeter der Moschee, und seine engeren Mitarbeiter, die wohl über eine vertiefte Koran-Kenntnis verfügten, hatten einen weißen Turban um den grünen Fez gebunden. Es war eine eindrucksvolle, verschworen wirkende Gemeinde. Die Muselmanen genossen bei der übrigen Bevölkerung hohes Ansehen, waren wegen ihrer Tüchtigkeit und Ehrlichkeit geschätzt. Fern war offenbar die gnadenlose Verfolgung durch die

Kulturrevolution, als man diese frommen Männer der Inneren Mongolei zwingen wollte, Schweine zu züchten und Schweinefleisch zu essen. Im Verlauf dieser Gleichschaltungskampagne wurden etwa 10 000 Hui erschlagen.

Urumqi (Autonome Region Xinjiang), im Herbst 1995

Nach Abklingen der blutigen Exzesse der Kulturrevolution hatte Deng Xiaoping, der neue »Kleine Kaiser« des Himmlischen Reiches, den chinesischen Muslimen weitgehende Glaubens- und Kultfreiheit zugesagt unter der Voraussetzung, daß sich daraus keine politischen Folgen ergäben – keine einfache Angelegenheit für eine Religion, die keine Trennung zwischen Glauben und Staat zuläßt. Die Rechnung der neuen Pragmatiker im Zhongnanhai scheint dennoch aufgegangen zu sein. Die Welle des islamischen Fundamentalismus, die die sowjetische Okkupation Afghanistans auslöste und die dann auf diverse zentralasiatische Republiken und vor allem auf den Nordkaukasus übergriff, hat China nur am Rande gestreift.

In der äußersten »Neumark«, in der Provinz Xinjiang, die den Status einer »Autonomen Region der Uiguren und Kasachen« genießt, ist es zu religiös und ethnisch motivierten Ausschreitungen gegen die Gleichschaltung durch Peking gekommen. Unter den Mudschahidin, die im Afghanistan-Krieg gegen die Sowjetunion militärische Erfahrungen sammelten, befand sich auch eine beachtliche Anzahl junger Uiguren, die, in ihre Heimat zurückgekehrt, dort sogleich den Anspruch auf einen islamischen Gottesstaat durchzusetzen suchten. Doch die Uiguren und die Kasachen, die insgesamt nicht mehr als zehn Millionen Menschen zählen dürften, ertrinken buchstäblich im Ozean von mehr als einer Milliarde Han-Chinesen. Diese »Türken« werden unweigerlich zur schrumpfenden Minderheit.

Im russisch-chinesischen Verhältnis hatte Xinjiang eine bizarre Sonderstellung eingenommen. Es hätte nicht viel gefehlt, da wäre diese riesige Provinz ein Bestandteil der Sowjetunion oder zumindest ein Vasallenstaat des Kreml geworden wie die benachbarte Mongolische Volksrepublik. Von 1928 bis 1942 hatten hier die Kommissare der KPdSU das Sagen, und die Rote Armee war in den Weiten Chinesisch-Turkestans fest etabliert. Dem Überfall der deutschen Wehrmacht auf die Sowjetunion verdankt die Regierung von Peking, daß Xinjiang heute eindeutig als Bestandteil des Reiches der Mitte anerkannt ist. Unter dem Druck der deutschen Armeen, die damals vor Moskau standen und auf den Kaukasus vorrückten, hatte Marschall Stalin seine Garnisonen und auch die politische Infrastruktur seiner Kommunistischen Partei aus der »Neumark« abgezogen.

Im Laufe des Jahres 1942 wurde dieses Steppen- und Wüstengebiet der Kuomintang-Regierung Tschiang Kaischeks unterstellt, der vor den Japanern ins unzugängliche Yangtse-Becken von Szetschuan geflüchtet war. Präsident Roosevelt hatte wohl zusätzlich auf Stalin eingewirkt, dem chinesischen Generalissimus diesen Prestigegewinn einer territorialen Ausweitung zuzubilligen. In Wirklichkeit hat erst Mao Zedong die volle chinesische Souveränität über dieses Land am Ende der Welt wiederhergestellt. Er ließ sich den Besitz Xinjiangs durch Moskau bestätigen und schickte die Soldaten seiner 8. Feldarmee in diesen Leerraum mit der strikten Weisung, nicht nur die militärische Sicherung und staatliche Integration zu gewährleisten, sondern sich nach ihrer Abmusterung als Wehrbauern an Ort und Stelle niederzulassen und heimisch zu werden. Zudem wurde nach dem Scheitern der Proletarischen Kulturrevolution eine Vielzahl fanatischer Rotgardisten, die von den Nachfolgern Mao Zedongs als lästige Störenfriede empfunden wurden, zur Pionierarbeit in diese rauhe Gegend verschickt.

Von dem schwedischen Zentralasien-Forscher Sven Hedin, dessen Reiseberichte mir von meinem Vater schon als Knabe zur Lektüre empfohlen wurden, hatte mich vor allem das Buch »Die Flucht des Großen Pferdes« fasziniert. Darin schilderte der Augenzeuge Sven Hedin den islamischen Aufstand, den Heiligen Krieg, den die Muslime von Ost-Turkestan in den dreißiger Jahren gegen die Kuomintang-Republik Tschiang Kaischeks geführt hatten. An der Spitze dieses »Jihad« stand der junge General Ma

Zhongying, das »Große Pferd«, ein Dungane, der sein Hauptquartier in der Oase Turfan aufschlug. Von den vereinigten Streitkräften der Kuomintang und der Sowjets wurde General Ma besiegt, seine Kriegshaufen auseinandergetrieben oder exekutiert. Er selbst ist wohl auf Geheiß Stalins liquidiert worden. Ob sich die Erinnerung an das »Große Pferd« bei seinen Glaubensbrüdern von Xinjiang erhalten hat, habe ich bei meinen Recherchen in Urumqi und Kaschgar vergeblich zu erkunden gesucht. Vielleicht haben die uigurischen Nationalisten diesen Rebellen aus ihrem Gedächtnis verdrängt, weil Ma keiner der Ihren, sondern ein Han-Chinese, ein Hui muslimischen Glaubens war.

Sporadische Überfälle und Bombenanschläge uigurischer »Terroristen« haben in den vergangenen Jahren dazu beigetragen, daß Moskau und Peking sich in der Abwehr des islamistischen Extremismus zusammenschlossen und die Bekämpfung der religiösen Fanatiker zur vordringlichen Aufgabe der »Shanghai-Gruppe« in Zentralasien machten. Unterstützung fand diese Kooperation bei mehreren Staatschefs der aus der Sowjetunion hervorgegangenen muslimischen GUS-Republiken. Deren Präsidenten, fast ausnahmslos frühere Spitzenfunktionäre der KPdSU, tolerieren zwar gefügige Imamate, die die koranische Frömmigkeit der Gläubigen im Sinne strikter Unterwürfigkeit gegenüber der eigenen Regierungsgewalt ausrichten. Aber wie lange diese Zähmung und Manipulation andauern wird, ist höchst ungewiß. Jedenfalls läßt sich die mörderische Brutalität, mit der der usbekische Machthaber Karimow den Aufruhr der Ortschaft Andijan niedermetzeln ließ, nur mit der Furcht vor einem »fundamentalistischen« Durchbruch im Fergana-Tal erklären.

*

Der Wirtschaftsaufschwung in der Volksrepublik China vollziehe sich lediglich in ein paar weithin sichtbaren Küstenregionen, so vernimmt man es immer wieder in den westlichen Medien; in den unendlichen Weiten des Innern habe sich nicht das geringste verändert. Dort sei das Reich der Mitte weiterhin in Elend und Rückständigkeit erstarrt. Aus gutem Grund hatte ich mir als vornehmliches Reiseziel die westlichste Provinz Chinas, Xinjiang, früher schrieb man Sinkiang, ausgesucht. Deren Hauptstadt Urumqi, die die Chinesen Ulumuqi aussprechen, ist mehr als 2000 Kilometer vom Pazifischen Ozean entfernt. Von den fruchtbaren und industriell entwickelten Küstenprovinzen ist man hier durch endlose Wüsten und Steppen getrennt. »Neumark« heißt Xinjiang in der Übersetzung, und dem Dokumentarfilm, den ich im Jahr 1980 der damals noch weitgehend unbekannten Landschaft widmete, hatte ich den Titel »Chinas wilder Westen« gegeben.

Im Sommer 1980 war Urumqi ein grauenhafter Ort gewesen. Dort lebte etwa eine Million Menschen, aber das Meer von niedrigen, gedrängten Häusern, über denen die Fernsehantennen in den Himmel ragten, sah wie eine endlose Siedlung von Höhlenbewohnern aus. Immerhin war es bemerkenswert, daß die chinesischen Behörden unser Kamerateam beim Filmen dieser Misere in keiner Weise behinderten. Gewiß nahmen wir auch das überdimensionale Porträt Mao Zedongs am leeren Paradeplatz ins Visier, und das anachronistische Viergespann Marx, Engels, Lenin und Stalin, mit dem die offizielle Propaganda seit Zerschlagung der Viererbande und der Entmachtung der Mao-Witwe Jiang Qing nicht mehr viel anzufangen wußte. Doch wir konnten nach Belieben die Linse auf die niedrigen Hütten der Industriearbeiter richten, die gegen die eisigen Winterstürme mit einer dicken Lehmschicht bedeckt waren und ihre Bewohner zur Existenz von Troglodyten verdammten. Bei unserer Suche nach muslimischen Gebetshäusern stießen wir auf die Verwüstungsspuren der Rotgardisten.

Nach meiner Rückkehr nach Deutschland wurde ich vom damaligen Militärattaché der Chinesischen Botschaft in Bad Godesberg auf die Dokumentation über Xinjiang, die er im ZDF gesehen hatte, in unerwarteter Weise angesprochen. »Wir müssen Ihnen dankbar sein«, sagte der Groß-Oberst, »daß Sie ein ungeschminktes Bild von den unerträglichen Zuständen in dieser Randprovinz entworfen haben. Ich selbst wußte ja gar nicht, daß es solche Armut und solche Primitivität bei uns noch gibt. Mit Ihrem Film tragen Sie verdienstvoll dazu bei, für eine baldige Besserung dieser Verhältnisse zu sorgen.«

Die Volksrepublik China hat Wort gehalten. Im Sommer 1995 bin ich wieder nach Xinjiang aufgebrochen. Aus dem riesigen Elendsquartier, aus der asiatischen Slum-Metropole Urumqi ist binnen fünfzehn Jahren eine saubere und hochmoderne Stadt mit 1,5 Millionen Menschen geworden. Untergebracht waren wir dieses Mal in dem luxuriösen Holiday Inn von Urumqi, das über Kommunikations- und Computer-Einrichtungen verfügte. Auf dem »Roten Hügel« war die brüchige Manara Humra restauriert worden. Rund um diese Mandschu-Pagode war ein prächtiger Freizeitpark angelegt. Eine Seilbahn brachte uns nach oben. Zu unseren Füßen erstreckte sich jetzt eine moderne Industriestadt, deren gepflegte Wohnviertel sich wohltuend von der Plattenbau-Misere der früheren Sowjetunion unterschieden. Vierspurige Asphaltverbindungen erleichterten den Autoverkehr, der beachtliche Ausmaße angenommen hatte. Die Warenhäuser quollen über vom vielfältigen Angebot. Die Menschen sahen wohlgenährt und gut gekleidet aus.

Die Sinisierung hatte sich indessen durchgesetzt. Das Nationalitätenthema war keineswegs tabu. Offenbar war aus Peking die Weisung an die örtlichen Funktionäre ergangen, mir keine Potemkinschen Dörfer vorzuspiegeln und mich nicht mit falschen Zahlen zu füttern. Die Han-Chinesen bildeten nunmehr achtzig Prozent der Einwohnerschaft von Urumqi. Die Uiguren machten nur noch zehn Prozent aus. Im Herzen der Stadt – nahe der zentralen Provinzverwaltung – hatte seit meinem letzten Besuch eine neu aufgebaute, prächtig geschmückte »Dschami« ihre Tätigkeit aufgenommen und versammelte junge Türken mit weißen Kalotten zum Gebet. Die Behörden konnten es sich leisten, angesichts der erdrückenden Überzahl der eigenen Zuwanderer eine gewisse Toleranz für die muslimische Minderheit walten zu lassen.

Meine Gespräche mit den Behördenvertretern waren meist von üppigen Mahlzeiten begleitet. »Wir machen uns keine Illusionen«, sagte mir ein hoher Provinzbeamter. »Das Problem der islamischen Wiedergeburt, die wir natürlich auch in dieser Region – vor allem bei den Uiguren – verspüren, wird sich nicht durch wirtschaftliche Fortschritte beheben lassen. So marxistisch denken wir heute nicht mehr. Es hat auch diverse Versuche gegeben, die hiesigen Muslime gegen die Pekinger Führung aufzustacheln. Ja, es sind uigurische Partisanen und Saboteure in Afghanistan ausgebildet worden. Zusätzlich sickerten über Pakistan arabische Prediger ein. Von Kasachstan und der Türkei ging politisch-religiöse Aufwiegelung aus. Wenn Sie demnächst nach Kaschgar im Süden weiterreisen, wo die Uiguren noch mehr als achtzig Prozent der Bevölkerung ausmachen, werden Sie diese Spannungen deutlich spüren. Seit den abscheulichen Exzessen der Kulturrevolution gewähren wir unseren Nationalitäten weitgehendes kulturelles Eigenleben, ja ein gewisses Maß an Selbstverwaltung. Sezessionsbestrebungen hingegen werden wir nicht dulden. Sie haben Asien oft und intensiv genug bereist, um nicht auf jene oberflächliche Parallele hereinzufallen, die zwischen der ehemaligen Sowjetunion und unserer Volksrepublik immer wieder angestellt wird.«

*

In Kaschgar war die Zeit stehengeblieben, ja es haftete dieser Verkehrsgabelung im Südwesten Xinjiangs etwas Museales an. Trotz seiner hohen Zimmerpreise war das »Seman«-Hotel sehenswert. Es war nämlich auf dem Gelände des ehemaligen russischen Konsulats erbaut. Die Kanzlei- und Wohngebäude aus der Zarenzeit waren unverändert. Sogar das Mobiliar der Residenz war in einer Mischung aus Pseudo-Empire und Jugendstil bis ins letzte Detail erhalten. Frau Yang Li, die uns seit Peking freundlich begleitete, hatte mich gleich zu dem Pavillon geführt, wo einst der Repräsentant des Zaren, dann der Bevollmächtigte der Sowjetmacht übernachteten. Da waren noch das Messingbett mit geblümtem Plumeau sowie alle möglichen Zutaten einer bürgerlich-altmodischen Welt übriggeblieben, die Nippes-Figuren und falschen Sèvres-Vasen, die auch die Bolschewiki nach ihrer Machtübernahme nicht antasteten. An der Wand hing ein riesiger klassizistischer Schinken, gemalt von einem gewissen Charles-André Vanlos. Irgendeine Heldentat der Antike – ich glaubte Herkules und dann den Minotaurus zu erkennen – war dort abgebildet.

Das also war das Zentrum der Verschwörung, die geheime Koordinationsstelle, die den britischen Vizekönig von Indien zu ständiger Wachsamkeit zwang. Nach der Oktoberrevolution hatten sich hier die grobschlächtigen Kommissare der Komintern installiert und mit Hilfe ihrer hochspezialisierten Berater Chinesisch-Turkestan vorübergehend unter den Einfluß Moskaus gebracht. Erst Mao Zedong, der nach seinem Bruch mit den Russen keinen Spaß verstand, hatte das Intrigennest im Jahre 1965 schließen lassen und die letzten Agenten Moskaus des Landes verwiesen.

Im Oktober 1995 hatte Kaschgar seinen orientalisch-türkischen Charakter sowie eine schäbige Exotik bewahrt. Die Bevölkerung in dem Grenzdistrikt war zu fast neunzig Prozent uigurisch und muslimisch. Die religiöse Rückwendung gewann – laut Aussage chinesischer Gewährsleute – zunehmend an Gewicht. Die »Große Kulturrevolution« hatte zwischen den Völkerschaften tiefe Ressentiments aufgerissen. So wurde das berühmteste Heiligtum von Kaschgar, die Grab-Moschee des Korangelehrten und Dichters Yusup Khass Hajib, von den entfesselten Maoisten dem Erdboden gleichgemacht.

Als zentrales religiöses Zentrum fungierte weiterhin die Id-Kah-Freitagsmoschee, die den alten Basar beherrscht. Ihr Gemäuer soll auf das Jahr 1442 zurückgehen. Sie glich den ländlichen usbekischen Gebetshäusern im Umkreis von Samarkand. Die Versammlungshalle wurde von geschnitzten grünen Holzpfosten getragen, die Gebetsnische war schmucklos und die Kanzel bunt bemalt. Bemerkenswert war der riesige Garten, wo sich – durch hohe Mauern geschützt – 20 000 Gläubige zum Gebet versammeln konnten.

In den uigurisch-islamischen Vierteln kapselte sich Kaschgar von den fremden, sie stets bevormundenden Eindringlingen aus dem gelben Osten ab. Es lag sogar Spannung in der Luft. Die Rückständigkeit dieser Stadt, ihre unzureichende Ausrichtung auf die von Deng Xiaoping verordneten Modernisierungen, wurde nicht kaschiert. Aber man spürte bei den Einheimischen eine latente Feindseligkeit, und unsere chinesischen Betreuer schienen ernsthaft um unsere Sicherheit besorgt zu sein. Die Rückkehr zur koranischen Frömmigkeit äußerte sich auf besonders betrübliche Weise. Viele Frauen gingen verschleiert unter groben, rot-braunen Wolltüchern, die sie sich über den Kopf stülpten und die das Gesicht total verdeckten. Da waren selbst die schwarzen Rabengewänder von Teheran erträglicher.

Zum Freitagsgebet waren mindestens 3000 Männer, ausschließlich Uiguren, in die Id-Kah-Moschee gekommen. Sie bildeten strikt ausgerichtete Karrees. Die Frauen, durch das häßliche Wolltuch vermummt, hielten sich abseits. Dies war nicht nur eine Kundgebung religiöser Treue, sondern auch des politischen Protestes.

Wie das meine Gewohnheit ist, wenn ich einen neuen Bereich des Dar-ul-Islam betrete, mischte ich mich unter die Gläubigen. Man hielt mich wohl für einen Türken und machte mir in einem vorderen »Soff« bereitwillig Platz. Ein junger Mann mit blonden Haaren und blauen Augen nahm sich meiner freundlich an. Er sprach ein leidliches Hocharabisch und gab sich als »Talib«, als Koranstudent, zu erkennen. Trotz seines »nordischen« Aussehens war er reiner Uigure. Das Ritual nahm seinen gewohnten Gang. Beter aller Altersklassen waren hier vertreten. Die meisten von ihnen lebten in sehr ärmlichen Verhältnissen. Die Socken in der Reihe, die vor mir die Verbeugungen nach Mekka vollzog, waren zerrissen. Von der Menge ging ein penetranter Schweißgeruch aus. Selbst der Gebetsteppich stank ranzig.

In dieser Gemeinschaft fühlte ich mich geborgen und sicher wie in Abrahams Schoß. Aber meine chinesischen Begleiter, die mich aus den Augen verloren hatten, waren inzwischen in Panik geraten. Während ich nach der Predigt und dem letzten Abschiedsgruß mit dem »Talib« über ein vertrauliches Treffen diskutierte, wurde ich in ein Verwaltungsgebäude der Islamischen Direktion abgedrängt, die offenbar eine Überwachungsfunktion ausübte. Mein Gesprächspartner war jetzt ein unsympathischer Uigure mittleren Alters, der sich – ebenfalls des Arabischen halbwegs kundig – als »mas'ul siassi«, als »politisch Verantwortlicher« der Chinesisch-Islamischen Vereinigung von Kaschgar vorstellte. Die Spitzelatmosphäre dieser Scheinorganisation kam mir bekannt vor. Der »mas'ul«, sekundiert von einem rüpelhaften jüngeren Amtskollegen, versicherte mir, daß in Xinjiang 13 000 Imame unbehindert tätig seien, daß allein aus dem Bezirk Kaschgar jedes Jahr 200 bis 300 Gläubige nach Mekka pilgerten. Seit Beginn der Reformpolitik werde dem Andrang zum Studium Islamischer Wissenschaft kein Einhalt mehr boten.

Der Kontakt zu den jungen und wie mir schien aufsässigen Religionsschülern war abgebrochen. Stattdessen wurde mir nun der Haupt-Imam Abudu Rixiti Kaziaj, wenn ich mir den chinesisch verzerrten Namen richtig gemerkt habe, präsentiert. Der würdige Greis, dessen Turban ebenso weiß war wie sein schütterer Bart, war sicher ein redlicher Diener Allahs. Aber sein Einfluß war gering. Zum Tee wurden uns zuckersüße Trauben aus Turfan serviert.

Nun lag es nahe, die kraftvollen Kundgebungen des Glaubens in Xinjiang, auch wenn sie politischer Gängelung unterlagen, in jenes große revolutionäre Aufbegehren einzuordnen, das sich in sehr unterschiedlichen Formen der gesamten »Umma« von Marokko bis Indonesien bemächtigt hat. In Chinesisch-Turkestan war dennoch alles ganz anders. Was wäre schon die Islamische Revolution, wohin käme die Idee vom koranischen Gottesstaat, wenn diese Bewegung nicht durch die explosiv anwachsende Bevölkerungszahl der Mohammedaner zwischen Maghreb und Zentralasien potenziert würde? Die Demographie war der wirksamste und unentbehrliche Weggefährte der religiösen Wiedergeburt.

Ohne die angestaute Verbitterung jener Masse von halbwüchsigen, verzweifelten jungen Männern, die die Mißwirtschaft der eigenen Militärregime und Potentaten nicht länger dulden, die sich von den »christlichen« Hegemonialmächten nicht mehr gängeln lassen wollten, wäre der islamische Integrismus ein interessantes Phänomen theokratischer Schwärmerei, eine der zahlreichen Formen des Sektierertums, das weltweit, auch im christlichen Umfeld, um sich greift. Erst die rasante Bevölkerungsvermehrung – die Verdreifachung der Zahl der Muslime innerhalb der letzten fünfzig Jahre –, gekoppelt mit der Suche nach den unverfälschten Ursprüngen der Religion, hat dem Islamismus zu jener Brisanz verholfen, die die Russische Föderation und den von Amerika geführten Westen in Angst versetzt.

Der Fluch von Tian An Men

Dieses Mal habe ich gar nicht versucht, bis zum einbalsamierten Leichnam Mao Zedongs vorzudringen. Es hat der Mumie kein zusätzliches Prestige eingebracht, mitten auf dem Platz des Himmlischen Friedens in einem ziemlich mißlungenen Leichentempel ausgestellt zu sein. War es wirklich der letzte Wille dieses Titanen gewesen, zu Füßen einer von ihm gestalteten Kalligraphie mit rot geschminkten Bäckchen, eine rote Seidendecke über den Beinen, wie ein fernöstliches Schneewittchen exponiert zu sein? Mao Zedong, der zu Lebzeiten über seinen Tod zu sagen pflegte »Wenn ich zu Karl Marx gehe« – was eine bemerkenswerte ironische Distanzierung von der eigenen Ideologie andeutete –, hätte eine würdigere Grabstätte verdient. Es ist dem »roten Kaiser« nicht einmal vergönnt, wie das dem Kodex des Konfuzius eigentlich entspräche, das Antlitz nach Süden zu richten und die Kräfte des Yang auf sich einwirken zu lassen. Stattdessen scheint er nach Norden zu blicken, auf jenen »Kohlehügel« jenseits der »Verbotenen Stadt«, wo der letzte, kläglich degenerierte Ming-Kaiser sich mit einer seidenen Kordel erhängte, bevor die Mandschu-Eroberer sich des Drachenthrons bemächtigten.

Im Westen ist gegen den Vater der chinesischen Revolution eine posthume Kampagne – dreißig Jahre nach seinem Ableben – entfacht worden, die ihm alle nur denkbaren Greueltaten und Laster der Menschheit zuschreibt. Im Grunde sind in diesen polemischen Anklagen keine neuen Fakten enthalten, die einem sorgfältigen Beobachter bislang entgangen wären. Daß der »große Sprung nach vorn« ein entsetzlicher Fehlschlag war, daß dieser kollektivistische Wahn etwa zwanzig Millionen Menschen das Leben kostete, war ebenso bekannt wie die Exzesse der »Großen Kulturrevolution«, die unschätzbare Kulturgüter zerstörte und ungefähr fünf Millionen Tote hinterließ. Ob diese »Enthüllungen« – auch über die sexuellen Ausschweifungen des greisen kommunistischen Herrschers – jenen Desinformations- und »Intoxikations«-Fabriken entstammen, deren bekannteste sich bei Fayetteville in North Carolina die Irreführung von Freund und Feind zum Ziel gesetzt hat, läßt sich nicht nachprüfen.

Tatsache ist, daß sich der sensationelle Aufstieg Chinas zur Weltmacht fern von jenen freiheitlichen Idealvorstellungen vollzieht, an die die westliche Welt noch zu glauben vorgibt. Diejenigen, die den chinesischen Managern und Funktionären eine Bekehrung zum Kapitalismus unterstellen, haben von der profunden Natur des Reichs der Mitte wenig begriffen. In Peking hat sich erwiesen, daß der wirtschaftliche Fortschritt, die technologische Innovation und auf Dauer auch der Wohlstand der Massen in einer disziplinierten, autoritätsorientierten Staatsform offenbar besser gedeihen als in den Schablonen einer fremdartigen, den globalen Finanzinteressen unterworfenen »Demokratie«. Allzuoft wird auch vergessen, daß im alten Hellas, von wo ja der Ausdruck stammt, das Wort »Demokratie« keinen positiven Zustand der Gesellschaft beschrieb.

Seltsam berührt die Gleichgültigkeit, mit der die meisten Chinesen auf das strenge, ja fürchterliche Regime des »Großen Steuermanns« zurückblicken. Das mag teilweise daran liegen, daß trotz der offiziellen »Einkind«-Richtlinie, die an die Familien erging, der Bevölkerungsanteil der Jugendlichen – im Gegensatz zu Europa oder Japan – noch dreißig Jahre lang sehr stark sein wird. Umfragen haben ergeben, daß sechzig bis siebzig Prozent ein »insgesamt positives« Urteil über Mao abgeben. Der kühle Pragmatismus dieses zutiefst skeptischen Volkes läßt sogar das Mao-Büchlein wieder zu Ehren kommen, das einst die Bibel der Rotgardisten war. Andererseits werden in naiven Darstellungen die Todfeinde von einst in trügerischer Brüderlichkeit abgebildet. Sogar Liu Shaoqi ist wieder zu Ehren gekommen, jener altgediente Revolutionär, der nach der Kampagne der »zehntausend Blumen« als »chinesischer Chruschtschow« geächtet wurde.

Das unschätzbare Glück Chinas bestand wohl darin, daß nach dem Chaos, das der große Despot mit seiner Kulturrevolution angerichtet hatte und mit dem Aufruf an die fanatisierte Jugend, sie solle das »Hauptquartier« der eigenen Partei bombardieren, der hochbegabte Politiker und Stratege Deng Xiaoping das Ruder des Staates an sich riß. Dieser zwergenhaft gewachsene Veteran des »Langen Marsches« – ich habe ihn einmal in einem erheiternden körperlichen Kontrast neben Helmut Kohl auftreten sehen – hatte begriffen, daß eine sorgsam gesteuerte Öffnung zur Marktwirtschaft und zu den »vier Modernisierungen« nur reüssieren konnte, wenn die Kommandostrukturen der Einheitspartei als mächtiges Regulativ erhalten blieben. Daß in den höchsten Gremien des Zhongnanhai die Flügelkämpfe und Palastintrigen mindestens ebenso erbittert ausgetragen werden wie in den Treibhäusern westlicher Parlamente, scheint den wenigsten China-Kritikern bewußt zu sein. Der Gipfel dümmlicher Anmaßung ist erreicht, wenn Angehörige deutscher Splitterparteien, deren Regierungen mit wachsender Mühe der Verwaltung von achtzig Millionen Staatsbürgern gerecht werden, einem riesigen Imperium Vorschriften und Vorwürfe machen, dem das Wohl von 1,3 Milliarden Menschen anvertraut ist und dem es gelang, deren erbärmliches Existenzniveau deutlich anzuheben.

Zwischen Rußland und China bestand ein Grund zu ständiger Irritation, solange das Bekenntnis dieser beiden Kolosse zu einer gemeinsamen, sehr unterschiedlich interpretierten Ideologie andauerte. Bis zum Erlöschen des Marxismus-Leninismus in der Sowjetunion lieferte das maoistische Experiment, das von Moskau als quasi-religiöses Schisma empfunden wurde, permanenten Anlaß für unterschwelliges Mißtrauen und gelegentliches »Anathema«. Aber Moskau hat inzwischen zur christlichen Orthodoxie als Staatsdoktrin zurückgefunden, während der chinesische Kommunismus – bei oberflächlicher Betrachtung – den Weg des Kapitalismus einschlug, ganz instinktiv zur eingefleischten Sittenlehre des Konfuzius zurückfand oder einem neuentdeckten Hedonismus westlicher Prägung zu frönen schien.

*

362

Ich komme nicht umhin, die Studentenrevolte am Platz des Himmlischen Friedens von Peking zu erwähnen, die im Frühjahr 1989 die Volksrepublik China aus den Angeln zu heben drohte. Nach der Niederschlagung dieser Revolte durch die Volksbefreiungsarmee war ich in Eile nach Peking gereist. Bis zum heutigen Tag wird den Machthabern Chinas das Massaker am Tian An Men als grauenvolle Schandtat vorgehalten. 900 Menschen sind laut »Amnesty International«, das in diesem Fall bestimmt nicht zur Untertreibung neigt, im ganzen Land ums Leben gekommen, für China – so zynisch das klingt – eine relativ geringe Zahl. Die genauen Umstände dieser Tragödie wurden nur oberflächlich untersucht. Die systematische Verunglimpfung, der sich die kommunistische Führung – unter welchem Generalsekretär auch immer – in den westlichen Medien seitdem ausgesetzt sieht, hat Methode. Die Toten am Tian An Men waren ein willkommenes Argument, um ein Regime zu diskreditieren, das sich den politischen Vorstellungen des Westens verweigerte und sich im Gegensatz zur Sowjetunion Gorbatschows und Jelzins auf eigene Kraft und eigene Überlieferung stützte.

Unser Kameramann Gerd, der in jenen Tagen eher zufällig in Peking weilte, nachdem er einen Kulturfilm über Xian abgedreht hatte, hat mir die unglaubliche Atmosphäre dieser Konfusion sehr plastisch geschildert, als die geballte Menge alles blockierte, die quergestellten Autobusse das Vorrücken des Heeres verhinderten. Gestikulierende Gruppen von Jugendlichen hielten die Armee-Lastwagen an, die mit unbewaffneten Rekruten gefüllt waren, drehten sie in die entgegengesetzte Fahrtrichtung um und schoben sie auf den Stadtrand zu. Dabei ging es zunächst wie bei einer Kirmes zu. Doch aus den erstarrten Gesichtern der Soldaten sprach nackte Angst. Das seltsame Zögern der Truppe, ihre anfängliche Wehrlosigkeit, die die Wut der Soldaten entfachen mußte, dieses hilflose Zuwarten, das man bereits mit dem Verhalten einer Schildkröte verglich, die auf dem Rücken liegt, stellte – von seiten der Kommandeure, die in der Lehre des Strategen Sunzi erzogen waren – vielleicht die subtilste Form der Provokation, die raffinierteste Täuschung des allzu selbstbewußten Gegners dar.

Die Armeeführung, so spekulierten in jenen dramatischen Stunden die Studenten und Journalisten, sei zutiefst gespalten. Im Gegensatz zu den Soldaten der 27. Armee, die zum Zerschlagen der Studentenrevolte entschlossen schienen, lehne die 38. Armee, die am Rande der Hauptstadt in Bereitschaft stand, jede Gewaltaktion gegen die Bevölkerung ab, würde eher meutern, als auf das Volk zu schießen. Klammheimlich hofften die Sympathisanten der Demokratie-Bewegung auf eine Selbstzerfleischung der Streitkräfte, ungeachtet der Tatsache, daß sich am Ende ein Bürgerkrieg unabsehbaren Ausmaßes abgezeichnet hätte. Die alten Dämonen Chinas waren auf dem Sprung.

Ein vielzitiertes Sprichwort aus den Zeiten der Tang-Dynastie besagt: »Du mußt ein Huhn töten, um eine Herde Affen zu verscheuchen.« Die Dinosaurier der Partei waren keine Pazifisten und auch keine Philanthropen. Sie waren in jungen Jahren dem Tod mehrfach um Haaresbreite entronnen und bei der Beseitigung ihrer Gegner – Japaner, Kuomintang-Führer, Verräter in den eigenen Reihen – oft im Blut gewatet. Jetzt ging es ihnen nicht nur um die Erhaltung ihrer gutdotierten Einflußposten an der Spitze des Staates. Sie weigerten sich auch, die egalitären sozialistischen Überzeugungen über Bord zu werfen, die sie ihr ganzes Leben begleitet hatten. Sie lehnten es kategorisch ab, einem aus Amerika importierten bürgerlichen Liberalismus zu huldigen, der ihrem intimsten Credo Hohn sprach. Sollten denn alle Opfer, alles Leiden umsonst gewesen sein? Hatten sie alles falsch gemacht? Dieser Gedanke war unerträglich.

Gewiß entfaltete sich an der Spitze des Staates auch die ererbte Arroganz des Mandarinats. Die jungen Leute wurden an jenen buddhistischen Mönch und Ratgeber des Kaisers Yong Le im 15. Jahrhundert erinnert, der dem Aufbegehren der Masse mit dem Anspruch begegnete: »Ich kenne den Wunsch des Himmels, wozu die Meinung der Menschen diskutieren?«

Deng Xiaoping muß tiefen Widerwillen empfunden haben angesichts der Ausgelassenheit der jugendlichen Aufrührer. Ihm waren noch die Schreckensszenen aus dem Jahr 1966 gegenwärtig, als Mao Zedong den schäumenden Rotgardisten die Weisung gab, die Hetzjagd auf jene hohen Funktionäre zu beginnen, die ihn vorübergehend entmachtet hatten. In den Monaten der hemmungslosen Entfesselung des Hasses und der Wut war Deng Xiaoping wie ein Geächteter unter der spitzen Schandkappe durch die Straßen getrieben, beschimpft und bespuckt worden. Sein Bruder beging Selbstmord, um dieser Quälerei zu entgehen. Der Sohn Dengs wurde so brutal zusammengeschlagen, daß er querschnittsgelähmt blieb. Mag sein, daß in den verheißungsvollen Tagen des Mai und Juni 1989 auf dem Tian An Men eine solche Entwicklung zur Gewalttätigkeit, ein solch terroristisches Ausarten unvorstellbar waren. Im Gegensatz zur Tollwut der Rotgardisten war hier der edle Ruf nach Freiheit und Demokratie aufgebrandet. Aber auch die Rotgardisten waren zutiefst davon durchdrungen gewesen, daß sie einem großen, einem glorreichen Ziel dienten, daß die Gesellschaft Chinas extrem erneuerungsbedürftig war, daß lediglich die »Rinder-Teufel und Schlangen-Geister« der Reaktion, wie Mao Zedong sie nannte, ausgetrieben, gewissermaßen exorziert werden mußten.

Die Studenten von Peking waren um Widersprüche nicht verlegen. Ihr Kampflied war die Internationale, die verstaubte Hymne des proletarischen Aufbruchs. Sie traten unter roten Fahnen an wie ihre Vorläufer der Kulturrevolution. Oft hefteten sie sich als Zeichen des Protestes sogar Medaillen mit der Abbildung Mao Zedongs an den Hemdkragen, obwohl sie den Vorstellungen des »Großen Steuermanns« mit größter Distanz hätten begegnen müssen. In Wirklichkeit schwärmten diese jungen Menschen, die des Marxismus-Leninismus, aber auch der Mao-Zedong-Gedanken überdrüssig waren, von einer Konsumgesellschaft amerikanischen Zuschnitts. Sie hatten mit Begeisterung auf das Perestroika-Experiment Gorbatschows geblickt und wollten nicht wahrhaben, daß diese Umstrukturierung der Sowjetunion zwar eine begrenzte politische Liberalisierung, aber vor allem eine heillose Verschlechterung der ohnehin dürftigen Lebensbedingungen bewirkte.

Die Krise steuerte bereits einem Höhepunkt zu, als Michail Gorbatschow am 15. Mai 1989 in Peking eintraf. Die Staatsvisite war als Krönung des Lebenswerkes des Genossen Deng Xiaoping gedacht. Es hieß sogar, daß er nach diesem Triumph der chinesischen Diplomatie, die nun in Äquidistanz zwischen Washington und Moskau fest etabliert war und die Volksrepublik zum unverzichtbaren Sicherheitspartner beider Supermächte erhob, vom öffentlichen Leben Abschied nehmen wollte. Aus chinesischer Sicht war die großangekündigte Reise des Kreml-Chefs ein Akt der Wiedergutmachung nach siebzehnjähriger Unterbrechung jeden Gipfelkontaktes. Der rote Zar kam in die »Verbotene Stadt«, um einen symbolischen Kotau zu vollziehen. Er trat in mancher Hinsicht einen Canossa-Gang an, denn die Sowjetunion hatte die drei Bedingungen, die das Reich der Mitte als Voraussetzung jeder Normalisierung und Annäherung formuliert hatte, weitgehend erfüllt. Der Kreml war der Forderung Pekings nachgekommen, seine an den Grenzen Sibiriens und der Fernost-Provinz stationierten Divisionen drastisch zu reduzieren. Die Mongolische Volksrepublik war von der Roten Armee fast völlig geräumt. Auch aus Afghanistan hatten die Russen sich zurückgezogen, was einem anderen Petitum Pekings entsprach. Schließlich hatte der Kreml sich dem internationalen Druck auf Vietnam angeschlossen und den Erben Ho Tschi Minhs dringend geraten, ihre Divisionen aus Kambodscha herauszunehmen.

Nicht ganz ohne Grund mögen die Verfechter des harten Kurses im Zhongnanhai geargwöhnt haben, daß die Studentenbewegung – als sie Michail Gorbatschow zur Leitfigur demokratischer Liberalisierung und internationaler Öffnung stilisierte – das rote Gipfeltreffen von Peking zu einer gewaltigen Provokation nutzen wollte. Deng Xiaoping hatte am 15. Mai, dem Tag der Landung Gorbatschows in Peking, auf unerträgliche Weise das Gesicht verloren. Der Eingang zur Großen Halle des Volkes war durch Zehntausende von Demonstranten versperrt, und so mußte der russische Gast durch eine Hintertür eingeschleust werden. Der Kreml-Chef war auf Grund des allgemeinen Tumultes nicht einmal in der Lage, einen Kranz am Ehrenmal der Helden der Revolution niederzulegen. Sein offizielles Besuchsprogramm mußte ständig modifiziert werden, weil die Behörden jede Kontrolle über das Zentrum der eigenen Hauptstadt verloren hatten. Der heißersehnte Triumph Dengs über die Moskauer Rivalen wurde zur schändlichen Demütigung.

In der letzten Phase der Auseinandersetzung hatten die Studenten eine Nachbildung der amerikanischen Freiheitsstatue vor dem Tor des Himmlischen Friedens aufgerichtet. Diese Göttin der Demokratie war kein gelungenes Kunstwerk, aber eine gewaltige Symbolik ging von ihr aus. Sie ragte präzis an jener Stelle empor, wo einst die Konterfeis der legendären Gründerväter aufgestellt waren: Marx und Engels, Lenin und Stalin. Es schien sogar, als verdecke die Freiheitsstatue das Bildnis Mao Zedongs über dem Eingang zur »Verbotenen Stadt«. Hier wurde der Kern dieser stürmischen Bewegung deutlich, die – von der akademischen Jugend angefacht – auf breite Kreise des Volkes übergegriffen hatte. Es war das Bekenntnis zu einer Freiheit westlichen Zuschnitts, eine Huldigung an die amerikanische Form der Demokratie und mehr noch an den »american way of life«.

Das internationale Pressecorps hatte sich in seiner überwältigenden Mehrheit mit der Studenten- und Jugendbewegung inbrünstig solidarisiert. Das waren keine Beobachter mehr, sondern engagierte Mitwirkende und Komplizen. Die Amerikaner fortgeschrittenen Alters erinnerten sich an ihre Sit-ins in den Universitäten Kaliforniens gegen den »Quagmire« von Vietnam. Die Europäer übertrugen ihre Begeisterung für Basisdemokratie, hemmungslose Libertäten und die Universalität der Menschenrechte auf diese bei aller Hektik liebenswerte Veranstaltung am Tian An Men, wenn auch die theatralischen Gefühlsausbrüche mancher Demonstranten gelegentlich den großen Auftritten einer Peking-Oper glichen. Fast alle Korrespondenten in der chinesischen Hauptstadt, die spontan und verdienstvoll die Partei der Aufbegehrenden ergriffen, hatten sich sehr weit aus dem Fenster gelehnt, als sie den Sieg der Revolutionsbewegung schon als unaufhaltbar schilderten und die repressive Reaktionsfähigkeit der bösen alten Männer im Politbüro unterschätzten. Nun saßen sie verbittert vor den Fax-Kopien ihrer Fehlprognosen und würden den hohen Apparatschiks im Umkreis Deng Xiaopings das eigene Fehlurteil niemals verzeihen.

*

»... ein Bilderstürmer bin ich ja auch«

In Europa mögen sich gewisse Salonrevolutionäre, die früher einmal der maoistischen Verblendung auf groteske Weise erlegen waren, weiterhin über die Greuel der Repression von 1989 entsetzen und bedauern, daß Peking sich nicht auf die abschüssige Bahn einer chinesischen Perestroika begeben hat. Hatte nicht Hans Magnus Enzensberger Michail Gorbatschow als »Helden des Rückzugs« gefeiert? Aber dieser hochbegabte Literat hatte ja auch Saddam Hussein mit Hitler verglichen.

Im Dunst des roten Wüstensandes aus der Mongolei ballen sich die klotzigen und aufwendigen Neubauten der Kaiserstadt zu gigantischen Burgen. In ihrem Schatten scheint sogar die grandiose Anlage der »Verbotenen Stadt« auf ein relativ bescheidenes Maß zu schrumpfen. Bis zum Austragen der Olympischen Spiele dürfte die Megapolis vollends der Gigantomanie verfallen sein. Die grauen Gassen mit den anmutigen »Hutong« sind selten geworden. Aber dort offenbart sich die eigenartige Fähigkeit der »Söhne des Himmels«, die Exzesse ihrer Tyrannen aus dem eigenen Gedächtnis zu verbannen. Mao Zedong stehe heute für »Kult, Pop und Kitsch«, hat ein kluger Analytiker geschrieben. Das äußert sich auf amüsante Weise, wenn in einer alten, bescheidenen Mandarin-Residenz der Innenstadt ein Restaurant bemüht ist, die Atmosphäre der Kulturrevolution wie eine Theateraufführung aufleben zu lassen. Die Innenwände sind mit kämpferischen Plakaten und mit Verherrlichungen des »Großen Steuermannes« beklebt. Die artigen Serviererinnen tragen die Uniform der Rotgardisten. Aus dem Lautsprecher tönen revolutionäre Chöre. Seltsamerweise ist nur die schöne Hymne »Der Osten ist rot« nirgendwo mehr zu finden. Das Essen in dieser Gaststätte ist übrigens vorzüglich und die Preise gesalzen.

Zu welch ironischer Distanzierung die junge Generation auch gegenüber den kolonialen Demütigungen der europäischen Mächte fähig ist, fiel mir an anderer Stelle auf. Über lange Jahrzehnte hinweg war die Rikscha von den roten Propagandisten als Symbol der Ausbeutung und der Erniedrigung der arbeitenden

Klasse bezeichnet worden. Sehr zu Unrecht, denn dieses Fahrzeug ist so alt wie die chinesische Geschichte. Aber vor einem der luxuriösesten Einkaufszentren Pekings, das wie eine Kathedrale des Konsums aufragt, ist ein lebensgroßer Rikscha-Kuli aus Bronze, ein ausgemergelter, halbverhungerter Greis, in den Seilen seines Karrens als menschliches Zugvieh dargestellt. Daneben stehen wohlgelaunte und modisch gekleidete junge Chinesen Schlange, um auf der Sitzbank Platz zu nehmen und sich in dieser Position fotografieren zu lassen.

Erhebt sich die Volksrepublik dank einer kollektiven Amnesie über die Exzesse, die Leiden und Entbehrungen einer Vergangenheit, die gar nicht so fern ist? Ich entsinne mich noch sehr wohl an das bizarre Spektakel, das mir 1972 in Shanghai geboten wurde. Die Schulkinder tanzten vor einem riesigen Mao-Porträt, als wollten sie rhythmisch zu einem Götzen beten. Sie verbeugten sich vor einer Abbildung der »Verbotenen Stadt« und sangen das Lied: »Wir leben und verehren den Platz des Himmlischen Friedens, weil dort unsere goldene Sonne, der Steuermann Mao Zedong, lebt.« Daneben exerzierte eine Kindergartengruppe drei- bis fünfjähriger Knaben, mit Ballon-Mützen und rotem Stern als Rotgardisten kostümiert, im Ballettschritt, hantierte mit Spielzeuggewehren und forderte im Chor die Vernichtung aller Feinde der Kulturrevolution.

Auch das Grauen dieser Epoche sollte nicht unterschlagen werden. Alle Kader und Funktionäre der Volksrepublik, der gesamte Apparat der Kommunistischen Partei, mußten 1966 um ihr nacktes Überleben bangen. Das mindeste, was ihnen drohte, war die Verschickung aufs Land, wo sie die schmutzigsten Arbeiten verrichteten und in den sogenannten Kaderschulen des 7. Mai einer stumpfsinnigen Gehirnwäsche unterzogen wurden. »Drei Jahre lang«, so erzählte mir einer der Überlebenden dieser kollektiven Demütigung, »traten wir jeden Morgen vor die Statue Mao Zedongs zum huldigenden Tanz an. Dann mußten wir unseren ideologischen Lehrmeistern im Brustton der Begeisterung von der bevorstehenden Arbeit des Tages, dem Transport von Exkrementen, dem Düngen der Felder vorschwärmen. Am Abend kehrten wir körperlich gebrochen in unsere eisigen und feuchten Sammel-

quartiere zurück, und wieder mußten wir tiefe Genugtuung vortäuschen und in hohen Worten diese Schinderei preisen, durch
die wir uns geläutert und gestählt fühlten, weil wir ja ›vom Volk
gelernt‹ hatten.«

Dennoch ist Mao Zedong nicht nur als blinder Zerstörer in die
Geschichte eingegangen. Dieser letzte »Kaiser« hat einen gewaltsamen, aber unentbehrlichen Gesellschaftsbruch vollzogen. Vielleicht ist der hochgebildete Schriftsteller Guo Moruo, der sich
unter anderem mit seiner Goethe-Übersetzung einen Namen gemacht hat, der widersprüchlichen Persönlichkeit Maos, dessen in-
timer Gefährte er war, am nächsten gekommen. »Ich bin ein Göt-
zenanbeter«, so beginnt das seltsame Poem, das Guo Moruo 1920
verfaßt hat. »Ich bete die Sonne an, die Berggipfel und das Meer;
ich verehre das Wasser, das Feuer, die Vulkane, die Ströme; ich
bete das Leben an, den Tod, das Licht und die Finsternis; ich verehre die Große Mauer und die Pyramiden« – später hätte der
Dichter vermutlich Atomspaltung und Raumschiffahrt hinzuge-
fügt. »Ich bete den schöpferischen Geist an«, so endet Guo
Moruo, »die Kraft, das Blut und das Herz; ich verehre Bomben,
Trauer und Zerstörung, ich verehre die Bilderstürmer; ich bete
mich selbst an, denn ein Bilderstürmer bin ich ja auch.«

Eine aus Amerika gefütterte Propaganda hat bei den Europäern
zu einer hartnäckigen Fehleinschätzung der heutigen Volksrepublik geführt. Wenn man gewissen westlichen Kommentatoren folgen wollte, müßten – um nur diese beiden Beispiele zu erwähnen –
der Bau des gigantischen Staudamms in den Yangtse-Schluchten
oder die Konstruktion der Tibet-Bahnlinie über Pässe von 5000
Meter Höhe als Versündigungen gegen die Ökologie und gegen
die umgesiedelte Bevölkerung angeprangert werden. Daß das An-
alphabetentum auf weniger als fünf Prozent gefallen ist, daß binnen weniger Jahre 300 Millionen Chinesen aus bitterster Armut
zu erträglichen Lebensbedingungen verholfen wurde, wird unter
den Tisch gekehrt.

Stattdessen wird die Legende kultiviert, das Reich der Mitte
habe sich in blinder Mimikry der Amerikanisierung ergeben, und
sein Schicksal bewege sich unaufhaltsam in diese Richtung. Doch
im Wirtschaftsleben ist man in Peking weit von der im Westen

geläufigen und zunehmend unerträglichen These entfernt, wonach »der Markt alles regelt«. Im »Internationalen Währungsfonds« und in der »Weltbank« erkennen die Finanzexperten Chinas Instrumente feindlicher Penetration und Gängelung. Der Globalisierung, deren fatale Auswirkungen für die Europäer noch gar nicht abzusehen sind, blickt die Volksrepublik jedoch ohne Panik entgegen. Dieser Begriff wurde an der Wall Street erfunden und als Werkzeug weltweiter amerikanischer Wirtschaftsdominanz propagiert. Inzwischen stellt sich heraus, daß der wirkliche Nutznießer dieses Konzepts am Ende China sein dürfte und daß Amerika möglicherweise in eine selbstgestellte Falle gerät.

Bei meinem Aufenthalt in Moskau war in den Fernost-Instituten mehrfach die Frage erörtert worden, welcher ideologische Weg nunmehr der Volksrepublik China offenstehe. Der Kommunismus war in Peking erst assimiliert, dann gründlich umgewandelt und relativiert worden. Die eindrucksvolle Hinwendung zu kapitalistischen Praktiken ist ihrerseits eingezäunt und überwacht. Sie soll – laut Absicht der Regierenden – durch ein autochthones System der Marktwirtschaft ersetzt werden. Die bei Sinologen vorherrschende Meinung läuft darauf hinaus, daß das Reich der Mitte unweigerlich dazu verurteilt ist, den uralten Riten des Meisters Kong zu folgen, und sei es in Form eines Neo-Konfuzianismus. Wie sagt man in Frankreich: »Chassez le naturel, il revient au galop«.

Aber inzwischen hat sich eine andere historische Figur in den Vordergrund gedrängt und beflügelt die Phantasie von Filmemachern und Autoren. Dieser ins Gigantische gesteigerte Imperator, der im dritten Jahrhundert vor unserer Zeitrechnung lebte, hat es fertiggebracht, die aus Amerika importierten und angeblich unschlagbaren »soap operas« und »sit coms« aus der Gunst der Fernsehzuschauer zu verdrängen. Die mit gewaltigen Mitteln produzierten historischen Filme – genannt seien nur »Der Kaiser und sein Attentäter« oder das grandiose Epos »Ying Xiang« – versetzen das Publikum in eine heroische Vergangenheit. Die Kung-Fu-Szenen werden in märchenhaften Zauber gehüllt, und die magischen Kräfte des Taoismus offenbaren ihre schamanistischen Ursprünge. Es handelt sich um Qin Shi Huangdi, den Gründungskaiser des Drachen-Reiches, dessen kurzlebige Herrschaft bis auf den heutigen Tag wie ein gewaltig dröhnender Gong weiterhallt und gerade die Jugendlichen zu faszinieren scheint.

In jedem größeren Andenkengeschäft von Peking werden neuerdings naturgetreue Abbildungen jener etwa 7000 aus Ton gefertigten Krieger und Hofbeamten zum Verkauf angeboten, die das gigantische Grabmal des Kaisers Qin Shi Huangdi nahe der alten Hauptstadt Xian bewachen. Die lebensgroßen Tonfiguren waren wie graue Gespenster der Vergangenheit den Höhlen von Xian entstiegen. 700 000 Sklaven und Arbeiter, so heißt es, haben an der Totenstadt des ersten Qin-Kaisers geschuftet, der seinen Besitzstand von den heutigen Grenzen der Mongolei bis zu denen Vietnams ausdehnte.

Mao Zedong hatte sich diesem frühen Vorläufer, der versucht hatte, die konfuzianische Lehre, ihre Riten und Sitten auszumerzen, verwandt gefühlt. Auf dem Höhepunkt der Kulturrevolution zelebrierte er in einem Poem die Gründerdynastie. Im Jahr 213 vor unserer Zeitrechnung hatte der »Erste Erlauchte Kaiser« die Vernichtung aller konfuzianischen Schriften angeordnet. 500 konfuzianische Gelehrte ließ er bei lebendigem Leibe begraben. Die »Große Proletarische Kulturrevolution« hat rund 2000 Jahre später an die Praktiken dieses fernen, schrecklichen Vorläufers angeknüpft. Mit Hilfe seiner streng zentralisierten Beamtenschaft und der Schule der »Legalisten« hatte dieser Despot allen Grund und Boden zum Eigentum des Staates erklärt, zumindest die totale Kontrolle über die landwirtschaftliche Produktion verfügt. Qin Shi Huangdi hatte am Ende der anarchischen, alles verwüstenden Periode der »kämpfenden Königreiche«, die fast ein Vierteljahrtausend gedauert hatte, mit extremen Mitteln die Autorität des Staates aufgezwungen.

Ordnung und Kohäsion des Staates wurden schon damals durch die absolute, quasi vergöttlichte Ausstrahlung des Kaisers garantiert. Für die Schule der Rechtsphilosophen des Qin Shi Huangdi gründete sich die Stärke des Reiches auf die Schwäche des Volkes. Der erste Qin-Kaiser wird von manchen Historikern als konfuse Persönlichkeit geschildert, die einem krausen astrologischen Aberglauben verhaftet war. Seiner Vorstellung, er selbst sei das Symbol des Himmels und ihm obliege es, allein durch seine bloße furchtgebietende Präsenz auf den Lauf der Dinge einzuwirken, sind tatsächlich alle seine Nachfolger, sosehr sie ihn auch schmähen mochten, gefolgt. Im Rückblick verschwinden überdies die Trennungslinien zwischen Konfuzianern und Legalisten. Bei Meister Kong heißt es: »Ohne große Männer und Vorbilder gibt es keine Tugend und keinen Wohlstand des Volkes.«

Qin Shi Huangdi war es gelungen, mit Ruchlosigkeit und militärischem Genie seine Feinde und Rivalen zu vernichten und das erste fest gefügte chinesische Großreich zu schaffen. In entsetzlicher Fronarbeit ließ er die Große Mauer errichten. Im Innern brach er die Macht des Adels, vereinheitlichte die Schrift, verfügte sogar eine feste Norm für die Achsenbreite von Pferdewagen und Karren. Last not least, drückte er China den Namen seiner Qin-Dynastie auf. In manch anderer Hinsicht, so scheint mir, hatte Qin Shi Huangdi eine Art imperialen Kommunismus praktiziert, wie Mao instinktiv erkannt hatte. Diese mythische Gestalt der Frühgeschichte erscheint als ein erstaunlich moderner Tyrann.

Absagen an Konfuzius

»Absagen an Konfuzius«, so hatte ich 1974 einen Fernsehfilm betitelt, der der letzten Abrechnung des siechen Mao Zedong mit den gesellschaftlichen Vorstellungen seines ideologischen Erzfeindes gewidmet war. Meister Kong war kein prophetischer Künder einer Erlösungsreligion gewesen. Er war jeglicher Metaphysik abhold und gründete seine Auffassung der Tugend, des rechten Maßes, der Pietät, ja sogar der notwendigen Harmonie zwischen Himmel und Erde in der Natur des Menschen. Konfuzius hatte 500 Jahre vor Christus zu einer Zeit schrecklicher feudalistischer Wirren und ununterbrochener Fehden des chinesischen Adels gelebt. Dieser Unordnung hatte er sich entgegengestellt, indem er vorschlug, die Führung des Staates in die Hände eines waffenfeindlichen elitären Literatenstandes zu legen, der nur dem Sohn des Himmels untergeordnet wäre.

Die Mandarine – der Ausdruck stammt von dem portugiesischen »mandar« – befehlen – wurden ausschließlich durch literarische und schöngeistige Prüfungen rekrutiert, die theoretisch auch den Angehörigen der unteren Klassen offenstanden. Offiziell lebte China im Zeichen der Meritokratie. Kernpunkt der konfuzianischen Lehre war die Subordination des Untertans unter den Kaiser, des Sohnes unter den Vater, des Schülers unter den Lehrer, der Frau unter den Mann. Ungeheure Bedeutung wurde der Unveränderbarkeit der Riten beigemessen. »Wenn die Riten nicht befolgt werden, wozu gibt es dann Riten?« hatte Meister Kong kategorisch gelehrt. Vor allem schloß diese einmalige Gesellschaftsstruktur, die natürlich im Laufe der Jahrhunderte durch fremde Einflüsse verändert wurde, diese jedoch stets anpaßte und verdaute, jeden Fortschritt aus. Meister Kong huldigte einem rückwärts gewandten Utopismus.

Im Sommer 1976 war ich – aus Hanoi mit der Eisenbahn anreisend – wieder in Peking angelangt. Die Atmosphäre des »fin de règne« war geradezu physisch spürbar. Mao lag im Sterben. Schreckliche Erdbeben hatten die Hauptstadt und diverse Industriezentren im Norden heimgesucht. Schwarzes Wasser sei aus dem schwankenden Boden herausgebrochen, und jene mythischen Drachen, die – den Geomantikern und dem Volksglauben zufolge – in der Tiefe schlummern, diese Symbole der Macht und des Glücks, die aus keiner chinesischen Kulthandlung wegzudenken sind, hätten ihren Zorn über den rechtlosen Zustand im Reich der Mitte durch zerstörerische Bewegungen kundgetan. Der »Auftrag des Himmels«, so hieß es im Volk, sei für den Großen Steuermann erloschen.

Bis zum heutigen Tag wird im Westen seitdem über die Frage diskutiert, ob die maoistische Revolution nicht lediglich eine Episode in der zeitlosen Geschichte des Himmlischen Reiches gewesen sei, das Toben und das Rasen eines Außenseiters. Wird China nach seinem Tod nicht zwangsläufig zurückfinden zur Philosophie des Meisters Kong und zu seiner extrem konservativen Riten-Übung? Bei ernsthafter Prüfung muß festgestellt werden, daß einige fundamentale Neuerungen, die Mao erzwang, irreversibel sind.

Den klassischen Begriff des Kaisertums hat er wohl als Letzter verkörpert. So klug und umsichtig seine Nachfolger Deng Xiaoping, Jiang Zemin und heute der noch recht farblose Hu Jintao auch agieren mochten, die exorbitante höchste Würde wurde ihnen nicht zuteil. Ähnlich verhält es sich mit der Meritokratie des Mandarinats, das bislang durch die Funktionäre der kommunistischen Einheitspartei sehr unzureichend ersetzt wurde in Erwartung einer neuen Elite, deren Konturen noch nicht zu erkennen sind. Eine Schicht von industriellen »entrepreneurs« und Finanzexperten hat sich herangebildet. Sie nimmt eine eminente Stellung im Staat ein, die Meister Kong gar nicht voraussehen konnte. Das Bauerntum hingegen, inklusive der privilegierten »Gentry« des alten China, befindet sich in einer verzweifelten Lage. Dem Bauern hatte Konfuzius die edle Rolle des Ernährers und Bewahrers zugewiesen. Davon kann in einer Epoche der massenhaften, geradezu furchterregenden Landflucht nicht mehr die Rede sein.

Was nun den Soldaten betrifft, den die überlieferte Gesellschaftsordnung auf den untersten Rang stellte, so spielt er in der heutigen Volksrepublik eine unentbehrliche, manche sagen, eine zunehmend dominante Rolle. Zwar ist die Absicht Mao Zedongs, in seiner Volksbefreiungsarmee eine Art »proletarischen Samurai« heranzuzüchten, nicht aufgegangen. Die hohen Militärs, die in der Volkskammer über eine starke Fraktion verfügen, bleiben in ihrem martialischen Erscheinungsbild ihrer Abstammung treu. Doch erst wenn der Generalsekretär der Partei auch über den Titel des Vorsitzenden der Militärkommission verfügt, ist seine Position ausreichend abgesichert. Die Streitkräfte sind auch die Gewähr dafür, daß die zentrifugalen Kräfte, die in der Vergangenheit oft zur Abspaltung oder zu Regionalrevolten führten, in Zaum gehalten werden. Darüber hinaus trägt die Vereinheitlichung der Sprache durch den obligatorischen Unterricht des »Mandarin« in sämtlichen Provinzen dazu bei, die reibungslose Verständigung zwischen Nord und Süd zu ermöglichen. In der Vergangenheit war man auf die gemeinsamen Ideogramme angewiesen, die man in der Eile oft auf die Handfläche kritzelte.

Das überlieferte Familiengefüge ist ernsthaft in Frage gestellt. Die absolute Autorität des Vaters mag sich in entlegenen Bezirken noch erhalten haben, aber die Praxis, »überflüssige« weibliche Neugeborene wie junge Katzen zu ertränken, erscheint heute unerträglich. Die »Einkind-Politik« hat zudem bewirkt, daß dem einzigen Sprößling eine Zuneigung, ja eine Verhätschelung durch die Eltern zuteil wird, die mit der traditionellen Strenge des »pater familias« nicht zu vereinbaren ist. Ein Problem entsteht dadurch, daß für die Einhaltung der konfuzianischen Bestattungsriten die Präsenz eines Sohnes vor dem Ahnenaltar unverzichtbar bleibt, so daß die Auslese bei der Geburtenregelung eindeutig dem männlichen Geschlecht zugute kommt. Werden die jungen Mädchen Chinas in die Minderheit geraten? Eine solche Entwicklung wiederum würde ihren Wert auf dem Heiratsmarkt steigern und zusätzlich zu jener Emanzipation der Frau beitragen, die wohl die nachhaltigste Folge der maoistischen Revolution bleiben dürfte. Schon heute präsentieren sich bei professionellen Kontakten die weiblichen chinesischen Partner mit Selbstbewußtsein, einer oft amerikanisch wirkenden Freundlichkeit, mit Kompetenz, Sprachkenntnis und unbändigem Ehrgeiz. Die jungen Männer, so scheint es, tun sich da viel schwerer.

Es ist kein Zufall, daß gewisse revolutionäre Opern, die unter der Regie der dritten Gattin Mao Zedongs, der ehemaligen Schauspielerin Jiang Qing komponiert und inszeniert wurden, wieder die Gunst des Publikums finden. Soweit sich die Chinesen an diese Schlüsselfigur der Kulturrevolution, an dieses Mitglied der berüchtigten »Viererbande« erinnern, das 1981 zu lebenslanger Haft verurteilt wurde, fällt die Beurteilung negativ aus. Aber die junge Generation ist frei von diesen Ressentiments. Sie nimmt lediglich zur Kenntnis, daß Jiang Qing sich als engagierte, man möchte sagen enragierte Feministin bewährte. Ihre Opern – darunter das »Rote Frauenbataillon« oder das »Weißhaarige Mädchen« – stellen Heldinnen an die Spitze des gesellschaftlichen Umbruchs und der Revolte gegen den Klassenfeind. Diese aufwendigen Spektakel, die zu Beginn der siebziger Jahre unweigerlich zu unserem Besucherprogramm gehörten, entbehren nicht der eindrucksvollen Dynamik, selbst wenn der ideologische Kitsch stellenweise haarsträubend wirkt.

Ich möchte als Beispiel vor allem das Schauspiel »Azaleenberg« erwähnen, das im Jahr 1974 die Bühnen der Volksrepublik beherrschte. Dem spät-maoistischen Theater wurde immer noch die Aufgabe einer sittlichen und revolutionären Anstalt zugewiesen. Die rund 20 000 Bühnenstücke der herkömmlichen chinesischen Schauspielkunst, wo von Kaisern, Mandarinen, Eunuchen, Konkubinen und Feldherren, vor allem aber von Palastintrigen die Rede war, blieben 1974 aus dem Spielplan verbannt. Alles beherrschend in der Jiang-Qing-Oper »Azaleenberg«: die Rolle der Frau als revolutionäre Heldin.

Die weiberfeindliche Lehre des Meisters Kong hatte die Unterwerfung der Frau unter den Mann verlangt. Doch in der Oper »Azaleenberg« ist aus dem versklavten Objekt männlicher Willkür und Lust eine zündende Vorkämpferin der proletarischen Erhebung geworden, die – von den Bajonetten einer reaktionären Soldateska umringt – ihre Ketten sprengt. Hier ist die Hauptdarstellerin nicht nur die gleichberechtigte Partnerin und Kampfgefährtin des Mannes. Sie zeigt sich klüger in der Gefahr und tapferer im Gefecht als andere rote Partisanen. Sie ist die »bessere Hälfte des Himmels«, wie man neuerdings betont. Immerhin übten schon zu kaiserlichen Zeiten die Lieblingskonkubinen maßgeblichen Einfluß bei Hofe aus, und man zitterte vor den Launen der Kaiserin Mutter. In der bombastischen Schlußszene bezieht sich die Oper »Azaleenberg« ganz eindeutig auf das Komplott des Marschalls Lin Biao. In die Reihen der bäuerlichen Krieger mit dem roten Stern hat sich ein Verräter eingeschlichen. Dieser Bühnen-Lin-Biao wird durch die junge, strahlende Heldin entlarvt. Er versucht zu entkommen, wie Lin Biao in die Sowjetunion, doch das Strafgericht des Volkes setzt seinen ruchlosen Machenschaften ein Ende.

André Malraux, Autor der »Condition humaine«, hatte über das mangelnde Sozialbewußtsein der Han-Rasse geschrieben: »Ein Chinese fühlt sich nur innerhalb seiner Familie betroffen.« Damit meinte er, daß Solidarität und Nachbarschaftshilfe den eigenen Verwandten vorbehalten blieben. Mao Zedong hat diesen Familien-Egoismus ausrotten, die Verantwortlichkeit eines jeden für jeden, die große proletarische Solidarität an dessen Stelle setzen wollen. Um die Selbstsucht der chinesischen Sippen zu zerschlagen, ihrer Indifferenz gegenüber dem Unglück des Nächsten entgegenzuwirken, hatte er ein ideologisches Trommelfeuer und brutalste Zwangsmethoden gegen diesen restriktiven Sittenkodex angeordnet, der alle nur denkbaren Erneuerungsversuche überdauert hatte. Mit der Verherrlichung der breiten Gemeinschaft des Volkes hatte Mao versucht, das verkarstete System der exklusiven Verwandtschaftsbeziehungen zu sprengen. Damit hatte er eine wahrhaft revolutionäre Tat vollbracht. Ob sie von Dauer sein wird, bleibt ungewiß.

Präsident Hu Jíntao, so mutmaßen westliche Experten, neigt dazu, die bislang gültige, aber obsolete marxistische Ideologie durch den Rückgriff auf gewisse Prinzipien des Konfuzianismus zu modifizieren. Wenn er das Volk aufruft, eine »harmonische Gesellschaft« zu bilden, bedient er sich des Vokabulars des weisen Meisters. In den höheren Schulen sind die klassischen Schriften Kongs wieder Bestandteil des Lehrplans. Im Ausland werden – nach dem Vorbild der deutschen Goethe-Institute oder der »Alliance française« – Konfuzius-Institute gegründet. Angesichts der offiziell registrierten, gesetzwidrigen Zwischenfälle – sie wurden im vergangenen Jahr auf 87 000 beziffert – lebt das Gespenst innerer Zerrissenheit auf, die nur durch höhere Ordnung gebannt werden kann. Politischer Konfuzianismus entspräche den chinesischen Bedürfnissen weit mehr als eine liberale Demokratie westlichen Stils, so argumentieren bereits gewisse Intellektuelle, auch wenn die Forderung, dem Konfuzianismus den Status einer Staatsreligion zu verleihen, keinen Sinn macht. Meister Kong hatte ja unter Verzicht auf jede Form von Metaphysik lediglich einen Sitten-Kodex hinterlassen.

Die Preisgabe des Marxismus, die sich trotz aller gegenteiligen Beteuerungen der Parteispitze vollzogen hat, hinterläßt in China ein moralisches Vakuum. Die Sorge geht um, es entstehe nunmehr Raum für die Entfaltung christlicher Sekten oder bizarrer Ersatzreligionen wie die »Falun Gong«-Bewegung. Letztere hat vor allem mit ihrer Internationalisierung, die bis Europa reicht, in Zhongnanhai ernste Befürchtungen ausgelöst. Die Lehre des in den USA residierenden Propheten Li Hongzhi – was ihm den Ruf eines CIA-Agenten einbrachte – ist mehr als bizarr. Da ist von der Energie des »Gong« und von einem Swastika-ähnlichen Element die Rede, dessen Rotation den Jüngern zur Öffnung des »Himmelsauges« verhilft. Die Geschichte lehrt indessen, daß die nüchterne, mißtrauische Han-Rasse sich im Lauf der Geschichte immer wieder in den Rausch kollektiver Endzeitstimmungen verrannte und sich dann einem zügellosen Amoklauf hingab. Hatte nicht ein gewisser Hong Xiuquan noch im neunzehnten Jahrhundert als »jüngerer Bruder Jesu« eine gewaltige Revolte ausgelöst, die die Qing-Dynastie ohne auswärtige Unterstützung weggefegt hätte und am Ende für den Tod von dreißig Millionen Menschen verantwortlich war. Bezeichnenderweise ist bei dem Besuch Hu Jintaos in den USA, den ich im Pekinger Hotelzimmer auf dem Bildschirm verfolge, die Übertragung jedesmal ausgeblendet, wenn protestierende Falun-Gong-Anhänger in Washington ins Bild gerückt werden. Der chinesische Staatschef ist übrigens zutiefst verstimmt von dieser Reise zurückgekehrt.

Wenn in Washington, Moskau oder Berlin Mutmaßungen über die divergierenden Zukunftsperspektiven Chinas angestellt werden, sollte ein zusätzlicher Wesenszug des Reichs der Mitte berücksichtigt werden. Als Mao Zedong sich mit aller Kraft gegen die konfuzianischen Schablonen aufbäumte, geriet er nolens volens in die Nachbarschaft jener taoistischen Weisen, die sich von der Pedanterie, der moralisierenden Besserwisserei, der heuchlerischen Prüderie der Jünger des Konfuzius abgestoßen fühlten. Gewiß, Mao hielt nicht viel von der stoischen Weltabgewandtheit des legendären Laotse, noch fühlte er sich jenen taoistischen »Hippie«-Gestalten verbunden – skurrile Einsiedler, fröhliche Trunkenbolde, närrische und dennoch gewitzte Greise, Außenseiter, die zu den magischen Kräften der Erde Kontakt hielten –, die in vielfältiger, oft exzentrischer Darstellung beim abergläubischen Volk beliebt und verehrt waren. Doch selbst der große Revolutionär, der diesen Kobolden mit seinen sexuellen Ausschweifungen ja durchaus nahestand, hatte den resignierten Satz geprägt: »Ich bin nur ein alter Mönch unter einem zerschlissenen Regenschirm.«

»Beyond America«

Mit Frank Sieren, dem Pekinger Korrespondenten der »Wirtschaftswoche«, bin ich zum Abendessen im Yan-Club verabredet. Das hervorragende Lokal ist in einem sorgfältig erhaltenen Hutong untergebracht. Hier tragen die Serviererinnen den reizvollen Qi-Pao, das enganliegende Seidenkleid, das am Hals mit einem züchtigen Krägelchen abschließt, während längs des Beins der Schlitz sich bis zum Oberschenkel verlängert. Der junge Kollege Sieren lebt seit mehr als zehn Jahren in China und beherrscht die Landessprache. Zudem hat er ein bemerkenswertes Buch, »Der China-Code«, geschrieben, durch das deutsche Politiker und Investoren sich ein realistisches Bild der Volksrepublik verschaffen können. Vor allem das Kapitel über die »Konkubinen-Wirtschaft« ist sehr aufschlußreich.

Ich erzähle von meinem Gespräch, das ich am Vortag mit dem ehemaligen chinesischen Botschafter in Deutschland, Mei Jaorong, geführt hatte, den ich als alten Freund bezeichnen darf und der zur engsten Umgebung Helmut Kohls vorzügliche Kontakte pflegte. Warum Peking denn, statt seine Luftlinien mit dem Airbus auszustatten, eine riesige Order für den Kauf von Boeing-Maschinen gezeichnet habe, hatte ich ihn gefragt. Mei Jaorong lächelte. »Sie wissen doch, daß die USA uns gegenüber in ein enormes Handelsdefizit hineingerutscht sind, das sich ständig vergrößert. Da Washington uns High-tech-Produkte verweigert, weil diese – gemäß der Theorie des ›dual use‹ – auch für Rüstungszwecke verwandt werden könnten, haben sie uns nichts, aber auch gar nichts anzubieten. Qualitativ sind sie unseren Ansprüchen nicht gewachsen, und inzwischen produzieren wir selbst, was wir brauchen. So bleiben nur die Flugzeuge von Boeing, um einen minimalen kommerziellen Ausgleich zu schaffen.«

Die Anwälte der globalen Amerikanisierung registrieren immer wieder mit Genugtuung und Häme, daß auch im Reich der Mitte die Jeans- und T-Shirt-Mode bei den Jugendlichen überhand genommen hat, daß die McDonalds-Schilder auf massiven Konsum von »fast food« oder »junk food« hinweisen, daß die rote Coca-

Cola-Reklame sich überall aufdrängt. Nun kann ich aus eigener Kenntnis berichten, daß auch die islamischen Terroristen, die Amerikanern und Israeli mit ihren Bomben nachstellen, daß vor allem die aktiven Mudschahidin die lässige und bequeme Freizeitkleidung aus den USA übernommen haben und – da ihnen der Alkoholkonsum verboten ist – die Marke Pepsi-Cola zu ihrem Lieblingsgetränk erkoren.

Da ich im Februar eine Reise nach Indien und in die Himalaja-Staaten Sikkim und Bhutan unternommen habe, wendet sich die Konversation im Yan-Club zwangsläufig dem Vergleich zu, der zwischen der rasanten Entwicklung Chinas und Indiens immer wieder angestellt wird. Präsident Bush würde auf dem Subkontinent allzugern ein Gegengewicht zum Reich der Mitte entstehen sehen. Das in den westlichen Medien übliche Vorurteil gegen China führt dazu, daß die »größte Demokratie der Welt«, wie Indien fälschlich genannt wird, gegenüber der autoritären Volksrepublik von Peking extrem gut abschneidet. Die Überbewertung Delhis würde den Vereinigten Staaten und vielleicht insgeheim auch Rußland ganz gut ins Konzept einer »balance of power« auf dem asiatischen Kontinent passen.

Die These einer solchen Gleichgewichtigkeit kann jedoch nur von voreingenommenen Geistern vertreten werden, die keine Gelegenheit haben, die beiden Milliarden-Kolosse aus eigener Anschauung und eigener Erfahrung aneinander zu messen. Bombay oder Mumbay ist nun einmal nicht mit Shanghai zu vergleichen und Delhi nicht mit Peking. Der anhaltende Fluch des Kastensystems, die meist erbärmliche Infrastruktur, der endlose Kaschmir-Konflikt, der Aufruhr der Naxaliten, die gefährdete Ostflanke rund um Bangladesch, die pakistanische Atomrüstung, eine trotz aller gegenteiligen Behauptungen rabiate Minderheit von 150 Millionen Muslimen verurteilen den Subkontinent zur dauerhaften Unterlegenheit.

*

Die lange Flugstrecke von Peking nach Frankfurt ist mir willkommen. Wenn man in der angemessenen Klasse reist, bleibt

viel Zeit zur Entspannung und zur Meditation. Über die Takla-
makan-Wüste Xinjiangs steuert die Maschine auf die Islamische
Republik Iran zu. Bei meinem Besuch im Außenministerium von
Peking hatte mir ein hoher, für den Mittleren Osten zuständi-
ger Beamter versichert, daß die chinesische Regierung, die offiziell einer nuklearen Aufrüstung Teherans ablehnend gegenübersteht, sich der amerikanischen Forderung nach Sanktionen
nur unter extremem Vorbehalt anschlösse, daß jede militärische
Aktion gegen Persien jedoch radikal verurteilt, ja konterkariert
würde.

Eine extravagant klingende Behauptung Samuel Huntingtons
kommt mir in den Sinn. In seiner Hypothese eines Zusammenpralls von amerikanischem und chinesischem Kulturkreis, der
geradezu kosmische Dimensionen annähme, spricht der amerikanische Professor von einer Affinität, zumindest einer Interes-
sengemeinschaft, die sich zwischen Konfuzianismus und Islam
entwickeln könnte. Er dürfte damit lediglich eine strategisch be-
dingte Annäherung gemeint haben, denn es erscheint ganz und
gar abwegig, eine Brücke zu schlagen zwischen der Diesseitigkeit
chinesischen Denkens, dem Verzicht auf metaphysische Spekulation, wie er im Sittenkodex des Meisters Kong verankert ist, und
der Gottbesessenheit, dem theozentrischen Lebensgefühl, das der
Prophet Mohammed seinen Jüngern auferlegte. China könnte
hingegen den Dauerkonflikt, in den die Bush-Administration sich
bei der Bekämpfung des »islamischen Faschismus« weltweit ver-
rennt, für seine strategische Abrechnung und für die Deckung
seines immensen Erdöl-Bedarfs nutzen. Es ist kein Zufall, daß
Peking auf dem Höhepunkt der Polemik zwischen Washington
und dem iranischen Präsidenten Ahmadinejad in Teheran ein
Milliardengeschäft über zusätzliche Öllieferungen abschloß.

Im Gegensatz zu Rußland und in zunehmendem Maße auch zu
Europa, wo die Nachbarschaft islamistischer Unruheherde Neu-
rosen und Überlebensängste schürt, kann das Reich der Mitte die
Agitation von ein paar uigurischen »Jihadisten« als lästiges Rand-
phänomen, als temporären Störfaktor abtun.

Der Abend senkt sich über dem Tian-Shan-Gebirge. Beim Blät-
tern in meinen Reisenotizen stoße ich auf die Bemerkung einer

chinesischen Geschichtsprofessorin der Universität Shenyang. »Gewiß«, so dozierte sie, »man betont stets, China sei keine Nation, sondern eine Kultur, die in sich selber ruht und auf die Harmonie unter dem Himmel bedacht sei. Das mag stimmen, schließt jedoch nicht aus, daß sich unsere künftige Staatsdoktrin an einem kraftvollen Nationalismus ausrichten muß. Sie können sich gar nicht vorstellen, welch ambitioniertes Selbstbewußtsein bei uns geweckt wurde. Mit den Russen können wir uns gut vertragen, weil sie uns nützlich und in keiner Weise mehr gefährlich sind. In Europa, das sich immer noch im Schlepptau der USA befindet, besichtigen wir das Schloß von Versailles oder den Tower von London mit der gleichen bewundernden Neugier und der gleichen Überheblichkeit, die noch vor ein paar Jahrzehnten die Reisenden aus dem Abendland beim Besuch unserer ›Verbotenen Stadt‹ oder der Großen Mauer zur Schau trugen.«

Tatsächlich sind mir in Paris in letzter Zeit die kompakten Gruppen von Touristen aus der Volksrepublik aufgefallen, die – sichtbar knapp bei Kasse – sich die Reise in diese kulturelle Exotik immerhin leisten können. »Und Amerika?« hatte ich die Historikerin gefragt. »Die USA haben uns als Ansporn gedient, uns einen Wettbewerb aufgezwungen, den die Ausländer fälschlich als Nachahmungstrieb interpretierten. Heute«, so fuhr sie fort, »haben wir das Modell USA psychologisch bereits hinter uns gelassen. China befindet sich jenseits von Amerika, beyond America.«

Der Jumbo ist etwa zwei Stunden weiter nach Westen geflogen, da werde ich durch die Ansage des Kopiloten aus dem Schlaf gerissen. Über Lautsprecher teilt er mit, daß die Maschine sich nunmehr über der Republik Ukraine befindet – mein nächstes, abschließendes Reiseziel.

UKRAINE
Verfaulte Orangen

Wanderzirkus der Demokratie

KIEW, ENDE APRIL 2006

»Ohne die Ukraine ist Rußland kein eurasisches Reich mehr. Es kann trotzdem nach einem imperialen Status streben, würde aber dann ein vorwiegend asiatisches Reich werden«, so argumentiert Zbigniew Brzezinski in seinem Buch »The Grand Chessboard«. Drückt er damit eine objektive Feststellung oder eine politische Wunschvorstellung aus? Gewiß, Brzezinski verfügt seit dem Ausscheiden Jimmy Carters aus dem Präsidentenamt über keinen unmittelbaren Einfluß mehr auf die Entscheidungen des Weißen Hauses, und die polnische Abstammung erklärt seine antirussische Grundhaltung. Angesichts der subversiven Manipulationen, der robusten Einmischung, die heute die US-Politik gegenüber Kiew charakterisiert, stellt sich jedoch die Frage, ob die engste Umgebung George W. Bushs – Vizepräsident Dick Cheney und Verteidigungsminister Donald Rumsfeld zumal – nicht die gleiche Verdrängungspolitik betreibt, die Brzezinski ihnen vorgab.

Da stehe ich also auf dem »Meidan«, dem Hauptplatz von Kiew. Der Name leitet sich aus dem Arabischen ab. Diese großzügige Esplanade ist von repräsentativen Stalin-Bauten umgeben. Das herrliche Frühlingswetter hat zahlreiche Bummler auf den Meidan gelockt. Liebespaare umarmen sich auf den Bänken. Diese euphorische Stimmung täuscht eine Zufriedenheit und Sorglosigkeit vor, die dem realen Zustand des Landes in keiner Weise entsprechen. Laut internationaler Statistik befindet sich die Ukraine – nach Albanien und Moldova – auf Platz drei der korruptesten europäischen Staaten. Ein Drittel der 47 Millionen Ukrainer lebt unter der Armutsgrenze. Die Inflationsrate ist in den letzten Monaten bedrohlich angestiegen. Im »Freiheitsjahr« 2005, das vom Westen so überschwenglich gefeiert wurde, schrumpfte das Wirtschaftswachstum auf 2,6 Prozent, während es im Vorjahr noch 12,5 Prozent betrug. Die Tendenz für 2006 zeigt weiter nach unten, auf spärliche 0,9 Prozent. Die Lohnskala bewegt sich zwischen achtzig und 160 Euro im Monat. Statistiken über Preisanstieg und Arbeitslosigkeit sind oft unzuverlässig, aber eines ist sicher: Überall findet eine drastische Verschlechterung statt. Die Ernüchterung nach der Orange-Revolution von Kiew ist längst bei der Masse der Bevölkerung in Depression umgeschlagen. Nicht einmal zu Ausbrüchen von Wut und Volkszorn reicht es mehr.

Nichts ist wohl trauriger als das Sterben einer großen politischen Hoffnung. Nichts ist ernüchternder als die Feststellung, daß ein freiheitlicher Aufbruch der Massen sich nachträglich als das Produkt ferngesteuerter, betrügerischer Einmischung erweist. Während ich an irgendeiner goldverzierten Säule vorbeigehe, die – wenn ich mich recht erinnere – die Deklaration der ukrainischen Unabhängigkeit vor etwa fünfzehn Jahren zelebriert, drängen sich mir die Fernsehbilder aus dem Winter 2004 auf. Da war das Pflaster des Meidan gar nicht zu erkennen, so komplett war es mit orangefarbenen Bannern zugedeckt, die von Hunderttausenden begeisterter Demonstranten geschwenkt wurden. Sie protestierten gegen die gefälschten Resultate der letzten Präsidentenwahl und verlangten einen neuen, dieses Mal fairen Urnengang.

Auf der Rednertribüne leuchteten im Scheinwerferlicht die beiden Heilsgestalten der Orange-Revolution wie in religiöser Verklärung auf. Der Führer der Oppositionsbewegung »Nascha Ukrajina«, Viktor Juschtschenko, faszinierte das Publikum mit seinem durch einen angeblichen Vergiftungsanschlag verwüsteten Gesicht. Neben ihm strahlte wie eine Siegesgöttin die leidenschaftliche Politikerin Julia Timoschenko. Die schöne Ukrainerin hatte nach Landesart die blonden Zöpfe zu einer Krone um ihren Kopf gewunden und gemahnte in ihrem populistischen Eifer an die argentinische Präsidentengattin Eva Perón, die seinerzeit auf ihre proletarischen Anhänger, die »Descamisados«, eine unwiderstehliche Anziehung ausübte.

Die Welt huldigte in fast einstimmiger Bewunderung diesem Aufbäumen einer jungen osteuropäischen Nation, die nicht nur die Fesseln der eigenen Despoten und Ausbeuter, sondern vor allem auch die Bevormundung durch die Putin-Mannschaft im Moskauer Kreml abschütteln wollte. War es nicht ein Wunder, daß diese gewaltige Menge – ohne ein Zeichen von Nachgiebigkeit und Schwäche – nächtelang im klirrenden Frost und ohne angemessene Versorgung ausharrte, um ihren hohen Idealen zum Durchbruch zu verhelfen?

Die Kameras der westlichen TV-Stationen vermieden es seltsamerweise, die immense Ansammlung von 1500 geheizten Zelten zu filmen, in denen warme Nahrung kostenlos ausgeteilt wurde. Die Reporter hüteten sich damals, die dubiosen Schattenaktivitäten, den gewaltigen Finanzaufwand zu erwähnen, der bis zur aktiven Bestechung reichte, aber dem organisierten Taumel das Rückgrat stärkte. Der Zeitungsleser – vom Fernsehkonsumenten ganz zu schweigen, der von solchen Hintergrundinformationen ausgeschlossen blieb – brauchte etliche Monate, um durch die Berichte renommierter Printmedien auf ausführliche und vorbildliche Weise über die Machenschaften amerikanischer Spender-Organisationen – Institute, Foundations und Regierungsstellen – informiert zu werden, die ihre subversive Einmischung gar nicht zu kaschieren suchten. Bei dieser Gelegenheit erfuhr man auch von dem, was der »Spiegel« die »Revolutions-GmbH« nannte – ein Verfügungstrupp internationaler Umstürzler, der den amerikanischen Geheimdiensten zur Beseitigung mißliebiger Regime zur Verfügung steht.

Es ist aufschlußreich für die Zaghaftigkeit, die »political correctness« einer großen deutschen Zeitung, daß sie die lückenlose Auflistung der Verschwörerzellen, der noch zahllose »nongovernment organizations« jeder Couleur hinzuzufügen wären und die einen betrüblichen Eindruck von den Methoden amerikanischer Brachial-Diplomatie vermittelt, mit der Einleitung versah: »Bis heute wollen die Stimmen nicht verstummen, die in der Orange-Revolution, mit der im November 2004 das Kutschma-Regime gestürzt wurde, eine Machenschaft des Westens, vor allem der Vereinigten Staaten von Amerika sehen. Doch bisher hielt

keines der für diese These vorgebrachten Argumente einer Überprüfung an den Orten des Geschehens stand.«

In Wirklichkeit verfügt man bei der Lektüre des Artikels von
Konrad Schuller über jene präzisen Fakten, die die amerikanische
Steuerung und Finanzierung der Orange-Revolution lückenlos
belegen, die das Bild einer krassen fremden Intervention unter
Mißachtung aller überlieferten Souveränitätsrechte malen. Der
Autor beendet seinen hervorragenden Beitrag mit einem Satz,
über dessen Hintergründigkeit man lange nachdenken sollte:
»Die stolzesten Trophäen dieser Methode waren bisher die Ty-
rannenstürze von Serbien und Georgien. Erst im Winter 2004,
während das amerikanische Militär, der Hauptkonkurrent in der
Branche ›Demokratie-Export‹, im Irak immer noch die täglichen
Opfer zählte, ist das Meisterstück hinzugekommen: Die Orange-
Revolution der Ukraine.« Der Artikel ist vom 21. September 2005
datiert, und man kann seinem Verfasser schwerlich anlasten, daß
er das Wort »Demokratie-Export« damals im Zusammenhang
mit dem Irak erwähnt oder daß er die orangefarbene Volkserhebung, die inzwischen zerbrochen und gescheitert ist, als »Meisterstück« darstellt.

Es macht also Sinn, daß ich dieses Buch mit einem ausführlichen Kapitel über das autoritäre Regime Alexander Lukaschenkos in Belarus begonnen habe. Gegen ihn waren ja die gleichen
massiven Batterien in Stellung gebracht worden, und die semi-
professionellen »Stoßtrupps der Freiheit«, die sich in Kiew unter
dem Namen »Prora« als Einpeitscher bewährten, waren auch in
Minsk unter dem Codewort »Subr« einsatzbereit. Nur war Lukaschenko vorgewarnt. Er hatte das Vorgehen seiner Gegner am
ukrainischen Präzedenzfall sorgfältig studiert und sie geschmeidig ausgetrickst.

Der orangefarbene Traum gehört bereits der Vergangenheit an.
Seine Märchenfiguren – Juschtschenko und Timoschenko – stehen sich in Todfeindschaft gegenüber und werfen sich die Namen
jener »Oligarchen« an den Kopf, die als ihre jeweiligen Protek-
toren agieren. Dennoch lohnt es sich, eine kurze Skizze der undurchdringlichen Kanäle zu entwerfen, die den »heißen Winter«
von Kiew ermöglichten. Sie weisen fast ausschließlich über den

Atlantik. Bei meinen Kontakten in der ukrainischen Hauptstadt und später im Donbas habe ich keine Mühe gescheut, eine Bestätigung für meine Vorbehalte zu finden, sei es im »Internationalen Institut für humanitäre und politische Studien«, im »Consortium Industrial Group«, bei »Salon Media Press«, beim Zentrum für politische Studien »Penta«, vor allem aber auch in der Umgebung des mächtigsten und interessantesten Oligarchen Rinat Achmetow in Donezk.

Wie viele Hundertmillionen US-Dollar in das Unternehmen Ukraine geflossen sind, wird wohl nie publiziert werden. Allein vom State Department wurden 65 Millionen an diverse Behörden und Auftragsfirmen verteilt. An der Spitze steht die Hilfsorganisation US-AID, die für ihre humanitären Aktionen bekannt ist, von Insidern jedoch längst als wirksames Instrument der CIA entlarvt wurde. Dazu gesellt sich die Stiftung »Freedom House«, die weltweit operiert und, wie der Planungsstab von »Eurasia«, engen Kontakt zu den Nachrichtendiensten pflegt. Die großen Parteien der USA hatten ebenfalls das orangefarbene Banner gehißt. Für die Demokraten trat das »National Democratic Institute« als Sponsor auf, das unter dem Vorsitz von Madeleine Albright, der ehemaligen Außenministerin Bill Clintons, tätig ist. Diese energische Diplomatin genießt seit dem Kosovokrieg – »Madeleine Albrights' War« – keine ungeteilte Bewunderung mehr. Die Republikanische Partei schickte das »International Republican Institute« ins Rennen.

Als besonders engagierter Verfechter einer handfesten Ost- und illusorischen Demokratisierungspolitik tat sich der ansonsten gemäßigte und tolerante Senator McCain hervor. »National Endowment for Democracy« heißt eine einschlägige Emanation des US-Außenministeriums, dem wichtige Koordinationsaufgaben zufielen, während die »Foundation« des Milliardärs George Soros allen Intrigen und finanziell abgepolsterten Pressionen die Krone aufsetzte. Dieser aus Ungarn gebürtige Finanzmagnat hat sich, wie es scheint, mit spielerischer Freude auf eine weltumspannende Pokerpartie eingelassen, die extrem gewagt, aber am Ende stets gewinnbringend ausgetragen wird. Unter den Strippenziehern dieses Konglomerats von offiziellen Stiftungen und

Instituten finden sich neben Albright andere illustre Namen wie Lawrence Eagleburger, Außenminister unter Präsident Bush senior, Wesley Clark, ehemaliger NATO-Oberfehlshaber, James R. Woolsey, ehemaliger Geheimdienst-Beauftragter und sogar der unablässig zitierte Politologe Samuel Huntington. In Kiew wurden mir unter dem Siegel der Verschwiegenheit auch andere Namen genannt.

Tatsache ist, daß die Fäden in der amerikanischen Botschaft zusammenliefen, daß die Europäer, insbesondere auch die Diplomatische Vertretung der Bundesrepublik Deutschland in Abstimmung mit der »Organisation für Sicherheit und Zusammenarbeit in Europa« an dem Regimewechsel aktiv beteiligt waren. Der noch amtierende Staatschef Kutschma wurde aus Washington unter Androhung der Veröffentlichung von extrem peinlichen Bestechungsaffären unter Druck gesetzt. Eine ganze Serie von Fernseh- und Radiosendern wurde in den Dienst der Revolution gestellt. Es heißt sogar, George Soros habe für alle Fälle den Kern einer eingriffsbereiten Miliz gebildet. Propaganda-Flugblätter und -Broschüren wurden in Millionenauflagen gedruckt. An unentschlossene Wählergruppen sollen sogar Handgelder in bar ausgezahlt worden sein, wie das in so vielen Ländern der Dritten Welt üblich ist. Wenn also behauptet wird, die These einer Intervention der USA sei »widerlegt«, so fehlte offenbar nur noch die Landung von schwerbewaffneten Einheiten der US-Marines, um das Bild komplett zu machen.

Angesichts eines solch gewaltigen Aufwandes und des kläglichen Resultats kann man sich einer gewissen Erheiterung nicht erwehren, die mit Schadenfreude nichts zu tun hat. Dazu ist die Angelegenheit viel zu ernst, denn hier wurde eine Form der flagranten Einmischung in fremde Angelegenheiten praktiziert, die ja nicht auf ein oder zwei Einzelfälle begrenzt ist, sondern – um zunächst nur diese Beispiele zu nennen – in der näheren Umgebung der USA, in den Zwergstaaten Mittelamerikas und der Karibik, in Nicaragua, Panama, Honduras, El Salvador, Haiti und anderen mehr, zur Routine gehört. Meine erste Erfahrung dort hatte ich als junger Mann im Jahr 1953 gemacht, als in Guatemala die von Amerika aufgestellten »Konterrevolutionäre« den demokratisch gewählten Präsidenten Jacobo Arbenz ins Visier nahmen, dessen soziale und progressistische Regierungslinie mit den Interessen der »United Fruit« nicht zu vereinbaren war.

*

Es war Viktor Juschtschenko gelungen, die Annullierung der gefälschten Wahl vom 21. November 2004 durchzusetzen, die seinem prorussischen Gegner Viktor Janukowitsch bereits die Präsidentschaft zugesprochen hatte. In einer neuen Volksbefragung wurde er am 26. Dezember 2004 als Staatsoberhaupt plebiszitiert. Doch dann setzte ein heilloses Durcheinander ein, bei dem die diskreten Hintermänner, dieses Mal nicht US-Diplomaten und zwielichtige NGOs, ihre Ansprüche durchsetzten, sondern die Oligarchen, die Liga der Milliardäre, die nicht gewillt war, ihre finanzielle und politische Kontrolle über die Republik preiszugeben. Das fiel ihnen relativ leicht, weil ihre wichtigsten Repräsentanten als Abgeordnete der »Rada« von Kiew politische Immunität geniessen. Der neue Saubermann Juschtschenko war seit eh und je auf seine eigenen Finanziers angewiesen, darunter der »Schokoladenkönig« Petro Poroschenko, während Julia Timoschenko, die ukrainische Evita Perón, von ihren Widersachern als »Gasprinzessin« verspottet wird.

Auf dem Meidan werden heute noch ein paar orangefarbene Tücher als Souvenirs für Touristen verkauft. Überall prangen noch die Plakate der Parlamentswahl vom 26. März 2006, allen voran natürlich »Nascha Ukrajina« mit dem lädierten Gesicht des Präsidenten, direkt gefolgt vom »Block Julia«, dessen Kandidatin durch eine Rose symbolisiert wird. Die dritte große Kraft in diesem Wettbewerb, die »Partei der Regionen«, deren Chef Janukowitsch nach seinem gescheiterten Anlauf zur Präsidentschaft jetzt das Amt des Premierministers anstrebt, schien propagandistisch ins Hintertreffen geraten zu sein.

Bei der Auszählung der Stimmen, die unter strenger internationaler Kontrolle stattfand, offenbarte sich jedoch ein Ergebnis, das alle Aktivisten, alle Spender und obskuren Hintermänner der Orange-Revolution erbleichen ließ. Die als prorussisch geltende

»Partei der Regionen« lag mit 32 Prozent weit an der Spitze, der
»Block Julia« folgte mit 23 Prozent, während »Unsere Ukraine«
des Staatschefs Juschtschenko sich mit kümmerlichen dreizehn Prozent begnügen mußte. Die Sozialisten brachten es auf
sechs Prozent, während die Kommunisten mit 3,6 Prozent zur
Bedeutungslosigkeit verurteilt sind. An Janukowitsch, dem angeblichen »Trojanischen Pferd« Wladimir Putins, kommt man
also nicht vorbei.

In den endlosen Wochen interner Zwistigkeiten und Gehäs-
sigkeiten zwischen den beiden Helden der Revolution wurde in
der Bevölkerung der Überdruß an der jüngsten Entwicklung, an
der Monopolstellung der allmächtigen Konzernherren immer stärker. Von Juschtschenko hatte man erwartet, daß er mit jakobi-
nischer Strenge gegen die Fäulnis der Republik vorgehen würde.
Aber dafür war er nicht der richtige Mann. Die schöne Julia, die
sich einst an der Verschleuderung des Staatsbesitzes, vor allem auf
dem Energiesektor, angeblich mit großem persönlichen Profit beteiligt hatte – es war in Kiew und Donezk unter den Präsidenten
Krawtschuk und Kutschma ebenso skandalös zugegangen wie in
Rußland unter Gorbatschow und Jelzin –, tat sich vor allem mit
ihrem Programm der »Deprivatisazija« hervor. Dieses Zauberwort sollte den stets betrogenen Massen vorgaukeln, die betrügerischen Privatisierungsgeschäfte, die Raubzüge der neunziger
Jahre würden rückgängig gemacht werden. Julia Timoschenko
hatte 3000 Unternehmen für diesen recht demagogischen Entwurf aufgelistet, während Juschtschenko die Zahl auf dreißig re-
duzierte. Ein Kompromiß war da schlecht vorstellbar. Zudem
wußte jedermann, daß die Rückführung der zu Spottpreisen erworbenen Betriebe und Konzerne unter staatliche Regie – De-
privatisierung genannt – in Kürze einer neuen Privatisierung
Platz machen würde, die sich dieses Mal strikt an die Regeln von
Angebot und Nachfrage halten sollte. Eine solche Bekehrung zur
Tugend traut jedoch kein einziger Ukrainer weder der Clique von
einheimischen Milliardären noch den bestechlichen Politikern zu.

Der relative Wahlerfolg Julia Timoschenkos ist nur der Tatsache zu verdanken, daß diese neo-kapitalistische »Passionaria«, deren persönliches Verhältnis zu Putin durch Gerichtsverfahren be-

lastet ist, ihre Anhängerschaft in der Westukraine, im ehemals österreichischen Ost-Galizien findet, in der Hochburg des ukrainischen Nationalismus. Dort herrscht die mit Rom unierte griechisch-katholische Kirche vor, die nach der Eroberung Lembergs durch die Rote Armee Stalins aufgelöst und schrecklichen Verfolgungen ausgesetzt war. Diese Westukraine ist heute die armseligste, notleidende Region der Republik. Der Durchschnittslohn beträgt weniger als fünfzig Euro. Alte Frauen kauern in Scharen auf dem Pflaster von Lviv, wie Lemberg heute heißt, um zu betteln oder ein paar armselige Agrarprodukte feilzuhalten. Längs der Westgrenze zu Polen liegt die Arbeitslosigkeit bei sechzig Prozent, so daß sich viele ostgalizische Frauen in Rußland als miserabel bezahlte Haushaltskräfte verdingen. Trotzdem sitzt der Russenhaß in Ost-Galizien so tief, daß die plutokratischen Allüren der »Gasprinzessin« ihr den Zuspruch an den Urnen nicht verwehrten.

Schon zeichnete sich ab, daß der »Wahlfälscher« Janukowitsch die besten Chancen besaß, der nächste Regierungschef zu werden, eine Funktion, die infolge einer Verfassungsänderung im Verhältnis zum Präsidenten stark aufgewertet wurde. Es ist so ziemlich alles schiefgegangen bei dieser enthusiastisch gefeierten Orange-Inszenierung, mit der einzigen Ausnahme vielleicht, daß die Unabhängigkeit der Ukraine, die bislang noch nicht gefestigt schien, nunmehr gesichert sein dürfte. Auch die Russophilen denken mehrheitlich nicht daran, ihre Eigenständigkeit gegen eine neue Abhängigkeit von Moskau einzutauschen. Neben den »Libertäten«, die das gewaltige Aufgebot an Geld und Propaganda in Kiew zu fördern vorgab, verfolgte Washington natürlich, wie sich bei Brzezinski nachlesen läßt, noch ganz andere strategische Ziele. Washington hatte mit Viktor Juschtschenko, dessen Frau gebürtige Amerikanerin ist, vereinbart, daß die Ukraine spätestens im Jahr 2010 der NATO beitreten würde. Dieses Vorhaben entspricht zwar nicht dem Wunsch der Bevölkerungsmehrheit, die weit stärker auf eine Aufnahme in die Europäische Union ausgerichtet ist, aber es fügte sich nahtlos in jenen Kurs der Osterweiterung, den die Planer des Pentagon – aus welchen Gründen auch immer – auf breiter Front verfolgen.

*

Welchen Nutzen versprach man sich davon, Rußland hinter die Wolga zurückzutreiben? Die vorbereitenden Maßnahmen für die Integration der Ukraine in die Atlantische Allianz sind – unabhängig vom Wahlergebnis – längst im Gange. Die ukrainische Armee wird mit Hilfe von amerikanischen und auch einigen deutschen Offizieren auf NATO-Standard umgestellt. Eine Debatte über dieses höchst kritische Engagement hat im Deutschen Bundestag nie stattgefunden. Andererseits ist die Ukraine mit einem bescheidenen Kontingent im irakischen Kriegseinsatz innerhalb der »Koalition der Willigen« präsent. Der bisherige deutsche Botschafter in Kiew, der nach seiner Pensionierung die Rolle eines persönlichen Beraters Präsident Juschtschenkos wahrnehmen sollte, war offenbar auf den voreiligen Expansionskurs der Bush-Administration eingeschworen. Im Hotel Radisson, wo ich logiere, begegnen mir jene sportlichen, gar nicht unsympathischen Gestalten in Zivil, die mir aus Vietnam und dem Orient so vertraut sind und die man als »quiet Americans« bezeichnen möchte.

Abgetaucht nach dem Fiasko der Orange-Revolution ist hingegen jener Wanderzirkus von Berufsagitatoren, der aktive Kern der »Revolutions-GmbH«. In Serbien – beim Sturz von Slobodan Milošević – hatte deren ausgeklügelte Taktik vorzüglich funktioniert. Die Vernichtung der Infrastruktur und der Industrieanlagen Serbiens durch die US Air Force, die von einer Reihe deutscher Offiziere als zweifelhafte Maßnahme am Rande des Kriegsverbrechens empfunden wurde, hatte Belgrad »weichgeklopft« für den Regimewechsel. Nach dieser gelungenen Generalprobe begaben sich die Experten nach Georgien, um Eduard Schewardnadse, der gewiß als Staatschef schwer erträglich geworden war, dem aber die Deutschen aus der Zeit der Wiedervereinigung einiges schulden, durch die Erstürmung des Parlaments von Tiflis am 22. November 2003 aus dem Sattel zu werfen.

Der jugendliche Herausforderer, ein in den USA ausgebildeter Jurist namens Michail Saakaschwili konnte über eine buntgescheckte, aber perfekt geschulte Truppe von »Landsknechten« verfügen, die in Belgrad unter dem Namen »Otpor« und in Tiflis als »Kmara«, das heißt »Genug«, die Aktion steuerte. Der Coup reüssierte. Die westlichen Politiker und Medien jubelten über den Sieg der »Rosen-Revolution«. Daß sich inzwischen der Hitzkopf Saakaschwili als kleiner Diktator zu erkennen gibt und die Korruption des neuen Regimes der des Vorgängers nicht nachsteht, will in Washington oder Berlin niemand zur Kenntnis nehmen, denn auch Georgien wird als künftiger NATO-Partner gehandelt. Ein massives Aufgebot amerikanischer Militärs, darunter auch ein Dutzend deutscher Offiziere, ist in diesem Sinne bereits tätig, und Tiflis pocht mit energischer Unterstützung aus Washington an die Pforten der Brüsseler Gemeinschaft.

Wladimir Putin, der Saakaschwili als einen persönlichen Feind betrachtet, verfügt – das sollte man nicht vergessen – über erhebliche Druckmittel gegen Tiflis. In zwei Autonomen Regionen Georgiens, in Abkhasien und Süd-Ossetien, ist die Sezession bereits vollzogen und die dortige georgische Bevölkerung weitgehend vertrieben. Ich kann auf meine Inspektion des seltsamen Gebildes Süd-Ossetien im Frühjahr 1996 zurückblicken, die ich in Begleitung eines deutschen, eines georgischen und eines südossetischen Offiziers – vier Mann in einem Jeep – vornahm. Dieses winzige Territorium, dessen Einwohner überwiegend der iranischen Volksgruppe der Ilanen und der russisch-orthodoxen Kirche angehören, ragt wie eine Speerspitze in das Herzgebiet Georgiens unweit des Geburtsortes Stalins in Gori. Dieser Mini-Staat ist mit Nord-Ossetien, jenseits des Kaukasus, durch einen Tunnel verbunden, den wohl kein Ausländer jemals besichtigen durfte. Süd-Ossetien eignet sich vorzüglich – falls es zu ernsten Auseinandersetzungen mit Moskau käme – als Ausgangspunkt für Sabotage-Akte gegen die Pipeline Baku-Ceyhan. Wenn man hinzufügt, daß das russische Oberkommando in Grosny die Georgier stets verdächtigt, über das Kaukasus-Tal von Pankisi und den dortigen Paß Nachschub für die tschetschenischen Aufständischen passieren zu lassen, läßt sich ermessen, wieviel Zündstoff sich in diesem Raum angehäuft hat.

Inzwischen holte die rastlose Truppe der Revoluzzer zu einer Destabilisierung der Dynastie Alijew in Aserbeidschan aus. Der dortige Potentat Ilham Alijew, Sohn des Politbüro-Mitglieds Haidar Alijew, zeigte sich den amerikanischen Forderungen gegenüber jedoch nachgiebig. Er läßt seine Spezialtruppen durch US-

Instrukteure ausbilden und stimmt die eigene Ölförderung so eng mit den amerikanischen Konzernen ab, daß jeder Versuch, diesen ergebenen Kollaborateur zu beseitigen, sich kontraproduktiv auswirken müßte. Mit Ilham Alijew und Michail Saakaschwili sind die idealen Partner installiert, um den Transport des Kaspischen Petroleums durch eine neue Pipeline über den Süd-Kaukasus und Ost-Anatolien an den türkischen Mittelmeerhafen Ceyhan zu garantieren. Das Unternehmen »Joch«, das bereits für Aufruhr in Baku die vorbereitende Wühlarbeit eingeleitet hatte, wurde also eilends zurückgepfiffen und unter der Parole »Pora« nach Kiew umdirigiert.

Der Bau der wichtigen Erdölleitung nach Ceyhan war übrigens von Zbiegniew Brzezinski höchst persönlich angebahnt worden und ist auch in seinem Buch »The Grand Chessboard« erwähnt: »Ein unabhängiges Aserbeidschan, das mit den Märkten des Westens durch Pipelines, die nicht durch russisch kontrolliertes Gebiet verlaufen, verbunden ist, wird außerdem für die hochentwickelten, auf Energie angewiesenen Volkswirtschaften ein Einfallstor zu den energiereichen zentralasiatischen Republiken sein. Fast wie im Fall der Ukraine ist auch die Zukunft Aserbeidschans und Zentralasiens für das Wohl und Wehe Rußlands bestimmend.« Auch die Elite amerikanischer Polit-Veteranen – Kissinger, Baker, Scowcroft – ist offenbar an diesem lukrativen Unternehmen beteiligt.

An dieser Stelle lohnt es sich, den Autor Brzezinski in einem anderen Zusammenhang unter die Lupe zu nehmen. Er schreibt nämlich: »Diese Bemühungen (den veränderten Realitäten einer Weltmacht Rechnung zu tragen) werden den zusätzlichen historischen Vorteil haben, von dem neuen Netz globaler Verbindungen zu profitieren, das außerhalb des traditionellen Systems der Nationalstaaten exponentiell wächst. Dieses von multinationalen Korporationen, Organisationen – regierungsunabhängig und oft transnationalen Charakters – geknüpfte Netz schafft bereits ein informelles Weltsystem, das an sich schon einer institutionalisierten und engeren globalen Zusammenarbeit entgegenkommt.«

In diese Vision einer »brave new world«, die hier entworfen wird, reihen sich auch das Überhandnehmen und das Anschwel-

len jener »Military private firms« ein, die an sämtlichen Krisen-
herden, auf fast allen Kriegsschauplätzen anzutreffen sind und
eine sinistre Rolle im Auftrag von Regierungen, mehr noch von
großen Wirtschaftskonzernen ausüben. An erster Stelle stehen die
global agierenden Konzerne, die sich den Zugang zu Petroleum,
Diamanten, Koltan und anderen überwiegend strategischen Bodenschätzen zu sichern suchen. Diese Parallelarmeen von hoch-
qualifizierten »Söldnern«, die in den USA, Kanada und Großbritannien ganz offiziell registriert sind, stellen allein im Irak
ungefähr 20 000 sogenannte Contract Workers, die teilweise als
Spezialisten für die Wartung von gepanzertem Fahrzeug eingesetzt sind, teilweise aber auch als Experten für besonders grauenhafte Verhörmethoden.

In welcher Amtsstube die abstruse Vorstellung herangereift ist,
die entlegene zentralasiatische Gebirgsrepublik Kirgistan in diese
Orgie von Umsturz und »Pseudo-Demokratisierung« einzubeziehen, ist nicht bekannt. Anfangs hatte der kirgisische Präsident
Askar Akajew einen relativ guten Ruf genossen, war er doch der
einzige unter den neuen »Emiren« Zentralasiens, der nicht auf
eine führende Position in der Kommunistischen Partei der Sowjetunion zurückblickte. Aber irgendwer hatte beschlossen ihn
abzusetzen und zu diesem Zweck, mit den bewährten Mitteln und
einer Vielzahl von NGOs, in der Hauptstadt Bischkek die sogenannte »Tulpen-Revolution« ausgelöst. Die Mißwirtschaft in diesem asiatischen Kleinstaat war gewiß skandalös, aber wo ist sie das
nicht. Bei der Vorbereitung ihres Afghanistan-Feldzuges hatte die
US Air Force den Flugplatz Manas nahe der Hauptstadt Bischkek
zu einem hochgerüsteten Stützpunkt ausgebaut. Das geschah in
vollem Einverständnis mit den örtlichen Machthabern.

Statt einen neuen, integren und ehrbaren Regierungschef nach
dem Aufruhr gegen Akajew zu installieren, verfiel die amerikanische Planung jedoch ausgerechnet auf Felix Kulow, Akajews
früheren Geheimdienstchef, und entfesselte damit ein Chaos, mit
dem niemand gerechnet hatte. Bischkek wurde von einer Welle
der Plünderung und Verwüstung heimgesucht, während die alte
Feindschaft hochkochte zwischen dem Staatsvolk der Kirgisen –
den Kasachen eng verwandt – und der beachtlichen Minderheit

der Usbeken, die im Süden bei Osch am Rande des Fergana-Tals siedeln. Dabei hatte der US-Botschafter Young alle Register gezogen. Unter persönlichem Einsatz prominenter amerikanischer Senatoren wurde für die Aufwiegelung der Opposition eine aufwendige Druckerei – Eigentum des State Department – zur Verfügung gestellt. Als flammende Propagandistin für die Herstellung von »freedom and democracy« wurde die Journalistin Rina Prischiwoit rekrutiert. Beim Publikum litten ihre Auftritte unter der Tatsache, daß sie nicht Kirgisin, sondern Tatarin ist. Bei dem Flop von Bischkek, wo die neue Mannschaft von den Amerikanern sofort nach Regierungswechsel eine – wie man vernimmt – um das Zehnfache erhöhte Pachtgebühr für die Benutzung der Flugbasis Manas verlangte, hatte der allgegenwärtige Milliardär George Soros wieder am Hebel gesessen. Präsident Akajew mußte am 24. März 2005 seine kirgisische Heimat fluchtartig in Richtung Moskau verlassen. Die Morde an führenden Politikern reißen seitdem nicht ab, und Bischkek lebt in Erwartung neuer Unruhen. Von der »Tulpen-Revolution« spricht man im Volksmund inzwischen als »Banditen-Revolution«.

Wer kann sich nach solchen Extravaganzen wundern, daß der belarussische Staatschef Lukaschenko die Soros-Stiftung des Landes verwies, die dubiosen NGOs einer strengen Kontrolle unterwarf und ein Szenario verhinderte, das unter dem Code-Namen »Subr«, das heißt Wisent, zu einer Wiederholung des Orange-Spektakels nunmehr in Minsk ansetzte? In Zentralasien zog der Diktator von Usbekistan, Islam Karimow, ebenfalls die Konsequenz aus dem Tumult von Bischkek. Er schloß den amerikanischen Stützpunkt bei Taschkent und kündigte die enge militärische Zusammenarbeit mit den USA auf.

Zitieren wir noch einmal den ehemaligen Sicherheitsberater Brzezinski: »Die Politik der USA muß unverdrossen und ohne Wenn und Aber das Ziel verfolgen, die bestehende Position Amerikas für mindestens eine Generation und vorzugsweise länger zu konsolidieren.« Diese überhebliche Forderung wurde wohlweislich vor dem Debakel der US-Marines in Faluja und vor der von den Jihadisten erzwungenen Räumung der irakischen Provinz El Anbar durch die US Army erhoben.

Patriarchen und Oligarchen

Kiew zeigt dem Besucher sehr unterschiedliche Gesichter. Ich will mich nicht als Fremdenführer in einer Stadt betätigen, die zahllose deutsche Touristen aus eigener Anschauung kennen. 1966 hatte ich de Gaulle und 1985 Helmut Kohl beim obligaten Besuch des Höhlenklosters begleitet. Bei sommerlichem Wetter war mir die ukrainische Metropole beinahe südländisch erschienen, mit lebhaften Menschen und einer Atmosphäre, die vage k.u.k.-Assoziationen weckte. Dann wiederum – bei meinem Besuch im März 1992 – schmolzen Schneeflocken auf dem schmutzigen Asphalt. Der Nebel versperrte jede Aussicht. Die Menge wirkte armselig und grobschlächtig. Nur in politischer Hinsicht lag Hoffnung in der Luft. Der Empfang im Hauptquartier der Unabhängigkeitspartei »Ruch« war alles andere als liebenswürdig. Das Natschalnik-Unwesen, eine Neigung zu Obrigkeitshörigkeit und Verantwortungslosigkeit, die man den »Kleinrussen« nachsagt, gab auch in den Büros dieser Erneuerungsbewegung den Ton an.

Aber dann traf ich auf den damaligen Oppositionsführer Wjatscheslaw Tschornowil, und der machte einen vorzüglichen Eindruck. Der Vorsitzende von »Ruch« war ein lebhafter, blonder Mann, etwa fünfzig Jahre alt. Den Schnurrbart hatte er sich nach Kosakenart über die Mundwinkel nach unten wachsen lassen. Im Gegensatz zum niederen Parteipersonal verschmähte er es nicht, Russisch zu sprechen. Die Konversation verlief in großer Offenheit.

Durch welche Eingebung des Heiligen Geistes der KP-Funktionär Leonid Krawtschuk, früher Sekretär für marxistische Ideologie, denn zum ukrainischen Patriotismus, ja zum radikalen Nationalismus gefunden habe, fragte ich. Die Dreifaltigkeit könne ich aus dem Spiel lassen, lächelte Tschornowil. Krawtschuk sei der perfekte Wendehals. Er habe sich der Situation angepaßt und der ukrainischen Ruch-Bewegung kurz und bündig das Programm geklaut. Dieser gewiefte Apparatschik verfüge weiterhin über den Machtapparat, den das Sowjetsystem beinahe intakt hinterlassen habe. Die Politiker von Ruch hingegen erschienen den Ukrainern vielleicht zu romantisch, zu radikal reformerisch. Man fürchte sich eben vor dem Abenteuer. Deshalb bildeten die Ruch-Abgeordneten im Parlament eine recht schmale Fraktion, und für ihn, 'Tschornowil, bestehe kaum Aussicht, in absehbarer Zeit Regierungschef zu werden. Im übrigen dürfe man nicht vergessen, daß – vor allem im Donez-Becken, aber auch im Raum von Charkow und Odessa – eine überwiegend russische Bevölkerung schon vor dem Ersten Weltkrieg, zur Zeit der zaristischen Industrialisierungspolitik ansässig geworden sei. Sie stammte aus den ärmsten Agrarzonen von Kursk, Orjol und Woronesch. Die Russen würden etwa ein Fünftel der Gesamtbevölkerung ausmachen, und mit der ukrainischen Unabhängigkeit hätten sie nicht viel im Sinn.

Ob Präsident Krawtschuk bei seiner Hinwendung zum regionalen Nationalismus mit jenen Staatschefs verglichen werden könne, die neuerdings in Zentralasien das Sagen hätten, etwa mit Islam Karimow von Usbekistan oder mit Saparmurat Nijasow von Turkmenistan? Da winkte Tschornowil ab. Der Ukrainer Krawtschuk sei gezwungen, das Ritual des Parlamentarismus wenigstens oberflächlich zu respektieren und sogar einen gewissen Pluralismus zu dulden. Männer wie Karimow oder gar Nijasow – genannt »Turkmenbaschi« – hingegen würden keinerlei Anlaß sehen, irgendwelche demokratische Gepflogenheiten in ihren jeweiligen Republiken einzuführen. Bei den Muselmanen der ehemaligen Sowjetunion – auch wenn sie in den vergangenen siebzig Jahren von unaufhörlichen Gottlosen-Kampagnen unter Druck gesetzt worden seien – schreibe unterschwellig der Koran weiterhin die Verhaltensregeln vor, selbst in der praktischen Politik. Mit den Vorschriften der Scharia, der islamischen Rechtsprechung, so argumentierte der Ruch-Politiker und bewies damit eine seltene Einsicht in die Botschaft des Propheten, sei doch das westliche Konzept der Demokratie erklärtermaßen nicht zu vereinbaren.

Tschornowil stand im Begriff, seinen festen Wohnsitz endlich von Lemberg nach Kiew zu verlagern. Die ehemals österreichische, dann polnische Westukraine behauptete ihre Sonderstellung, stand an der Spitze der Bewegung zur Loslösung von Moskau. Der Oppositionspolitiker gab mir den Rat, möglichst bald nach Lemberg zu reisen. Es fänden dort neuerdings gewalttätige konfessionelle Auseinandersetzungen statt zwischen den ukrainischen Orthodoxen, die ein eigenes, von Moskau unabhängiges Patriarchat fordern, den russischen Orthodoxen, die die prawoslawische Kircheneinheit unter Alexej II. bewahren wollen, und den unerschütterlichen Gläubigen der griechisch-katholischen Kirche, die sich unter Beibehaltung der byzantinischen Riten dem Papsttum unterstellt hatten und die Union mit Rom eingegangen waren.

Den Österreichern sei zu verdanken, daß in Ost-Galizien das ukrainische Kulturgut kraftvoll überleben konnte. Schon zur späten Zarenzeit seien aus Lemberg die ersten Anstöße zu jener nationalen Wiedergeburt gekommen, die im 19. Jahrhundert den Dichter Taras Schewtschenko, einen früheren Leibeigenen, inspirierte. Ich hätte diesen aufrechten Patrioten bei meinem jetzigen Aufenthalt nach vierzehn Jahren gern wiedergetroffen. »Tschornowil ist doch seit langem tot«, lautete die Auskunft. »Er ist bei einem Autounfall ums Leben gekommen auf eine Weise, deren sich der KGB gern bedient, um ernstzunehmende Gegner aus dem Weg zu räumen.«

Dieses Mal finde ich Gefallen an Kiew. Das liegt an der milden Frühlingssonne, am frischen Grün, an den goldenen Kuppeln der Kirchen und an dem altmodischen Stadtviertel im Jugendstil, wo sich mein Hotel befindet und wo die heruntergekommenen Häuserfassaden renoviert wurden. Meine Gesprächspartner hingegen, die vom verflossenen Krawtschuk-Kutschma-System ebenso angewidert sind wie von dem Pseudo-Heroen der Orange-Revolution, geben sich düsteren Stimmungen hin. »Das Land ist der Willkür eines Dutzend zwielichtiger Milliardäre ausgeliefert«, erfahre ich bei dem Politologen Wladimir Malenkowitsch. »Sie kontrollieren nicht nur die Wirtschaft, sie beherrschen auch die Politik.« Der Professor lebt in einer vergammelten, aber stilvollen Wohnung. Mit Künstlermähne, rotem Hemd und Cord-Hose wirkt er wie ein gealterter Hippie. »Ich war auch mal Reformer und Dissident, aber die Illusionen sind verflogen.« Zwar bilde sich allmählich eine technisch kompetente Mittelklasse von Managern und Ingenieuren heraus, aber der Sturz vom Sozialismus in eine kriminelle Variante des Kapitalismus sei zu brutal gewesen. Davon erhole sich das Land nicht. So seltsam es klinge, die

Ukraine sei heute auf seine Oligarchen angewiesen, sonst bräche alles zusammen. Man stehe noch nicht am Ende schmerzlicher Überraschungen. Da liegt in der Rada ein Gesetzentwurf parat, der den Bauern für ein paar Kopeken das fruchtbare Land wegnähme und den Weg freimachte für die Schaffung immenser und rentabler Agrar-Domänen.

Die neuen Feudalherren, die sich Armeen von Leibwächtern leisten, lassen sich in diverse Gruppen unterteilen. Geographisch verteilt sind die Clans grosso modo auf den Donbas in der Ost-Ukraine, auf das Gebiet rund um Dnjepropetrowsk und auf Kiew. Da gebe es sogar einen Juristen namens Medwedtschuk, der im Parlament an der Spitze einer »Sozialdemokratischen Partei« stehe und neben seinen sonstigen extrem einträglichen Tätigkeiten mehrere TV-Sender, Zeitungen und Banken besitze. Erwähnt werde in erster Linie auch Viktor Pintschuk mit einem Vermögen von 2,5 Milliarden Dollar. Als Schwiegersohn des ehemaligen Staatschefs Kutschma habe er sich einen Abgeordnetensitz gesichert und sei damit vor Strafverfolgung gefeit. An der Spitze rangiert im östlichen Donezk der Großindustrielle Rinat Achmetow, vermutlich 3,5 Milliarden Dollar schwer.

Ich habe Malenkowitsch auf die imponierende Batterie moderner und komfortabler Appartement-Häuser angesprochen, die hoch über dem Dnjepr eine stattliche Skyline zeichnen. Da handele es sich nicht um eine soziale Maßnahme gegen die heillose Wohnungsnot, sondern um langfristige Spekulationsobjekte und um eine raffinierte Form der Geldwäsche, berichtigt mich der Professor. Von seinem Fenster blicken wir auf die bombastische Viktoria im silbernen Panzer, die Leonid Breschnew zur Feier des Sieges im »Großen Vaterländischen Krieg« errichten ließ. Völlig anachronistisch wirkt jener kolossale Regenbogen aus Stahl, mit dem der damalige Generalsekretär der KPdSU des 60. Jahrestags des »ruhmreichen und spontanen Anschlusses« der Ukraine an die Sowjetunion gedachte. Im plumpen Stil des sozialistischen Realismus verschränken darunter Sowjetmenschen aller Völkerschaften die Arme zu brüderlicher Solidarität und immerwährender proletarischer Einheit. Wenigstens der enorme Lenin-Götze vor dem früheren Intourist-Hotel ist abgetragen worden.

Bei der Rückfahrt ins »Radisson« fällt mir die bescheidene Statue des heiligen Wladimir auf, jenes Rurikiden-Fürsten, der vor tausend Jahren die Untertanen der »Kiewer Rus« zur Massentaufe ins Wasser des Dnjepr beorderte. Die Darstellung Wladimirs mag winzig erscheinen neben dem schwülstigen Triumphalismus der späten Sowjetphase. Aber in der Geschichte Rußlands nimmt er eine eminente Bedeutung ein.

Kiew war von den Chronisten des Mittelalters als »Mutter aller russischen Städte« gefeiert worden. Hier hatte sich im zehnten Jahrhundert die schicksalhafte Hinwendung der warägischen Rurikiden zur Ostkirche von Konstantinopel vollzogen, und damit war die spätere Ukraine dem konfessionellen Zugriff der katholischen Polen, Litauer und Österreicher, trotz wechselnder Herrschaftsverhältnisse, ein für allemal entzogen. Zu jener Zeit wogen die dogmatischen Differenzen der rivalisierenden Kleriker weit schwerer als jene ethnischen oder sprachlichen Gegensätze, die sich erst im 19. Jahrhundert zum Nationalitätenbegriff verdichteten.

Nach dem Mongolensturm, der Kiew vernichtete, schied die ehrwürdige Waräger-Metropole am Dnjepr ein paar Jahrhunderte lang aus der Geschichte aus. Der breite Steppengürtel, der nördlich des Schwarzen Meeres die Eroberungsstürme der asiatischen Horden begünstigte, bevölkerte sich mit entlaufenen russischen Leibeigenen, mit wilden slawischen Steppenkriegern, die sich den tatarischen Namen »Kosaken« zulegten und ihre Bandenführer, die Hetmane, in freien Versammlungen wählten. Nach und nach schüttelten im Norden die Großfürsten Muskowiens das erdrückende Tatarenjoch ab. Ihre Expansionsziele richteten sich unter anderem nach Süden.

Als sich die einst kraftvolle Union der Polen und Litauer an den Rivalitäten ihrer Adelscliquen zerrieb, hatte der ukrainische Hetman Bogdan Chmelnizki Mitte des 17. Jahrhunderts eine Anlehnung an den Zarenthron gesucht. Noch einmal bäumte sich zu Beginn des 18. Jahrhunderts der greise Hetman Masepa gegen die großrussische Vorherrschaft auf und ging ein Bündnis mit dem Schwedenkönig Karl XII. ein. Doch dieser Traum zerschellte am imperialen Impetus Peters des Großen. Der russische Sieg bei Poltawa im Jahre 1709 signalisierte die endgültige Wende. Katharina der Großen blieb es vorbehalten, mit der Aufteilung der Ukraine in Gouvernements, mit der Knechtung der freien Bauern und ihrer Einordnung in das repressive System der russischen Leibeigenschaft die letzten Ansätze regionaler Autonomie zu ersticken. Erst die völkischen Romantiker des 19. Jahrhunderts sollten – unter dem Einfluß deutscher Vordenker – die ukrainische Nationalidee zu neuem Leben erwecken.

Doch die Romanows wachten über die Einheit des Reiches. Die Assimilationspolitik ging so weit, daß Zar Alexander III. im Jahr 1876 die Verwendung der ukrainischen Schriftsprache per Ukas untersagte. Unter deutscher und österreichischer Obhut entstand zwar nach der russischen Niederlage im Ersten Weltkrieg ein kurzlebiger ukrainischer Ständestaat, der an die Kosaken-Tradition anzuknüpfen suchte. Doch im Januar 1919 setzte die Rote Armee diesem Versuch ein Ende. Im Zuge der stalinistischen Nationalitätenpolitik wurde 1922 die Bildung der Sozialistischen Sowjetrepublik Ukraine angeordnet. Im engen Rahmen der allmächtigen Kommunistischen Partei entstand ein fiktiver Föderationsstaat, dem gewisse folkloristische Zugeständnisse gemacht wurden, ja nach dem Zweiten Weltkrieg im Rahmen einer verstärkten sowjetischen Einflußnahme sogar ein Sitz in den Vereinten Nationen eingeräumt wurde.

Nikita Chruschtschow, selbst aus dieser Region gebürtig, beglückte die Ukrainische SSR dann Mitte der fünfziger Jahre mit einem Danaer-Geschenk besonderer Art. Er unterstellte die Halbinsel Krim der theoretischen Autorität Kiews. Er konnte nicht ahnen, daß die Sowjetmacht sich schon 35 Jahre später auflösen und nunmehr am Schwarzen Meer ein Nationalitätenkonflikt entstehen würde. Auf der Krim sind die Russen eindeutig in der Mehrzahl. Die gespannte Lage dort wurde durch die massive Rückkehr von Krimtataren zusätzlich kompliziert. Marschall Stalin hatte diese türkisch-islamische Völkerschaft, die das alte Zarenreich viel nachhaltiger bedrängt hatte als die Wolga-Khanate von Kazan und Astrakhan, unter schrecklichen Umständen nach Zentralasien deportiert, weil sie mit der deutschen Wehrmacht sympathisiert und scharenweise unter dem Hakenkreuz gedient hatten.

Die Tataren der Krim sind sich weiterhin bewußt, daß sie – bis zur Vernichtung ihres Khanats durch Katharina II. – als kämpferische, treue Vasallen des Sultans und Kalifen von Istanbul die christlichen Moskowiter immer wieder das Fürchten gelehrt hatten.

*

Am späten Nachmittag haben wir uns zum orthodoxen Gottesdienst in der Wladimir-Kathedrale eingefunden. Die Kirchenspaltung, die von langer Hand vorbereitet war, hat hier Gestalt angenommen. Der Metropolit Filaret hat den Titel eines »Patriarchen der Kiewer Rus« usurpiert. Er hat sich aus der Autorität des Moskauer Patriarchats Alexejs II. gelöst und die nationale Abspaltung der Ukraine durch ein religiöses Schisma untermauert. Daneben gibt es noch eine kleine autokephale Gemeinde, deren »Patriarch« zu Sowjetzeiten die überwiegend zaristischen Emigranten betreute. Als Neunzigjähriger ist er aus Amerika in seine Heimat zurückgekehrt.

Die Orange-Revolution hat nicht verhindern können, daß sich etwa zwei Drittel der prawoslawischen Gläubigen der Ukraine weiter nach Moskau orientieren. Mit der Zeit könnte sich das ändern, wenn Filaret, der mich trotz weißem Bart und prächtiger Krone nicht sonderlich beeindruckt, durch einen charismatischen Nachfolger abgelöst würde. Zur Zeit haben die beiden sich befehdenden Prälaten von Moskau und Kiew wenigstens eines gemeinsam: Sie übten ihre Seelsorge unter den Kommunisten in enger Zusammenarbeit mit dem KGB aus. Aber wer möchte hier den ersten Stein werfen?

Entgegen allen Erwartungen hat es die wirklichen kirchlichen Widerstandskämpfer gegen die bolschewistische Gottlosigkeit am härtesten getroffen. Ich bin dieses Mal nicht nach Lemberg gereist, aber jeder versichert mir, daß Ost-Galizien zum Armenhaus der Ukraine, ja des ganzen ehemaligen Sowjet-Europas geworden ist. Seit meinem Aufenthalt im Frühjahr 1992 hat sich – allen Aussagen zufolge – in Lemberg kein Wandel zum Besseren eingestellt. Die Habsburger Monarchie hatte an diesem stets gefährdeten Außenposten eine prachtvolle architektonische Leistung hinterlassen. Ein halbes Jahrhundert systematischer Vernachlässigung durch die russisch-sowjetische Verwaltung hat schwere, vielleicht irreparable Schäden verursacht. Der urbanistische Übergang vollzog sich einst überaus harmonisch vom festlichen Barock der Jesuitenkirchen zu den verspielten Jugendstilfassaden der großbürgerlichen Jahrhundertwende um 1900. Die historische Stadtmauer ähnelte den Burganlagen von Nürnberg. In der Nähe des Marktes stießen wir auf italienische Renaissance-Architektur, deren elegante Linienführung mir bereits aus Krakau bekannt war. Der ockergelbe Grundton der Häuserfronten – mit rosaroten und pistaziengrünen Varianten – hatte auf wunderbare Weise dem Verfall und der Witterung widerstanden. Dieses Relikt aus dem österreichischen Kaiserreich zeugte von zäher Pionierleistung, von einem imperialen Repräsentationswillen, von einer multikulturellen Toleranz, die man der lässigen, früh erschlafften k.u.k.-Administration gar nicht zugetraut hätte.

An jenem Sonntag schüttete der Regen in Sturzbächen auf das Kopfsteinpflaster. Knallrote Straßenbahnen mit Museumswert knirschten auf ausgefahrenen Schienen. Nirgendwo entdeckten wir Feiertagsstimmung. Die Menschen waren ärmlich gekleidet, wirkten gedrückt, traurig und irgendwie verschlagen. Die kommunistische Unterdrückung hatte sich mit äußerster Konsequenz ausgetobt, das Volk blieb davon gezeichnet, hatte nur in trotziger Abkapselung überdauert. Dieser einst so kosmopolitischen Metropole war jedes internationale Flair abhanden gekommen. Die örtliche Bourgeoisie und Intelligenz österreichischer und polnischer Herkunft war systematisch ausgerottet oder vertrieben worden. Die Juden, die zu Zeiten der Doppelmonarchie und der polnischen Piłsudski-Republik die Stadt Lemberg entscheidend prägten, sind dem Holocaust zum Opfer gefallen.

Am folgenden Morgen hatte unser Begleiter Juri uns zu einer Jesuitenkirche geführt, die sich nach der Wiederzulassung der griechisch-katholischen Glaubensrichtung stolz zum Felsen Petri bekennt. Das Gotteshaus war auch am Wochentag gefüllt. Im Kirchenschiff warfen sich die Frauen vor den Heiligenbildern auf den Boden und bekreuzigten sich fast ebenso häufig wie ihre orthodoxen Feinde in Christo. In Ost-Galizien, so referierte Juri, bilden die Ukrainer mit achtzig Prozent eine eindeutige und nationalbewußte Bevölkerungsmehrheit. Wiederum achtzig Prozent von ihnen gehören der mit Rom unierten griechisch-katholischen Konfession an, die im Geiste des 2. Vatikanischen Konzils das Ukrainische als Kirchensprache eingeführt hat. Immerhin sei es den Uniaten gelungen, den Byzantinern 1400 Gotteshäuser zu entreißen. Die heftigste Gegnerschaft wurde nicht mit den Russisch-Orthodoxen ausgetragen, die nur fünfzig Kirchen für sich verbuchen konnten, sondern mit den Anhängern der ukrainischen Autokephalie, die über 600 Sakralstätten verfügt. Der religiöse Konflikt artete oft in Gewalt aus. Es kam zu Schlägereien, und die Stimmung war bis zum äußersten gereizt.

Die Sankt-Georgs-Kathedrale war aufwendig renoviert worden. Der neue, grelle Farbanstrich wirkte etwas kitschig. In unmittelbarer Nachbarschaft fanden wir die Residenz des Metropoliten der griechisch-katholischen Kirche in der Westukraine. Von seinen Gläubigen wurde Kardinal Iwan Miroslaw Lubatschewski, der zu jener Zeit amtierte, als »Unser Patriarch« bezeichnet und in dieser Eigenschaft hoch verehrt. Bei den liturgischen Feierlichkeiten setzte sich der Vertreter des Papstes in Lemberg eine byzantinisch anmutende, reich dekorierte Goldkrone aufs Haupt; auch die Liturgie war dem griechischen Ritual treu geblieben.

Aus der großzügigen Gartenanlage jenseits des italienisch anmutenden Rathausturms drang Blasmusik zu uns herüber. Knapp tausend Menschen aller Altersgruppen hatten sich auf der wunderschönen Allee versammelt. Bei der Kundgebung ging es um die Zukunft der Ukraine. Ein junger Mann in Jeans und Pullover war auf eine üppig ornamentierte Steinbalustrade geklettert. Über ihm und der Menge wehten gelb-blaue Fahnen und auch schwarz-rote Banner. Damit hatte es eine besondere Bewandtnis: Unter dem schwarz-roten Emblem hatten sich die ukrainischen Gefolgsleute des Partisanenführers Stepan Bandera gegen Ende des Zweiten Weltkrieges zusammengeschlossen. Vorübergehend kooperierten sie mit der deutschen Besatzung. Das Verhältnis Banderas zu den Nazi-Behörden des Generalgouvernements, dem Ost-Galizien angeschlossen war, blieb dennoch außerordentlich gespannt. Immer häufiger kam es zu bewaffneten Aktionen gegen die Deutschen. Die heroische Stunde dieser Freischärler schlug, als die Rote Armee aus den Tiefen der ukrainischen Ebene auf Lemberg zumarschierte. Die Partisanen Banderas hätten zuletzt in den Karpatenwäldern wie wilde Tiere gehaust, berichtete mir ein ausgemergelter Veteran.

Jetzt standen die Überlebenden dieses Verzweiflungskampfes erschöpft, aber glücklich am Rande ihrer patriotischen Feier. Die meisten hatten endlose Jahre in den sibirischen Straflagern verbracht und waren von den Entbehrungen gezeichnet. Ein Greis hielt sich am Schaft der schwarz-roten Traditionsfahne fest. Das kleine Häuflein der Unentwegten – auch eine robuste Frau war dabei, die den Heimsuchungen noch am besten getrotzt hatte – trug altmodische, petroleumblaue Uniformen. Ihre Schirmmützen erinnerten an die k.u.k.-Armee. Sie genossen sichtlich ihren späten Sieg über die russischen Bolschewiki und ließen sich gern fotografieren. Kinder in Landestracht verteilten gelb-blaue Anstecknadeln. Für ein paar Rubel waren auch Fotos von Stepan Bandera zu haben. Besonderen Zuspruch fand das Porträt des Nationaldichters Taras Schewtschenko.

Fünfzig Kilometer östlich von Lemberg haben wir das Schloß Oleski Zamok aufgesucht. Der polnische Adelssitz war von der Kommunistischen Partei für ideologische Schulungskurse requiriert worden. Jetzt diente die Burg mit ihren Festungsmauern, ihren Teichanlagen und den immer noch ansehnlichen Spuren eines »jardin à la française« als bescheidenes Ausflugsziel. Über der flachen galizischen Landschaft, über dem fruchtbaren schwarzen Ackerboden leuchtete die blasse, milde Frühlingssonne. Wir blickten auf das wuchtige Gemäuer eines früheren Klosters. Rund um den Horizont glänzten die silbernen Kirchturmspitzen der griechisch-unierten Konfession. Im Burghof blühten erste Knospen auf. Schulklassen wurden in Bussen zu dieser nationalen Gedenkstätte transportiert.

In Oleski Zamok hatte kein Geringerer als der Polenkönig Jan Sobieski seinen Stammsitz gehabt, jener legendäre Feldherr, der mit seinem eilends an die Donau geworfenen Reiterheer die osmanische Belagerung der Stadt Wien durchbrach und die Türkenschlacht zugunsten Habsburgs und der Christenheit entschied.

»Noch 300 Kilometer
bis Stalingrad«

Der Kontrast kann nicht krasser sein. In Donezk, im östlichen
Stahl- und Kohlerevier der Ukraine, wo die Bindungen an Rußland stark bleiben und der Kommunismus eine Hochburg besaß,
wird der 1. Mai, das Fest der Arbeit, gefeiert. Es ist keine großar-
tige Veranstaltung. Unter roten und russischen Fahnen – weiß-
blau-rot – haben sich ein paar Hundertschaften vor dem Lenin-
Denkmal auf dem Zentralplatz versammelt. Die Mehrzahl der
Teilnehmer ist ebenso alt wie ihre Todfeinde, die überlebenden
Bandera-Partisanen von Lemberg. Die Veteranen des Donbas
tragen breite Ordensschnallen aus dem »Großen Vaterländischen
Krieg« auf der Brust und haben teilweise ihre alten Armee-Müt-
zen aufgesetzt. Die Jungen sind hier in der Minderheit, und einige von ihnen treten für die Loslösung des Ost-Reviers, für eine
weitgehende staatliche Autonomie des Donbas ein. Eine Musik-
kapelle in blauen Uniformen – ebenfalls betagte Männer – into-
niert die Internationale. Eine Greisin ist auf die Rednertribüne
geklettert. Sie hält Plakate mit Lenin und Stalin hoch. Während
die Nostalgiker der Sowjetunion mit brechender Stimme »Völker, hört die Signale« anstimmen, führt die Alte, die nicht ganz
bei Sinnen zu sein scheint, ein Tänzchen auf, bis sie von zwei
Ordnungshütern behutsam beiseite gedrängt wird.

Die Rede eines ergrauten Funktionärs ist schnell beendet. Im
Grunde trauert wohl auch im Donbas dem Marxismus-Leninismus kaum jemand nach. Die Banderolen werden eingerollt, die
Kundgebung ist zu Ende. Das soziale Gefälle zwischen diesen
ärmlich gekleideten Getreuen der proletarischen Revolution und
unserem Hotel »Donbas Palace«, das das Lenindenkmal überragt, ist schockierend. Diese Luxus-Herberge würde niemand in
der abgelegenen Industriezone vermuten. Sie übertrifft mit ihrer
Marmortäfelung, ihrer modernsten Technik und dem geschmack-

vollen Dekor die meisten Fünf-Sterne-Hotels Europas oder der USA. Italienische Architekten sollen die Entwürfe geliefert haben auf Anforderung des allmächtigen Herrschers über den Donbas, des Oligarchen Rinat Achmetow, der sich hier als Besitzer zu Hause fühlt.

Dieser 1. Mai, ein strahlender Frühlingstag, war nur vorübergehend ein Tag des Gedenkens und der Trauer. Schon bald kommt die Stimmung eines Volksfestes auf. Ich hatte eine abgewirtschaftete, verdreckte Industriestadt erwartet. Aber die Straßen und Parks von Donezk sind gepflegt. Überall sind üppige Blumenbeete zu sehen. Sogar die Eisengerüste der ausgemusterten Kohle-Bergwerke fügen sich wie Museumsstücke in diese freundliche Umgebung. Eine Gedenkstätte für die Nuklear-Katastrophe von Tschernobyl fällt mir auf. Sie ist in künstlerischer Mosaik-Darstellung mit orthodoxen Heiligen geschmückt.

Am Vortag hatten wir das große, aufwendige Warenhaus »Goldener Ring« besichtigt, für dessen geschmacklosen Rundbau mit Luxusgeschäften und eleganter Cafeteria sicherlich riesige Summen investiert wurden. Unser besonderes Interesse galt dort dem extravaganten Schuh-Angebot, das auf die Käufer eine eigenartige Faszination auszuüben schien. Da wetteiferten nicht nur die extrem hohen Stöckelabsätze mit goldschimmernden Domina-Stiefeln. Die Herrenschuhe leuchteten in allen Farben, waren oft aus Krokodilleder gefertigt und trugen auf der Sohle die Kopie klassischer Gemälde. Insbesondere die Reproduktion des »Frühlings« von Botticelli, die beim Gebrauch der Schuhe in den Dreck getreten würde, löste Staunen aus.

Ist es die milde Temperatur nach dem langen, dunklen Winter, die in Donezk die Festlaune weckt? Die Mädchen – auch hier in extrem kurzen Miniröcken auftretend – scheinen im warmen Sonnenlicht wie Zierpflanzen aufzublühen. Ein Vergnügungspark, den wohl die Stadtverwaltung gestiftet hat, zieht die flachsblonden Kinder an. Stämmige Männer messen ihre Kräfte an einem Gerät, das man bei uns »Hau den Lukas« nennt.

Für verwöhnte Ansprüche steht am Rande eines kleinen Sees inmitten von blühenden Kirschbäumen das geschmackvolle, im Blockhaus-Stil gestaltete Restaurant »Jo-ma-Jo« zur Verfügung.

Die Übersetzung dieses Namens bereitet unserem Begleiter Andriy offenbar Schwierigkeiten, bis wir uns auf die deutsche Version »Ach du Schreck!« einigen. Lebhaften Zuspruch findet eine riesige Futterkrippe von McDonalds. Der überraschend gefällige Zustand der Stadt Donezk, so erfahre ich, ist in erster Linie der Fürsorge des Magnaten Achmetow zu verdanken, der sich hier ein positives Image verschaffen will, so wie er auch den Angestellten und Arbeitern seines riesigen Konzerns überdurchschnittliche Löhne und Gehälter zahlt. Der Mann scheint begriffen zu haben, daß er sich auf verläßliche Loyalitäten stützen muß und konzentriert wohl seine Raubtier-Instinkte auf die Bekämpfung seiner oligarchischen Rivalen im Dschungel des ukrainischen Kapitalismus.

Zwei Tage zuvor haben wir einen Abstecher zu dem Hafen Marjupol gemacht. Die Straße verläuft über eine Strecke von 200 Kilometern schnurgerade durch eine ziemlich trostlose, flache Steppe nach Süden. Schon von weitem sichteten wir die gewaltige, rostbraune Wolke, die vom dortigen Stahlwerk ausgestoßen wird und die Luft über Marjupol vergiftet. In dieser tristen Industriesiedlung hat sich nicht viel verändert seit dem Zusammenbruch des sozialistischen Wirtschaftssystems. Unsere Route führt – an giftspeienden Hochöfen vorbei – unmittelbar ans Ufer des Asowschen Meeres.

Der Tag war verhangen. Die platten Wellen schlugen in dunkelgrauer Farbe an den Sandstrand. Sie rechtfertigten den Namen »Schwarzes Meer«, mit dem die dreieckförmige Ausbuchtung von Asow nur durch die schmale Fahrrinne von Kertsch verbunden ist. Seltsame Melancholie ging von diesem Ort aus, und man konnte Verständnis dafür aufbringen, daß Zar Alexander I., zu mystischer Frömmigkeit bekehrt, der Legende zufolge im nahen Taganrog ein Refugium als Einsiedler und Büßer gesucht hatte. Vor allem konnte man die Verse des römischen Dichters und Epikuräers Ovid nachempfinden, der, in die Ödnis dieser barbarischen Küste – im heutigen Rumänien – verbannt, seine Klage und Verzweiflung mit der Niederschrift seiner »Pontica« verewigte. Auch die düstere Figur der Medea paßt irgendwie in die Stimmung am »Pontus Euxinus«.

410

Doch das Meeresufer bei Marjupol hatte auch seine versöhnlichen Seiten. Je mehr wir uns von dem qualmenden Industrie-Ungeheuer und seiner Verschiffungsanlage entfernten, desto besser gefiel uns der makellose Sandstrand. Ungeachtet der chemischen Vergiftung des Salzwassers warfen unverdrossene Fischer – viele von ihnen griechischer Abstammung – ihre Angeln aus. Sogar Liebespaare haben sich in die innige Betrachtung der wenig einladenden Wasserfläche vertieft. Am Ende unserer Fahrt nach Westen stießen wir auf ein Restaurant, wo uns Stöhr und Kaviar zu vernünftigen Preisen serviert wurden.

*

Nach diesem Ausflug in die post-sowjetische Wirklichkeit fühlen wir uns in der Pracht des »Donbas Palace« in eine irreale Märchenwelt versetzt. In der Empfangshalle herrscht unterschwellige Spannung. Ein extrem korpulenter Mann mit brutalen Gesichtszügen drängt mit eiligen Schritten an mir vorbei. Er ist von einem dichten Kordon Leibwächter umgeben, die ihm gebieterisch Platz verschaffen. Es handelte sich um Viktor Pintschuk, den wichtigsten Oligarchen des Dnjepropetrowsker Clans, raunt Andriy mir zu. Er habe wohl mit Rinat Achmetow über eine finanzielle Transaktion verhandelt.

Am späten Nachmittag setze ich mich zum Whisky in das aufwendig dekorierte Foyer des Hotels. »Sie haben Glück«, flüstert Andriy mir zu, »drei Tische entfernt sitzt der mächtigste Mann der Ukraine, der neue ›Sultan‹, wie manche ihn schon nennen, denn Rinat Achmetow ist Tatare, und seine Familie stammt aus Kazan.« Ich habe mir diesen Gewaltmenschen, der seine Spitzenposition mit äußerster Härte und wohl auch in blutigen Auseinandersetzungen erkämpfen mußte, ganz anders vorgestellt. Achmetow soll dem Bergarbeiter-Milieu entstammen und in jungen Jahren als Berufsboxer aufgetreten sein. Aber so sieht er gar nicht aus. Ein elegant, aber unauffällig gekleideter dunkelblonder Mann von knapp vierzig Jahren mit angenehmen Gesichtszügen läßt sich Tee servieren. In seiner Umgebung befinden sich nicht etwa platinblonde Sexbomben in extravaganter Aufmachung, sondern drei bieder wirkende Ehepaare, die sich zwanglos mit ihm unterhalten.

Im Gegensatz zu dem »Brutalo« Pintschuk und seinen Gorillas ist der Personenschutz, auf den Achmetow nicht verzichten kann, wenn er überleben will, außerordentlich diskret. Ich brauche einige Zeit, bis ich diese »Schutzengel«, die vorbildlich plaziert sind, identifiziert habe. Über den Zeitungsrand beobachte ich den geheimnisvollen Mann so intensiv ich kann, aber das scheint ihn nicht zu stören. Am Vormittag hatte ich seinen persönlichen Piloten zufällig kennengelernt, einen Türken mit deutschem Paß, der seinen Chef in höchsten Tönen lobte.

Wie ist dieser Arbeitersohn zu seinem sagenhaften Reichtum gelangt? Die Ökonomie der Ukraine sei eine »Insider-Wirtschaft«, hatte schon vor mehreren Jahren die Weltbank festgestellt. Hier existiere ein undurchschaubares Geflecht von Politik und Kapital. Bei der Privatisierung der Staatsunternehmen in den neunziger Jahren hat sich Rinat Achmetow als der durchsetzungsfähigste Auktionär erwiesen. So erwarb er das weitaus größte Kombinat Kirowostal in Abstimmung mit seinem Komplizen Pintschuk für 800 Millionen Dollar, obwohl andere Offerten doppelt so hoch lagen.

Neben blutigen Verteilerkämpfen erwiesen sich die heutigen Oligarchen auch als listige Spekulanten. Die kostenlos als »Voucher« an die Bevölkerung ausgegebenen Anteilsscheine an den riesigen Konzernen sammelten sie zu Spottpreisen ein, statt sie, wie der Normalbürger, eilig zu Geld zu machen. Jedenfalls steht heute der »Tatare« an der Spitze einer Holding, die unter »System Capital Management« firmiert. Neben dem gigantischen Stahlwerk Asowstal gehören ihm die Röhrenproduktion Chartisk sowie Kohlegruben und Kokereien. Das Ganze wird ergänzt durch den Besitz von Medienunternehmen, Banken und Versicherungsgesellschaften.

Das extrem kostspielige, aber auch extrem einträgliche Steckenpferd der Oligarchen sind die Fußballvereine. Die Übernahme des britischen Clubs »Chelsea« durch den russischen Milliardär Roman Abramowitsch hat weltweit für Schlagzeilen gesorgt, zumal diese bislang zweitrangige Mannschaft durch die Finanzkraft des neuen russischen Besitzers zum internationalen Favoriten aufgestiegen ist. Diesem Beispiel ist der sportbegeisterte Rinat Achmetow im Donbas gefolgt. Unter Einsatz von mehr als 300 Millionen US-Dollar hat der reichste Mann der Ukraine den Donezker Fußballverein »Schachtjor« in die Champions League befördert.

Er selbst trägt mit Stolz den orangefarbenen Trainingsanzug seiner Mannschaft. So treffe ich ihn zum zweiten Mal in unserem Hotel an. Diesmal gehe ich in Begleitung des türkischen Piloten resolut auf ihn zu. Er läßt sich bereitwillig und heiter auf ein Gespräch ein. Der deutsche Botschafter hatte diesen Mann sehr zu Unrecht als »scheues Reh« geschildert. Zunächst entschuldigt sich der Oligarch, daß er die Unterhaltung in der sportlichen Ungezwungenheit seiner Schachtjor-Kluft führe. Dann erzähle ich ihm von meinen Eindrücken aus Marjupol und erwähne, daß man – in westlicher Richtung – den weißen Sandstrand doch für ein großes Freizeit- und Erholungszentrum nutzen könne. Ich habe diese Bemerkung nur gemacht, um die Unterhaltung in Gang zu bringen. Aber sofort springt Achmetow darauf an. »Machen Sie mir einen konkreten Vorschlag, wie man das realisieren kann, und Sie können sich auf meine Beteiligung verlassen.«

Ein massiver, fast zwei Meter hoher Mann – ebenfalls in der Orange-Uniform von Schachtjor – tritt zu uns. Ich erkenne ihn sofort. Viktor Janukowitsch, der gescheiterte Präsidentschaftskandidat der »Partei der Regionen« soll von Achmetow während seiner Wahlkampagne mit 600 bis 900 Millionen Dollar unterstützt worden sein. Nun hat er am 26. März Revanche für die Orange-Revolution üben können. Der Oligarch macht mich mit dem »prorussischen« Spitzenpolitiker der Ost-Ukraine bekannt. »Hier haben Sie den Mann vor sich, der mit mehr als dreißig Prozent über die weitaus stärkste Fraktion im Parlament von Kiew verfügt.« Trotz seines erdrückenden Körperumfangs wirkt Janukowitsch nicht wirklich beängstigend. Er verfügt über keine schillernde Intelligenz, aber er versteht es angeblich, seine Truppe zu disziplinieren und zu motivieren. Daß er wegen Körperverletzung mehrfach vorbestraft sei, wie seine Gegner behaupten, traut man diesem Athleten mit den mächtigen Pranken ohne weiteres zu.

Profunde politische Erkenntnisse habe ich bei der flüchtigen Begegnung nicht gewonnen. Daß sich der russischstämmige Donbas eng mit der »Rodina« verbunden fühlt und weiterhin die Sprache Puschkins hochhalten will, sei doch ganz natürlich, betont der Chef der »Partei der Regionen«. Als ukrainischer Russe fühle er sich durchaus als Europäer, aber das krampfhafte Streben der Amerikaner, die NATO, das Atlantische Bündnis bis zum Don vorzutreiben, erscheine ihm als unsinnige und leichtfertige Herausforderung Moskaus. Auf der Krim ist es ja schon zu Protestaktionen der russischen Bevölkerung gegen die Manöver-Präsenz amerikanischer Marines gekommen, die daraufhin abgezogen wurden.

Es steht schon fest, daß Janukowitsch nach einigem Tauziehen der nächste Regierungschef der Ukraine sein wird und ein von gegenseitigem Mißtrauen gezeichnetes Zweckbündnis mit Staatspräsident Juschtschenko sowie dessen Partei »Nascha Ukrajina« eingehen muß. Er wird seine politischen Schachzüge sorgfältig mit seinem Freund Achmetow abstimmen, der als Abgeordneter der Rada angehört und die letzten Entscheidungen fällt. Ein vernünftiges und enges Nachbarschaftsverhältnis zu Rußland, so vernimmt man im Donbas, bedeute durchaus nicht ein Ausscheiden der Ost-Region aus dem ukrainischen Staatsverband. Der Tatare Achmetow legt wohl keinerlei Wert darauf, seine wirtschaftliche Allmacht auf dem Altar der russischen Nation zu opfern und sein Oligarchen-Reich der argwöhnischen Kontrolle durch Wladimir Putin auszuliefern.

Vor dem Abschied ruft Achmetow einen seiner Leibwächter herbei. »Welches ist Ihre Schuhgröße?« fragt er mich. Der Bodyguard entschwindet eilig. Wir trennen uns mit freundlichen Wünschen. Bei der Rückkehr in mein Hotelzimmer finde ich eine große, elegante Tasche, das Geschenk des Oligarchen, vor. Darin befinden sich ein orangefarbener Trainingsanzug, der meinen Maßen entspricht, ein Paar Fußballschuhe und zwei schwarz-weiß gescheckte Fußbälle. Auf dem einen haben sich die Spieler des Clubs mit ihren Unterschriften verewigt. So bin ich gewissermaßen zum Ehrenmitglied des Kicker-Vereins »Schachtjor« von Donezk geworden.

*

Meine Reise in die Ostukraine will ich durch eine Fahrt in die Industriestadt Lugansk ergänzen, die bereits nahe der russischen Grenze gelegen ist. Das Hotel hat dafür einen kräftigen Fahrer zur Verfügung gestellt, der leidlich Deutsch spricht und offenbar auch für meinen Personenschutz zuständig ist, obwohl ich dessen gar nicht bedarf. Der Chauffeur Wladimir ist ein ernster, zurückhaltender Typ. Sein Großvater, so berichtet er düster, sei bei Lugansk im Kampf gegen die Deutschen gefallen.

Jenseits von Donezk, das früher einmal Stalino hieß, fällt man in post-sowjetische Verhältnisse zurück. Da helfen auch die blühenden Obstbäume und die fruchtbare schwarze Erde über die Stimmung von Trauer und Verlassenheit nicht hinweg. Die meisten Bergwerke sind geschlossen. Die Halden türmen sich zu bedrohlichen schwarzen Klumpen. Die Dörfer befinden sich in einem kläglichen Zustand der Verwahrlosung. Hier und da glänzt ein silbern angestrichener Lenin zwischen den Birken, oder eine heroische Sportlerin aus Gips läßt ihre Muskeln spielen. Vor den früheren Clubs der Komsomolzen sammeln sich junge Männer und Mädchen in mißmutigen Gruppen.

Der Wodka und wohl auch manch andere Droge trösten hier über die Sinnlosigkeit einer orientierungslosen Gesellschaft hinweg. Es wird Zeit, daß die Oligarchen, die hoch über dieser kollektiven Hoffnungslosigkeit im Überfluß schwelgen, sich der Spannungen bewußt werden, die sich in ihrem Umfeld ansammeln und ein Minimum an Verantwortungsgefühl gegenüber den entwurzelten Massen aufbringen.

Reges Leben entdecken wir lediglich auf den Friedhöfen. Dort scheint der Turnus der Bestattungen kein Ende zu nehmen. Die Trauernden bewegen sich würdig zwischen den Grabsteinen und Kreuzen, deren Inschriften selten eine Lebensdauer von mehr als sechzig Jahren anzeigen. Neben ausgedehnten Zonen akuter Depression begegnen wir auf unserer Fahrt auch Ortschaften, in denen die Bewohner normalen Tätigkeiten nachgehen und ein halbwegs ordentliches Leben führen. Da blicken wir auf schlichte, flache Häuser, in deren Gärten im Sommer Sonnenblumen wachsen und die mich an die Wochenschau-Bilder aus dem Rußlandfeldzug erinnern. Damals boten diese bescheidenen, unübersichtlichen Wohnviertel den russischen Verteidigern zahllose Ausweichmöglichkeiten. In einem vorweggenommenen »asymmetric war« gelang es ihnen immer wieder, aus dem Hinterhalt zuzuschlagen.

Der Stadt Lugansk merkt man an, daß der Donbas doch zu den privilegierteren Gegenden der ehemaligen Sowjetunion zählt. Bemerkenswert sind die Kuppeln der orthodoxen Gotteshäuser, die zahlreich aus dem Boden wachsen. Vor der Weiterfahrt in Richtung russische Grenze lasse ich vor einem pathetischen Kriegerdenkmal halten. Der vorstürmende Rotarmist, der die Kalaschnikow wie ein Schwert hochhält, soll an die Rückeroberung von Lugansk durch die Sowjetarmee im Sommer 1943 gemahnen. Ich nehme mir an dieser Stelle vor, die Landschaftsszenen in der Fernseh-Dokumentation, die ich dem Thema »Rußland im Zangengriff« widmen werde, musikalisch mit jenen dröhnenden Klängen der »Préludes« von Liszt zu untermalen, die zu Zeiten des Dritten Reiches die Sondermeldungen über Erfolge des Unternehmens »Barbarossa« begleiteten. Dabei bedenke ich nicht, daß die Generation der Nachgeborenen gar nicht den Sinn dieser Reminiszenz erfassen kann.

Unser Fahrer und Beschützer hat sich meist in Schweigen gehüllt. »Wir sind nur noch ein kleines Stück von der neuen Grenze entfernt, die die Ukraine von Rußland trennt«, sagt er jetzt, »wenn Sie kein Visum besitzen, sollten wir vor dem Kontrollposten haltmachen.« Wir verharren eine Weile in der Betrachtung der endlosen Monotonie. Unerwartet bricht es aus Wladimir hervor, und er holt zu einer eloquenten Rede aus, die ich ihm gar nicht zugetraut hätte: »Wie weit wollen die Amerikaner denn noch mit ihrem NATO-Bündnis nach Osten vordringen, und welche Feindschaft gegen Rußland tragen sie hier aus? Ihr Deutschen habt in diesem Raum doch ausreichend bittere Erfahrungen gesammelt. Warum macht Berlin diese unsinnige

Politik mit? Die Deutschen sollten es doch besser wissen. Habt ihr denn ganz vergessen, daß 300 Kilometer von dem Punkt entfernt, an dem wir jetzt stehen, eine Stadt an der Wolga liegt, die einst den Namen Stalingrad trug?«

Personenregister

424

Bildnachweis

A. P. Bezemer 4
dpa 13, 16
Cornelia Laqua 6–11, 14, 15, 17
Matthias Reich 1
ullstein bild 2, 3, 5, 12

Die Abbildung auf der Umschlag-Rückseite zeigt Jiang Zemin, Staatspräsident der Volksrepublik China, und Wladimir Putin, Staatspräsident der Russischen Förderation, während einer Gipfelkonferenz der Asia-Pacific Economic Cooperation (APEC) in Shanghai am 21. Oktober 2001.

Peter Scholl-Latour
Koloß auf tönernen Füßen

AMERIKAS SPAGAT ZWISCHEN
NORDKOREA UND IRAK

352 Seiten mit 24 Seiten Farbabb. und Karten
Gebunden mit Schutzumschlag
ISBN-13: 978-3-549-07252-3

»Er hat mal wieder Recht behalten ... Scholl-Latours Urteile sind scharf, die Begründungen fundiert.«
DER SPIEGEL

»Keine Frage, der Autor hat sich seinen journalistischen Biss bewahrt.« STUTTGARTER NACHRICHTEN

»Auf ganz unpolitologische Weise kommen scharfe politische Analysen zustande, die sich so spannend wie ein Abenteuerbericht lesen.« FAZ

PROPYLÄEN VERLAG
www.propylaeen-verlag.de

Niall Ferguson
Krieg der Welt

WAS GING SCHIEF IM 20. JAHRHUNDERT?

992 Seiten | Gebunden mit Schutzumschlag
ISBN-13: 978-3-549-07214-1

Das 20. Jahrhundert war das blutigste der Menschheitsgeschichte. Wie lassen sich Ausmaß und Intensität dieser Gewaltepoche erklären? Warum versank die hochzivilisierte Welt in Rassenwahn und Völkermord? Mit der ihm eigenen Souveränität und Brillanz wagt der britische Historiker Niall Ferguson eine neue Deutung des Weltkriegsgeschehens, als dessen bedeutsamstes Resultat er nicht den Triumph des Westens, sondern den Aufstieg Asiens sieht.

»Der brillanteste Historiker seiner Generation.«
THE TIMES

»Einer der originellsten zeitgenössischen Historiker.«
DIE WELT

»Fergusons Thesen sind so bestechend wie einfach ... brillant und spannend.« RHEINISCHER MERKUR

PROPYLÄEN VERLAG
www.propylaeen-verlag.de

Walter Laqueur
Die letzten Tage von Europa

EIN KONTINENT VERÄNDERT
SEIN GESICHT

256 Seiten | Gebunden mit Schutzumschlag
ISBN-13: 978-3-549-07300-1

Wird Europa, jahrhundertelang der Nabel der Welt, zum Auslauf-
modell? Seine Bevölkerung schrumpft und vergreist rapide. Lebten
im Jahre 1900 noch 21 Prozent der Weltbevölkerung auf dem europäischen Kontinent, so werden es am Ende des 21. Jahrhunderts
weniger als vier Prozent sein. Keine Frage, daß dies den Einfluß
Europas in der Welt mindern wird. Zugleich verändert die verstärkte
Zuwanderung, zumal aus dem islamischen Raum, das Gesicht des
Kontinents.
Walter Laqueur, einer der renommiertesten Historiker unserer
Zeit, befaßt sich in seinem hellsichtigen Essay mit den politischen,
sozialen und kulturellen Folgen dieser dramatischen Entwicklung
und fragt nach der Zukunft Europas.

»Laqueur gehört zu den fruchtbarsten und einflußreichsten
Zeitgeschichtlern der westlichen Welt.«

DIE ZEIT

PROPYLÄEN VERLAG
www.propylaeen-verlag.de

NATO-Staaten

Staaten mit US-Militärpräsenz

NORWEGEN

Workuta

Arkhangelsk

St. Petersburg

DÄNE-MARK

ESTLAND

LETTLAND

Wolga

Kazan

Nowosibirsk

GROSS-BRITANNIEN

LITAUEN

NIEDER-LANDE

DEUTSCH-LAND

Minsk

Moskau

Ufa

Brest

WEISSRUSSLAND

BELGIEN

POLEN

Kiew

FRANK-REICH

UNGARN

RUMÄ-NIEN

UKRAINE

Wolgograd *(Stalingrad)*

GEORGIEN

KIRGI-SISTAN

SPANIEN

ITALIEN

BULGARIEN

ASERBEI-DSCHAN

TADSCHI-KISTAN

TÜRKEI

GRIECHEN-LAND

PORTUGAL

IRAK

AFGHA-NISTAN

ISRAEL

JORDANIEN

PAKISTAN

ÄGYPTEN

SAUDI ARABIEN

INDIEN

OMAN

Indischer Ozean